U0142464

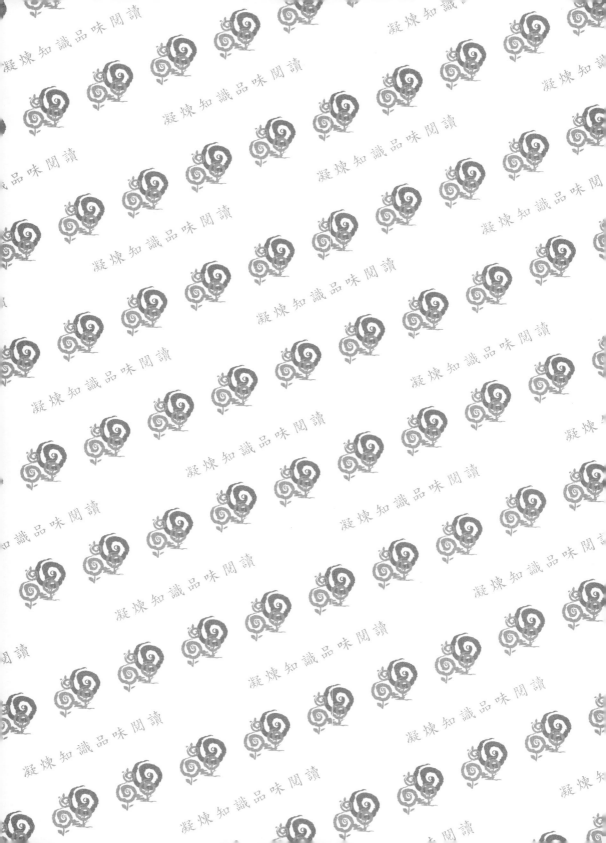

刑事訴訟法 上

增訂第五版

盧映潔、李鳳翔 著

CRIMINAL LAW

五南圖書出版公司 印行

PREFACE 刑 訴 五版序一

　　本書此次改版，是因民國 112 年 12 月 1 日立法院三讀通過刑事訴訟法的修正。此次修法首先對鑑定制度進行修正，對於鑑定人之資格，與本案訴訟關係人之利益揭露、偵查中請求檢察官為鑑定、當事人於審判中自行委任鑑定及費用負擔、為機關實施鑑定之自然人具名及使到庭以言詞說明、對專家學者徵詢法律上意見等事項，均加以明文規範。其次是有關身心障礙者訴訟程序保障的修正，包含 (1) 周延訴訟照料，加強對於因有身心障礙情形致無法為完全陳述之被告或犯罪嫌疑人之訴訟照料；(2) 周妥通知選任辯護人、強制辯護、輔佐人陪同及等候時間等程序保障與訴訟照料規定；(3) 完備心智障礙者之具結制度，增訂因心智障礙致不解具結意義及效果之人，不得令其具結之規定；(4) 明定被告有心智障礙情形致無法就審而停止審判之法定事由，並增訂得聲請停止或繼續審判之規定，以及得就駁回聲請裁定提起抗告之救濟規定。再者，還增訂了心理師之拒絕證言權以及納入心理治療及心理諮商作為緩起訴處分之處遇措施。

　　又，民國 113 年 7 月 16 日立法院再度三讀通過刑事訴訟法的修正，增訂「特殊強制處分」專章，規範了為調查犯罪情形或蒐集證據認有必要時，得使用全球衛星定位系統（GPS）等科技方法追蹤被告或犯罪嫌疑人位置，也得使用「M 化車」調查行動通訊設備的位置、設備號碼或使用的卡片號碼等。另外，參酌憲法法庭 111 年憲判字第 7 號判決意旨，被告或犯罪嫌疑人於偵查中應享有的受有效協助與辯護權利，修法增訂辯護人於偵查訊問程序中的筆記權。

　　本書頻繁改版實因法律不斷地更動，感謝共同作者李鳳翔律師細心地對於繁瑣的修法逐一在書中檢查以避免遺漏。另感謝五南出版社編輯群的校正。

盧映潔

2024 年 7 月

PREFACE 刑訴 五版序二

　　去年年底與 2024 年 7 月 16 日刑事訴訟法條文增修，例如鑑定人應揭露本案利益關係、偵查中得請求鑑定或選任鑑定、選任鑑定前賦予陳述意見保障、辯護人在場筆記權、特殊強制處分（GPS、M 化車、非實體侵入性的科技方法對空間內之人或物監看及攝錄影像等）等，也增加新的實務、學說見解（此次改版閱讀了至少 50 篇新文獻）並與盧教授討論後（精確而言，是我受盧教授指導）提出本書意見，曦望讀者能夠感受到盧教授與我對本書的用心。

　　每次改版總會感到自己在刑事法領域進步及領悟，未來也期盼讀者不吝指正，同時也感謝五南出版社之排版、校對以及恩師盧教授指導我如何做學問、時常提醒我必須時刻關注實務及學說見解、遇有歧異意見時也耐心指導我。

　　書籍暢銷故而持續每年改版，在如此忙碌的一年，也是改版的第五年，我成立了「曦望法律事務所」，一如往昔地曦望未來實務、學術都能兼顧。回首本書初版序，一切都來之不易，未來也將本書部分收入捐贈公益團體。

李鳳翔

2024 年 7 月

目錄

第三篇　起訴階段　　　373

第一章　公訴　　　373

第二章　自訴　　　427

第一篇 總論

第一章 刑事訴訟法基本構造與理論

壹、刑事訴訟意義與追訴流程

一、刑事訴訟的意義

刑事訴訟是指國家對於特定人之特定事實，為確定具體刑罰權之有無及其範圍而進行的程序。

二、刑事訴訟的流程

刑事訴訟的追訴流程係偵查機關自知道有犯罪嫌疑時起，就應立刻發動偵查，而偵查過程中常帶有強制的手段（例如搜索、扣押）以利蒐集犯罪證據，如認有必要時得加以拘束人身自由（例如拘提、逮捕、羈押）確保犯罪行為人可到庭接受審理，在偵查終結後，檢察官可決定為起訴、不起訴或緩起訴處分。而起訴之後的審判程序可分為通常起訴程序與簡易起訴程序（例如簡式審判、簡易判決處刑、協商程序）的聲請，而通常審理程序法院會先進行準備程序，法院應先進行爭點及證據整理，嗣後審判期日的證據調查程序時，檢察官應提出證據證明被告有罪的證據，而被告亦得提出相反證據而進行攻防，而後法院依據心證、論理而為判決，判決確定後，將進入執行程序，亦即法官宣告被告犯罪行為應處以有期徒刑，而於監獄中執行。

相對於國家追訴的模式，我國亦可採取私人追訴的模式，亦即自訴，符合程序要件下進入審判。

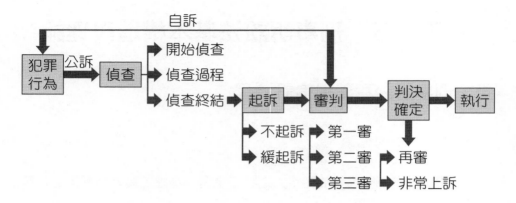

貳、刑事訴訟的目的

一、發現真實

（一）基本概念

1. 對於無辜的被告：裁判確認無罪時，才是發現了實體真實。

2. 對於真正的被告：裁判確認犯罪事實，並依法給予刑罰。

（二）反映於具體的規定

1. §156II（實體真實原則）

　　§156II 規定「被告或共犯之自白，不得作為有罪判決之唯一證據，仍應調查其他必要之證據，以察其是否與事實相符」。

2. §163II（調查原則、澄清義務）

　　§163II 規定「法院為發見真實，得依職權調查證據。但於公平正義之維護或對被告之利益有重大關係事項，法院應依職權調查之」。法院具有應職權調查的澄清義務，不同於民事法得依照當事人間合意之形式真實。即使我國在 2002 年修法採取改良式當事人進行主義，但也未完全排除澄清義務。

3. §228I（國家追訴原則）

　　§228 規定「I 檢察官因告訴、告發、自首或其他情事知有犯罪嫌疑者，應即開始偵查。II 前項偵查，檢察官得限期命檢察事務官、第二百三十條之司法警察官或第二百三十一條之司法警察調查犯罪情形及蒐集證據，並提出報告。必要時，得將相關卷證一併發交」。

二、法治程序及保障人權

（一）基本概念

　　國家須以法治國原則要求的基準來進行刑事訴訟程序，因刑事訴訟上的措施乃國家行為對於基本權利造成的嚴厲干預，故刑事訴訟法乃憲法的測震儀。於刑事訴訟程序中為達保障人權，不可為了發現真實而不擇手段、不問是非。

（二）反映於具體的規定

　　例如 §98 規定「訊問被告應出以懇切之態度，不得用強暴、脅迫、利誘、詐欺、疲勞訊問或其他不正之方法」。又例如 §156 規定「被告之自白，非出於強暴、脅迫、利誘、詐欺、疲勞訊問、違法羈押或其他不正之方法，且與事實相符者，得為證據」。

三、法和平秩序

（一）基本概念

　　經由法定程序的踐行與終結來處罰犯人、釋放無辜，並藉此回復原來因為犯罪而受損的法和平性。實體上越合於實體真實，程序上越合於法定程序，越可達到法和平秩序的目的。

（二）反映於具體的規定

裁判確定力的規定，例如 §302(1) 規定「第三百零二條案件有左列情形之一者，應諭知免訴之判決：一、曾經判決確定者」。上訴、抗告期間的規定，例如 §349 規定「上訴期間為二十日，自送達判決後起算。但判決宣示後送達前之上訴，亦有效力」。§406 規定「抗告期間，除有特別規定外，為五日，自送達裁定後起算。但裁定經宣示者，宣示後送達前之抗告，亦有效力」。以上之規定皆有達成法和平秩序之目的。

四、迅速之裁判

刑事案件的追訴不僅關乎於國家利益，也關乎被告利益。就國家的觀點應迅速裁判而有利防止犯罪，就無罪的被告的觀點而言，應迅速裁判以釐清其犯罪嫌疑，使其不受更大的損害。例如邱和順案（陸正案），其為台灣司法史上全程羈押期間最長的刑事案件（於 1988 年 9 月遭羈押至 2011 年 7 月底定讞）。如受了冗長的審判，涉及自由剝奪、名譽降低等等。

五、目的衝突之解決

（一）法有明文，依法明文規定（依法律價值選擇適用法律），例如 §156 規定不得以不正之方法來發現真實。

（二）法無明文，依循法學方法、憲法價值來處理，例如私人不法取證，應以照法學方法與憲法價值解決人權保障與發現真實間的困境。

參、刑事訴訟的指導原則

一、無罪推定原則

　　刑事程序中受追訴之人，在未經公開依法審判程序加以明確證明其犯罪之前，應認其為無罪之人。§154I 規定「被告未經審判證明有罪確定前，推定其為無罪」。例如羈押之於無罪推定原則處於高度緊張狀態，因為被告被羈押時尚未被法院認定為有罪，羈押僅是法院尚未判決其有罪前而為了保全證據、保全被告、保全刑事程序而剝奪長期自由的強制處分。

　　此外，無罪推定原則的功能在於促進法官公平審判功能、減少降低司法錯誤的可能性、增進人權保障。

二、罪疑惟輕原則（有疑惟利被告原則）

　　罪疑惟輕原則，又稱有疑惟利被告原則，其概念為關於罪責與刑罰之實體犯罪事實的認定，若法院已經窮盡證據方法而仍存在無法形成確信之心證時，應為對被告有利的認定。

　　實務見解多認為無罪推定原則與罪疑惟輕原則固屬息息相關，惟無罪推定原則適用於法院判決有罪確定前之所有程序（包括偵查、起訴及審判各階段），故即便是檢察官，其於辦案時亦應嚴守無罪推定原則，對公平正義之維護或被告之利益有重大關係之事項，皆應詳加蒐證及調查，以避免侵害人權。至罪疑惟輕原則則是在法院依法調查證據並於證據評價結束之後，方有適用，其存在之內涵並非在指導法官如何評價證據之證明力，而係在指導法官於未能形成心證之確信時，應如何判決之裁判法則，二者仍有不同[1]。

---

[1]　最高法院 102 年度台上字第 3128 號刑事判決。

當被告所涉及之犯罪事實兼跨重罪與輕罪之間時，當輕罪已被證明，而重罪尚有懷疑時，則以「罪疑惟輕」原則，論以被告輕罪，例如 A 的犯罪涉及殺人未遂罪與重傷罪，當已經證明 A 犯重傷罪，如無法證明 A 具有主觀的殺人故意時，應論 A 為重傷罪。

三、實質真實發現原則

實質真實發現原則是指刑事程序終結時，若要作成的有罪或是無罪判決，必須取決於過去發生的經驗事實，法官必須先行確認過去發生的真實事實，再依據法律的規定為有罪或無罪的認定。而形式真實發現原則是法院僅依據當事人主張的事實、提供的證據，作為裁判依據，法院受當事人的意思拘束（尊重當事人的意思）。而刑事訴訟法不如民事訴訟般通常僅涉及私益，故不採形式真實發現原則。亦即「真正」的真實方屬刑事訴訟法要追求的目標，縱然當事人對於事實不爭執，仍不得認為該不爭執的事實就是屬於「真實的事實」，例如冒名頂替下，A 冒 B 名而頂替 B 受刑事追訴，檢察官也默認之，此時即使當事人間對此有合意，法院仍不可認為其為真正的事實。

肆、刑事訴訟制度的構造

一、糾問主義、彈劾主義（控制制度）

刑事訴訟程序發動類型，分成：

（一）糾問主義

所謂糾問主義或糾問訴訟制度係追訴者與審判者兩者為同一人，該人即為糾問者，立於主導地位直接面對被告，故又稱為兩面關係。例如宋朝的包青天，即由包青天進行拘捕、訊問、調查與審判。現代幾乎沒有一個國家採取糾問主義。

（二）彈劾主義

　　所謂彈劾主義係追訴者、審判者、被告（被追訴者）所架構出來的關係，故又稱為三面關係，例如現行我國制度中，由檢察官追訴，而被告為被追訴者，而由中立的法官對於兩者的案情中進行審判，較為公平。而彈劾主義可衍生出以下原則。

1. 審檢分立（隸）

　　檢察官與法官屬於不同的司法體系。檢察署並非法院之下級機關，檢察官可以獨立行使職權，不受法院指揮監督，亦可對法院之裁判聲明不服。

2. 無控訴無審判（不告不理、告即應理原則）

　　如無公訴或自訴之「告」，法院則無「理」，故 §268 規定未經起訴的犯罪不得審判，如法院就控告者未受請求事項而予以判決，該判決均違背法令（§379(12) 後段）。例如 A 與 B 去偷東西，A、B 偷完東西後，因為要分贓而吵架，A 就在馬路旁罵 B：「XX 娘」，B 向檢察官提公然侮辱罪的告訴，檢察官偵查終結後以 A 公然侮辱罪與竊盜罪為相牽連案件而合併起訴（§6、§7、§15），審判中的言詞辯論終結前 B 撤回公然侮辱罪的告訴，此時法院應對公然侮辱罪為不受理判決（§303(3)），如果法官仍對公然侮辱罪判決為訴外裁判，屬於 §379(12) 後段之判決違背法令。而若如法院就控告者已受請求之事項未予判決（§379(12) 前段）則為漏未判決之判決違背法令。例如檢察官起訴 A 一行為觸犯行使偽造私文書罪與詐欺罪，若法官僅就詐欺罪論罪科刑，而未處理行使偽造私文書罪部分，亦屬判決違背法令，得上訴救濟。

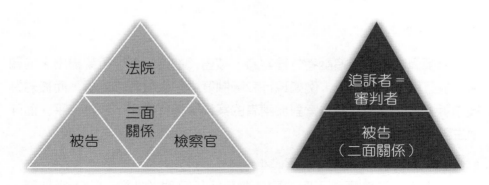

二、職權主義與當事人進行主義

採取彈劾主義下，以合法於法庭活動中居於主導者的地位而分成下列：

（一）職權主義

法官對於訴訟程序積極介入而成為法庭活動的主導者，法官必須主動調查證據，對於證人、鑑定人積極訊問。此為我國過去的刑事訴訟法所採。

職權主義通常會搭配證卷併送，亦即起訴時卷與證由檢察官一併送交給法官，此時因法官於審理案件前對案件有相當的熟悉，故缺點在於法官會產生偏見、影響中立性，且由法官主導審判下，法官有時會如同檢察官般扮演控訴者，與被告爭辯或質疑被告，被告或其律師的對手上包含扮演檢察官的法官，被告容易感到對於司法之無力感。

（二）當事人進行主義

程序主導權雙方當事人決定，法院僅為中立與被動者。故當事人對於自己所主張的事實，負有蒐集與調查證據義務。雙方當事人處於對抗關係，亦即彼此進行攻擊防禦，如雙方各自傳喚對自己有利的證人，當一方對證人詢問後而由他造進行詰問，即使法官對於事實仍不明瞭，也不可以

直接訊問證人。當事人進行主義的優點在於使當事人感受到尊嚴較被重視、當事人較能接受訴訟的結果、較易產生正確判決（當事人為自己利益於審判中盡力提出有利證據）、法官地位較超然中立，而缺點在於消耗之審判時間極長、發現真實之目的變得沒人在意（因為當事人目的在於贏得訴訟）、檢察官若持有對被告有利的證據，不用一定要告知辯護律師該證據的存在，更不用於審判中提出對被告有利的證據，只有辯護律師要求閱覽特定證據，該證據對有罪無罪有重要關係或對被告有利，檢察官才應提供給被告律師閱覽[2]。此為英美法系國家所採。

　　當事人進行主義通常會搭配證卷不併送（起訴狀一本主義），此為美國、日本所採，亦即起訴時只有一份起訴書（不得添附使法官產生預斷的文書或其他物件），因此法官不會先接觸本案的證據，故不會被汙染心證，此為預斷之禁止。然而此時人民無能力與檢察官對抗，故須採強制辯護制度（例如無力負擔律師費用者，法院應指定公設辯護人協助），以達到人民與檢察官間的真正的平等。

　　我國採「起訴審查制」，過去認為若要採起訴狀一本已不可能，應著重於法院是為了審查檢察官證據是否充足，以及是否有其他未發現真實所應調查之證據，包括對被告有利或不利的證據。惟民國 112 年 1 月開始實施之國民法官法，為了使法官與國民法官立於平等客觀的立場參與審判，而於國民法官法 §43I 規定「行國民參與審判之案件，檢察官起訴時，應向管轄法院提出起訴書，並不得將卷宗及證物一併送交法院」，未來國民法官法施行後，國民法官法 §5I「除少年刑事案件及犯毒品危害防制條例之罪之案件外，下列經檢察官提起公訴且由地方法院管轄之第一審案件應行國民參與審判：一、所犯最輕本刑為十年以上有期徒刑之罪。二、故意犯罪因而發生死亡結果者」之案件即有證卷不併送之適用。

---

[2]　王兆鵬、張明偉、李榮耕，刑事訴訟法（上），2022 年 3 月，頁 28-29。

職權（模式）主義：德國	職權調查：法院負有澄清義務。
	職權探知：法院為責任主體。
當事人（模式）主義：美國	處分權主義：訴訟的開始結束由當事人決定。
	辯論主義：訴訟資料由當事人來負責進行主義，由當事人來決定進行訴訟程序，當事人協商不成時，才由法院來介入。
應注意者，無任何一個國家的刑訴體系是二分法的，例如我國的刑訴有德國、美國的體制之混合。	

三、「改良式當事人進行」之訴訟程序

　　我國過去採職權主義，但因為實務上的運作常會出現檢察官沒有確實到庭實行公訴，以致法官全面主導證據調查，以人民的觀點而言，即是法官與被告處於對立的立場，而法官可主動蒐集對被告不利的證據使法院的客觀、中立之公信力飽受質疑。

　　於民國 91 年修法後朝職權主義與當事人進行主義的折衷式 —— 改良式當事人進行主義，強化檢察官的舉證責任、加強交互詰問等。

　　在證據調查方面以當事人聲請調查為主，法院職權調查為輔。換言之，檢察官應就被告犯罪事實負擔舉證責任，因為檢警可以聯合偵查，故檢察官最能掌握被告的犯罪證據，故 §161 規定「檢察官就被告犯罪事實，應負舉證責任，並指出證明之方法」，由此可知檢察官的舉證責任包含說服責任及提出證據的責任，另外加強了檢察官的舉證程度，必須使法官就被告犯罪事實達到有罪心證的可能性。法庭的證據調查活動由當事人主導，只有事實真相有待澄清或為了維護公平正義與被告的防禦權時法院方可發動職權調查。如此一來可以劃清法官與檢察官的分界，更有助發現實質真實。

　　法院職權調查為輔助，此可體現於 §163I「當事人、代理人、辯護人或輔佐人得聲請調查證據，並得於調查證據時，詢問證人、鑑定人或被告。審判長除認為有不當者外，不得禁止之」的規定，給予當事人聲請調

查證據與詢問的權利。§163II 規定「法院為發見真實，得依職權調查證據。但於公平正義之維護或對被告之利益有重大關係事項，法院應依職權調查之」。

---

§163II 但規定「但於公平正義之維護或對被告利益有重大關係事項，法院應依職權調查之」。其中「公平正義之維護」所指為何？

（一）實務見解

§163II 但，屬於法院應職權調查，如不調查將違反 §379(10) 判決違背法令。而公平正義維護，實務限縮於對被告有利事項，因為被告須受到無罪推定原則保護，且檢察官有實質舉證責任，如檢察官未盡舉證責任，法院應判決被告無罪，又檢察官負舉證責任，故對被告不利事項不應該是法院「應」職權調查的範圍[3]，而僅是「得」職權調查。

（二）批評

§2I 明文規定公務員對於利與不利事項都要注意，但是該決議卻解釋為「有利」才注意，故違反客觀注意義務的原則。實務見解亦違反公平審判原則，因法官要保持客觀性與中立性，實務的解釋方式過度保護被告而失去發現實體真實的目的。另外，實務見解亦違反預先評價禁止原則，因法院不得於證據調查前預先評價會不會產生預期的那些結果。而且以審級的觀點來說，如下級審法官預測該證據不利於被告而未調查，但上級審卻認為有利於被告，上級審仍要調查，該解釋對於減輕法院負擔沒有實質的幫助。

伍、審判程序之原則

一、直接審理原則

直接審理原則的內涵，有下列：

（一）形式直接性

形式直接性要求法官必須親自踐行審理程序，不能委由他人進行，亦即禁止法官接力調查（以跑大隊接力的例子來說，第一棒傳給第二棒、傳

---

[3] 最高法院 101 年度第 2 次刑事庭會議決議。

給第三棒……把全場跑完，但第二十五棒如果沒有真正體會過大隊接力每一棒的緊張刺激感，不能對每一棒所遇到的困難、事件等等進行感同身受的評論，故可能產生不夠充分評論的情形）。反映於本法的規定為法官交替時程序應為更新，§292規定「I審判期日，應由參與之法官始終出庭；如有更易者，應更新審判程序。II參與審判期日前準備程序之法官有更易者，毋庸更新其程序」。如果法院違反形式直接性為判決違背法令，即§379(9)「依本法應停止或更新審判而未經停止或更新者」、§379(13)「未經參與審理之法官參與判決者」。

　　形式直接性原則的例外規定於§276、§279I。§276設立的理由是為了保全證據與促進訴訟經濟。故§276規定「法院預料證人不能於審判期日到場者，得於審判期日前訊問之」，「不能」是指無法或難以排除的障礙的情況，如證人病情急遽惡化或將被遣返回國、難期待證人可親自出庭。又§279I規定「行合議審判之案件，為準備審判起見，得以庭員一人為受命法官，於審判期日前，使行準備程序，以處理第二百七十三條第一項、第二百七十四條、第二百七十六條至第二百七十八條規定之事項」，以庭員一人為受命法官於審判期日前之準備程序訊問證人，此亦是形式直接性之例外。

（二）實質直接性

1. 禁止法院以間接的證據方法替代直接的證據方法，稱為「證據替代品的禁止」。亦即處理證據方法與待證事實間的關係，當事人提出審判期日調查的證據，必須是與待證事實最密接的原始證據，法院應盡可能使用最接近事實之證據方法，例如供述證據的調查程序中，因為人證優於書證，故禁止法院以書證代替人證，簡單來說法官可以叫人證到庭來陳述，卻用人證寫的文件而於庭上請人朗讀，這樣子會違反實質直接性，故稱為「供述證據禁止朗讀原則」。

2. 後續章節將會提到直接審理原則是嚴格證明一環，如果法院違反直接審理原則時，違反實質直接性，更違反嚴格證明的合法調查程序（即 §155II 規定「無證據能力、未經合法調查之證據，不得作為判斷之依據」）。法院如把這些證據採為裁判基礎，將會構成 §379(10) 未經合法調查之判決當然違背法令。

3. 實質直接性之例外：依照 §276 規定，受命法官於審判期日前之準備階段訊問證人，該階段得到的訊問筆錄必須在審判期日朗讀，而以朗讀筆錄之證據方法替代親自訊問的直接方法。換句話說，形式直接性的例外＝實質直接性的例外。

　　而如果證據的性質難在審判庭中用最原始證據方法調查之，實務上基於訴訟經濟之理由，若於當事人不爭執證據存否或同一性下，也可能成為證據替代品的禁止的例外。

　　亦即，雖然基於實質直接性，證物應使用最原始的證據方法而不得使用證據替代品，但若證物性質難以當庭提示，得使用替代之文書證據，雖證物性質上可以當庭調查，但若當事人不爭執證物存在或證物之同一性，在不違反保護被告之防禦權及程序正義下，不能任意指摘為違背法則。故以其他替代實物之證據型態提示於審判庭也不違法[4]，因訴訟程序雖係違

---

[4] 最高法院 94 年度台上字第 4153 號刑事判決：倘該證物本身具有高度危險性（例如爆裂物）、依法令應集中保管以免流失（例如毒品）或依其性質不適於當庭提示原物者（例如巨型船舶），則於審判期日提示（宣讀或告以意旨）與該證物具有同等價值之證據資料（例如爆裂物、毒品之鑑定報告，巨型船舶之照片），已足以擔保原證物之真實性者，即與保護被告之防禦權及程序正義之遵守無違。最高法院 106 年度台上字第 262 號刑事判決：「實物提示」規定，於當事人對於「有無證物存在」或「證物之同一性」有爭議時，更須嚴格遵守，否則難認證據經合法調查，並有礙被告防禦權利及可能影響判決結果。最高法院 107 年度台上字第 1207 號刑事判決：審判長應將證物提示當事人、代理人、辯護人或輔佐人，使其辨認，刑事訴訟法第 164 條第 1 項固定有明文。惟當事人對「證物之同一性」倘無爭議，審判長於審判期日依同法第 165 條規定，提示證物照片並告以要旨，以替代「實物提示」，既無礙證物之真實性及被告防禦權之行使，所踐行之調查證據程序，尚難指為違法。

背法令而顯然於判決無影響者，故不得以§380為上訴之理由[5]。舉例而言，A拿西瓜刀強盜B財物，被警逮捕，二審法院審判時，法官未提示該扣案的西瓜刀，僅提示內有該西瓜刀之扣押物清單後詢問A有無意見，A表示無意見。二審判決A有罪，甲不服而以用該法院判決未依法提示證物為由提三審上訴，有無理由？重點在於直接審理原則中的實質直接性，亦即證據替代品禁止，然而於直接審理原則的例外下，於當事人對於「有無證物存在」或「證物之同一性」無爭議時，實務上認為不妨礙被告防禦權，而不得以§380上訴第三審。

而證物提示須符合保護被告防禦權與貫徹直接審理原則，方可謂合法，故須進一步考慮，§288-1、§288-2審判長每調查一個證據完畢後，應詢問當事人意見，且法院應給當事人與辯護人有辯論證據證明力的適當機會，在法庭上提示證物時，應讓被告有充分爭執證據的機會，才可充分保障被告的防禦權。舉例而言，A住宅被警方搜扣，扣得制式手槍與海洛因。後A被檢察官起訴，一審判決A有罪，然案件上訴到二審，法官於審判期日未提示該手槍與海洛因，而是同時提示手槍與海洛因二份鑑定報告給A，A說：「鑑定報告的槍與海洛因都不是我的，冤枉啊～法官大人」，但二審仍判決A有罪，二審程序有無違法？A如提第三審上訴有無理由？此問題涉及證物提示§164的規定，原則上應實物提示。而提示與原始證物（實物）具有同等價值之證據資料，有同一性的情況下，因訴訟程序雖係違背法令而顯然於判決無影響者，對於被告防禦權無影響，

---

[5] 最高法院99年度台上字第2800號刑事判決：證物固須踐行「實物提示」，使之透過調查證據程序以顯現於審判庭，令當事人、代理人、辯護人或輔佐人辨認，始得採為認定事實之基礎。此「實物提示」規定，於當事人對於「有無證物存在」或「證物之同一性」（identification）有爭議時，固須嚴格遵守，否則足以影響被告防禦權利及判決結果。反之，當事人於「證物存在」及「證物同一性」之事實並無爭議時，審判長對此物證之調查證據方式，如已足以使當事人、代理人、辯護人或輔佐人理解為對此證據實施調查，雖未踐行此項「實物提示」程序，縱於法不合，然不足以影響被告防禦權利及判決結果者，仍不得執為上訴第三審之上訴理由，此徵之刑事訴訟法第三百八十條所規定「除前條情形外，訴訟程序雖係違背法令而顯然於判決無影響者，不得為上訴之理由」即明。

故不得以 §380 為上訴之理由而上訴第三審。然而法官有違反 §288-1、§288-2 逐一提示證物並詢問被告意見，而被告又無依照 §288-3 即時提出異議，而對於判決結果無影響者，實務認為可以治癒該瑕疵。然本例中的手槍與海洛因是否屬於 A 所有為 A 是否犯罪的關鍵，顯然對於判決結果有影響，故可上訴於第三審。

二、傳聞法則

　　傳聞證據是指聽聞的證據，該證據不是供述者本身親眼目睹的證據，而是透過口耳相傳而來，故傳達與表達的正確性無法跟原始證據相比擬，例如 A 打了 B 一下，鄰居阿姨跟鄰居阿伯說：「A 打了 B 二下」，鄰居阿伯又跟鄰居阿姨說：「A 打了 B 三下，B 成重傷」，鄰居阿姨又對鄰居阿公說：「A 把 B 打重傷，還摸她胸部」，話語傳來傳去下就會失真，由此可知供述證據不太可靠，因為人類記憶隨時間過去越久越模糊、人類的表達也不一定會清楚、人類的觀察也不一定是可靠的，例如有近視者於晚上將充氣娃娃當成屍體、人類也不一定是誠實的，甚至有時喜歡誇大（表演型人格）。

　　傳聞證據在不具可靠性下，必須某些程度的檢驗是否具有真實性，故必須經由反詰問的行使而認定其證據能力。而傳聞法則屬於落實直接審理原則的配套措施，亦即直接審理原則與反詰問可以來落實傳聞法則，兩者非對立狀態，反而是具有關聯性，直接審理原則重點在於法院與證據的關係，是否為原始證據而呈現於法官面前，傳聞法則重點在於當事人與證據的關係，某證據是否經合法調查，可用是否經過當事人詰問而確認其證據能力。

　　另外，被告以外之人於審判外所為的陳述可依照傳聞法則處理，但傳聞證據以外的證據，如被告的自白或犯罪工具等非供述證據，非傳聞法則處理範圍，必須用直接審理原則，兩者處於相輔相成的關係，實現合法調查程序。

三、言詞審理原則

（一）基本概念

審判原則上應採取言詞陳述為之，藉由當事人言詞的攻防、訴訟資料的提出，法院經由觀察當事人於審判庭的表現，才可作出心證，目的在於避免法官擅斷，同時保障被告防禦權。言詞審理原則相對的概念為書面審理原則，現行第三審程序為法律審，原則上不經言詞辯論。

（二）直接審理＋言詞審理＝直接言詞審理主義

1. 關於審理程序

要求法院需親自在當事人均在庭之情形下，以言詞之方式進行審判與證據之調查。

2. 關於證據能力

要求供述性之證據須為直接性之證據（非傳聞），且須以原證人之口頭證據（非書面證據）為之，原則上禁止將證人供述筆錄作為證據。

四、公開審理原則

公開審理原則是指法院之審理必須公開，然而在某些領域受到挑戰，例如被告及被害人的隱私、營業秘密、國家機密等，審判公開涉及人民的權利義務與國家安全，此時以不公開為當。

若依據法律應公開審理，但卻不公開審理，效果為 §379(3)「判決當然違背法令」。

第二章　刑事訴訟法的效力

第一節　刑事訴訟法的效力

刑事訴訟法的效力是指刑事訴訟法可適用在何人、何事、何時與何地，而從事追訴、審判與執行等問題。

而刑事審判權涉及國家主權之司法權作用，也就是我國可否審理該案件的問題，故若偵查中欠缺審判權應依據 §252(7) 為不起訴處分，審判中欠缺審判權應依據 §303(6) 為不受理判決。

有趣的是我國最高法院對於認為，若行為人的犯罪行為地與結果地有一在中國大陸，仍為我國審判權的範圍，因為大陸地區現在雖因事實上之障礙，為我國主權（統治權）所不及，但在大陸地區犯罪，仍應受我國法律之處罰[1]。最高法院等同揭示大陸地區猶屬我國之領域，且未放棄對此地區之主權，宛如黃粱美夢。

第二節　地的效力

我國刑法對人、事與地的適用範圍，係以屬地原則為基準，輔以國旗原則、屬人原則、保護原則及世界法原則，擴張我國刑法領域外適用之範圍，具體以言，即依刑法 §3、§5～§8 之規定所示，作為（刑事）案件劃歸我國（刑事）法院審判（實質審判權）之準據。是故，凡是刑法效力所及案件，刑事訴訟法效力亦及。

第三節　人的效力

總統任職期間，依照憲法 §52 除內亂、外患罪外，「暫時」不受刑

---

[1] 　最高法院 108 年度台上字第 334 號刑事判決。

事追訴。而釋字第 627 號解釋認為，如果不屬於總統刑事豁免權的範圍，得對之進行必要的措施及保全證據的處分，但不可限制總統的人身自由，也不得妨礙總統職權的正常行使，例如總統為某個殺人案時的目擊證人，可請總統當證人。

而民意代表方面，立法委員、地方議會議員在院內所為之言論與表決，對院外不負責任，故刑法效力不及，刑事訴訟法效力亦不及。於現役軍人方面，§1II 規定「現役軍人之犯罪，除犯軍法應受軍事裁判者外，仍應依本法規定追訴、處罰」。

第四節　事的效力

§1I「犯罪，非依本法或其他法律所定之訴訟程序，不得追訴、處罰」。因此一般來說刑事訴訟案件須依刑事訴訟法來追訴處罰，而洪仲丘事件後，現役軍人依照軍事審判法規定 §1I「現役軍人戰時犯陸海空軍刑法或其特別法之罪，依本法追訴、處罰」。同法 §1II 規定「現役軍人非戰時犯下列之罪者，依刑事訴訟法追訴、處罰：一、陸海空軍刑法第四十四條至第四十六條及第七十六條第一項。二、前款以外陸海空軍刑法或其特別法之罪」。同法 §1III 規定「非現役軍人不受軍事審判」。

簡言之，只有現役軍人＋戰時＋犯軍刑法＝依軍事審判法審判，其餘諸如現役軍人＋非戰時＋犯軍刑法＝依刑事訴訟法審判。所以應注意的是普通法院審判，使用刑事訴訟法，但實體法方面非必定使用的是刑法。而軍法法院審判，使用軍審法，但在實體法方面必定使用的是陸海空軍刑法。

第五節　時的效力

時的效力方面是採「程序從新主義」，亦即訴訟應依「裁判時」適用之法律所定之程序。相對於實體法方面原則上是從行為時法。

第三章　訴訟主體

　　訴訟主體是指法院、當事人，包含檢察官、自訴人及被告。而訴訟相關人員是指辯護人、輔佐人、代理人、告訴人、告發人、證人、鑑定人等，僅為各個訴訟行為之主體，非訴訟主體。

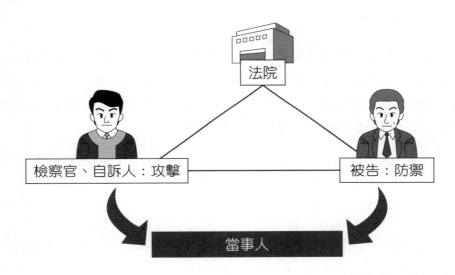

第一節　法院

壹、審級制度

一、三級三審制度

　　依據法院組織法 §1，我國法院可分成三級三審，分別為：

（一）地方法院

　　地方法院為事實審。事實審是指法院審判訴訟案件時，除了法律問題外，亦著重於證據的調查及事實的認定。

（二）高等法院

　　高等法院亦為事實審，為了使訴訟的審理能夠正確且慎重，而採取覆審制，也就是說高等法院就全部的事實證據再審查一次。

（三）最高法院

　　最高法院為法律審，只針對一、二審審理之判決適用法律有無違誤，不對案件事實進行認定。依照§394規定「第三審法院應以第二審判決所確認之事實為判決基礎。但關於訴訟程序及得依職權調查之事項，得調查事實」。第三審原則上不可逕行認定事實。

二、三級三審制度之例外

（一）內患、外患、妨害國家罪

　　因該類案件的第一審管轄法院為高等法院（§4），若不服可直接上訴到最高法院，且適用第三審程序（§375）。

（二）§376規定之案件

　　§376最重本刑為三年以下有期徒刑、拘役或專科罰金之罪、竊盜罪、侵占罪、詐欺罪、背信罪、恐嚇罪、贓物罪、毒品危害防制條例§10I之施用第一級毒品罪、§11IV之持有第二級毒品純質淨重20公克以上罪之案件，經第二審判決者，不得上訴於第三審法院。但第一審法院所為無罪、免訴、不受理或管轄錯誤之判決，經第二審法院撤銷並諭知有罪之判決者，被告或得為被告利益上訴之人得提起上訴。

（三）簡易判決處刑程序、簡式審判程序

　　此類程序屬於一級二審，即地方法院獨任庭、地方法院合議庭。

貳、內部組織

一、法院組織法§3

　　獨任制，一人為獨任法官。合議制「評議」，地方法院、高等法院為三人合議。最高法院為五人合議。

二、法院職務之分配

　　因其職務及權源之不同，尚有審判長、受命法官、陪席法官及受託法官之分。

（一）合議庭

1. 受命法官

　　合議審判之案件，為了準備審判得指定法官一人為受命法官，於審判期日前訊問被告及整理事實爭點及證據（§279）。受命法官行準備程序，與法院或審判長有同一之權限。

2. 陪席法官

　　合議庭除審判長、受命法官以外於審判期日出現。參與合議審判之陪席法官，得於告知審判長後，訊問被告或準用§166IV及§166-6II之規定，訊問證人、鑑定人（§170）。

3. 審判長

　　獨任審判，即以該法官行審判長之職權。合議審判，以庭長充審判長；無庭長或庭長有事故時，以庭員中資深者充之，資同以年長者充之。其權限主要如指定審判期日（§63）；簽發傳票、拘票、押票、搜索票（§71IV、§77III、§102III、§128III）；傳喚證人（§175III）；許可或駁回拒絕證言（§183II）；選任鑑定人（§198）；許可或駁回拒卻鑑定人

（§201）；許可選任非律師為辯護人（§29）；指定與撤銷辯護人（§31）；行使訴訟指揮權及法庭警察權（§282、§283）等。

（二）受託法官

受本案繫屬法院審判長之囑託，在其法院所在地行搜索、扣押或訊問證人、鑑定人、通譯之法官為受託法官（§195III）。

三、法官來源

（一）職業法官制度

國家依一定方式選取，或由考試分發，或由律師、學者、檢察官轉任等方式而經國家任用，職業法官具有法律上的專業性與獨立性。有認為[1]缺點在於長期為審判工作，與社會少有接觸而對於案件事實常淪於專斷，與人民感情與期待有所落差。

（二）平民法官制度：陪審制與參審制

1. 陪審制度（美國）

由職業法官與民間陪審員共同組成法院，職業法官判斷犯罪科刑的問題，而陪審員分成大陪審（Grand Jury）16～23 人，職司重罪是否向法院起訴與否，採多數決。小陪審（Petit Jury）12 人以下，職司事實審理。而法官依照量刑指南適用法律。簡言之，陪審制是經由平民所組成陪審團來決定被告有、無罪，而於有罪時，由法官單獨量刑。

陪審制的優點在於一般國民的參與下可以得到合乎國民常識的結論，更合乎民主原則，此外，國民的社會經驗比較具有說服力與公信力，更可以增加人民對法院的信賴。陪審制中人民主要是針對事實的認定，於認定

---

[1]　王兆鵬、張明偉、李榮耕，刑事訴訟法（上），2022 年 3 月，頁 43。

事實的過程中，重視利用瑣碎法律規定了能力，是一種重視國民的論理與判斷力的展現。

　　陪審制的缺點在於裁判本身重視法秩序的維持，而法秩序的維持責任應該由國家機關承擔較妥，而雖然陪審制合乎民主原則，但必須優先考慮法治國原則的貫徹。此外，國民的社會經驗的重要性不可否認，但有時容易流於個人情感反應的流弊，最後雖然事實認定的論理與判斷力很重要，但與法律的判斷一樣都需要藉由訓練與經驗的累積提升論理與判斷力[2]。

2. 參審制度

　　專家參審、（德國）平民參審制、（日本）裁判員制度。參審員同時審理事實及法律問題，與職業法官共同參與審判程序。亦即參審制是由平民中選出的參審員與職業法官共同組成合議庭且共同決定有罪、無罪及量刑。

　　參審制，因為是參與人民與法官共同討論，缺點在於人民較容易受法官的意見左右，但人民最終判決上具備影響力，人民的心證也會影響法官的專斷。

3. 我國現行制度以職業法官與國民法官制度併行

　　我國於民國 112 年開始推行的「國民參與審判」制度，係讓完全沒有審判專業知識、經驗的一般國民以抽選的方式加入審判程序，參與聽訟、問案及最後判決形成的過程，亦即可以親自見聞法官指揮訴訟、檢察官舉證、被告及辯護人辯解、證人到庭證述、鑑定過程及結論、被害人陳述等一切程序與事證，最後在評議時處於跟法官對等地位相互討論、陳述意見，與法官共同形成法院最終決定。優點在可以彰顯民主原則，也使法院審理及評議程序透明化，最重要的是可以使人民與司法充分互相認識與理解，增加法院看事情的視角，增加國民的信賴（參具下冊第六篇）。

---

[2]　黃朝義，刑事訴訟法，2013 年 4 月，頁 75-76。

參、法院的管轄

一、管轄權概說

審判權是處理該法院有無權利審判的問題，亦即刑事訴訟法的效力範圍（例如普通法院具有刑事審判權，而行政法院則無該權利、現役軍人戰時犯陸海空軍刑法，應由軍事法院審判，而非普通法院審判），而有審判權才有管轄權。管轄權是指普通法院具有刑事審判權之後，該案件要分配給哪一個法院行使審判權（例如 A 犯了殺人罪，普通法院具有刑事審判權，行政法院則不具有刑事審判權，而 A 的案件要給嘉義地方法院處理或是要給雲林地方法院處理）。法院應職權調查是否具有管轄權，若法院職權調查後認為無管轄權而未諭知管轄錯誤，則屬判決違背法令（§304、§379(4)）。另外，法院具有管轄權之後，該案件要交給哪一個法官審理，則屬於法院內部事務分配的問題。

無審判權與無管轄權之處理

必須先審查有無審判權，再審查有無管轄權，如已經無審判權即無須再審查有無管轄權。

	審判權－抽象的管轄權	管轄權－劃分法院行使審判權之範圍
意義	劃歸法院審判之範圍	劃分法院行使審判權之範圍
順序	先審查	後審查

（一）無審判權案件

1. 偵查中，檢察官應不起訴處分（§252(7)）。

2. 審判中：

(1) 公訴案件，法院諭知不受理判決（§303(6)）。

(2) 自訴案件，法院諭知不受理判決（§343 準用 §303(6)）。

（二）無管轄權案件

1. 偵查中，檢察官知悉不屬於該管法院管轄，應分別通知或移送有管轄權的檢察官（§250）。

2. 審判中，應為管轄錯誤判決。公訴案件時法官應職權移送於有管轄權的法院（§304）。

　　自訴案件時如非經由自訴人聲明，不用移送案件給有管轄權的法院（§335）。

二、管轄權的法理 —— 法定法官原則

　　由憲法 §8、§16 衍生出法定法官原則，即何種案件應由何法官承辦審理，須「事先」以「抽象、一般」法律原則規定，不待具體個案發生後再決定。目的在於避免司法行政介入而干預司法獨立性。

釋字第 665 號解釋部分協同意見書

　　任何人受法律所定法官審理之權利，不得剝奪 —— 此即為學理所稱之法定法官原則，其內容包括應以事先一般抽象之規範明定案件分配，不得恣意操控由特定法官承辦，以干預審判。

三、管轄的種類

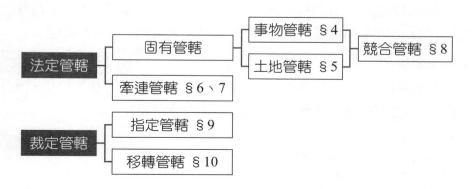

（一）法定管轄：法院直接依照法律抽象的劃分標準所取得之管轄（原則）

1. 固有管轄

(1) 事物管轄 §4

① 概念

　　事物管轄是指依照刑事案件的性質或刑罰輕重定第一審之管轄法院，§4規定「地方法院於刑事案件，有第一審管轄權。但左列案件，第一審管轄權屬於高等法院：一、內亂罪。二、外患罪。三、妨害國交罪」。因於內亂、外患及妨害國交罪之案件侵害國家法益，情節重大，宜速審速結，以維國家對內之統治、對外之存立與尊嚴，立法者權衡國家法益之受侵害及被告審級利益之保護，於§4但書特別規定此類案件之第一審管轄權屬於高等法院[3]。§4但書當事人僅有一次事實審機會，為三級三審制度的例外。另外，事物管轄無管轄恆定原則適用，如檢察官起訴與法官認為的犯罪不同時，要以法院所認定的為主。

② 判定時期

　　事物管轄涉及「不同審級」之間的法院管轄，因此事物管轄之有無，「應依起訴時至最終裁判時」定之。換句話說，法院必須從開始到結束皆對該案件具有事物管轄權，且法院須隨時職權調查事物管轄之有無[4]。

③ 事物管轄的特色

　　事物管轄皆屬於強制辯論案件（§31）。由於事物管轄第一審為高等法院，故而不得聲請簡易判決處刑、不得行簡式審判、不得協商程序。

④ 認定錯誤之處理

　　因為事物管轄認定錯誤可能會涉及當事人的審級利益，故§379(4)規定「法院所認管轄之有無係不當者」，判決當然違背法令。

---

[3]　最高法院98年度台上字第1391號刑事判決。
[4]　最高法院48年度台上字第837號刑事判決。

(2) 土地管轄 §5

① 概念

　　事物管轄只能確定哪一個審級的法院為第一審，而「同審級」間的案件分配取決於土地管轄。「土地管轄」係以犯罪地或被告之住所、居所或所在地定法院管轄（§5I），在中華民國領域外之中華民國船艦或航空機內犯罪者，船艦本籍地、航空機出發地或犯罪後停泊地之法院，亦有管轄權（§5II）。

② 認定時期

　　法院必須職權調查，以起訴時為準，因避免被告的住、居所於程序進行中一直變更。故管轄必須恆定，稱為管轄恆定原則。

③ 犯罪地

　　犯罪地包含犯罪的行為地、結果地，因犯罪地與犯罪直接相關，故而易於調查。例如 A 在嘉義利用 B 去台北殺人，A 為殺人罪的間接正犯，此時 A 的利用行為地在嘉義，結果地在台北，兩地法院皆可取得土地管轄權。

　　關於網路犯罪（例如：投資詐欺、匿名誹謗）方面，由於只要有具有接受訊息的設備處，即可接收行為人的犯罪訊息，甚至設備處所亦能隨接收者的移動（例如甲從新北騎重機行經北宜公路至宜蘭時，看到 A 哥於社交媒體連續發文稱甲為山道猴子等）犯罪結果出現於多處犯罪地，其犯罪的管轄法院的認定富饒趣味，本書認為管轄法定原則的目的在於防止告訴或告發人隨意選擇法院而間接達到操控判決的結果，以保障被告受公平審判的權利且亦應思考後續檢察官聲請併辦的問題，自不應過度廣泛認定犯罪地。

④ 被告住、居所

　　住所是指依一定事實，足認以久住之意思，住於一定之地域者，即為設定其住所於該地。而居所是指無久住意思而暫時居於一定地域。以被告之住居所地為基準之理由在於便利被告出庭應訊。

⑤ 所在地

　　實務認為所在地是指被告「起訴當時」所在之地而言，且以起訴時為準，至其所在之原因，無論自由或出於強制皆所不問[5]，換言之，以被告遭起訴時身體所在地為準，包含逮捕地、羈押地、服刑監所所在地。

　　學說認為被告之所在地應限於被告任意性所在地，不包含非任意性所在地，以免減損法定法官原則，故 §5 應作目的性的限縮[6]，如果國家以強制力隨意變更被告所在地，無異使「被告本身」成為移動的管轄的依據（§103-1 規定「偵查中檢察官、被告或其辯護人認有維護看守所及在押被告安全或其他正當事由者，得聲請法院變更在押被告之羈押處所」）。例如居住雲林地方角頭 A，涉嫌多起恐嚇取財案件，經雲林地檢通緝在案，一日 A 上台北遊玩遭到逮捕聲請羈押，經檢察官 B 聲請羈押獲准，送至台東綠島羈押。此時依照實務見解，台東地方法院取得土地管轄權，而學說見解，則否定之。

⑥ 對於土地管轄之有無有爭執，能否上訴到第三審

　　多數實務[7]認為得上訴第三審，因 §379(4) 未限於事物管轄方可以判決違背法令而上訴第三審。惟亦有實務[8]認為不得為上訴第三審之理由。

---

[5]　最高法院 105 年度台非字第 210 號刑事判決。

[6]　林鈺雄，綠島專案之管轄爭議，月旦法學雜誌，第 63 期，2000 年 8 月，頁 16-17。

[7]　最高法院 103 年度台非字第 305 號刑事判決：同法第三百七十九條第四款所規定「法院所認管轄之有無係不當者」之違背法令情形，不問其為土地管轄抑事務管轄，均有其適用。

[8]　最高法院 94 年度台上字第 2837 號刑事判決：關於法院之管轄得為第三審上訴理由者，以屬於事務管轄為限，至於土地管轄之有無，尚不得據為第三審之上訴理由。上訴意旨以本件犯罪發生地在台北市，應由台灣台北地方法院檢察署管轄最適當，原審未依職權調查檢察官起訴時，上訴人是否仍在台東岩灣技能訓練所感訓，違反刑事訴訟法第三百七十九條第四、五款云云，尚非上訴第三審之適法理由。

案 例

　　居住於 A 地之被告甲，於 B 地犯竊盜罪，經 C 地檢察官傳喚到案，訊問後認其有羈押之原因與必要，乃當庭諭令逮捕，而向 C 地法院聲請羈押被告甲，經法院訊問後，准予檢察官之聲請，裁定羈押被告甲。經被告甲提出抗告，試問抗告法院對於 C 地法院之裁定，應如何處理？

擬 答

　　C 地法院羈押裁定不合法，§93II 本文「偵查中經檢察官訊問後，認有羈押之必要者，應自拘提或逮捕之時起二十四小時內，以聲請書敘明犯罪事實並所犯法條及證據與羈押之理由，備具繕本並檢附卷宗及證物，聲請該管法院羈押之」，檢察官聲押應向該管法院為之，故作成羈押處分的法院必須有 §4 事物管轄與 §5 土地管轄。

　　被告所在地，所在原因有無限制，實務上認為沒有限制，學說則認為限於被告任意所在地。若採學說見解，檢察官聲押時，甲所在地為 C 地，但甲在 C 地是因檢察官逮捕（非任意原因），故 C 地院對本件羈押聲請無管轄權。最後依據 §413 抗告法院認甲的抗告有理由時應撤銷原裁定，必要時得自為裁定。

(3) 競合管轄 §8（管轄權的競合）

① 概念

　　同一案件下因事物管轄、土地管轄原因不只一種，以土地管轄為例，同一案件的犯罪地、住所地、身體所在地可能都不同，而使數法院同時有管轄權且皆呈現合法繫屬（案件皆合法存在於法院、案件皆繫屬後）狀態時，會發生管轄權的積極衝突，故競合管轄的目的在於解決因為土地管轄造成重複的管轄權的問題，以免兩個以上的法院所為的裁判矛盾，因國家刑罰權的矛盾而使人民對司法失去信賴。

② 競合管轄的對象

　　競合管轄的對象為同一案件。同一案件＝同一被告＋同一犯罪事實。如為數個案件則為牽連管轄的問題。

③ 競合管轄的處理方式

　　競合管轄的處理方式為優先原則，優先原則是指同一案件合法繫屬於兩個以上的法院，此時以先繫屬的法院優先審判，後繫屬者則不得審判，例如 A 住台北而在台中殺 B，臺北、臺中地檢署分別起訴 A 殺人罪，原則上由先繫屬的臺北地院審判，例外由共同上級法院裁定。

④ 管轄競合之處理

　　原則上若法院「判決前」發現競合管轄的情形，後繫屬法院應依據 §303(7)「依第八條之規定不得為審判者」，諭知不受理判決。若先繫屬的法院已經判決確定，後繫屬法院應依據 §302(1)「曾經判決確定者」諭知免訴判決。

同一案件先後繫屬之法院皆為「確定判決時」，如何處理？

　　甲觸犯殺人罪，該同一案件先後於 A、B 法院合法繫屬，而兩個法院皆為判決確定，此時如何處理？

一、類型一：先繫屬之法院判決，一審在後，但卻先確定

```
A 法院：------繫屬 ---------------------判決 ------ 確定 --------
B 法院：----------------繫屬 ------ 判決 ----------------------- 確定
```

（一）A 法院先繫屬，A 法院為得審理之法院，故有管轄權，A 法院依照 §8 得合法為確定判決。（得審者，恆得審）

（二）後繫屬的 B 法院為不得審理之法院，其確定判決要以非常上訴（法律錯誤）撤銷 B 的確定判決，以 B 法院的「判決」（B 法院作出意思表示）的時點做觀察，該時點 A 法院的判決「尚未確定」，B 法院必須依 §303(7) 對該同一案件諭知不受理判決。（不得審者，恆不得審）

二、類型二：先繫屬之法院，一審判決在先且先確定

A 法院：---繫屬 ------- 判決 ------ 確定 -------------------------
B 法院：----------- 繫屬 ------------------------ 判決 ---------- 確定

（一）A 法院先繫屬，A 法院為得審理之法院，故有管轄權，法院依照 §8 得合法為確定判決。（得審者，恆得審）

（二）後繫屬的 B 法院為不得審理之法院，其確定判決要以非常上訴（法律錯誤）撤銷 B 的確定判決，以 B 法院的「判決」的時點做觀察，該時點 A 的判決「已經確定」，B 必須依照 §302(1) 對該同一案件諭知免訴判決。（不得審者，恆不得審）

三、類型三：後繫屬之法院，一審判決在先，確定判決先於先繫屬之法院的一審判決

A 法院：---繫屬 ------------------------------ 判決 --------- 確定
B 法院：----------繫屬 --- 判決 --- 確定 ---------------------

　　此情形本書稱之「光速判決確定」，也就是先繫屬法院於繫屬後判決前，後繫屬法院已經判決且確定，後繫屬法院審理速度有如光速般迅速。

（一）原則上

依照上述之邏輯推理，A法院先繫屬，A法院為得審理之法院，故有管轄權，法院依照§8得合法為確定判決。

（二）但釋字第47號[9]針對類型三的情形

先後犯行繫屬於不同法院，後法院併前案先行判決確定，先法院應如何處理？釋字第47號指出以判決先確定的法院為主。

故而在後繫屬的B法院，在A法院判決前已經確定，釋字第47號基於尊重既判力之觀點下認為應以B法院的確定判決為主，A法院之後的確定判決應以非常上訴撤銷，以A法院的「判決」的時點觀察，該時點B法院已經作成確定判決，以A法院的判決時點為觀察，A法院要必須依照§302(1)對該同一案件諭知免訴判決[10]。

四、類型四：後繫屬之法院，一審判決在先且確定在先

A法院：	------繫屬---------------------判決------------------確定
B法院：	------------繫屬----------判決------------確定-----------

此情形本書稱之「音速判決確定」，也就是先繫屬法院於繫屬後判決前，後繫屬法院已經判決，然未確定，後繫屬法院審理速度有如音速般迅速，但遜於光速之速度。

---

[9] 大法官釋字第47號解釋文：刑事訴訟法第八條之主要用意，係避免繫屬於有管轄權之數法院對於同一案件均予審判之弊。據來呈所稱，某甲在子縣行竊，被在子縣法院提起公訴後，復在丑縣行竊，其在丑縣行竊之公訴部分原未繫屬於子縣法院，自不發生該條之適用問題。又丑縣法院係被告所在地之法院，對於某甲在子縣法院未經審判之前次犯行，依同法第五條之規定，得併案受理，其判決確定後，子縣法院對於前一犯行公訴案件，自應依同法第二百九十四條第一款規定，諭知免訴之判決。

[10] 最高法院105年度台非字第152號刑事判決：案件曾經判決確定者，應諭知免訴之判決，刑事訴訟法第三百零二條第一款定有明文。又已經提起公訴之案件，在同一法院重行起訴者，若先起訴之判決雖確定在後，但於判決時，後起訴之判決，已經先行確定，則應以先確定者為有既判之拘束力，後確定者，應依同法第三百零二條第一款之規定為免訴之諭知。

（一）A 法院先繫屬，A 法院為得審理之法院，故有管轄權，法院依照 §8 得合法為確定判決。

（二）釋字第 168 號[11] 認為後繫屬之 B 法院的確定判決必須非常上訴撤銷，以 B 法院的「判決」時點作觀察，該時點 A 法院的判決尚未確定，B 必須對該同一案件依照 §303(7) 諭知不受理判決。然而若以釋字第 47 號之尊重既判力的觀點下應以 B 法院的確定判決為準，A 法院之後的確定判決應以非常上訴撤銷，以 A 法院的「判決」的時點觀察，該時點 B 已經作成確定判決，A 要必須依照 §302(1) 對該同一案件諭知免訴判決。

　　釋字第 168 號的觀點為優先原則（先繫屬者優先審判），相較於釋字第 47 號下較強調判決確定的效力，因判決確定代表國家對被告刑罰權消滅，應以確定判決為準。有學者認為於此情形下應該依照釋字第 47 號的尊重既判力觀點處理[12]，然現行實務上認為「光速判決確定」與「音速判決確定」中，因為不同情形，而處理方式不同[13]，由此可知道，實務見解中除了「光速判決確定」外，其他的情形皆以優先原則為標準。

---

[11] 大法官釋字第 168 號解釋文：已經提起公訴或自訴之案件，在同一法院重行起訴者，應諭知不受理之判決，刑事訴訟法第三百零三條第二款，定有明文。縱先起訴之判決，確定在後，如判決時，後起訴之判決，尚未確定，仍應就後起訴之判決，依非常上訴程序，予以撤銷，諭知不受理。

[12] 黃朝義，競合管轄與併案處理，月旦法學教室，第 21 期，2004 年 7 月，頁 20-21。

[13] 最高法院 103 年度台非字第 73 號刑事判決：又同一案件繫屬於有管轄權之數法院者，由繫屬在先之法院審判之。但經共同之直接上級法院裁定，亦得由繫屬在後之法院審判，亦為同法第八條所明定。再同法第三百零三條第七款規定，依第八條之規定不得為審判者，應諭知不受理之判決。然同法第三百零二條第一款亦規定，同一案件曾經判決確定者，應諭知免訴之判決。此即訴訟法上所謂一事不再理原則。準此，先起訴之判決確定在後，如判決時後起訴之判決尚未確定，仍應就後起訴之判決，依非常上訴程序予以撤銷，而諭知不受理判決。惟若先起訴之判決確定在後，如判決時後起訴之判決已經確定，應以先確定者為有既判之拘束力，後確定者自應為免訴之判決。

最高法院 105 年度台非字第 238 號刑事判決

　　定應執行刑之裁定與科刑判決有同等效力，其確定裁定如違背法令，對之自得提起非常上訴。又一事不再理，為刑事訴訟法之基本原則，而定應執行刑之裁定，既與科刑判決有同等效力，其應受一事不再理原則之拘束，自不待言。另關於同一案件重行起訴，應如何救濟？業經司法院釋字第一六八號解釋之解釋文載明：「已經提起公訴或自訴之案件，在同一法院重行起訴者，應諭知不受理之判決，刑事訴訟法第三百零三條第二款，定有明文。縱先起訴之判決，確定在後，如判決時，後起訴之判決，尚未確定，仍應就後起訴之判決，依非常上訴程序，予以撤銷，諭知不受理。」就同一定應執行刑之案件，在同一法院重複聲請時，為免一案兩裁，參照刑事訴訟法第三百零三條第二款規定之法理及上開解釋之意旨，縱法院就後聲請案件，已為定應執行刑之裁定，且於先聲請案件裁定後，先行確定，但先聲請案件為裁定時，後聲請案件裁定既未確定，即無既判力，先聲請案件之裁定，依法不受其拘束，其所為定應執行刑之裁定，自不能因後聲請案件之裁定先確定，而成為不合法。是就後聲請案件之聲請本應從程序上予以駁回，倘誤為實體裁定，自不合法且不利於被告，如已確定，仍應就後聲請案件之裁定，依非常上訴程序，予以撤銷。惟若先聲請案件之裁定，確定在後，如裁定時，後聲請案件之裁定，已經確定，應以先確定者為有既判之拘束力，後確定者，應為駁回之諭知。

　　本件被告分別犯原裁定附表編號 1、2 所示圖利媒介性交罪二罪，先後經台灣台北地方法院（下稱原審法院）判處罪刑確定，嗣台灣台北地方法院檢察署（下稱台北地檢署）檢察官以其合於數罪併罰規定，聲請定應執行刑及易科罰金之折算標準，於 105 年 6 月 29 日繫屬於原審法院，並經該院於同年 8 月 30 日以 105 年度聲字第 1713 號裁定定應執行刑有期徒刑六月，及諭知如易科罰金之折算標準（下稱前案，即原確定裁定），於同年 9 月 13 日確定。惟台北地檢署檢察官未察，就被告所犯之同上二罪，復聲請定應執行刑及易科罰金之折算標準，於同年 8 月 4 日繫屬於原審法院，該院未從程序上予以駁回，

竟依其聲請，仍就上開二罪所處之刑，於同年 8 月 12 日再以 105 年度聲字第 1946 號裁定，重複定其應執行有期徒刑七月，及諭知如易科罰金之折算標準（下稱後案），並於同年 9 月 9 日確定等情，有相關卷宗所附各該裁定及被告之刑案資料查註表可稽。揆諸前揭說明，本件前案（即原確定裁定）雖裁定在後，但檢察官聲請繫屬同一法院在先，且前案於 105 年 8 月 30 日裁定時，後案尚未確定，即無既判力，前案之裁定，依法不受其拘束，故本件原審法院就前案所為定應執行刑裁定，並無違法。本件非常上訴對先聲請之前案（即原確定裁定）提起非常上訴，非有理由，應予駁回。

2. 牽連管轄

(1) 概念

各具體刑事案件本應依照前述之原則決定管轄法院，但有些「不同案件」間具有特殊關聯，故而本法規定牽連管轄，使具有相牽連關係之「不同案件」，由其中一個管轄法院合併管轄。其目的為訴訟經濟，使原本沒有固有管轄權的法院可以獲得牽連管轄權而可以合併管轄，檢察官起訴後可合併審判。另外也可避免被告、證人、鑑定人承受奔波之苦。

(2) 情形

① 一人犯數罪者、數人共犯一罪或數罪者

牽連管轄以「不同案件」為前提，以一人犯數罪為例，同一被告 A 為不同的犯罪事實（例如 1 月 2 日於嘉義犯強盜罪與 1 月 15 日台北犯公然侮辱罪），此時非屬於同一案件，有牽連管轄的適用，將案件移送至嘉義或台北地方法院皆可。

又實務上認為 §7(1) 所規定「一人犯數罪」之相牽連案件由不同級法院管轄或繫屬者，仍須其訴訟程度相同或有證據之共通性、特殊的關聯性關係，始能達合併審判訴訟便宜經濟之效 [14]。

---

[14] 臺灣高等法院 105 年度上訴字第 2935 號刑事判決。

② 數人同時在同一處所各別犯罪者

在刑事實體法稱之為「同時犯」，例如 A、B、C 於同一個地方，沒有犯意聯絡下而各自為竊盜或吸毒行為、又例如互不相識的 A、B 開車在路上不慎而相互對撞，亦屬於同時犯。而在行賄罪與收賄罪，在性質上非具有二人以上之共同關係，即無由成立，學理上稱為「對立犯」，二者有 §7(3) 所稱之「數人同時在同一處所各別犯罪」之相牽連關係[15]。

③ 犯與本罪有關係之藏匿人犯、湮滅證據、偽證、贓物各罪者

因為藏匿人犯、湮滅證據、偽證、贓物各罪與本罪關係密切，故亦屬於相牽連案件。例如 A 住在 Z 地，但於 X 地犯竊盜罪，後 A 與住在 Y 地之 B 相約在 X 地收受贓物，依照 §5 下 Z 地與 X 地對 A 有管轄權，Y 地與 X 地對 B 有管轄權，與竊盜罪（本罪）有密切關係之罪（收受贓物罪），可合併於 X 地管轄、審判。

(3) 牽連管轄的範圍

關於牽連管轄的範圍，實務認為 §7 各款規定之相牽連案件，不以直接相牽連為限。即使數案件彼此間並無直接相牽連關係，然如分別與他案件有相牽連關係，而分離審判，又可能發生重複調查或判決扞格之情形，應認各該案件均為相牽連案件，而得合併由一法院審判，始能達成相牽連案件合併管轄之立法目的[16]。

例如 A、B 一起竊盜，B、C 一起打人，C、D 一起殺人，實務認為數案件之間不以直接相牽連為限，故可將之合併處理。然而本書認為實務上將相牽連的範圍擴張到牽連再牽連，但如此做法等同於法官造法，將有減損法定法官原則，而且如果該以解釋下而牽連過廣下並無促進訴訟經濟效果。

---

[15] 最高法院 108 年度台上字第 3827 號刑事判決。
[16] 最高法院 104 年度台上字第 2227 號刑事判決、最高法院 107 年度台上字第 764 號刑事判決。

(4) 牽連管轄之目的性限縮

近期實務[17]認為相牽連案件必須合乎妥速審判法之意旨，基於其立法目的係維護刑事審判之公正、合法、迅速，保障人權及公共利益，相牽連案件應以客觀上確實能獲得訴訟經濟效益之前提下，核實審查檢察官認「宜」追加起訴案件是否妨害被告之訴訟防禦權，俾與公平法院理念相契合。因此，得追加起訴之相牽連案件，限於與最初起訴之案件有訴訟資料之共通性，且應由受訴法院依訴訟進行程度決定是否准許，以合乎被告之訴訟防禦權及辯護依賴權有效行使。

最高法院 108 年度台上字第 3879 號刑事判決

按起訴之程序違背規定者，應諭知不受理之判決，並得不經言詞辯論為之，刑事訴訟法第 303 條第 1 款、第 307 條分別定有明文。次按於第一審言詞辯論終結前，得就與本案相牽連之犯罪或本罪之誣告罪，追加起訴，同法第 265 條第 1 項定有明文。又所謂「相牽連案件」，係指同法第 7 條所列：（一）一人犯數罪；（二）數人共犯一罪或數罪；（三）數人同時在同一處所各別犯罪；（四）犯與本罪有關係之藏匿人犯、湮滅證據、偽證、贓物各罪者而言。上開條文之立法意旨無非係以案件一經起訴，起訴範圍隨之特定，若准許檢察官任意擴張追加起訴與本案非屬同一案件之案件，不僅減損被告之防禦權利，亦有損訴訟迅速之要求，惟若一概不許追加，則本可利用原已經進行之刑事訴訟程序一次解決之刑事案件，均須另行起訴，亦有違訴訟經濟之要求，故在被告訴訟權利、訴訟迅速審結，以及訴訟經濟之衡量下，特設上述第 265 條追加起訴之規定。然我國刑事訴訟制度近年來已歷經重大變革，於民國 92 年 9 月 1 日起施行修正之刑事訴訟法已採改良式當事人進行主義，於證據共通原則設有第 287 條之 1、之 2 之分離調查證據或審判程序之嚴

---

17 最高法院 108 年度台上字第 3879 號刑事判決、最高法院 108 年度台上字第 4365 號刑事判決。

格限制，並於第 161 條、第 163 條第 2 項限制法院依職權調查證據之範圍；再於 95 年 7 月 1 日施行之刑法廢除連續犯與牽連犯，重新建構實體法上一罪及數罪之概念；嗣於 99 年 5 月 19 日制定並於 103 年 6 月 4日、108 年 6 月 19 日修正公布之刑事妥速審判法，立法目的係維護刑事審判之公正、合法、迅速，保障人權及公共利益，以確保刑事被告之妥速審判權利，接軌公民與政治權利國際公約及經濟社會文化權利國際公約施行法所揭示健全我國人權保障體系。從而，在刑事訴訟法、刑法均已修正重構訴訟上同一案件新概念，為落實刑事妥速審判法所揭示保障人權之立法趣旨，法院審核追加起訴是否符合相牽連案件之法定限制要件，及追加起訴是否符合訴訟經濟之目的，更應與時俱進，作目的性限縮解釋，以客觀上確能獲得訴訟經濟效益之前提下，核實審查檢察官認「宜」追加起訴案件是否妨害被告之訴訟防禦權，俾與公平法院理念相契合。因此，得追加起訴之相牽連案件，限於與最初起訴之案件有訴訟資料之共通性，且應由受訴法院依訴訟進行程度決定是否准許。倘若檢察官之追加起訴，雖屬刑事訴訟法第 7 條所定之相牽連案件，然案情繁雜如併案審理難期訴訟經濟（例如一人另犯其他繁雜數罪、數人共犯其他繁雜數罪、數人同時在同一處所各別犯繁雜之罪），對於先前提起之案件及追加起訴案件之順利、迅速、妥善審結，客觀上顯然有影響，反而有害於本訴或追加起訴被告之訴訟防禦權及辯護依賴權有效行使；或法院已實質調查審理相當進度或時日，相牽連案件之事實高度重疊，足令一般通常人對法官能否本於客觀中立與公正之立場續行併案審理，產生合理懷疑，對追加起訴併案審理恐存預斷成見，有不當侵害被告受憲法保障公平審判權利之疑慮；或依訴訟進行程度實質上已無併案審理之實益或可能等情形，法院自可不受檢察官任意追加起訴之拘束。遇此情形，受理不當追加起訴之法院，當然可以控方之追加起訴，不適合制度設計本旨為由，依同法第 303 條第 1 款關於「起訴之程序違背規定」之禁制規範，就追加起訴部分，諭知不受理判決，實踐刑事妥速審判法第3 條所揭示的誡命，方能滿足正當法律程序及實現公平法院之理念。

(5) 牽連管轄的處理：§6

① 依據 §6 之整理如下

（一）繫屬前，以「合併」方式處理
1. 同級法院，合併其中一法院管轄（§6I）。
2. 不同級法院
(1) §6III 本文
　　不同級法院管轄之案件相牽連者，得合併由其上級法院管轄。
(2) §6III 但書
　　因 §7(3) 而形成牽連管轄，相對其他可合併事由較不具理由，故排除之。
（二）已繫屬，以「裁定」方式處理
1. 同級法院
　　如各案件已繫屬於數法院者，經各該法院之同意，得以裁定將其案件移送於一法院合併審判之；有不同意者，由共同之直接上級法院裁定之（§6II）。
2. 不同級法院
(1) §6III 本文
　　已繫屬於下級法院者，其上級法院得以裁定命其移送上級法院合併審判。
(2) §6III 但書
　　因 §7(3) 而形成牽連管轄，相對其他可合併事由較不具理由，故排除之。

---

② 是否合併法院具有裁量權

　　§6I、III 前段規定：「數同級法院管轄之案件相牽連者，『得』合併由其中一法院管轄」、「不同級法院管轄之案件相牽連者，『得』合併由其上級法院管轄」，既謂「得」，即有裁量權，自非指相牽連之案件一律應予合併管轄。易言之，一人犯數罪之相牽連案件，是否合併由同一法院審判，本屬法院依職權決定事項[18]。

③ 若有部分案件已經先行判決就無從合併管轄、審判

　　§6 規定就數同級法院管轄之相牽連案件，得合併由其中一法院管轄，重在避免多次調查事證之勞費及裁判之歧異，以符合訴訟經濟及裁判

---

[18] 最高法院 106 年度台上字第 1450 號刑事判決、最高法院 108 年度台上字第 3292 號刑事判決。

一致性之要求；然而，倘其中有部分案件已經先行判決者，自無從合併管轄、合併審判[19]。

案例

　　甲住台中，有賣毒前科。乙住桃園而乙欲向甲買毒而相約到桃園火車站，乙帶毒到嘉義的夜店施用而被捕，甲、乙被移送嘉義地院檢察署起訴。嘉義地院對甲、乙均有管轄權？若乙因車禍死亡經北院不受理，法院可否就甲部分續行審理？理由為何？

擬答

　　嘉義地院對甲、乙均有管轄權，實務上認為§5土地管轄的犯罪地與犯罪有直接關聯性而容易調查證據，故有該規定，而被告之住所、居所或所在地則是因為便利被告出庭而有該規定。而§6規定就數個同級法院管轄的相牽連案件，得合併由其中一法院管轄，目的在於避免調查事證反覆之勞費且避免判決矛盾。§15規定之相牽連案件，得由一「檢察官」合併偵查或合併起訴。

　　§7的相牽連案件，不以直接相牽連為限。即使數案件彼此間並無直接相牽連關係，然如分別與他案件有相牽連關係，而分離審判，又可能發生重複調查或判決扞格之情形，依上開規定及說明，自應認各該案件均係相牽連案件，而得合併由一法院審判，始能達成相牽連案件合併管轄之立法目的。本案中甲販毒之行為之管轄法院為台中、桃園地院，乙住桃園為其管轄法院為桃園地院，而乙施用毒品之管轄法院為桃園、嘉義地院。嘉義地院僅就乙施用毒品有管轄權，但甲、乙分別犯的罪屬於§7(2)數人共犯一罪之相牽連案件，依據§6得由嘉義地院合併管轄。

---

[19] 最高法院106年度台上字第1976號刑事判決。

　　嘉義地院可就甲部分續行審判，因實務認為相牽連的兩個案件合併管轄並受理，經審理後即使認原有管轄權部分無罪、免訴、不受理之判決，法院仍要就合併管轄之他案續行審理。　　　　　　　　　　　■

（二）裁定管轄：法院基於一個特別裁定的具體劃分而取得之管轄（例外）

1. 指定管轄：§9

　　§9 規定「I 有左列情形之一者，由直接上級法院以裁定指定該案件之管轄法院：一、數法院於管轄權有爭議者。二、有管轄權之法院經確定裁判為無管轄權，而無他法院管轄該案件者。三、因管轄區域境界不明，致不能辨別有管轄權之法院者。II 案件不能依前項及第五條之規定，定其管轄法院者，由最高法院以裁定指定管轄法院」。

　　發生於哪個法院具有管轄權而難以判斷時或法院彼此間對於有無管轄權有所爭議時，要上級法院來指定管轄法院。聲請時點於起訴前或後均可[20]，聲請方式限於當事人聲請（檢察官自訴人與被告）[21]，另外應以書狀敘述理由向該管法院為之（§11）。

2. 移轉管轄：§10

(1) 概念

　　有管轄權之法院因某些原因不能或不便行使審判權，故要由上級法院裁定將案件移轉到同級其他法院審判。§10 規定「I 有左列情形之一者，由直接上級法院，以裁定將案件移轉於其管轄區域內與原法院同級之他法院：一、有管轄權之法院因法律或事實不能行使審判權者。二、因特別情形由有管轄權之法院審判，恐影響公安或難期公平者。II 直接上級法院不能行使審判權時，前項裁定由再上級法院為之」。

---

[20] 司法院院字第 193 號解釋。

[21] 最高法院 109 年度台聲字第 78 號刑事裁定：聲請指定或移轉管轄，須當事人始得為之，所稱當事人係指檢察官、自訴人及被告而言，此觀刑事訴訟法第 11 條及第 3 條之規定自明。至於告訴人或告發人，並非該法所稱當事人，自不能聲請指定或移轉管轄。

　　法院可職權發動或可經由聲請為之，而聲請時點於起訴前後均可，聲請方式限於由當事人聲請，且應以書狀敘明理由向該管法院為之（§11）。

(2) 類型

① 通常是由「有」到「無」，將案件由原有事物及土地管轄之法院移轉至本有事物管轄但無土地管轄之同級法院。

② 但由原「有」事物及土地管轄法院移轉至「有」事物及土地管轄法院亦有可能。

(3) 發動原因

① 有管轄權之法院因法律或事實不能行使審判權者

　　法院因法律不上不能行使審判權，例如某法院的法官只有三個人，有一名法官被聲請迴避或自行迴避，而使法官的人數無法組成三人合議庭。實務見解認為法院編制僅有一議庭，如法官均曾參與偵查中羈押抗告之審理，不得辦理同一案件之審判事務，從而已無其他法官得以審理本案，法院以其因法律之規定不能行使審判權為由，請求裁定移轉管轄，即無不合[22]。如果是單純為編制員額不足問題，實務見解認為§10I(1)有關移轉管轄，係使原無管轄權之法院取得管轄權，影響法院證據調查之便利，及被告、訴訟關係人就近應訊之權利。倘若因法律之變動，致法官編制員額較少之法院辦理審判事務之法官，產生常態性不足時，應由司法院調派法官支援辦理，除非無其他可調派之法官，否則難謂有因法律不能行使審判權之情形。因此不得僅因法官編制員額不足，即逐案以因法律不能行使審判權，而聲請移轉管轄[23]。

　　至於法院因事實不能行使審判權，是指法院因為事實上障礙而不能行使審判權，其他法院尚可以行使[24]，例如因為天災、人禍使法院無法行使審判權[25]。

---

[22] 最高法院 106 年度台聲字第 13 號刑事裁定。

[23] 最高法院 106 年度台聲字第 14 號刑事裁定。

[24] 臺灣高等法院 104 年度聲字第 1668 號刑事裁定、臺灣高等法院臺中分院 108 年度聲字第 1151 號刑事裁定、臺灣高等法院臺中分院 109 年度聲字第 244 號刑事裁定。

[25] 最高法院 108 年度台聲字第 11 號刑事裁定。

② 因特別情形由有管轄權之法院審判，恐影響公安或難期公平者

　　因特別情形尤有管轄之法院審判恐影響公安是指法院依其環境上有特殊關係，若法院進行審判，有足以危及公安的疑慮，而難期公平是指有具體事實足認法院的審判不得保持公平者，如果僅空言指摘，難以規定是否難期公平。例如 covid-19 疫情期間台北地院院區一名法官助理遭通報確診即屬因特別情形有管轄權之法官審判恐影響公安者。

　　此外，§10I 非針對個人原因，而是法院有法律上或事實上不能行使審判權、或因有特別情形由有管轄之法院，恐影響公安或難期公平。

最高法院 107 年度台聲字第 59 號刑事裁定

一、按聲請移轉管轄，限於有管轄權之法院，因法律或事實不能行使審判權，或因特別情形由有管轄權之法院審判，恐影響公安或難期公平者，始得為之，觀諸刑事訴訟法第 10 條第 1 項規定甚明。

二、本件聲請意旨略以：聲請人○○○（原名○○○）之母親因大腸癌末期，在醫療財團法人辜公亮基金會和信治癌中心院診斷治療，請基於人道精神，將本案移轉至臺灣高等法院審理，以利聲請人就近照料癌末之母親云云。

三、然查：聲請人未敘明臺灣高等法院高雄分院有何因法律或事實不能行使審判權，或因特別情形由該法院審判恐影響公安或難期公平之情形，核與上開規定移轉管轄之要件不合，其聲請非有理由，應予駁回。爰裁定如主文。

---

(4) 效力：聲請後並無停止訴訟程序之效力，原管轄法院仍得進行。

第二節　公平法院概念

　　法官所以受憲法保障，使其依據法律獨立審判，不受任何干涉，旨在使能本其良心為公平之審判。惟在特定案件，因法官或其他法院職員具

有某種關係，其執行職務有偏頗之虞，為保持裁判之公正及訴訟制度之完整，以便得到國民之信賴，特設諸如迴避制度，不使其執行職務。

壹、法官獨立原則

一、事物獨立

事物獨立是指法官審判時不受任何干預。

二、人身獨立

人身獨立是指憲法 §81 規定法官為終身職，非受刑事或懲戒處分，或禁治產之宣告，不得免職。非依法律，不得停職、轉任或減俸。

貳、法定法官原則

公平法院概念下為法定法官原則，故於管轄權時亦應考量公平法院的概念。

參、迴避制度

公平審判原則旨在避免不公平審判，亦即法官必須具備無偏頗性或中立性，此為迴避制度的法理。法官具有法定原因，應迴避參與審判。迴避制度的重點在於偏頗之虞，而在個案中法官是否確實偏頗則非重點。

一、自行迴避（法定迴避）

如法官具備下列情形，應自行迴避而不得執行職務，即 (1) 法官為被害人者；(2) 法官現為或曾為被告或被害人之配偶、八親等內之血親、五親等內之姻親或家長；(3) 家屬者、法官與被告或被害人訂有婚約者；(4) 法官現為或曾為被告或被害人之法定代理人者；(5) 法官曾為被告之代理人、辯護人、輔佐人或曾為自訴人、附帶民事訴訟當事人之代理人、輔佐人者；(6) 法官曾為告訴人、告發人、證人或鑑定人者；(7) 法官曾執行檢察官或司法警察官之職務者；(8) 法官曾參與前審之裁判者（§17）。

如有上揭原因的共通理由在於客觀的事實已經足以認為法官有偏頗之虞，無法符合公平審判原則，例如第 7 款法官曾執行檢察官或司法警察官的職務，因為曾為偵查機關，如果可加以審判等於回復糾問制度（法官＝檢察官、司法警察官），如法官應迴避而不迴避，而仍參與審判，判決當然違背法令（§379(2)）。

法官迴避後應停止執行職務，不得為裁判上之一切行為，但若於裁判無影響，例如需要急速處分者（如延長羈押之裁定）或者例如證人性命垂危仍應進行裁判。

法官曾參與前審之裁判者（§17(8)）

（一）裁判的範圍

裁判是指參與前審「裁定或判決」的法官為限，若沒有參與裁定或判決形成，而只有參與言詞辯論、調查證據之受命或受託法官，則不用迴避[26]。雖然受命、受託法官依 §17 不須迴避，但參酌公平法院原

---

[26] 最高法院75年度第14次刑事庭會議決議、最高法院109年度台上字第1879號刑事判決、最高法院100年度台上字第6195號刑事判決。林俊益，曾參與前審裁判之法官，月旦法學雜誌，第10期，1996年2月，頁60。最高法院112年度台抗字第359號刑事裁定：人民有受公平法院審判之權利；刑訴法有關法官迴避之規定，即是人民受公平法

則，如有參與證據調查，會影響心證，故屬於 §18 聲請迴避的事由[27]。另外，羈押庭之法官所為的羈押「處分」不須迴避[28]。

（二）前審的範圍

對於前審的範圍，有拘束說與審級說的見解，思考的基礎大抵是當事人的審級利益與維護裁判自縛性的兩種立場，本書認為核心思想應該朝向如何維持公平審判（避免裁判預斷偏頗），拘束說與審級說充其量只是維持公平審判的解決方案而已。以下介紹拘束說、審級說。

1. 拘束說[29]

前審是指「前次」審判的裁判，通常為下級審，如為更審與再審時則為同級審。重點在裁判的自縛性（裁判一次性原則），亦即法官在前次審判中已經裁判過了，應該受到之前所表示的意思表示拘束，不應再為不同的認定。採拘束說較妥之理由在於法官大概不會認為自己判決有誤，又如果採取審級說的立場，很難讓再審或發回更審之曾經審理過的法官得以迴避。

院審判之程序性擔保。然在何種條件下法官不得執行職務，並無普遍、一致性之標準。亦即，外國法例會因法官制度、客觀環境（法院規模、法官員額）、地域大小等不同原因，制定範圍、標準不同之法官迴避之事由。且法官輕易或任意提出迴避案件之請求，同屬違反法官不得拒絕審判之倫理誡命，其結果不僅增加其他法官之負擔，於案件之順利進行亦非有利。我國刑訴法第 17 條第 8 款規定：法官曾參與前審裁判者，應自行迴避，不得執行職務。係植基於法官若曾參與前審「裁判」，因已對案件做出表示，不能期待其另有不同之認定，若同意其得於上訴審參與裁判，形同剝奪當事人審級之利益，自非法所允許（司法院釋字第 178 號解釋意旨參照）。因此，法官僅參與前審之部分程序，但未參與案件之終局決定，亦未曾於程序進行中以公開或任何形式，對案件或當事人表示偏見、成見，而使一般理性、客觀之人對法官是否能公正行使司法職務產生懷疑，即無使其迴避之必要。

[27] 林鈺雄，刑事訴訟法（上），2013 年 9 月，頁 103。

[28] 最高法院 107 年度台抗字第 257 號刑事裁定：推事（法官）曾參與前審之裁判，應自行迴避不得執行職務，係指同一推事（法官），就同一案件，曾參與下級審之裁判而言；而所謂犯罪嫌疑是否重大之衡酌，與認定犯罪事實所依憑之證據需達無合理懷疑之程度，尚屬有別。原審法院所為第三審羈押處分，亦非對於抗告人所聲明不服之第二審裁判，執行裁判職務，自無違反應自行迴避之規定。

[29] 黃東熊，刑事訴訟法論，2002 年 9 月，頁 66。黃朝義，刑事訴訟法，2013 年 4 月，頁 70-72。林鈺雄，刑事訴訟法（上），2013 年 9 月，頁 105-106。

2. 審級說 [30]

　　前審是指「下級審」或「下下級審」，而非泛指所有的前一次審判。此說認為刑事程序須透過事後方式以證據將犯罪事實在法庭上還原，故審級制度可以將錯誤的司法判決改正，如果上級審法官與下級審法官都相同，會使審級制度的目的有所減損。重點在於被告的審級利益，如果同一位法官對於一個案件具有偏頗之虞，而重複參與兩次的裁判，無異是減少審級。例如 A 法官於第一審（地方法院）時判決 B 殺人罪，B 上訴，A 法官剛好到高等法院任職，又遇到 B 的案件，此時同一個案件都是由 A 法官審理，B 無異喪失了審級利益。但如果今天 A 法官僅於第一審判決 B 殺人罪，而後 A 法官升職到第三審時又遇到 B 的同一個案件，依照釋字 178 的觀點仍須迴避（前前審），然而有學者認為此時不會侵害被告的 B 的審級利益，故 A 不用迴

---

[30] 大法官釋字第 178 號理由書：因推事已在下級審法院參與裁判，在上級審法院再行參與同一案件之裁判，當事人難免疑其具有成見，而影響審級之利益。從而該款所稱推事曾參與前審之裁判，係指同一推事，就同一案件，曾參與下級審之裁判而言。惟此不僅以參與當事人所聲明不服之下級審裁判為限，並應包括「前前審」之第一審裁判在內。至曾參與經第三審撤銷發回更審前裁判之推事，在第三審復就同一案件參與裁判，以往雖不認為具有該款迴避原因，但為貫徹推事迴避制度之目的，如無事實上困難，該案件仍應改分其他推事辦理（按：推事＝法官）。最高法院 75 年度第 14 次刑事庭會議決議。最高法院 101 年台抗字第 729 號刑事裁定：刑事訴訟法第十七條所謂法官於該案件曾參與前審之裁判者，於上訴審應自行迴避，係指法官就同一案件於下級審曾參與審判，即不得再參與該案件之上訴審審判。又同法第十八條第二款規定得據以聲請法官迴避之所謂「足認其執行職務有偏頗之虞」，係指以一般通常之人所具有之合理觀點，對於該承辦法官能否為公平之裁判，均足產生懷疑；且此種懷疑之發生，存有其完全客觀之原因，而非僅出諸當事人自己主觀之判斷者，始足當之。故法官就本案當事人於不同之前案中所為事實認定或所持法律見解，縱不利於本案當事人，然既非同一案件，則於本案既無曾參與前審即下級審審判之法官，復參與上級審審判之情形，即於本案當事人之審級利益不生影響，且不同個案，常因訴訟進行之時、空背景互異等諸多因素，卷存所得調查事證亦諸多不同，致法官亦因此形成不同之心證，本案實體事項之事實認定與法律適用結果為何，端視法官於本案訴訟中採證認事職權行使之情形定之，是法官於他案對與本案當事人有關事實、法律上之判斷，於客觀上亦不必然對本案形成預斷，與上開自行迴避之規範目的尚無違背，自無適用或類推適用該自行迴避規定之餘地；又其尚不足認係依一般人之合理觀點，本諸客觀情事，均得認有偏頗之虞之理由，自亦無從據以依上開規定聲請法官迴避。

避[31]。此外，在發回更審、非常上訴的情形，則無上級審與下級審的關係存在，以審級說的觀點該情形非前審，故法官不用自行迴避。

近期實務（最高法院 108 年度台抗字第 921 號刑事裁定）遇有共同犯罪的案件，例如 A、B 共同犯罪，A 的案件先起訴後受 C 法官的裁判，B 的案件再起訴而受 D 法官的裁判，B 不服上訴恰好遇上 C 法官受理，此時雖然 A、B 兩案非同一案件，但 C 法官早就已經認定過 A、B 共同犯罪，故而會使客觀上一般人合理懷疑 C 法官對 B 案件產生預斷，雖然 B 案件形式上經過兩個審級，但 C 法官的心證不免難以保持空白，故而實質上 B 案件僅有一個審級的裁判，將影響公平審判，故而 C 法官應迴避 B 的案件。

（三）類型

1. 上訴型

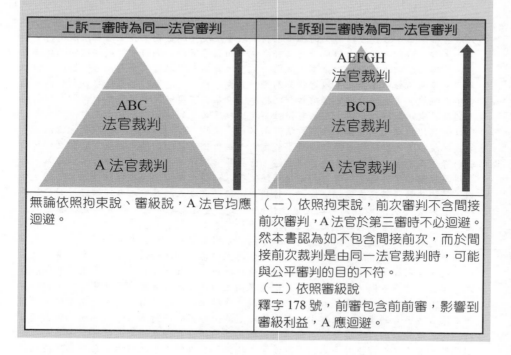

上訴二審時為同一法官審判	上訴到三審時為同一法官審判
ABC 法官裁判 / A 法官裁判	AEFGH 法官裁判 / BCD 法官裁判 / A 法官裁判
無論依照拘束說、審級說，A 法官均應迴避。	（一）依照拘束說，前次審判不含間接前次審判，A 法官於第三審時不必迴避。然本書認為如不包含間接前次，而於間接前次裁判是由同一法官裁判時，可能與公平審判的目的不符。 （二）依照審級說 釋字 178 號，前審包含前前審，影響到審級利益，A 應迴避。

---

[31]　陳樸生，刑事訴訟法爭議問題研究，2001 年 9 月，頁 51。

2. 更審型

更審是指對於未確定的判決上級審（最高法院、高等法院）認為上訴有理，撤銷下級審法院（高等法院、地方法院）的原判決、發回下級審法院「更為審理」的程序。如果調查證據不詳、採證違法、判決理由矛盾、理由不備、事實認定錯誤與判決適法不當等理由都有可能發回更審。如上級審法院將原判決廢棄或撤銷後，自行作出判決，則不會再發回更審，但該情形很少。

(1) 第二審法院撤銷原判決而發回更審，更審法官同一人

拘束說下，基於裁判自縛性，故不用迴避（因前次，不含間接前次）。審級說下，因為對於審級利益無影響，故不用迴避。

(2) 第三審法院撤銷原判決而發回更審，更審法官同一人

拘束說下，ABC 未參加過前次的裁判（僅參加間接前次裁判），無裁判自縛性，故毋庸迴避。審級說下，因為是同級審，對審級利益無影響，故 ABC 毋庸迴避。

(3) 上級審法院撤銷原判決而發回更審，而後上訴到上級審

　　依照拘束說 A 應受前次裁判拘束，然不包含間接前次，故毋庸迴避。依據審級說，過去實務認為原本第二審裁判經過三審法院而撤銷就不存在了，該審級的裁判不存在當然也無審級利益的問題，所以 A 毋庸迴避，然釋字 178 號認為此時若無事實困難（例如無法官員額不足的情況），仍應自行迴避。

(4) 上級審法院撤銷原判決而發回更審，更審法官與上級審時同一人

　　依據拘束說屬於前次裁判，因裁判自縛性，B 應迴避。依據審級說，因非下級審，即使有危險之虞，當事人仍可上訴的機會，因此 B 不用迴避。

3. 再審型

　　再審是指對於「有罪之判決確定」，有認定事實錯誤、定罪的證物被證明為不真實或有發現新事實、新證據等情況而將影響原判決時，為了受判決人的利益，得聲請再審。

| ABC 法官裁判 | ➡ 再審 | ABC 法官裁判 |

　　因為依據 §426，再審須向原確定判決的法院為之，故再審為同級法院重新審一次，此時若遇到相同的法官再為裁判，依照拘束說必須受前次裁判拘束而要迴避。

我國主流實務見解認為，依據審級說，因為屬於同級審的法院，故ABC 法官不用迴避[32]。不過釋字第 256 號解釋認為於民事訴訟案件中ABC 應迴避，但以迴避一次為限，另外，於刑事訴訟案件中實務[33]認為釋字第 256 號解釋意旨在於維持審級之利益及裁判之公平，故於刑訴亦有其適用，故曾參與第一審判決的審判法官應依法自行迴避。近期亦有實務[34]認為基於避免裁判預斷與維護公平法院，若參與原確定判決的法官應該迴避再審之案件。上開見解保護了人民權益，應給予肯定。

---

[32] 林俊益，刑事再審程序之迴避，月旦法學雜誌，第 70 期，2001 年 3 月，頁 19。最高法院 107 年度台抗字第 1337 號刑事裁定：原確定判決係由臺灣高等法院高雄分院刑事第八庭法官李○德擔任審判長，李○德法官自應迴避而未迴避，仍參與本件再審案件之審理，其執行職務有偏頗之虞云云，惟法官於案件曾參與前審之裁判者，依刑事訴訟法第 17 條第 8 款規定，固應自行迴避，但再審案件，並不在該款法定應自行迴避之列（本院 28 年聲字第 10 號判例參照），抗告意旨單純以其個人主觀之判斷，主張原裁定違背法官迴避之規定，亦難憑採。應認本件抗告為無理由，予以駁回。

[33] 最高法院 81 年度台上字第 396 號刑事判決、最高法院 102 年度台抗字第 143 號刑事裁定。

[34] 最高法院 109 年度台抗字第 157 號刑事裁定：因刑事再審程序雖屬同一審級更為審判，但涉及推翻原確定判決安定性的救濟程序，非僅原審級訴訟程序之續行，基於避免裁判預斷偏頗與維護公平法院的理念，原審法院分案實施要點（下稱分案實施要點）第 12 點第 3 款明訂法官迴避時的分案原則，該院民事、刑事及行政案件之分案，於再審案件，準用前 2 款規定，參與前一次原確定裁判之法官應予迴避。亦即於分案時，即制度性確保參與原確定判決之法官應迴避再審案件，以維護刑事再審程序的正當及裁判的公正性。……為維護公平審判及裁判自縛性，不能由法官在救濟程序中，自己審查自己的判決，以防免預斷與成見，造成裁判不公或偏頗，參以原審法院的法官人數及配置，亦不至於因為參與原確定判決的法官迴避，即造成不足法定人數而不能合議審判，並無事實上的困難，為免不當侵害抗告人受憲法保障公平審判的權利，參與原確定判決的法官，允宜自行迴避本案再審聲請案件，以增進人民對於司法審判的信賴。從而，本件聲請再審案件的審判長法官，即為參與原確定判決的審判長法官，並未迴避，依前開說明，亦非允洽。

學者更指出主流實務見解下存在著法官自己審理自己曾經審理過的案件，是否仍可以維持公平審判存有疑慮，再審與上訴雖然有著不同的目的，但是都是救濟制度都有承擔糾正錯誤判決確保無辜之人避免牢獄之災的任務，而且再審如經過多次無數次審判，將會使法院認為原判決無錯誤的錯覺，既然在民事事件是關於財產方面的案件，實務上有著如此保障人民權利的見解（引用釋字第 256 號），那麼於刑事事件中，通常動不動就會影響到人身自由，卻無援引該見解，難道法院把財產看得比人的生命、身體自由還要重要嗎？令人費解[35]，本書肯認之。

4. 交付審判（新法為准許提起自訴制度）

於交付審判之迴避問題，最高法院刑事大法庭有作出統一見解指出，§258-3IV 規定，法院為交付審判裁定時，視為案件已提起公訴。因此法官裁定准予交付審判，並於裁定中敘明被告涉嫌的犯罪事實、證據及所犯法條等起訴書法定應記載事項，實質上是否等同已執行檢察官提起公訴的職務，而應於嗣後同一案件迴避審判，不得執行職務的法律爭議，提案大法庭。大法庭說明，法官如兼為同一案件的訴追者及審判者，顯與控訴原則及其應公正執行審判職務的旨意有悖，自應迴避該案件的審判，不得執行職務。此外，參與准予交付審判裁定的法官，實際上既已等同於執行檢察官的起訴職務，客觀上自足以使一般人懷疑法官已經具有主觀預斷成見，而難以維持公平審判的外觀及裁判公信力，自應迴避嗣後本案的審判。大法庭進一步說明，法官參與准予交付審判的裁定，解釋上雖不能直接適用 §17(7) 規定以自行迴避嗣後本案的審判，但基於確保人民得受公平審判及對司法公正性的信賴考量，在法律未修正增訂前，應類推適用，自行迴避嗣後本案的審判[36]，從而依前開解釋 112 年 5 月 30 日修法後之 §258-4「參與准許提起自訴裁定之法官，不得參與其後自訴之審判」，自屬法定迴避。

---

[35] 李榮耕，再審與法官迴避 —— 簡評最高法院 102 年度台抗字第 143 號刑事裁定，月旦裁判時報，第 27 期，2014 年 6 月，頁 59-60。

[36] 最高法院 111 年度台上大字第 1924 號刑事裁定。

5. 第三人聲請撤銷沒收第三人財產

　　若於第三人 A 聲請撤銷沒收第三人 A 財產時（§455-29），由 B 法官以裁定駁回聲請，A 不服而抗告後上級法院撤銷原裁定且發回更審，基於審級利益與公平裁判之意旨，不應由 B 法官受理更審[37]。

二、聲請迴避（裁定迴避）：§18、§19

（一）基本概念

　　當事人遇有 §17 情形而不自行迴避者（不問訴訟程度如何，當事人得隨時聲請法官迴避）或法官有 §17 以外情形，足認其執行職務有偏頗之虞者（如當事人已就該案件有所聲明或陳述後，不得聲請法官迴避。但聲請迴避之原因發生在後或知悉在後者，不在此限），得聲請法官迴避。

（二）偏頗之虞

　　實務上認為偏頗之虞是指以有具體事實客觀足認其執行職務有偏頗之虞之情形為限，若僅對於法官之指揮訴訟，或其訊問方法，有所不滿，不能指為有偏頗之虞。又所謂偏頗之虞，係指法官與訴訟關係人具有故舊恩怨等關係，其審判恐有不公平者而言。亦即以一般通常之人所具有之合理觀點，對於該承辦法官能否為公平之裁判，均足產生懷疑，且此種懷疑之發生，存有其完全客觀之原因，而非僅出諸當事人自己主觀之判斷者，始足當之[38]。

　　實務的運作下常以「存有其完全客觀之原因，而非僅出於當事人自己主觀之判斷者，始足當之」[39]。進而認為「抗告人所述事項，均屬法官

---

[37] 最高法院 108 年度台抗字第 840 號刑事裁定。

[38] 最高法院 107 年度台抗字第 431 號刑事裁定、最高法院 107 年度台抗字第 495 號刑事裁定。

[39] 最高法院 109 年度台抗字第 170 號刑事裁定、最高法院 109 年度台抗字第 174 號刑事裁定。

調查證據之順序、方法、訴訟指揮及審問態度之事，雖抗告人事關己身利害，心中感受甚深，惟客觀以言，尚非承審法官與抗告人具有故舊、恩怨等關係、審判恐有不公平或一般通常之人均認已達於法官不能為公平之審判之程度」。

　　然而本書認為迴避制度的法理在於公平審判原則，法官在訴訟指揮權、調查證據方面，如有違反公平審判亦應認為有偏頗之虞。

最高法院 108 年度台抗字第 921 號刑事裁定

　　按人民得請求受公正而獨立之法院依正當程序予以審判之權利，乃憲法第 16 條保障人民訴訟權之核心內容之一。而公正獨立法院尤繫諸於法官執行職務之客觀中立與公正，公民與政治權利國際公約第 14 條第 1 項中段即訂明：「任何人受刑事控告或因其權利義務涉訟須予判定時，應有權受獨立無私之法定管轄法庭公正公開審問」。誠然，法官不唯有責亦須自我期許應依據法律公正而獨立進行審判，然遇法官與案件有利害關係及其對案件恐存預斷成見之情形，雖不代表裁判即是不公正，但單是有利害關係及預斷成見疑慮之外觀，便足以腐蝕司法公信力之基礎。因為正義不僅必須被實踐，而且必須以人民看得見的方式加以實踐；正義女神如掀開蒙眼布，即使手持正義的天平，也難令人信賴。由於裁判為法官之內心活動，其偏見與預斷存否，外界難以全盤知悉，故法官不僅有責基於採證認事結果，本於法律之確信作出公正不偏之裁判，亦須在外觀上讓當事人或人民相信其係基於客觀中立與公正之立場而為之，始能激發社會大眾對司法之信賴。而為確保人民受公平審判之權利，並維持司法公正不偏之形象，刑事訴訟法設有迴避制度，規範法官之個案退場機制，排除與案件有一定關係之法官於審判之外，期以達成裁判公平性並維護審級利益。是迴避制度乃是公平審判之基石，為法定法官原則之例外容許，對於保障人民訴訟權影響重大。其中刑事訴訟法第 17 條列舉法官當然應自行迴避之原因，同條第 8 款規定，法官曾參與前審之裁判者，應自行迴避，不得執行職務。且法官有應自行迴避

以外情形，足認其執行職務有偏頗之虞者，當事人得聲請迴避，同法第18條第2款另設有概括規定。所謂足認其執行職務有偏頗之虞者，係指以一般通常之人所具有之合理觀點，對於該承辦法官能否為公平之裁判，均足產生懷疑；且此種懷疑之發生，存有其完全客觀之原因，而非僅出諸當事人自己主觀之判斷者，始足當之。是如有客觀原因，就各種情形，作個別具體觀察，足令一般通常人對法官能否本於客觀中立與公正之立場參與審判，產生合理懷疑，顯然不當侵害被告受憲法保障公平審判之權利者，即構成前開所稱執行職務有偏頗疑慮之要件。

（三）聲請方式

聲請迴避應以書面（書狀）釋明原因向法官所屬之法院的合議庭為之，惟如於審判期日或受訊問時亦可以言詞釋明之，並記明於筆錄。釋明之程度，僅需明其證明方法為已足，毋庸提出能即時調查，可使法院信其主張為真實之證據[40]。

（四）迴避聲請之裁定

依據 §21 被聲請之法官所屬法院之合議庭裁定之，被聲請之法官，不得參與。而若迴避之聲請遭裁定駁回之狀況有二：

1. 聲請不合法，例如非屬當事人者聲請迴避即為不合法。

2. 聲請無理由，例如根本無偏頗之虞。

（五）救濟

對於合議庭所為的裁定不服時，依據 §403 得提出抗告。§404 判決前關於管轄、訴訟程序不得抗告，例外於法律有特別規定才可以提出抗告，即 §23 規定「聲請法官迴避經裁定駁回者，得提起抗告」。

---

[40] 最高法院 85 年度台抗字第 278 號刑事裁定。

（六）聲請迴避之效力

法官應立即停止訴訟程序之進行，但若有 §18(2) 足認其執行職務有偏頗之虞者、急速處分（例如證人性命垂危）之情形，不須立即停止訴訟程序之進行，以免當事人濫用延滯訴訟（§22）。

三、職權迴避（命令迴避）：§24

當事人聲請迴避的法院或院長，如認法官有應自行迴避的原因，應依職權為迴避的裁定，而該裁定為法院內部關係故而毋庸送達。

四、其他訴訟參與者關於法官迴避的準用（§25、§26）

書記官、通譯、檢察官與辦理檢察事務的書記官準用法官迴避之規定。

第三節　當事人——檢察官、自訴人

壹、檢察官

一、檢察官的定位

檢察官的定位向來有爭議，有採司法官說，認為檢察權之行使與司法權具有絕對不可分離之關係，蓋在不告不理原則之限制，如未經起訴之案件（除少數得提起自訴之案件外）法院依法不得審判，如檢察官無法根據其良心，公正的行使檢察權，則無法期待有公正之刑事司法，更遑論對於人權之保障，故檢察權具有「準司法權」之性質。且為防止檢察權之行使受到其他國家機關非法之干預，法院組織法 §61 明定「檢察官對於法院獨立行使職權」，承認檢察官職務之獨立性。

另有採行政官說，因檢察官擁有極為強大之權限，為避免個別檢察官之獨裁擅斷，及確保檢察權行使之一致性，以實現公正之刑事司法，於法院組織法 §63 規定「I 檢察總長依本法及其他法律之規定，指揮監督該署檢察官及高等法院以下各級法院及分院檢察署檢察官。II 檢察長依本法及其他法律之規定，指揮監督該署檢察官及所屬檢察署檢察官。III 檢察官應服從前二項指揮監督長官之命令」。另於同法 §64 規定「檢察總長、檢察長得親自處理其所指揮監督之檢察官之事務，並得將該事務移轉於其所指揮監督之其他檢察官處理之」。

而釋字第 392 號解釋將檢察官定義為廣義的司法機關，而與法官、一般行政官有別，故可稱之為「自主的司法機關」[41]。又釋字第 392 號認為狹義的司法是審判，廣義的司法是指為了達成審判目的所關的國家作用，檢察官代表國家偵查、追訴、執行，該階段的檢察機關所執行的職權是為了達成刑事司法的任務，在該範圍內的國家作用，屬於廣義司法之一。

二、檢察官的職權

法院組織法 §60 規定檢察官的職權為實施偵查、提起公訴、實行公訴、協助自訴、擔當自訴及指揮刑事裁判之執行、其他法令所定職務之執行。

三、檢察官的義務

（一）合法性義務

合法性義務最重要功能在於對抗行政權之干預，上級機關不得以監督指揮權之關係，要求不應起訴之案件加以起訴，或是應起訴之案件改為不起訴。例如偵查法定主義 §228、起訴法定主義 §251、不起訴之法定主義 §252。

---

[41] 林鈺雄，刑事訴訟法（上），2013 年 9 月，頁 145。

　　法院角色中立因此必須消極而採不告不理之制度，一定要有人提起訴訟後法院方能加以審判。而為了預防有權提起公訴的檢察官濫行不起訴，於是有法定性義務之發展加以控制之。合法性義務是法律課予檢察官的義務，檢察官在職務上的行為必須遵守法律的規定，而衍生出法定原則。

　　何謂法定原則，例如檢察官起訴與否「完全依法律」規定，其負有嚴格依法律規定而為起訴或不起訴之義務。起訴之標準須視被告是否有足夠的犯罪嫌疑，有足夠的犯罪嫌疑方可提起公訴（§251）。不起訴之標準 §252 規定有下些事項檢察官應為不起訴之處分：「一、曾經判決確定者。二、時效已完成者。三、曾經大赦者。四、犯罪後之法律已廢止其刑罰者。五、告訴或請求乃論之罪，其告訴或請求已經撤回或已逾告訴期間者。六、被告死亡者。七、法院對於被告無審判權者。八、行為不罰者。九、法律應免除其刑者。十、犯罪嫌疑不足者」。後來准許檢察官「依職權決定」是否提起公訴，此為法定原則之修正，稱為「便宜原則」。我國的便宜原則條文表現有微罪不舉（輕微的罪不起訴）（§253）、緩起訴（§253-1〜3）、對執行無重大實益（§254）。

（二）客觀性義務

　　檢察官應擔任被告合法權利保護者之角色，不能僅以被告之訴追者角色自居，因而對於被告有利之事項，仍應加以注意，故 §2 規定「實施刑事訴訟程序之公務員，就該管案件，應於被告有利及不利之情形，一律注意」。又檢察官的迴避制度規定亦是客觀性義務的展現（§26）。

　　然而以檢察官的職務性質來說，檢察官是代表國家的追訴者，審判中對於另一造的被告來說，屬於對立方，而與之進行攻防，此情形在偵查庭中更加顯著，僅有檢察官直接面對被告訊問。所以說與其一直強調檢察官的客觀義務，不如從權力分立與制衡的角度來說明[42]。

---

[42] 黃朝義，刑事訴訟法，2013 年 4 月，頁 92。

四、檢察一體

（一）意義

　　檢察一體是指以檢察總長為頂點，以其及檢察長之指揮監督權（即「上命下從關係」）相結合，而形成一金字塔型之機能性組織架構，此即一般所稱之「檢察一體」原則。

（二）內容

　　在檢察一體原則下，檢察總長或檢察長對於「檢察事務」及「檢察行政事務」均得行使其指揮監督權（法院組織法§63），且對於具體個案亦得為具體之指示，亦具備職務的承繼權及職務的移轉權（法院組織法§64）。另外應注意法務部長是政治上任命的政務官，不享有指揮監督權（釋字530號）。

（三）檢察一體原則目的

1. 迅速有效達成追訴犯罪。
2. 統一全國檢察機關裁量權之行使。

（四）檢察一體的濫用狀況與應對方式

1. 檢察一體濫用的狀況

　　有關檢察總長及檢察長之指揮監督權之界限如何，刑事訴訟法及法院組織法等相關法律均無明確之規定，故在理論之解釋及實務之運用不無疑義，且在過去亦曾發生爭議案例。對於非檢察機關給予以裁量之案件，上級機關行使指揮監督權，會找聽話的檢察官接手某些案件以作不起訴處分或使檢察官淪為行政或政治勢力之打手。

2. 對於檢察一體濫用的應對方式

　　有認為對於上級違法之指揮命令，檢察官有抗拒之義務，不得盲目服

從。有認為檢察官如與上級長官之意見不一致，且無法溝通協調時，應請求上級長官行使職務移轉權，如上級長官仍不行使職務移轉權時，檢察官縱不服從上級長官之命令，亦不構成懲戒之事由。有認為在此種情形，檢察官僅得消極的抵抗，不得為積極的抵抗，本書認為在此種情形，檢察官為不違反自己之良心，應辭職以示負責。

五、偵查輔助機關

（一）偵查輔助機關的種類

　　我國的檢察官具有偵查主體的地位，又另外設有偵查的輔助機關，法院組織法 §76 規定「檢察官得調度司法警察，法官於辦理刑事案件時，亦同」。

1.§229 規定警政署署長、警察局局長或警察總隊總隊長、憲兵隊長官於管轄區域內為司法警察官，有協助檢察官偵查犯罪之職權。

2.§230 規定警察官長、憲兵隊官長、士官、依法令關於特定事項，得行司法警察官之職權者，為司法警察官，應受檢察官之指揮，偵查犯罪。

3.§231 規定警察、憲兵、依法令關於特定事項，得行司法警察之職權者，為司法警察，應受檢察官及司法警察官之命令，偵查犯罪。

（二）偵查輔助機關的功能

　　檢察官所受的教育養成著重於刑事法學（法律面），然而犯罪學、犯罪偵查學科未有足夠的訓練，在警察人員方面，著重者非法律面，而是偵查技巧、蒐證、鑑識的訓練，其中尚包含科學方法的鑑識。故偵查輔助機關的功能主要在協助檢察官偵查犯罪，故基於偵查法定原則下，司法警察（官）知有犯罪嫌疑時及應該是調查犯罪，必要時得封鎖犯罪現場即時勘查，並得通知犯罪嫌疑人、證人到場詢問（§71-1、§196-1），且應報告該管檢察官。在強制處分的「發動」，司法警察（官）必須先獲得法官或檢察官的核准，而在「執行」面，司法警察（官）則為主要執行的人員。

（三）檢察官與司法警察官的關係

1. 我國現行狀況

　　檢察官為偵查主體，但是卻有偵查的人力與設備，常常必須求於警察或調查單位，而又檢察官對於該人員調動、升遷等等無影響力。而實務上人民直接向檢察官為告訴、告發的情形不多見，檢察官所受理的案件大多是由司法警察移送而來，故為了強化檢察官的主導地位，立法規定退案審查制，§231-1 規定「I 檢察官對於司法警察官或司法警察移送或報告之案件，認為調查未完備者，得將卷證發回，命其補足，或發交其他司法警察官或司法警察調查。司法警察官或司法警察應於補足或調查後，再行移送或報告。II 對於前項之補足或調查，檢察官得限定時間」，其重點在於檢察官得將證卷發回而命其補足。而 §230III、§231III 規定「實施前項調查有必要時，得封鎖犯罪現場，並為即時之勘察」，屬擴張偵查輔助機關之權限，然以 §228II 規定「前項偵查，檢察官得限期命檢察事務官、第二百三十條之司法警察官或第二百三十一條之司法警察調查犯罪情形及蒐集證據，並提出報告。必要時，得將相關卷證一併發交」之併合發查制度強化檢察官控制權。

2. 學者之建議

　　我國應該採取雙偵查主體，應給予司法警察獨立的偵查權限，而檢察官僅是對司法警察移送調查資料為證據篩選的動作而判斷是否起訴，換句話說，檢察官須為的是證據的篩選、審查，而非蒐集證據[43]，此有別於現行制度下司法警察（官）僅為輔助者的角色，而改採分工合作的觀點。

貳、自訴人

　　自訴是指檢察官以外之犯罪被害人不經檢察官起訴，而自己提起

---

[43] 陳運財，檢警關係定位問題之研究，偵查與人權，2014 年 4 月，頁 42。

訴訟，於審判庭上其與檢察官相同，與被告處於對等地位，另外因一般人民蒐集證據的能力較為薄弱，故而自訴案件中採取律師強制代理（§319II），自訴人以法人、自然人為限，非法人團體不得為自訴人[44]，因刑訴並無如同民訴 §40III 之規定。例如 A 商店之酒精被 B 偷走，A 商店不能以 A 商店之名義自訴，應以 A 商店之負責人名義自訴。

　　而告訴人、告發人，僅具有證人之地位，而非如自訴人般具有當事人地位，故告訴人僅有撤回告訴之權利，並無撤回訴訟之權。

第四節　當事人 —— 被告

壹、法院確定具體刑罰權之程序上的對象

　　法院確定具體刑罰權之程序上的對象於刑事訴訟程序中的名稱，有犯罪嫌疑人（§229、§231）、被告（§228、§251、§255）、受判決人（§420～§422）、受刑人（§468～§470、§484），所稱之對象皆為同一，只是因為程序進行的不同而賦予不同的名稱。

　　於犯罪偵查中為受司法警察官偵訊之人為犯罪嫌疑人、若於偵查中受檢察官或法官訊問或審判中受法院審判之人則稱為被告。實則應將用語修正為起訴以前為犯罪嫌疑人，起訴以後的對象稱為被告。

貳、被告的權利的來源

　　被告權利來源的基本原則來自於法治國原則，以下介紹被告權利來源的三個基本原則。

---

[44] 最高法院 95 年度台抗字第 71 號刑事裁定。

一、不自證己罪原則

（一）不自證己罪原則的概念

　　不自證己罪原則目的在於調節國家實力差距、符合平等原則，而使被告知悉且行使應有的訴訟權利。不自證己罪原則是指任何人無「積極」義務協助司法機關進行對自己之刑事追訴，不自證己罪的運用不只是禁止強制取得「供述證據」，尚包含禁止司法機關要求被告主動、積極提出「非供述證據」或配合其他取證行為[45]。但不自證己罪的範圍不包含「消極」的忍受義務，例如抽血檢測、身體勘驗等等，國家即使課予被告忍受義務，也不違反不自證己罪。§205-2 規定「檢察事務官、司法警察官或司法警察因調查犯罪情形及蒐集證據之必要，對於經拘提或逮捕到案之犯罪嫌疑人或被告，得違反犯罪嫌疑人或被告之意思，採取其指紋、掌紋、腳印，予以照相、測量身高或類似之行為；有相當理由認為採取毛髮、唾液、尿液、聲調或吐氣得作為犯罪之證據時，並得採取之」，於此情形被告具有消極忍受義務，故得違反其意思而為之。

　　而有學者認為不自證己罪的內涵為緘默權，其保障不知法律的被告充分了解自身權利與處境的狀況下接受國家機關訊問，而決定自己如何反應（了解處境、決定反應）。不自證己罪的最主要目的在於防止國家機關強迫被告揭露其所知、所思、所信，雖然非言語陳述，亦為不自證己罪的保護客體，例如測謊是經由受測者的生理反應分析其內心狀態而認定受測者的所知、所思、所信，故也為不自證己罪的範圍，而判斷某證據是否為不自證己罪所保護，其標準在於該證據的性質如為「供述或溝通的本質」則為其保護客體，例如被告因酒駕而送醫，警察只是醫師採血化驗酒精濃度，被告反對，醫生仍採取證據，美國聯邦最高法院認為不自證己罪是指禁止以強迫方式去得「供述或證詞」，但強迫嫌疑犯或被告成為「物體或物理證據」時，不違反不自證己罪規定[46]，故而 §205-2 規定的「指紋、

---

[45] 林鈺雄，刑事訴訟法（上），2013 年 9 月，頁 162、163。
[46] 王兆鵬、張明偉、李榮耕，刑事訴訟法（上），2012 年 9 月，頁 378-379。

掌紋、腳印、照相、測量身高、毛髮、唾液、尿液、聲調或吐氣」，皆非不自證己罪的保護客體，故可以違反犯罪嫌疑人或被告意思而強制採取。

（二）由不自證己罪原則可導出

1. 被告緘默權（§156III）：被告得自由決定是否陳述。

2. 被告即使陳述亦無真實陳述義務，證人方有真實陳述的義務，證人如不真實陳述將有偽證罪之處罰。

3. 被告不陳述時，不能因其緘默權而推定其有罪。

（三）不自證己罪原則的界線

　　如果被告選擇性陳述，此時被告已經開啟了該程序即不受到不自證己罪的保障，實務上亦認為如果被告自願打破沉默而為自由陳述時即非緘默權的範圍。實務見解謂：「刑事被告不自證己罪，係基於法治國自主原則下，被告並非訴訟客體而係訴訟主體，有權決定是否及如何行使其訴訟上防禦權，而不自陷於不利地位之考量，乃禁止強迫被告為不利於己之陳述，是被告保持沉默、拒絕陳述而消極否認犯罪，為緘默權行使之態樣，本屬不自證己罪原則之內涵，固不得據為從重量刑之因素；然苟被告自願打破沉默而自由地為任意之陳述，已不屬緘默權之範疇，則被告基於訴訟上防禦權而自由陳述或行使辯明、辯解等辯護權時，若已有說謊等積極為不實陳述或其他作為之情形，雖因期待其據實陳述之可能性低，除因涉及其他違法行為，例如損及他人且合於誣告或誹謗等罪之構成要件，應負誹謗等罪責外，於實體法上不予處罰，訴訟程序上亦未因此課予任何失權效果，然已與賦予被告訴訟上防禦權及辯護權之規範目的不合，自難解為被告說謊係其本於訴訟上緘默權之行使權利行為，必不得執以對其為較重非難之評價並於不違反量刑內部性界限之前提下據為從重量刑因素之一[47]」。

---

[47] 最高法院104年度台上字第1117號刑事判決、最高法院106年度台上字第23號刑事判決、最高法院107年度台上字第1881號刑事判決。

二、無罪推定原則

　　所謂無罪推定原則，係指被告未經審判證明有罪確定前，推定其為無罪[48]。例如 §154I 規定被告被追訴的犯罪，在被證明有罪之前應推定其無罪。

三、有疑惟利被告原則（罪疑惟輕原則）

　　與上述原則雖類似，但非屬同一層次，罪疑惟輕原則是指法院對證據方法的調查，若不能證明犯罪事實由被告所為，則應為對被告有利的認定。例如當證據方法的來源是被禁止使用時，則法院須對被告作出有利的判決。

參、被告的權利

　　被告在訴訟法上處於當事人之地位，與原告無異，即所謂「當事人平等原則」。為保護被告防禦權之適當行使，乃賦予被告種種權能。

一、聽審權（彰顯法治國原則的重要權利）

（一）請求資訊權

　　被告有權請求獲得充分的訴訟資訊。由此可推導出 §95 規定（詢）訊問機關有義務告知被告所被控之罪名、§33 規定「I 辯護人於審判中得檢閱卷宗及證物並得抄錄、重製或攝影。II 被告於審判中得預納費用請求付與卷宗及證物之影本。但卷宗及證物之內容與被告被訴事實無關或足以妨害另案之偵查，或涉及當事人或第三人之隱私或業務秘密者，法院得限

---

[48] 最高法院 109 年度台上字第 1933 號刑事判決。

制之。III 被告於審判中經法院許可者，得在確保卷宗及證物安全之前提下檢閱之。但有前項但書情形，或非屬其有效行使防禦權之必要者，法院得限制之」。

（二）請求表達權

被告對被控犯罪之事實及法律事項有充分表達意見，由此可推得，法官裁判須經當事人言詞辯論（§221、§222）、給予被告辯明犯罪嫌疑的機會（§96）、進而有辯論權、詰問權、最後陳述權。

（三）請求注意權

對被告的陳述或意見表達審判者應詳加注意，由此可推得 §308 規定「判決書應分別記載其裁判之主文與理由；有罪之判決書並應記載犯罪事實，且得與理由合併記載」，因有注意才可詳加記載上述之主文、理由、犯罪事實。

二、受辯護權

被告有權選任辯護人，因為被告享有辯護權方可弭平被告與國家的實力差距。

三、在場權

諸如 §281I 規定「審判期日，除有特別規定外，被告不到庭者，不得審判」。§150 規定「當事人及審判中之辯護人得於搜索或扣押時在場。但被告受拘禁，或認其在場於搜索或扣押有妨害者，不在此限」。

四、聲請調查證據權

被告有請求調查有利證據（§162）、聲請調查證據（§172）之權利。

五、對質及詰問權

對質詰問權為發現真實的方式之一 [49]，我國刑事訴訟法於民國 92 年 1 月修法 §166 以下規定，引進對人的證據方法（證人、鑑定人）的交互詰問制度，以此考驗人的供述證據之不可信賴性。自修法以來，對證人、鑑定人於審判程序中進行交互詰問，乃二種證據方法的法定調查證據程序，此為實務與學說所共認。從而，若未依此法定調查證據程序，也就是倘若沒有對證人、鑑定人在審判程序中進行交互詰問，則屬於未經合法調查的證據，因違背嚴格證明法則，且損害當事人詰問訴訟防禦權的行使，故不得作為裁判之依據。至於更詳盡的論述留待後續章節討論。

六、救濟權

被告有救濟的權利，例如被告具有上訴、抗告的權利。

肆、被告的義務

一、忍受義務

被告為裁判之對象，須忍受刑事訴追之義務，強制處分如逮捕、羈押、鑑定，到場義務及對質等義務。

---

[49] 最高法院 107 年度台上字第 1668 號刑事判決：刑事案件被告對證人之反對詰問權，係指被告有在公判庭當面詰問證人，以求發現真實之權利，此固係被告訴訟上之基本權利，惟被告對此具有處分權，被告當可因自白犯罪，且所欲證明之事項既臻明確，已無調查之必要性，而放棄其對原供述人之反對詰問權。

二、到場義務

被告經合法傳喚而無正當理由不到場者得拘提（§71、§71-1、§75）。

三、對質義務

§184II 規定「因發見真實之必要，得命證人與他證人或被告對質，亦得依被告之聲請，命與證人對質」。

伍、被告地位的形成

偵查階段中，被告的地位何時形成涉及被告何時應享有本法相關之權利，例如告知義務（§95I、§158-2II）與被告緘默權、辯護權、調查有利證據之權等。若是閒聊、探問是否為訊問，而有被告地位的形成？實務上採「功能訊（詢）問說」，即司法警察官或司法警察詢問犯罪嫌疑人時，應先告知 §95 所列各款事項，此觀 §100-2 準用 §95 之規定甚明。此所稱的詢問，舉凡只要是在功能上相當於對犯罪嫌疑人為案情之詢問，不論係出於閒聊或教誨之任何方式，亦不問是否在偵訊室內，均應有上開規定之準用，不以製作犯罪嫌疑人詢問筆錄時為限，而告知之情狀，祇須犯罪嫌疑人之地位形成即負有告知之義務，不管其身心是否受拘束[50]。

功能訊問運用主要是用在警察正式訊問之前的「閒聊」或「打探案情」的情形，被告可知悉其為司法警察的情形。但如果警察利用私人作為國家機關手足之延伸（例如 A 警察為了調查學生 C 的案子，而請其同學 B 去與 C 閒聊進而打探案情），甚至利用該情況規避訊問程序而取得被告對己不利陳述，將會侵害不自證己罪原則（任何人皆無義務以積極作為的方式

---

[50] 最高法院 104 年度台上字第 3936 號刑事判決。

來協助國家機關對自己的刑事追訴）與告知義務（例如告知有緘默權，又緘默權為不自證己罪原則的核心內涵之一）。本書認為此時如國家利用一般私人為打探案情的工具，可類推適用功能訊問而排除該證據。

第四章　訴訟相關人

第一節　辯護人

壹、功能與定位

一、辯護人的功能

辯護人的功能為加強被告在訴訟上的防禦能力，維護被告的權益，確保被告受到法治程序的保障，促進刑事訴訟程序中的無罪推定原則可在具體個案中實踐。

因為檢察官背後所代表的是國家機關，其對被告進行調查時，具有國家資源撐腰且檢察官的刑事法學知識相較於被告通常較高，辯護制度設立的目的在於弭平被告與國家間實力的落差而實踐公平審判。

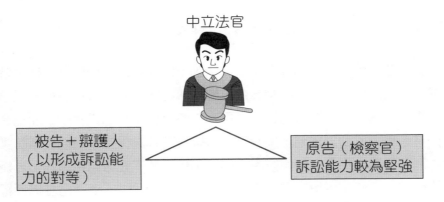

審判中需要辯護人之理由在於當事人平等原則、程序公平性、保護被告利益，偵查中需要辯護人的理由在於保護被告免於在任何的程序中作出非真實、非任意、非明智的陳述與重大決定[1]，因偵查庭中只有檢察官對

---

[1]　王兆鵬、張明偉、李榮耕，刑事訴訟法（上），2012 年 9 月，頁 424-425。

於被告的訊問，而無法官在場，故當事人平等原則不是偵查中需要辯護人的主要理由。

二、辯護人的定位

（一）辯護人為被告利益之代理人。

（二）辯護人同時也是具有自主性的司法機制。因辯護人除了為被告利益外，也帶有公益性質，亦即辯護人具有協助發現真實的義務。不違反保密義務下，可能要為被告利益，但反於被告意思而辯護（例如 A 律師為了證明 B 某日中午不在總統府附近，因而主張具有當日中午 B 與 C 女到屏東的汽車旅館幽會之不在場證明）。

貳、辯護制度的內涵

一、辯護制度的來自於憲法§16 對人民的訴訟權保障

釋字第 654 號之理由書指出「憲法第十六條規定人民有訴訟權，旨在確保人民有受公平審判之權利，依正當法律程序之要求，刑事被告應享有充分之防禦權，包括選任信賴之辯護人，俾受公平審判之保障。而刑事被告受其辯護人協助之權利，須使其獲得確實有效之保護，始能發揮防禦權之功能。從而，刑事被告與辯護人能在不受干預下充分自由溝通，為辯護人協助被告行使防禦權之重要內涵，應受憲法之保障。上開自由溝通權利之行使雖非不得以法律加以限制，惟須合乎憲法第二十三條比例原則之規定，並應具體明確，方符憲法保障防禦權之本旨，而與憲法第十六條保障訴訟權之規定無違」。

刑事被告在訴訟上應享有充分之防禦權，為憲法 §16 所保障人民訴訟權之範疇，此防禦權包含辯護倚賴權（即積極受辯護人協助之權利）在內，因此，刑事訴訟法賦予辯護人多項權限，期使辯護倚賴權為最大之

發揮[2]。

二、實質有效辯護

（一）基本概念

　　釋字第 654 號解釋可知被告有獲得確實有效保護的權利而保障訴訟的防禦權，我國過去刑事訴訟的制度採「職權主義」，即使無強而有力的辯護人協助被告，法院也須職權調查對被告有利的證據，然我國制度調整為「改良式當事人進行主義」後，非僅強調當事人形式上對等，也要求必須實質對等，亦即被告必須受到強而有力的辯護人協助。

（二）實質有效辯護之內涵

1. 傳統實務

　　傳統實務[3]將實質有效辯護類型化，但沒有同一標準，主要是以實質及忠實辯護判斷，以下情形即為違反實質有效辯護：辯護人未提出辯護書狀或其他書狀、辯護人僅表示引用辯護狀所載而未真正辯護、辯護人中途任意退出而對被告防禦權有影響。

2. 近期實務及學說

　　必須具備「行為瑕疵」與「結果不利」始屬欠缺實質有效辯護（即無效的辯護），而屬於 §379(7) 判決違背法令[4]。

---

[2] 最高法院 108 年度台上字第 3842 號刑事判決。

[3] 最高法院 68 年度台上字第 1046 號刑事判決、最高法院 91 年度第 8 次刑事庭會議決議。

[4] 最高法院 110 年度台上字第 2234 號刑事判決：刑事訴訟法第 379 條第 7 款規定「依本法應用辯護人之案件或已經指定辯護人之案件，辯護人未經到庭辯護而逕行審判者，其判決當然違背法令」，以保護被告在訴訟上有依賴辯護人其辯護及不受不法審判之權。所謂未經辯護人到庭辯護，除指未經辯護人到庭外，固尚包括辯護人所提供之辯護如非實質、有效之辯護，即屬無效之律師協助，得構成合法上訴之理由，始能發揮防禦權之功能。惟是否構成無效之律師協助，除應由被告具體指出辯護人之辯護行為有瑕疵，致未發揮辯護人應有的功能外，必也該瑕疵行為嚴重至審判已不公平，審判結果亦因而不可信，亦即，所謂無效之辯護應同時具備「行為瑕疵」與「結果不利」二要件。

(1) 行為瑕疵

　　行為瑕疵應由被告具體指出辯護人之辯護行為有瑕疵，致未發揮辯護人應有的功能。例如辯護人在開庭的時候戴著藍芽耳機聽伍佰的浪人情歌。

(2) 結果不利

　　結果不利是指瑕疵行為嚴重到審判已不公平，審判結果亦因而不可信。被告證明程度須達到合理可能性，亦即足動搖對審判結果信心的可能性。考量此要件的原因在於，如果審判結果可信性極高，就不必要因律師瑕疵行為而撤銷審判結果，且考量訴訟成本耗費。例如辯護人在開庭時只顧著滑手機，對於能證明被告有罪的敵性證人受脅迫之陳述，未表示任何意見，導致法院以該敵性證人之陳述為證據，輔以其他與本案較不相干之補強證據，進而判決被告有罪，即有結果不利。若辯護人於書狀上已載明答辯意旨，於開庭時自顧自玩手遊，遇到問題時只會一直跳針說：「如書狀所載！」惟法院審理範圍未超出辯護人書狀內之答辯意旨且辯護人之書狀皆針對爭點一一回答，此時應無結果不利可言。

案 例

　　A 被檢察官 B 用殺害直系血親尊親屬罪提起公訴，A 選 C 律師為辯護人，審判期日進行言詞辯論，C 陳述辯論意旨詳如辯護書所載，但 C 實際上未提出任何辯護書狀，後法院對 A 為有罪判決。C 是否有為實質有效辯護？

擬 答

　　A 殺害直系血親尊親屬罪，屬於 §31I「最輕本刑為三年以上有期徒刑案件」，故為強制辯護案件，該類案件必須選任或指定辯護人到庭為被告辯護才可進行審判。而 C 確實到庭但 C 僅陳述詳如辯護書狀所載，且

辯護人 C 實際上未提出任何辯護書狀，是否違法。首先必須提到實質有效辯護的內涵與釋字第 654 號，且引用 §284「第三十一條第一項所定之案件無辯護人到庭者，不得審判」。本案中須描述行為瑕疵與結果不利，如果同時構成該兩要件時，則有 C 這個辯護人到庭辯護＝無 C 這個辯護人到庭辯護，此時法院若為有罪判決，構成 §379(7) 判決違背法令，得提起第三審上訴或判決確定後作為非常上訴理由。　　　　　　　　　🔲

三、辯護的類型 —— 選任辯護（被告自己選任）與指定辯護（國家機關指定）

（一）選任辯護

1. 選任權人

(1) 被告

　　被告於偵查中與審判中得隨時選任辯護人（§27I）。

(2) 獨立選任權人

　　被告或犯罪嫌疑人之法定代理人、配偶、直系或三親等內旁系血親或家長、家屬，得獨立為被告或犯罪嫌疑人選任辯護人，不受被告或犯罪嫌疑人意思拘束（§27II）。例如 A 為被告，A 的配偶 B 可為 A 選任辯護人，即使 A 說：「不要啦，浪費錢」，B 仍可獨立為 A 選任辯護人。

　　關於被告可否撤銷獨立選任權人選任之辯護人，實務見解表示，被告對獨立選任權人所選任的辯護人無特殊信賴關係，若被告向法院解任辯護人，使該辯護人於訴訟上喪失為辯護人之資格，此係被告行使其於訴訟上之防禦及辯護權，此與其於民事法律關係上有無委任契約之解除權，並無必然之關係，故而獨立選任人所選任之辯護人不得為被告之辯護人[5]。本書認為實務見解是指被告不可撤銷獨立選任權人所選任之辯護人，因獨立

---

[5]　臺灣高等法院暨所屬法院 103 年法律座談會刑事類提案第 24 號。

選任來自法律規定，且被告與被獨立選任權人選任之辯護人間並無民事契約關係，基於契約相對性原則下，被告也不能解除民事委任契約，惟在訴訟上被告可拒絕被獨立選任權人所選任之辯護人為其辯護。換言之，被告可隨時將解除委任的意思通知法院而解任之，不過，獨立選任權人與辯護人之民事委任契約仍有效力。

臺灣高等法院暨所屬法院 103 年法律座談會刑事類提案第 24 號

法律問題：被告之父於審理中具狀為被告選任辯護人 A，訴訟進行中，被告向法院表明解任辯護人 A 之意思，惟被告之父不同意其解任。則辯護人 A 是否仍為本案被告之辯護人？採否定說。

（一）刑事訴訟法第 27 條第 2 項雖規定，被告或犯罪嫌疑人之法定代理人、配偶、直系或三親等內旁系血親或家長、家屬，得獨立為被告或犯罪嫌疑人選任辯護人。惟法文既已明定此項選任係「為被告或犯罪嫌疑人」而選任，自應認係為被告或犯罪嫌疑人之利益而選任，被告或犯罪嫌疑人自得隨時向法院解任之。

（二）刑事被告在訴訟上有依賴律師為其辯護之權，此為人民依憲法第 16 條規定賦予訴訟權所衍生之基本權，功能在使被告充分行使防禦權。有鑑於此，被告與辯護人間，具有特殊之信賴關係，惟有被告於訴訟中得自由選任、解任其辯護人，始能完足保障其訴訟上之防禦權，否則，被告如認其法定代理人、配偶、直系或三親等內旁系血親或家長、家屬所選任之辯護人未能善盡為其辯護之責，卻不能將其解任，顯然影響被告防禦權之行使。故被告向法院解任辯護人，使該辯護人於訴訟上喪失為辯護人之資格，係被告行使其於訴訟上之防禦及辯護權，此與其於民事法律關係上有無委任契約之解除權，並無必然之關係。

（三）綜上，被告於訴訟進行中，既已向法院表明解任辯護人 A 之意思，縱使被告之父不同意，辯護人 A 亦非屬本案被告之辯護人。

2. 被選任人

被選任人不可超過三人（§28），被選任人原則上限於律師（§29前段），例外於審判中經審判長許可，可選任非律師（§29但）。不過若於第三審的法律審時，被選任人必限於律師（§389）。此外，偵查中亦僅能選任律師為辯護人，理由在於避免選任不當者增加偵查困擾[6]。

被告或獨立選任權人若選任超過三位辯護人時，通說、實務認為如同時選超過三個辯護人，法院應先命被告自行補正，若未補正，整個選任行為無效。而若先後選任超過三個，後面選任無效，例如被告先選任 A、B，後在選任 C、D，後選任 C、D 為辯護人的效果為無效。

3. 選任時機、方式

(1) 起訴前，應於起訴前提出委任書狀選任（§30II 前段）。

(2) 起訴後，於每一審級提出委任書狀給法院（§30II 後段）。

（二）指定辯護

指定辯護是指對於審判中未經選任辯護人者，審判長「應」指定辯護人，其指定辯護的原因，包含強制辯護之原因（§31）、協商程序中若被告合意犯罪已經逾越 6 個月有期徒刑且未宣告緩刑者（§455-5I）。

另外，於「被告先選任，審判長後指定」情形，案件選任辯護人於審判期日無正當理由而不到庭者，審判長「得」指定公設辯護人或律師（§31II），亦為指定辯護的原因。相反地，「審判長先指定，被告後選任」，§31IV 規定「指定辯護人後，經選任律師為辯護人者，得將指定之辯護人撤銷」。而於「被告先選任，審判長後指定」情形，應認為審判長仍要給予後指定的辯護人相當的準備時間，方符合實質有效辯護的意旨，因強制辯護涉及被告防禦權與辯論權且可維持公平審判原則，故被告是否受到實質有效辯護（參照釋字第 654 號理由書）為重點，如指定辯護後隨即進行審判，被告與辯護人無法充分有效溝通且臨時指定的辯護人與

6　林俊益，刑事訴訟法概要（上），2020 年 9 月，頁 94。

被告難以快速建立信賴關係，故更適合的做法為指定辯護人為候補性質的辯護人，但同時另定審判期日，給予充分準備時間後再行通知選任的辯護人到庭，若選任辯護人再不到庭，則由候補的指定辯護人取代其辯護地位，該做法可避免因強制辯護之辯護人不到庭的訴訟遲延，也可兼顧辯護的信賴關係並保障辯護的準備時間[7]，於強制辯護亦適用之。

而偵查中羈押之強制辯護亦是指定辯護之原因，§31-1 規定「I 偵查中之羈押審查程序未經選任辯護人者，審判長應指定公設辯護人或律師為被告辯護。但等候指定辯護人逾四小時未到場，經被告主動請求訊問者，不在此限。II 前項選任辯護人無正當理由而不到庭者，審判長得指定公設辯護人或律師」。

指定辯護案件中，若檢察官起訴法條為準強盜罪（五年以上有期徒刑），一審法院審理後變更起訴法條為竊盜未遂罪，第二審法院是否應指定辯護？實務見解認為有關強制辯護之規定，目的在於維護是類案件被告之辯護倚賴權，俾於訴訟上充分防禦，保障其受公平審判之權利。而被告犯何種事實，應適用何種刑罰法律，定其具體刑罰權內容，原非自始明瞭，必賴訴訟之進行，次第形成。是案件有否前述規定應強制辯護之情形，允依該規定本旨，視當事人起訴、上訴或審理時所為主張，暨法院審理情形，綜合判定。並非專以檢察官起訴法條或法院之認定為斷。從而檢察官起訴或上訴主張之論罪法條雖非屬應強制辯護之罪，然法院認有應強制辯護之情形者，應為被告指定辯護人，固不待言。若檢察官上訴第二審主張被告係涉犯應強制辯護之罪，則不論其起訴法條或第二審法院審理結果所論之罪名，是否屬強制辯護之罪，該受理訴訟之第二審法院仍應為被告指定辯護人，俾實質保障其訴訟上權益。若檢察官起訴認被告係涉應強制辯護罪嫌，而第一審審理結果，認所犯並非強制辯護之罪，且僅被告為自己利益上訴第二審，檢察官並未聲明不服，亦未於第二審審理時指摘第一審判決論罪不當，主張應撤銷改判論以應強制辯護之罪，則第二審法院

---

[7]　林鈺雄，刑事訴訟法（上），2013 年 9 月，頁 220-221。

綜合前情，認被告所犯並非應強制辯護之罪，而未指定辯護人為被告辯護，即難謂有礙前述規定保障強制辯護案件被告之訴訟權益而違法可言[8]。

四、辯護的類型 —— 強制辯護（應經辯護）與任意辯護（得經辯護）

強制辯護是指被告處於特殊原因下，因被告可能不知道主張防禦權或者特定重罪刑罰後果很嚴重，立法者認為有違反公平審判的問題，故要全程受辯護人協助。

（一）強制辯護

1. 審判中強制辯護

§31I 規定「有下列情形之一，於審判中未經選任辯護人者，審判長應指定公設辯護人或律師為被告辯護：一、最輕本刑為三年以上有期徒刑案件。二、高等法院管轄第一審案件。三、被告因身心障礙，致無法為完全之陳述者。四、被告具原住民身分，經依通常程序起訴或審判者。五、被告為低收入戶或中低收入戶而聲請指定者。六、其他審判案件，審判長認有必要者」。第 3 款部分，修法前僅限於被告有精神障礙或其他心智缺陷之狀況，對被告程序保障及訴訟照料並不周全，從而修改後及於其餘身心障礙，以合乎身障公約、達實質平等之合理調整、平等及有效獲得司法保護。

§455-5I 規定「協商之案件，被告表示所願受科之刑逾有期徒刑六月，且未受緩刑宣告，其未選任辯護人者，法院應指定公設辯護人或律師為辯護人，協助進行協商」[9]。

---

[8] 最高法院 109 年度台上字第 3713 號刑事判決。

[9] 因若受宣告二年以下有期徒刑且未有故意犯罪之前科下，通常可爭取緩刑之機會。若協商內容為 6 個月以上二年以上且無宣告緩刑時，對被告極為不利且與常情不符，故有藉由強制辯護制度釐清之必要。

2. 偵查中強制辯護

偵查中「羈押」強制辯護的原因，§31-1規定只要是偵查中羈押必有強制辯護之適用，為偵查中羈押之全面強制辯護之規定。修法理由指出偵查中檢察官向法院聲請羈押被告，係起訴前拘束人身自由最嚴重之強制處分，自應予以最高程度之程序保障。參酌司法院釋字第737號解釋意旨，將強制辯護制度擴及於偵查中檢察官聲請羈押、延長羈押、再執行羈押被告之法院審查及其救濟程序，原則上採強制辯護制度。但考量偵查中之羈押審查程序有其急迫性，與本案之審理程序得另定相當之期日者有別，法院如現實上無公設辯護人之設置，指定辯護人事實上又有無法及時到庭之困難時，若被告無意願久候指定辯護人到庭協助辯護，自應予以尊重。至於抗告審如未開庭，而採書面審理，自無但書等候指定辯護人規定之適用；又本於司法資源之合理有效利用，且如被告業經羈押，其後續所面臨之程序，已與檢察官聲請羈押當時所面臨之急迫性有所不同，自應有不同之考量。是以，第1項所謂偵查中之羈押審查程序，自不包括法院已裁准羈押後之聲請撤銷羈押、停止羈押、具保、責付或限制住居等程序。

本書認為我國未來立法理想上應該將強制辯護的時間推展到全部偵查階段，而非僅是限於偵查中羈押階段。

另應注意，§31V規定「被告或犯罪嫌疑人因身心障礙，致無法為完全之陳述或具原住民身分者，於偵查中未經選任辯護人，檢察官、司法警察官或司法警察應通知依法設立之法律扶助機構指派律師到場為其辯護。但經被告或犯罪嫌疑人主動請求立即訊問或詢問，或等候律師逾四小時未到場者，得逕行訊問或詢問」。但該條性質屬於法律扶助而非強制辯護或指定辯護，而其效果為得否進行訊（詢）問。

3. 法律效果

如應強制辯護之案件而未經辯護即不可審理或判決，如果又為判決當然違背法令得上訴第三審（§284、§279(7)），因刑事強制辯護制度，係以保護被告之利益，維持審判之公平而設，如為無罪之諭知，縱使未經辯護而使訴訟程序為違法，但未損及被告利益之保護，顯於判決無影響，不

得之以為上訴第三審之理由[10]。然而本書認為強制辯護案件之辯護人未到場，而法院審判屬於程序違法，實務卻用因為最後沒有產生不利益的結果進而導出訴訟程序的違法對判決沒有影響，變成只要最後是好的結果，過程都不重要，此乃倒果為因的做法。此外，即使被告最後無罪，審判過程中仍須要辯護人協助，例如 A 沒有把 B 打成重傷與 A 因正當防衛而 B 打成重傷，結論都是無罪，因此有辯護人協助釐清事件的經過是重要的。

又 §388 規定，§31 關於強制辯護案件與指定辯護人之規定，於第三審之審判不適用之。法院不用依 §31 規定為上訴人指定辯護人後，再行審判[11]。

案例

A 因殺人未遂罪名被檢察官提起公訴，A 選任 B 律師為辯護人。審判中，法院已經依法通知 B 到場，但 B 因疏於注意，未於審判期日到場。審判長遂當庭臨時指定公設辯護人 C 為到場的 A 辯護，進行審判，並於該日辯論終結。本案所踐行之程序是否合法？若本案判決結果為被告無罪，情形有無不同？

擬答

本案件程序合法與否，應先論述 A 觸犯殺人未遂罪為刑法 §271II，其最輕本刑為十年有期徒刑，乃 §31I 之強制辯護案件。強制辯護的目的在保護被告權益與維持審判公平，故 §284 規定無辯護人到庭則不得審判，若仍審判依據 §379(7) 判決當然違背法令，得上訴第三審。然而於強辯案件時若被告未選任辯護人時法院應指定辯護人，本案 A 已經選任辯護 B，而 B 經法院通知卻無正當理由未到庭辯護，依據 §31II 審判長得

---

[10] 最高法院 92 年度台上字第 4731 號刑事判決。
[11] 最高法院 108 年度台上字第 1748 號刑事判決、最高法院 108 年度台上字第 3598 號刑事判決。

依法通知卻無正當理由未到庭，但於臨時指定辯護人，應不逕行審判，更不可於該辯論日之終結，因要給予辯護人充分的準備時間以達成實質有效辯護。

　　然本案結果為無罪時，實務認為強制辯護是為了被告利益而設，既然無罪了就是對被告有利，故不得以之為上訴第三審事由，但本書認為不可倒因為果，故仍得以強制辯護案件且缺少實質有效辯護而上訴第三審。◼

4. 強制辯護的其他問題

強制辯護是否適用於準備程序？

（一）否定說（過去實務見解[12]）

　　法院得於第一次審判期日前，傳喚、通知相關人員到庭行準備程序，而經合法傳喚、通知之相關人員，無正當理由不到庭者，法院得對到庭之人行準備程序，§31I、II、§27I、V 規定甚明。準備程序原則上僅處理訴訟資料之彙整，旨在使審判程序能密集順暢進行預作準備，是否行準備程序，法院有裁量之權。而準備程序非可取代審判期日應為之訴訟程序，是辯護人苟依法於審判期日到庭為被告辯護，縱未於準備程序到庭參與行準備程序，尚難指其辯護有瑕疵而執為上訴第三審之合法理由。

（二）肯定說（學說見解）[13]

1. 文義解釋下 §31 僅規定「審判中」，而起訴後訴訟便立即進入審判階段，又準備程序與審判期日同屬審判的一部分，故有強制辯護制度的適用，且 §284 的「依法不得審判」是指廣義的審判程序，包含準備程序與審判期日。

---

[12] 最高法院 100 年度台上字第 446 號刑事判決、最高法院 102 年度台上字第 4604 號刑事判決。

[13] 李榮耕，準備程序與強制辯護，月旦法學教室，第 109 期，2011 年 1 月，頁 36-38。

2. 準備程序涉及諸多重要事項，如爭點整理、證據能力認定等。該事項都關係到被告程序權益且都是高度法律專業事項，故要有法律專業的律師於被告旁提供意見，避免被告無知而未能適時作成有利主張，且§273II 規定法院於準備程序中認定為無證據能力之證據不得於審判期日提出，更可證明強制辯護制度於準備程序有適用。

（三）近期實務見解[14]

　　近期實務見解認為不論對在押被告所進行之訊問、準備或審理程序，均有強制辯護適用，此見解逐漸肯認上述學說見解。

強制辯護是否適用於再審程序？

（一）實務見解（否定說）

　　§31I(5) 之規定是針對審判中具被告身分者而設。至於再審係對確定判決認定事實錯誤所設之救濟程序，刑事訴訟案件經判決確定者，該案之被告就聲請再審案件，經法院裁定開始再審前，僅係受判決人，無以被告身分陳述事實及為法律上攻擊、防禦意見之情形，是案件於開始再審之裁定確定，法院依其審級之通常程序，更為審判前，並無上開指定辯護規定之適用[15]。

---

[14] 最高法院 102 年度台非字第 403 號刑事判決：於審判中審判長應指定辯護人為被告辯護，其立法目的乃因該等被告無法依其個人之能力，就訴訟上相關之權利為實質有效之行使，乃從偵查程序及審判中均使其得受辯護之助力，以保障人權，並藉由程序之遵守確保裁判之公正。且上訴之撤回於判決前均得為之，不能完全陳述之智能障礙被告，倘未獲辯護人協助下，在程序進行中許其獨自為撤回之表示，訴訟權益之保護難謂周延，且與上揭立法意旨相悖。因此，此類案件於繫屬法院後，基於延續偵查中保障智能障礙被告之立法意旨，解釋上，法院於判決前所進行之一切訴訟行為，即屬「審判」程序之一部分，不論對在押被告所進行之訊問、準備或審理程序，均有強制辯護規定之適用，如有違反，所為撤回上訴之表示，應認不生撤回之效力。臺灣高等法院 107 年度上訴字第 86 號刑事判決、臺灣高等法院 108 年度抗字第 240 號刑事裁定、臺灣高等法院 109 年度上更一字第 57 號刑事判決。

[15] 最高法院 106 年度台抗字第 195 號刑事裁定。

（二）學說見解（肯定說）

　　因再審比第一、二審程序複雜與困難，如能提出說服法院之新事證，對不熟悉法律的受判決人為困難事情，而使公平審判、發現真實與落實被告防禦權無法彰顯。故學者建議修法，至少先讓重罪案件之受判決人享有此權利[16]。

簡式審判程序或簡易判決處刑程序是否可用強制辯護案件

　　A 有原住民身分，涉嫌攜帶兇器竊盜，經檢察官用通常程序起訴，法院準備程序時，A 認罪，法院得否用簡式審判或簡易審判程序？ A 具有原住民身分為 §31I(4) 適用強制辯護案件，然而法院得否用簡式審判或簡易判決處刑？

（一）強制辯護案件得以簡式審判為之

　　§273-1I 規定「除被告所犯為死刑、無期徒刑、最輕本刑為三年以上有期徒刑之罪或高等法院管轄第一審案件者外，於前條第一項程序進行中，被告先就被訴事實為有罪之陳述時，審判長得告知被告簡式審判程序之旨，並聽取當事人、代理人、辯護人及輔佐人之意見後，裁定進行簡式審判程序」。而簡式審判程序相較於普通程序，只是將證據調查的程序予以簡化，例如證據調查次序、方法的預定、證據調查請求的限制、證據調查的方法、證人、鑑定人詰問的方式予以簡化。故簡式審判程序仍須經言詞辯論為必要（亦即必須開庭），還是可以有辯護人到庭。本例 A 犯加重竊盜罪（6 個月以上五年以下有期徒刑），並非最輕本刑三年以上之有期徒刑，得用簡式審判程序。

---

[16] 李榮耕，再審及受律師協助權，月旦法學教室，第 160 期，2016 年 2 月，頁 30-32。

（二）強制辯護案件不得以簡易判決處刑程序為之

§449 規定「I第一審法院依被告在偵查中之自白或其他現存之證據，已足認定其犯罪者，得因檢察官之聲請，不經通常審判程序，逕以簡易判決處刑。但有必要時，應於處刑前訊問被告。II前項案件檢察官依通常程序起訴，經被告自白犯罪，法院認為宜以簡易判決處刑者，得不經通常審判程序，逕以簡易判決處刑」。本例被告 A 有原住民身分適用強制辯護，但簡易判決處刑僅以書面審理，強制辯護案件要辯護人到庭，否則不得審判（§284），故強制辯護制度不得適用簡易判決處程序。

（二）任意辯護

1. 任意辯護概念

　　強制辯護以外的案件，都是任意辯護。

2. 任意辯護，未經辯護人到庭之法律效果

　　§271 規定「I審判期日，應傳喚被告或其代理人，並通知檢察官、辯護人、輔佐人。II審判期日，應傳喚被害人或其家屬並予陳述意見之機會。但經合法傳喚無正當理由不到場，或陳明不願到場，或法院認為不必要或不適宜者，不在此限」。§377 規定「上訴於第三審法院，非以判決違背法令為理由，不得為之」。§378「判決不適用法則或適用不當者，為違背法令」。§380 規定「除前條情形外，訴訟程序雖係違背法令而顯然於判決無影響者，不得為上訴之理由」。

辯護人未到場，法院是否可以逕行裁判

（一）強制辯護

　　依據 §31I、§284、§379(7) 之規定，辯護人未到場，不得逕行裁判須另定審判日期，否則判決當然違背法令。

（二）任意辯護

1. 未選任未指定辯護人：可逕行裁判。

2. 有選任：

(1) 有合法通知，無正當理由未到，可逕行裁判。

(2) 無合法通知，不得逕行裁判須另定審判日期。

3. 有指定，不得逕行裁判。

五、辯護類型 —— 多數辯護（多數辯護人同時幫同一被告辯護）與共同辯護（同一辯護人同時幫多位被告辯護）

（一）多數辯護

　　多數辯護是指一個被告有同時多數辯護人，基於訴訟經濟的考量，§28規定不得逾三人，若選任逾越三人時，實務認為應將最後選任之辯護人予以剔除[17]。另外多數辯護應分別送達文書（§32），換言之，被告選任數辯護人者，送達審判期日之通知，應分別為之。刑事被告在訴訟上有依賴律師為其辯護之權，此為人民依憲法 §16 規定賦予訴訟權所衍生之基本權，功能在使被告充分行使防禦權，俾與檢察官或自訴人（有律師為代理人）立於平等之地位，而受法院公平之審判[18]。

多數辯護人間得否相互取代

（一）肯定說[19]

　　被告享有律師倚賴權，雖為憲法所保障之訴訟防禦權之一種，刑事訴訟法並設有諸多保障規範，依其 §28、§29 規定，每一被告得選任

---

[17] 最高法院 97 年度台上字第 1288 號刑事判決。

[18] 最高法院 103 年度台上字第 3755 號刑事判決。

[19] 最高法院 101 年度台上字第 451 號刑事判決。

三名律師，即屬之。但若其所選任之某一律師，於法院指定之訴訟期日，經通知而遲到或不到庭，因尚有其他律師按時到場協助被告，即難謂被告之律師倚賴權遭受剝奪，不能憑此逕指踐行之訴訟程序不合法。

（二）否定說[20]

　　刑事被告在訴訟上有依賴律師為其辯護之權，此為人民依憲法 §16 規定賦予訴訟權所衍生之基本權，功能在使被告充分行使防禦權，以便與檢察官或自訴人立於平等之地位，而受法院公平之審判。基此，我國立法政策上，採多數辯護制度，於 §28 規定「每一被告選任辯護人，不得逾三人」，即同一被告至多得選任三位辯護人為其辯護。而每位辯護人之辯護權，均各自獨立，可居於自身之辯護權能，從不同之面向，展現不同之辯護內容，自主、充分的為被告辯護，彼此無法取代，以彰顯多數辯護制度之目的。

（二）共同辯護

1. 基本概念

　　共同辯護是指數個被告由同一個辯護人進行辯護，§31III 規定指定辯護的狀況下原則上容許共同辯護，例外於數被告利益相反時禁止共同辯護（§31III 但）。亦即在利益衝突的情形，如 A、B 共同殺人，A 承認，但 B 否認，此時為利益相反的狀態，一位律師幫 A、B 辯護時該如何是好，故應禁止之。

　　本書認為共同辯護應不限於指定辯護之情形，選任辯護發生共同辯護的情形應會較多，故應採「原則禁止，例外許可」才是。

2. 共同辯護之立法是否恰當

　　肯定說認為基於訴訟經濟，故共同辯護之立法恰當。否定說認為因被告間即使無顯在的利益衝突，仍可能存在潛在利益衝突（例如 A、B 共同

---

[20] 最高法院 102 年度台上字第 5092 號刑事判決。

殺人，但辯護人的辯護方面可朝向於僅 B 成立殺人罪，或者辯護人可能將之解釋為 A、B 為傷害罪的共同正犯，但是 B 殺人的行為屬於共同正犯的逾越，B 應單獨負責）且會產生辯護人協助串證疑慮。然現行法採肯定說下仍規定共同辯護，必須解決無利害衝突與有無串證疑慮的問題。

案 例

　　甲、乙共同強盜 A 之計程車並故意將之殺害，法院於本案指定律師丙為甲乙共同辯護，但審判中，乙說：「甲用膠帶捆住 A 雙眼與嘴巴」，甲一再辯稱：「一切是為乙所做的，我沒做」。最終法院判二人共同強盜且故意殺人罪論，均處無期徒刑，此判決程序是否合法？

擬 答

　　甲、乙構成強盜罪的結合犯（刑法 §332I），最輕本刑超過三年有期徒刑，故本案為強制辯護案件。又數被告可由同一律師共同辯護，但為免損及被告辯護權，有利害相反時，不許共同辯護（§31III），本案甲乙互相說是對方為強盜罪的結合犯的行為，甲乙具有顯在的利害衝突，法院指定丙為甲乙的共同辯護人違反 §31III，故判決程序不合法。此外丙亦可能無法同時為甲乙為實質有效辯護，此時丙的辯護行為有瑕疵，致未發揮辯護人應有的功能，且若該瑕疵行為嚴重至審判已不公平，並且審判結果不利於被告，故屬於判決違背法令。

六、辯護人的權利與義務

（一）權利

1.閱卷權

　　閱卷權的法理基礎在於聽審原則中的被告資訊請求權，被告得知悉相關資訊下而決定辯護方向。而以前閱卷權的主體是辯護人而非被告，過去

為何只讓辯護人享有閱卷權，是因基於現實考量，避免被告於閱卷時竄改卷宗、證物。然而於民國 108 年 6 月修正 §33II「I 辯護人於審判中得檢閱卷宗及證物並得抄錄、重製或攝影。II 被告於審判中得預納費用請求付與卷宗及證物之影本。但卷宗及證物之內容與被告被訴事實無關或足以妨害另案之偵查，或涉及當事人或第三人之隱私或業務秘密者，法院得限制之。III 被告於審判中經法院許可者，得在確保卷宗及證物安全之前提下檢閱之。但有前項但書情形，或非屬其有效行使防禦權之必要者，法院得限制之。IV 對於前二項之但書所為限制，得提起抗告。V 持有第一項及第二項卷宗及證物內容之人，不得就該內容為非正當目的之使用」。

　　§33 僅規定審判中辯護人具有閱卷權，而於釋字第 737 號【偵查中羈押審查程序卷證資訊獲知案】[21] 後增訂 §33-1，其規定「I 辯護人於偵查中之羈押審查程序，除法律另有規定外，得檢閱卷宗及證物並得抄錄或攝影。II 辯護人持有或獲知之前項證據資料，不得公開、揭露或為非正當目的之使用。III 無辯護人之被告於偵查中之羈押審查程序，法院應以適當之方式使其獲知卷證之內容」。偵查中羈押審查程序具有閱卷權，而其中適當的方式，立法理由指出，將限制或禁止部分遮掩、封緘後，由法官提供被告及辯護人檢閱、提示或其他適當方式為之。至於何為適當方式交由法院審酌具體個案情節決定。

---

[21] 大法官釋字第 737 號解釋文：本於憲法第八條及第十六條人身自由及訴訟權應予保障之意旨，對人身自由之剝奪尤應遵循正當法律程序原則。偵查中之羈押審查程序，應以適當方式及時使犯罪嫌疑人及其辯護人獲知檢察官據以聲請羈押之理由；除有事實足認有湮滅、偽造、變造證據或勾串共犯或證人等危害偵查目的或危害他人生命、身體之虞，得予限制或禁止者外，並使其獲知聲請羈押之有關證據，俾利其有效行使防禦權，始符憲法正當法律程序原則之要求。其獲知之方式，不以檢閱卷證並抄錄或攝影為必要。刑事訴訟法第三十三條第一項規定：「辯護人於審判中得檢閱卷宗及證物並得抄錄或攝影。」同法第一百零一條第三項規定：「第一項各款所依據之事實，應告知被告及其辯護人，並記載於筆錄。」整體觀察，偵查中之犯罪嫌疑人及其辯護人僅受告知羈押事由所據之事實，與上開意旨不符。有關機關應於本解釋公布之日起一年內，基於本解釋意旨，修正刑事訴訟法妥為規定。逾期未完成修法，法院之偵查中羈押審查程序，應依本解釋意旨行之。

　　而後釋字第 762 號【審判中被告之卷證資訊獲知案】認為，§33II 前段規定：「無辯護人之被告於審判中得預納費用請求付與卷內筆錄之影本」，未賦予有辯護人之被告直接獲知卷證資訊之權利，且未賦予被告得請求付與卷內筆錄以外之卷宗及證物影本之權利，妨害被告防禦權之有效行使，於此範圍內，與憲法 §16 保障訴訟權之正當法律程序原則意旨不符。故而於民國 108 年 6 月修法將 §33II 規定為「被告於審判中得預納費用請求付與卷宗及證物之影本。但卷宗及證物之內容與被告被訴事實無關或足以妨害另案之偵查，或涉及當事人或第三人之隱私或業務秘密者，法院得限制之」。

　　又民國 109 年 1 月新增，再審時亦有準用閱卷權之規定，§429-1 規定「I 聲請再審，得委任律師為代理人。II 前項委任，應提出委任狀於法院，並準用第二十八條及第三十二條之規定。III 第三十三條之規定，於聲請再審之情形，準用之」。然於非常上訴時，被告並未準用閱卷權之規定，此為立法為德不卒之處，故而實務上 [22] 認為雖然無法律明文，然被告仍可類推適用 §33 之規定而有相當程度的閱卷權。

> ### 最高法院 108 年度台上字第 124 號刑事判決【辯護人之閱卷權範圍】
>
> 　　依聽審原則法理基礎所衍生被告之資訊請求權，辯護人於審判中得檢閱卷宗及證物，此閱卷權固屬於被告辯護權利之一，惟法院於審判中對於涉及個人資料而另列為不公開密封卷內之卷宗證物，如已踐行提示及告以要旨等法定證據調查程序，縱未再准予被告之辯護人於審判中影印密封卷宗，難認因此影響辯護權之有效行使。

---

[22] 最高法院 108 年度台抗字第 1489 號刑事裁定：對於判決確定後，無辯護人之被告以聲請再審或非常上訴等理由，請求預納費用付與卷內筆錄之影本，既無禁止之明文，依上開解釋意旨之規範目的，應類推適用刑事訴訟法第 33 條第 2 項之規定，除另有保密限制規定或安全考量等情形外，仍應從寬賦予判決確定之被告，有上開請求交付卷內筆錄或證物等證據之權利，以保障其訴訟防禦權，並符合便民之旨。

2. 交通權（接見通訊權）（§34）

(1) 相關規定

　　為了確保辯護人與被告可以充分自由溝通，而達成實質有效辯護，而有辯護人與羈押中的被告接見通信之權。學者認為了確保上述目的，於辯護人與被告接見時必須符合監看但不可去聽或錄音、可以開拆書信但不可以閱覽內容、如知悉接見商議或往來書信內容也不能作為被告本案犯罪的證據使用[23]。

　　§34 規定「I 辯護人得接見羈押之被告，並互通書信。非有事證足認其有湮滅、偽造、變造證據或勾串共犯或證人者，不得限制之。II 辯護人與偵查中受拘提或逮捕之被告或犯罪嫌疑人接見或互通書信，不得限制之。但接見時間不得逾一小時，且以一次為限。接見經過之時間，同為第九十三條之一第一項所定不予計入二十四小時計算之事由。III 前項接見，檢察官遇有急迫情形且具正當理由時，得暫緩之，並指定即時得為接見之時間及場所。該指定不得妨害被告或犯罪嫌疑人之正當防禦及辯護人依第二百四十五條第二項前段規定之權利」。

釋字第 654 號解釋文

　　羈押法第二十三條第三項規定，律師接見受羈押被告時，有同條第二項應監視之適用，不問是否為達成羈押目的或維持押所秩序之必要，亦予以監聽、錄音，違反憲法第二十三條比例原則之規定，不符憲法保障訴訟權之意旨；同法第二十八條之規定，使依同法第二十三條第三項對受羈押被告與辯護人接見時監聽、錄音所獲得之資訊，得以作為偵查或審判上認定被告本案犯罪事實之證據，在此範圍內妨害被告防禦權之行使，牴觸憲法第十六條保障訴訟權之規定。

---

[23] 林鈺雄，刑事訴訟法（上），2013 年 9 月，頁 232-233。

(2) 限制

　　羈押中的被告依據 §105 可禁止與親友接見，而 §34I 僅可以限制與辯護人接見、互通書信，但不可完全禁止，如有限制時依據 §34-1 規定限制辯護人與羈押之被告接見或互通書信，應用限制書。另外於偵查中受拘捕之人，頂多可暫緩辯護人的接見（§34III）。

　　只有檢察官有限制或暫緩之權利，司法警察（官）則無該權利，然如司法警察（官）為限制或暫緩，現行法沒規定如何救濟，學說上認為應類推 §416(4) 提起準抗告救濟[24]。

　　如果於暫緩期間，檢察官或司法警察訊（詢）問被告，而獲得犯罪嫌疑人不利己的陳述，已經違反 §34II 與 §100-2 準用 §95II，而侵害犯罪嫌疑人的受辯護權，另外有學說亦認為違反正當法律程序，而犯罪嫌疑人不利己的陳述屬於欠缺任意性而無證據能力或至少先推定為無證據能力，由檢察官就陳述的任意性先負起舉證責任[25]。

(3) 救濟

　　依據 §404、§416，對於限制辯護人與被告接見或互通書信之裁定或指定處分可抗告或準抗告。如為處分適用準抗告，如為裁定適用抗告。

	§34I	§34II
對象	羈押之被告。	偵查中受拘捕之人。
限制	有事證足認，可限制。	原則上不可限制。遇急迫情狀，頂多暫緩。
令狀	令狀，依 §34-1 應用限制書，為相對法官保留。	§34III 暫緩處分。
救濟	抗告 §404(3) 準抗告 §416I(3)。	準抗告 §416I(4)。

---

[24] 李榮耕，受拘捕犯罪嫌疑人於訊問中之受辯護權，月旦法學雜誌，第 192 期，2011 年 5 月，頁 56。

[25] 李榮耕，受拘捕犯罪嫌疑人於訊問中之受辯護權，月旦法學雜誌，第 192 期，2011 年 5 月，頁 57。

3. 攜同速記到庭權（§49）

　　辯護人經審判長許可，得於審判期日攜同速記到庭記錄。

4. 在場權

(1) 基本概念

　　「在場權」，屬被告在訴訟法上之基本權利之一，兼及其對辯護人之倚賴權同受保護。例如事實審法院行勘驗時，倘無法定例外情形，而未依法通知當事人及辯護人，使其有到場之機會，所踐行之訴訟程序自有瑕疵，此項勘驗筆錄，應認屬於因違背法定程序取得之證據[26]。

(2) 偵查階段的在場權

　　§245II 本文規定「被告或犯罪嫌疑人之辯護人，得於檢察官、檢察事務官、司法警察官或司法警察訊問該被告或犯罪嫌疑人時在場，並得筆記及陳述意見」，故於偵查階段辯護人於詢訊時有權在場，但 §245II 但書有限制規定「但有事實足認其有妨害國家機密或有湮滅、偽造、變造證據或勾串共犯或證人或妨害他人名譽之虞，或其行為不當足以影響偵查秩序者，得限制或禁止之」。此外，偵查中的勘驗依據 §214 規定，得通知辯護人在場，但事先陳明不願到場或有急迫情形者，不在此限。

(3) 審判階段的在場權

① 搜索、扣押、勘驗的在場權

　　§150 規定「I 當事人及審判中之辯護人得於搜索或扣押時在場。但被告受拘禁，或認其在場於搜索或扣押有妨害者，不在此限。II 搜索或扣押時，如認有必要，得命被告在場。III 行搜索或扣押之日、時及處所，應通知前二項得在場之人。但有急迫情形時，不在此限」。§150I 之規定依 §219，於審判中實施勘驗時準用之。

　　而法院於勘驗時應合法通知辯護人到場，如未通知辯護人，則訴訟程序有瑕疵，而屬於違背法定程序而取得證據，應認為勘驗的證據依照 §158-4 權衡是否取得證據能力。

---

[26] 最高法院 94 年台上第 4929 號判例。

最高法院 107 年度台上字第 2054 號刑事判決【辯護人之在場權】

勘驗為法院或檢察官因調查證據及犯罪情形所為之檢驗處分，勘驗於審判中由法院，偵查中由檢察官實施之，此觀刑事訴訟法第 212 條之規定自明。審判中之勘驗，係由法院以感官知覺，對犯罪相關之人、物、地等證據，親自加以勘察、體驗其性質或狀態之調查方法，屬法定證據方法之一種，自應由法院依法定程序行之。刑事訴訟法第 219 條明定行勘驗程序時準用同法第 150 條規定，除有法定例外情形外，被告及審判中之辯護人均有在場權；除急迫情形外，勘驗之日、時及處所，尚應事先通知有在場權人。其立法意旨係為落實證據調查程序所應遵守之直接審理、言詞審理、公開審理及當事人進行等原則，以確保勘驗程序之公正、協助或促請勘驗機關注意正確認識、考察被勘驗標的，順利達成勘驗目的，減少爭議，並使當事人、辯護人於審判程序能適切行使其攻擊防禦權，保障被告憲法上之訴訟權。此「在場權」解釋上應包括意見表示權，學理上認係辯護人之固有權，不容任意剝奪。事實審法院行勘驗時，倘無法定例外情形，而未依法通知辯護人或依法得在場之當事人，使其有到場機會，其所踐行之勘驗程序即有瑕疵，其勘驗所得之勘驗筆錄證據資料，應認屬因違背法定程序取得之證據。

② 審判期日與準備程序的在場權

§271I 規定審判期日應通知辯護人到場、而 §273 規定準備程序得通知辯護人行準備程序。

另外，審判期日何時段應在場，如果會影響被告的實質有效辯護時，辯護人即應在場。

訴訟程序的階段順序為朗讀案由（§285）→人別訊問（§94）→檢察官陳述起訴要旨（§286）→告知義務（§287、§95）→調查證據（§288）→辯論證明力機會，事實或法律辯論、科刑範圍表示意見（§288-2、§289）→被告最後陳述（§290）。其中朗讀案由（§285）、

人別訊問（§94），辯護人不在場，亦不影響實質有效辯護。而若是檢察官陳述起訴要旨（§286）至被告最後陳述（§290），辯護人不在場，將影響實質有效辯護。然有學者認為從朗讀案由至被告最後陳述辯護人均應在場[27]。

③ 協助被告確認筆錄內容

　　§41 規定「I 訊問被告、自訴人、證人、鑑定人及通譯，應當場制作筆錄，記載下列事項：一、對於受訊問人之訊問及其陳述。二、證人、鑑定人或通譯如未具結者，其事由。三、訊問之年、月、日及處所。II 前項筆錄應向受訊問人朗讀或令其閱覽，詢以記載有無錯誤。受訊問人為被告者，在場之辯護人得協助其閱覽，並得對筆錄記載有無錯誤表示意見。III 受訊問人及在場之辯護人請求將記載增、刪、變更者，應將其陳述附記於筆錄。但附記辯護人之陳述，應使被告明瞭後為之。IV 筆錄應命受訊問人緊接其記載之末行簽名、蓋章或按指印。但受訊問人拒絕時，應附記其事由」。民國 109 年 1 月修法理由指出辯護人基於保護被告之立場，為補強被告之防禦力，自得協助被告閱覽訊問筆錄，並對筆錄記載有無錯誤表示意見，惟原法未予明文規定辯護人得協助被告為上述行為，致生爭議，並增進辯護權之有效行使。訊問時在場之辯護人得協助被告閱覽訊問筆錄，倘認筆錄記載有誤，應許其請求將記載增刪、變更。惟辯護人此項請求既係協助被告，自應使被告明瞭增刪、變更內容後，始將辯護人之陳述附記於筆錄。訊問筆錄應命訊問人緊接其記載之末行簽名、蓋章或按指印，以免任意填寫不實之記載，但受訊問人因種種因素而拒絕簽名，不得強迫其簽名，此時可於筆錄中記明其拒絕情形，以維人權，並兼顧實務之運作。

5. 辯護權

　　辯護人有為被告辯護之權利。

---

[27] 王兆鵬，受有效律師協助的權利 —— 以美國法為參考，月旦法學雜誌，第 123 期，2005 年 8 月，頁 149。

6. 聲請權

(1) 聲請調查證據、聲請迴避：被告有此權者，辯護人亦有之。

(2) 獨立代理權：聲請撤銷羈押權§107II、聲請停止羈押權§110I、聲明異議權§174，不服法院的訴訟指揮者，得聲明異議。

7. 上訴權（§346）

　　辯護人得為被告利益提起上訴。

（二）義務

1. 忠實辯護的義務。

2. 保密義務（§245IV）：於執行職務時，不可將所知悉之事項洩漏。

3. 低度真實義務：應配合刑訴發現真實的目的，但低度真實義務不完全等同於真實義務，不代表辯護人可以用積極的手段去掩飾真實或捏造真實，消極的不洩漏而非積極的掩飾。

4. 相關之義務多規定於律師法上，屬律師倫理，請自行參酌。

（三）辯護人職權與審級間之關係

1. 上訴二審與空白上訴的問題

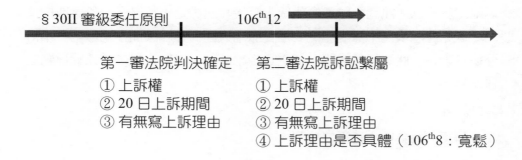

　　第一審終局判決後，若被告不服判決結果，得向第一審提上訴書狀，而第一審法院必須審查：① 有無上訴權（例如是否為被告上訴）② 有無

逾越 20 日的上訴期間（§349）③ 有無寫上訴理由（§361II 上訴書狀未敘述上訴理由者，應於上訴期間屆滿後 20 日內補提理由書於原審法院。逾期未補提者，原審法院應定期間先命補正）。如具備該要件後，第一審法院應將證卷送交於第二審法院，第二審法院必須比第一審法院多審查④ 上訴理由是否具體。

我國刑事訴訟的二審採取覆審制，然而民國 96 年之前，常常產生空白上訴或濫訴的狀態，也就是說即使上訴人於上訴書狀寫上「法官肚子餓嗎？」、「我不服，臭屁蛋，恐龍」，此非關於上訴人的案件中的具體理由，但仍認為有上訴理由，而導致了二審肥大化的狀態。

而民國 96 年修正 §361 後，第二審法院必須審查上訴的具體理由，如果理由不具體，第二審法院得不經言詞辯論而判決駁回（亦即 §367 規定「第二審法院認為上訴書狀未敘述理由或上訴有第三百六十二條前段之情形者，應以判決駁回之。但其情形可以補正而未經原審法院命其補正者，審判長應定期間先命補正」。§362 規定「原審法院認為上訴不合法律上之程式或法律上不應准許或其上訴權已經喪失者，應以裁定駁回之。但其不合法律上之程式可補正者，應定期間先命補正」）。實務認為，上訴人未提上訴理由，原審應命補正（§362 但書），但如已經提上訴理由，只是理由不具體，原審不用命補正，可直接送二審（因為第一審只採形式審查），如第二審認上訴理由具體（第二審採具體審查），即進行實體審查，如上訴理由不具體，以上訴不合法駁回[28]。

由此可知第一審法院只能審查「有無寫理由」，而不能審查「理由具不具體」，故有無說明理由是第一審法院可以命補正的事項，而條文規定原審（第一審）得命補正事項，第二審法院亦得命補正，然而第二審法院於「有無具體理由」不用命補正而可直接判決駁回。但是於強制辯護案件，過去實務認為攸關被告重大利益而應先命補正，如不補正方可駁回。

---

[28] 最高法院 106 年度台上字第 1086 號刑事判決。

2. 原審辯護人的職權範圍

　　§30II 採取審級委任制，被告與辯護人的委任關係隨著一審終結而結束，導致被告缺乏法律相關知識下而無法切確提出具體理由，進而使我國第二審狹窄化。因我國第二審是採覆審制應重新審理事實，非如第三審般的法律審，故如第二審狹窄化將不利於上訴權的行使、妨礙人民憲法上的權利。

　　故為了解決第二審狹窄化的問題，最高法院作出刑事會議決議，認為委任的關係必須延伸到合法發生移審效力時，亦即原審律師有義務為被告寫上訴理由狀而至實質審理階段[29]。此見解打破了審級委任制度的規定而延長了辯護人的職責，因而於第二審進入實體審理程序之前，法院並無另外指定辯護人的必要與義務，而原審的辯護人是否善盡職責協助上訴，被告如何要求辯護人代撰書狀，不可由中立地位的法院介入。過去實務[30]認為於被告上訴書狀全然未敘述理由，第一審或第二審法院命期補正時，均應於裁定之當事人欄內一併列第一審之辯護人，促辯護人注意協助被告提出合法之上訴書狀，以盡第一審辯護人職責，並藉以曉諭被告得向第一審辯護人請求協助之目的；倘被告未即經第一審辯護人之專業協助以自行提出上訴理由，但囿於專業法律知識，致未能為契合法定具體理由之完足陳述時，基於被告有受憲法保障其實質獲得辯護人充分完足協助之防禦權之權能，第二審法院於駁回其上訴前，仍應為相同模式裁定，始符合強制辯護立法之旨。故有論者[31]認為 106 年度第 12 次刑事庭會議決議之「法院無義務且無必要告知被告有向辯護人告知代撰上訴理由書」見解，違反訴訟照料義務，拘泥於法無明文，對於憲法訴訟權與正當法律程序有所誤解。

---

[29] 最高法院 106 年度第 12 次刑事庭會議決議。
[30] 最高法院 100 年度台上字第 2537 號刑事判決。
[31] 錢建榮，強制辯護的代撰上訴理由書義務與權利，月旦法學教室，第 205 期，2019 年 11 月，頁 24-26。

對此台北律師公會認為本次最高法院刑庭決議免除法院對被告的訴訟照料義務並有架空強制辯護制度之不當，又課予辯護人法律所未規定之權責，且亦陷律師於違反律師法及律師倫理規範之不義，強課辯護人法律所無之義務，不僅違反法律保留原則，且亦侵犯契約自由之範疇[32]。另有論者[33]認辯護委任契約並非「止於宣判」，而是「止於每審級終結」，以第一審為例，宣判後上訴前仍為第一審程序，辯護人於宣判後聲請閱卷比比皆是，從未有法院以已經宣判而拒絕閱卷，又即使律師界慣例基於私法委任契約認為「止於宣判」，而不為被告處理宣告後上訴前的事務，包括不代撰上訴理由，如導致被告權益受損，法院即不可坐視不管，更不能成為法外之地。

最高法院 106 年度第 12 次刑事庭會議決議

強制辯護案件，第一審判決後，未教示被告得請求原審辯護人提出上訴理由狀，致被告未經選任辯護人或指定辯護人的協助，逕行提起上訴，上訴後未重新選任辯護人，在該案件合法上訴於第二審法院而得以開始實體審理程序之前，第二審法院是否應為被告另行指定辯護人，以協助被告提出其上訴之具體理由？

決議：採乙說。

乙說（否定說）：

第二審應從程序上駁回其上訴，無庸進入實體審理程序，亦無為被告指定辯護人為其提起合法上訴或辯護之必要。

刑事訴訟法第 30 條規定選任辯護人，應提出委任書狀；起訴後應於每審級提出於法院。是辯護人之選任，起訴後應於每審級法院為之，

---

[32] 台北律師公會聲明，台北律師公會 2017 年 9 月 22 日，網址：https：//www.facebook.com/TaipeiBar/posts/1428729637216132/，最後瀏覽日期：2020 年 4 月 17 日。

[33] 錢建榮，強制辯護只到一審宣判前？，月旦法學教室，第 206 期，2019 年 12 月，頁 28-30。

於各審級合法選任或指定之辯護人，其辯護人之權責，應終於其受選任、指定為辯護人之該當案件終局判決確定，或因上訴發生移審效力，脫離該審級，另合法繫屬於上級審而得重新選任、指定辯護人時止，俾強制辯護案件各審級辯護人權責範圍得互相銜接而無間隙，以充實被告之辯護依賴。再觀諸原審終局判決後，原審之辯護人仍得依刑事訴訟法第 346 條規定，為被告之利益提起上訴，並為上訴而檢閱卷宗及證物。故原審終局判決後，於案件因合法上訴而繫屬於上級審法院之前，原審辯護人在訴訟法上之辯護人地位依然存在，而有為被告利益上訴，並協助被告為訴訟行為之權責，則其自當本其受委任從事為被告辯護事務之旨，一如終局判決前，依憑其法律專業判斷，不待被告請求，主動積極於訴訟上予被告一切實質有效之協助，以保障其訴訟防禦權，維護被告訴訟上之正當利益。從而，為提起第二審上訴之被告撰寫上訴理由書狀，敘述具體理由，協助其為合法、有效之上訴，同屬第一審選任或指定辯護人權責範圍內之事務，自不待言。

　　而強制辯護案件，被告提起第二審上訴，苟未重新選任辯護人，其於第一審原有合法選任或指定之辯護人，為被告之利益，自得代為撰寫上訴理由書狀等一切訴訟行為，予其必要之協助，已合於強制辯護案件應隨時設有辯護人為被告辯護之要求。故關於強制辯護案件，被告於第一審終局判決後，既已有原審之辯護人（包括選任辯護人及指定辯護人）可協助被告提起合法之上訴，在該案件合法上訴於第二審法院而得以開始實體審理程序之前，尚難認第二審法院有為被告另行指定辯護人，以協助被告提出合法上訴或為被告辯護之義務與必要。

　　至第一審選任或指定辯護人是否善盡協助被告上訴之職責，以及被告是否及如何要求第一審選任或指定辯護人代為或協助其為訴訟行為，要與被告於第二審實體審理時未經辯護人為其辯護之情形有別，亦非居於公平審判地位之法院所應介入。況且，關於強制辯護案件之被告不服第一審判決提起上訴時所撰寫之上訴理由狀，如未具體指摘原判決有何違法或不當之情形時，法律並無明文規定第二審法院必須指定辯護人命

其代為提出上訴之具體理由。尤其在被告已坦承犯罪，亦未認第一審判決採證認事或量刑有何違法或顯然不當，其上訴目的僅係在拖延訴訟或僅係概略性請求法院給予自新機會之情形下，亦無指定辯護人協助被告上訴或為其辯護之實益。更何況依刑事訴訟法第 367 條前段規定，上訴書狀未敘述（具體）理由者，第二審法院應以判決駁回之。此項規定旨在貫徹上訴制度之目的（即撤銷、變更第一審違法、不當之判決，以實現個案救濟），並節制濫行上訴；上開規定並未特別區分刑事案件之種類，故在解釋上自應一體適用，以充分實現上述規定之立法目的，尚不宜違反上述規定之文義與立法旨意，而任意限縮其適用之範圍。

準此以觀，上訴書狀應具體敘述上訴理由，為上訴合法之要件，如上訴欠缺此一要件，其上訴即非合法，應從程序上予以駁回（此項不合法上訴與上訴逾期之法律效果相同）。則第二審既應從程序上駁回其上訴，而無庸進入實體審理程序，自無為被告指定辯護人為其提起合法上訴或辯護之必要。

案例

檢察官以 A 涉嫌觸犯加重強制性交罪、恐嚇危害安全罪，兩罪犯意個別，應分論併罰，提起公訴。第一審法院審理結果，對於以藥劑犯強制性交既遂罪部分，處有期徒刑八年，恐嚇危害安全罪部分，處有期徒刑 4 月，如易科罰金，以新臺幣 1,000 元折算 1 日。試問：A 不服第一審法院之判決提起上訴，上訴理由敘明：「上訴人即被告犯罪後已真誠悔過，有悛悔之心，並與被害人達成和解，原判決量刑過重，請求撤銷原判決，改判較輕之刑」等語，其上訴是否合法？試從我國刑事訴訟第二審上訴採行覆審制之架構下，說明 §361II 規定「上訴書狀應敘述具體理由」。應如何適用請說明之。

擬答

§361II 規定上訴書狀應敘明具體理由。過去實務認為指摘一審判決有何認事、用法、量刑之不當或違法而構成應予撤銷之具體理由方可當之，如果僅泛言認事錯誤、違背法令、量刑過重者或形式上雖已經指出具體事由，但該事由即使屬實，也不足認為原判決有任何不當或違法者，例如原審判決援用證據不當，但除去證據仍應為同一事實之認定則非屬之，採取嚴格解釋具體理由的見解。而最高法院 106 年度第 8 次刑事庭會議決議認為對於「具體理由」應採寬鬆的見解，不以上訴書狀應引用卷內訴送資料為必要，具體指摘原判決不當或違法之事實，也不以於以新事實或新證據為上訴理由時，應具體記載足以影響判決結果之情形為必要。如果上訴理由就其主張第一審判決有違法或不當之情形，已經舉出該案相關之具體事由足為其理由，就不能認為是徒託空言或漫事指摘，而上訴理由經實質審理時法院認為可不可採該理由，則是主張有無理由的問題，亦即形式上有寫上理由後，再判斷有無具體理由，如有具體理由則進入實質審理，法院進而可判決是否認同上訴人的主張。現行法第一與第二審為事實審且採覆審制，而第三審為法律審、事後審不同，覆審制的目的在於對於第一審的全部事實得再重新審理一次，而給予被告上訴權，如以過去實務對於具體理由採嚴格解釋的見解，將會使第二審狹窄化，而無法達到覆審制之目的，故最高法院 106 年度第 8 次刑事庭會議決議採寬鬆見解值得贊同。

A 於第一審判決後與被害人和解，A 用此作為提第二審上訴理由，請二審法院量處較輕之刑，應認被告 A 之上訴理由並非徒託空言或漫事指摘，又和解之事實發生於事實審言辯終結前，以覆審制的觀點下，第二審法院仍應予審酌，故應認被告 A 之上訴理由具體，故第二審上訴合法。◾

第二節　輔佐人

輔佐人之設立目的是基於當事人對等原則或當事人武器對等原則而設

立 [34]。輔佐人之設置是為了充實被告及自訴人「事實上」之攻擊、防禦能力，而辯護人則是充實「法律上」之攻擊、防禦能力。

　　輔佐人的身分為被告或是自訴人之一定身分關係之人，即被告或自訴人之配偶、直系或三親等內旁系血親或家長、家屬或被告之法定代理人。其取得資格的方式為「起訴後」被告或自訴人得向法院以書狀或於審判期日以言詞陳明為被告或自訴人之輔佐人（§35I）。強制輔佐規定於§35III「被告或犯罪嫌疑人因身心障礙，致無法為完全之陳述者，應有第一項得為輔佐人之人或其委任之人或主管機關、相關社福機構指派之社工人員或其他專業人員為輔佐人陪同在場。但經合法通知無正當理由不到場者，不在此限」。

　　輔佐人的權限分成固有權限與代理權限，前者，輔佐人得到庭陳述意見，但不得與被告或自訴人明示之意思相反（§35II），故而審判期日法院應通知輔佐人到庭（§271I）、收受文書送達權（§55I）、證明力辯論權（§288-2）、聲請調查證據權（§163I）、參與調查證據權（§164～165-1）、訊問證人、鑑定人或通譯時在場權（§168-1）。後者，選任辯護人之權（§27II）、聲請撤銷羈押權（§107II）、聲請停止羈押權（§110）、為被告受責付人之權（§115）、聲請再審權（§427(4)）。

第三節　代理人

壹、被告之代理人

　　被告之代理人是指受被告委任，於偵查中、審判中代本人為訴訟行為之人，代理人代為訴訟行為的效力與本人自己為之有同一效力。換言之，本人沒有辦法到場接受訊問或審判時，可請代理人到場即可與本人到場有

---

[34] 林俊益，刑事訴訟法概要（上），2020 年 9 月，頁 118。

同一效力，不過僅有輕微的案件（最重本刑為拘役或專科罰金案件）允許使用代理（§36），例如公然侮辱罪。§38前段規定「第二十八條、第三十條、第三十二條及第三十三條第一項之規定，於被告或自訴人之代理人準用之」。代理人之人數，最多三人（§38準用§28），被告或自訴人選任代理人應提出委任書狀。代理人於檢察官提起公訴前應提出委任書狀給檢察官或司法警察，如於起訴後應於每審級提出於法院（§38準用§30）。若案件被發回更審時，是否應重新委任律師為代理人？實務[35]採肯定見解，理由在於程序已重新開始。代理人基於自身地位而具有閱卷權，得於審判中檢閱卷宗及證物並得抄錄、重製或攝影（§38準用§33），而基於偵查不公開原則，代理人並不得為檢閱卷宗及證物、抄錄或攝影。

　　§38後段規定「第二十九條之規定，於被告之代理人並準用之」，亦即原則代理人為律師，例外審判中經審判長許可，可由非律師為之。

　　代理人可代理被告為訴訟行為，效力及於被告或自訴人。審判長應給予代理人以辯論證據證明力之適當機會（§288-2）。代理人得聲請調查證據（§163I），並得於調查證據時詰問、詢問證人、鑑定人或被告（§166I、§177III）。

貳、告訴人之代理人

　　偵查階段的告訴代理人，僅是告訴與偵查的輔助，不以具有律師資格為限[36]。而審判中的告訴代理人，§271-1規定「I告訴人得於審判中委任代理人到場陳述意見。但法院認為必要時，得命本人到場。II前項委任

---

[35] 最高法院106年度台上字第696號刑事判決：自訴人委任律師為代理人之委任狀，應於每一審級提出，則發回更審之審級程序既已重新開始，自應針對重新開始之審級程序，重新委任律師為代理人，並提出新的委任狀予更審法院，始為適法。

[36] 司法院院字第89號解釋。

應提出委任書狀於法院，並準用第二十八條、第三十二條及第三十三條第一項之規定，但代理人為非律師者於審判中，對於卷宗及證物不得檢閱、抄錄或攝影」，告訴人得委任代理人於審判中到庭陳述意見，然而如代理人非律師時，不可對卷證檢閱、抄錄或攝影。本書以為偵查不公開原則，其背後之理由應在於檢察官懼怕偵查中之卷證遭律師利用與被告或被告以外之人為串證、滅證之行為，進入審判程序後因偵查機關自始掌握證據優勢而使被告難以抗辯想法。但是告訴人代理人應是協助檢方一同發現真實者，使告訴人代理人於偵查中具備閱卷權，更有助於程序的進行。又倘若刑事案件常與民事案件一同發生，雖民、刑法院必須獨立判斷，除非有特殊情形外檢察官通常不給予民事法院閱覽偵查卷宗，民事法院又恐有裁判矛盾之疑慮，造成實務運作上常常發生民事案件等待刑事偵查結果，使民事案件之準備程序流於形式，無助於審理集中化。建議未來應使告訴人代理人於偵查中具有閱卷權。

參、自訴人之代理人

自訴人之代理人為強制代理且必須選任律師為之。代理人可代理自訴人為訴訟行為，效力及於自訴人。審判長應給予代理人以辯論證據證明力之適當機會（§288-2）。代理人得聲請調查證據（§163I），並得於調查證據時詰問、詢問證人、鑑定人或被告（§166I、§177III）。

第五章　被害人

第一節　我國犯罪被害人訴訟程序上現有權利

我國犯罪被害人依據刑事訴訟法，所擁有的權利整理如下：

1. 被害人具有提出告訴、自訴之權。依§271-1II準用§33被害人為告訴人時，得審判中委任律師為告訴代理人者，對於卷宗及證物，得檢閱、抄錄或攝影，具有閱卷權。如果被害人有提出告訴而成為告訴人後，於不起訴或緩起訴處分後，得聲請再議，遭再議駁回得聲請准許提起自訴。被害人為告訴人時得就證據調查事項向檢察官陳述意見，並請求檢察官向法院聲請調查證據（§163IV）。

2. 意見陳述權（§248-1、§2711I）是指偵查中或審判中，應傳喚被害人或其家屬並予陳述意見之機會。考量到對被害人的保護，1997年§271II（法院審判期日應傳喚被害人或其家屬並予陳述意見之機會），於1998年1月增訂§248-1（被害人於偵查中應訊時得由一定人員陪同在場並陳述意見）[1]。

3. 科刑意見陳述權（§289）是指於科刑辯論前，並應予到場之告訴人、被害人或其家屬或其他依法得陳述意見之人就科刑範圍表示意見之機會。因被害人等對於案情的瞭解及其中利害關係，實質上最為深切，被告有罪與否及對其之量刑，除關乎國家刑罰權，亦與被害人及其家屬自身的利益息息相關，尤其關於辯方所為辯解是否符合實情，被害人等常有一定程度的了解或不同觀點，甚至可能優於公訴檢察官，是為保障被害人權益，並補強檢察官的控訴能力，給予被害人等充分表達意見之機會，可適度彌補其受創心靈，而得資為事實審法院量刑輕重妥適與否的參考[2]。

---

[1] 朱石炎，被害人訴訟參與新制概要──附述「修復是司法」（上），司法周刊，第1986期，2020年1月，頁2。

[2] 最高法院109年度台上字第2446號刑事判決。

4. 保全證據聲請權（§219-1、§219-6）是指被害人身為告訴人時，於證據有湮滅、偽造、變造、隱匿或礙難使用之虞時，偵查中得聲請檢察官為搜索、扣押、鑑定、勘驗、訊問證人或其他必要之保全處分。

5. 認罪協商意見陳述權及同意權（§455-2）是指檢察官在協商過程中與被告達成協商合議後，應徵詢被害人之意見，使得向法院聲請依協商程序為判決。針對檢察官就被告向被害人道歉、被告支付相當數額之賠償金事項與被告協商，應得被害人同意。

6. 請求上訴權（§344）是指告訴人或被害人對於下級法院之判決有不服者，亦得具備理由，請求檢察官上訴。我國刑事訴訟法過去僅有被害人告訴權及自訴權，1967 年增訂 §344II（現行法為 §344III 明定被害人不服下級法院判決者得請求檢察官上訴），立法理由指出「為保障被害人之利益而設」，此為首次提出被害人間接參與公訴程序之規定 [3]。

7. 提出附帶民事訴訟權是指因犯罪而受損害之人，於刑事訴訟程序得附帶提起民事訴訟，對於被告及依民法負賠償責任之人，請求回復其損害。被害人通常因犯罪而受損害，例如傷害罪必須支出醫療費用，此時亦可提附帶民事訴訟。

8. 受送達文書之權利（§55、§255）是指文書應以正本送達於告訴人。

第二節　被害人訴訟參與

壹、被害人訴訟參與概說

刑事訴訟程序一直以來，僅著重於「審、檢、辯」的三方結構，且過去的刑事司法體制只重視犯罪者的權利與尊嚴，而使司法正義產生失衡的

---

[3]　朱石炎，被害人訴訟參與新制概要 —— 附述「修復是司法」（上），司法周刊，第 1986 期，2020 年 1 月，頁 2。

狀態，忽略此三方以外的部分，而使被害人無法獲得完善的司法協助[4]。

　　過去刑事程序的被害人只有邊緣地位，而刑事訴訟法於民國 109 年 1 月增訂第七編之三「被害人訴訟參與」，然而被害人仍非訴訟主體，而僅是訴訟參與程序的主體，因此 §3 關於「當事人」（檢察官、自訴人及被告）之規定未隨同修正增列被害人。

　　本次修法之立法目的為提高被害人於刑事訴訟程序中的參與程度，使被害人了解訴訟程序的進行、案件審理的內容及結果，並能及時地陳述意見，讓法官能聽見被害人的聲音及了解被害人的觀點[5]。

　　依據司法改革國是會議關於「保護犯罪被害人」的決議，其中包括「反映被害人觀點意見」、「保障被害人或其家屬之隱私」、「保障被害人閱卷、通知等權利」、「增修調解及關係修復之法源依據」等，此外參酌社會對於被害人訴訟權益的保護，已經逐步形成共識，認為被害人雖非刑事程序中的訴訟當事人，卻是因為犯罪被害而身心受苦、權利受害的人。其中生命、身體受到嚴重侵害的被害人或其家屬，在司法程序中有特別保護的必要。被害人訴訟參與制度將長期累積的被害人保護共識形諸於條文，目的是為了朝向建構協助被害人走出傷痛，避免被害人受到二度傷害，及適時反映被害人觀點及意見的訴訟程序方向前進[6]。

---

[4]　盧映潔，我國刑事訴訟中訴訟參加制度芻議 —— 以德國附屬訴訟制度為參與，台灣法學雜誌，第 234 期，2013 年 10 月，頁 100 以下。

[5]　最高法院 108 年度台上字第 4039 號刑事判決。最高法院 109 年度台上字第 343 號刑事判決：第七編之三「被害人訴訟參與」制度（同法第 455 條之 38 至 46），使被害人得以參與訴訟，讓被害人觀點可以適時反映給法官，減少隔離感，藉由被害人參與程序，瞭解訴訟之經過情形及維護其人性尊嚴，期能彌補其痛苦與不安。在在顯示對於被害人之保護已刻不容緩，故其於訴訟程序中表示之任何意見，均應予以重視。是被害一方縱獲得部分之賠償，倘加害人並非真心認錯或被害人情感面未經撫慰或修復，法院於量刑時自非不得予以斟酌。

[6]　司法院，「被害人保護新制：為自己的正義勇敢一次」新聞稿，網址：https://www.judicial.gov.tw/tw/cp-1887-216848-f80aa-1.html，最後瀏覽日期：2021 年 6 月 1 日。

　　有學者認為司法院於司法國是會議提出之意見採取保留態度，亦即被害人參與訴訟制度可能有增加被告防禦負擔、違反無罪推定原則、訴訟遲延的疑慮、且此制度將弱化檢察官的功能[7]。

貳、我國被害人訴訟參與制度

　　以下介紹我國被害人訴訟參與制度：

一、適用的犯罪類型

　　針對侵害被害人生命、身體、自由及性自主等深切影響人性尊嚴的案件，例如殺人、妨害性自主及人口販運防制法等案件。

　　§455-38I 規定「下列犯罪之被害人得於檢察官提起公訴後第二審言詞辯論終結前，向該管法院聲請參與本案訴訟：一、因故意、過失犯罪行為而致人於死或致重傷之罪。二、刑法第二百三十一條、第二百三十一條之一、第二百三十二條、第二百三十三條、第二百四十條、第二百四十一條、第二百四十二條、第二百四十三條、第二百七十一條第一項、第二項、第二百七十二條、第二百七十三條、第二百七十五條第一項至第三項、第二百七十八條第一項、第三項、第二百八十條、第二百八十六條第一項、第二項、第二百九十一條、第二百九十六條、第二百九十六條之一、第二百九十七條、第二百九十八條、第二百九十九條、第三百條、第三百二十八條第一項、第二項、第四項、第三百二十九條、第三百三十條、第三百三十二條第一項、第二項第一款、第三款、第四款、第三百三十三條第一項、第二項、第三百三十四條第一項、第二項第一款、第三款、第四款、第三百四十七條第一項、第三項、第三百四十八條第一

---

[7] 李佳玟，建立一個兼顧公平審判的被害人訴訟參加制度，月旦法學教室，第 182 期，2017 年 11 月，頁 48。

項、第二項第二款之罪。三、性侵害犯罪防治法第二條第一項所定之罪。四、人口販運防制法第三十一條至第三十四條、第三十六條之罪。五、兒童及少年性剝削防制條例第三十二條至第三十五條、第三十六條第一項至第五項、第三十七條第一項之罪」。

　　本項立法理由稱，審判中訴訟之三面關係為法院、檢察官及被告。被害人訴訟參與制度係在此三面關係下，為被害人設計一程序參與人之主體地位，使其得藉由參與程序，了解訴訟之經過情形及維護其人性尊嚴。關於得聲請訴訟參與之案件類型，考量被害人訴訟參與制度之目的及司法資源之合理有效利用，自以侵害被害人生命、身體、自由及性自主等影響人性尊嚴至鉅之案件為宜。

二、聲請權人（§455-38I、II）

　　依 §455-38I、II 規定聲請權人有：

1. 犯罪被害人。

2. 被害人無行為能力、限制行為能力、死亡或因其他不得已之事由而不能聲請者，得由其法定代理人、配偶、直系血親、三親等內之旁系血親、二親等內之姻親或家長、家屬。

3. 相關政府機關、財團法人犯罪被害人保護協會。依本項之修法理由認為被告倘若為被害人之法定代理人、配偶、直系血親、三親等內之旁系血親、二親等內之姻親或家長、家屬，除被害人因無行為能力、限制行為能力、死亡或其他不得已之事由而不能聲請訴訟參與外，其他具有前述親屬關係之人，如又礙於人情倫理上之考量，而未聲請訴訟參與，對於被害人訴訟權益之保障即有未足，故明定相關政府機關、財團法人犯罪被害人保護協會得於前述情形聲請訴訟參與，以資周全被害人訴訟參與制度。至實務運作上，法院如何使相關機關、團體知悉，俾得聲請訴訟參與，則委諸審判長斟酌個案情形，依職權行使其訴訟指揮權。

三、聲請時期與程式（§455-38I）

自檢察官提起公訴後第二審言詞辯論終結前，向該管法院聲請參與本案訴訟。經法院裁定准許參與訴訟。

關於聲請書狀之記載，依 §455-39 規定聲請訴訟參與，聲請書應記載下列事項：（一）本案案由。（二）被告之姓名、性別、出生年月日、身分證明文件編號或其他足資辨別之特徵。（三）非被害人者，其與被害人之身分關係。（四）表明參與本案訴訟程序之意旨及理由。

聲請訴訟參與，應逕向法院為之，立法理由指出為使法院儘早知悉訴訟參與之聲請，避免程序延滯，聲請人應逕向法院提出聲請書狀。

四、審級提出與法院之准駁

依照 §455-39I 之規定，被害人聲請訴訟參與，應於每審級向法院提出聲請書狀。

聲請後法院之准駁，依據 §455-40 規定「I 法院對於前條之聲請，認為不合法律上之程式或法律上不應准許者，應以裁定駁回之。但其不合法律上之程式可補正者，應定期間先命補正。II 法院於徵詢檢察官、被告、辯護人及輔佐人之意見，並斟酌案件情節、聲請人與被告之關係、訴訟進行之程度及聲請人之利益，認為適當者，應為准許訴訟參與之裁定；認為不適當者，應以裁定駁回之」。

所謂「案件情節」應審酌相關犯罪之動機、態樣、手段、被害結果等因素，例如敵對性極高之組織或團體間因宿怨仇恨所生之犯罪案件，應考量若准許被害人訴訟參與，是否有擾亂法庭秩序之虞。「聲請人與被告之關係」，例如被害人與被告具有組織內上下從屬之關係，應考量若准許被害人訴訟參與，是否有實質上不利於被告防禦之虞。有關「訴訟進行之程度」，例如被害人於第一審之審理期間並未聲請訴訟參與，迄至第二審接近審結之時始聲請訴訟參與，即應考量是否有對於被告防禦權產生無法預

期之不利益之虞。若就案件情節、聲請人與被告之關係或訴訟進行之程度而言，有諸如前述之情形，則聲請人就訴訟參與即須具有較大之利益，始能衡平因其訴訟參與對於法庭秩序或被告防禦權所生之不利益。

法院依聲請裁定准許訴訟參與後，發現有不應准許之情形，例如法院變更檢察官起訴法條，而使該案件罪名變更為§455-38I各款所列罪名以外之罪名，或聲請人與被害人間之身分關係嗣後變更者，原所為准許訴訟參與之裁定自應撤銷，以免徒增本案訴訟不必要之程序負擔。

另外，關於法院准駁訴訟參與的裁定，依據§455-40III、IV規定「III法院裁定准許訴訟參與後，認有不應准許之情形者，應撤銷原裁定。IV前三項裁定，不得抗告」。立法理由稱為使訴訟參與之程序儘速確定，避免不必要之訴訟遲滯，且本案當事人若認有不應准許訴訟參與之理由，因得於後續訴訟程序中加以釐清，法院於裁定准許訴訟參與後，如嗣後認有不應准許之情形者，應撤銷原裁定，是亦無賦予本案當事人提起抗告救濟之必要，故就法院對於訴訟參與聲請所為之裁定，無論准駁，均不許提起抗告。

五、經法院裁定准許參與訴訟，訴訟參加人可以行使下列權益

（一）選任或指定代理人的權利

依據§455-41I規定訴訟參與人得隨時選任代理人，有選任代理人時，依§455-4II準用§28～§30、§32之規定。於強制辯護案件時，法院應指定代理人。立法理由指出為落實被害人訴訟參與制度，確保訴訟參與人可以掌握訴訟進度與狀況，適時了解訴訟資訊，並有效行使被害人參與訴訟所定之權益。

（二）證卷資訊獲知權

§455-42I規定「代理人於審判中得檢閱卷宗及證物並得抄錄、重製或攝影。但代理人為非律師者，於審判中對於卷宗及證物不得檢閱、抄

錄、重製或攝影」。本項立法理由指出，訴訟參與人雖非本案當事人，然其與審判結果仍有切身利害關係，為尊重其程序主體地位，並使其得以於訴訟進行中有效行使其權益，實有必要使其獲知卷證資訊之內容。又訴訟參與人選任代理人原則上應以律師充之，但審判中經審判長許可者，亦得選任非律師為代理人。律師具備法律專業知識，且就業務之執行須受律師法有關律師倫理、忠誠及信譽義務之規範，賦予其就卷宗及證物檢閱、抄錄、重製或攝影之權利，除使代理人了解案件進行程度、卷證資訊內容，以維護訴訟參與人權益外，更可藉由獲知卷證資訊而充分與檢察官溝通，了解檢察官之訴訟策略。至於訴訟參與人選任非律師為代理人者，因尚乏類似律師法之執業規範及監督懲戒機制，參考 §271-1II 之規定，仍不宜賦予其代理人卷證資訊獲知權。本項則係為提升訴訟參與人及其代理人於現行刑事訴訟制度下之資訊取得權，而 §33 為實現被告防禦權之重要內涵，屬憲法 §16 訴訟權保障之範疇，兩者概念有別。使其得以獲知訴訟進行程度及卷證資訊內容之政策性立法，故不以準用 §33 之方式規定訴訟參與人及其代理人為律師之卷證資訊獲知權，而應獨立規定。

　　§455-42II、III 規定「II 無代理人或代理人為非律師之訴訟參與人於審判中得預納費用請求付與卷宗及證物之影本。但卷宗及證物之內容與被告被訴事實無關或足以妨害另案之偵查，或涉及當事人或第三人之隱私或業務秘密者，法院得限制之。III 前項但書之限制，得提起抗告。」本項立法理由指出在於現代科學技術日趨發達，透過電子卷證或提供影印、重製卷證之電磁紀錄等方式，已可有效避免將卷證資料原本直接交付訴訟參與人接觸、保管之風險，且無代理人或代理人為非律師之訴訟參與人亦有了解卷證資訊之需要，以利其行使訴訟上之權益。又本項前段所稱之影本，在解釋上應及於複本（如翻拍證物之照片、複製電磁紀錄及電子卷證等）。

（三）準備程序及審理期日受通知、在場權及陳述意見權

1. 準備程序期日

§455-43 規定「I 準備程序期日，應通知訴訟參與人及其代理人到場。但經合法通知無正當理由不到場或陳明不願到場者，不在此限。II 第二百七十三條第一項各款事項，法院應聽取訴訟參與人及其代理人之意見」。

第 1 項之立法理由指出，準備程序期日攸關法院審判範圍、爭點整理、證據取捨與調查範圍、次序及方法等重要事項之處理，為增加訴訟參與人對於訴訟程序及法庭活動之了解，提高其參與度，故課以法院於準備程序期日通知訴訟參與人及其代理人之義務。第 2 項之立法理由指出，檢察官雖為公益代表人，負責實行公訴及說服法院，俾使被告受罪刑宣告，然其亦為實施刑事訴訟程序之公務員，依 §2I 規定負有對於被告有利及不利之處均應一律注意之法定義務，是檢察官與被害人或其家屬之立場仍有不同。況，對於訴訟進行之程序及結果最為關心者，厥為被害人或其家屬，尤其關於被告所為辯解是否符合實情，被害人常有一定程度之了解或不同之觀點，故為尊重訴訟參與人之程序主體性。

2. 審判期日

§455-44 規定「審判期日，應通知訴訟參與人及其代理人。但經合法通知無正當理由不到場或陳明不願到場者，不在此限」。立法理由指出為尊重訴訟參與人之程序主體性及以利其行使訴訟上之權益，而有得於審判期日在場之規定。又被害人訴訟參與制度係訴訟參與人之訴訟權益，而非應負擔之義務，是自不宜以傳喚之方式命其到庭。故縱使訴訟參與人及其代理人無正當理由不到場，亦不得拘提之。

（四）對證據表示意見

§455-46 規定「I 每調查一證據畢，審判長應詢問訴訟參與人及其代理人有無意見。II 法院應予訴訟參與人及其代理人，以辯論證據證明力之

適當機會」。第 1 項之立法理由指出對於證據之解讀，訴訟參與人常有一定程度之了解或不同於檢察官之觀點，故為確保訴訟參與人及其代理人於調查證據程序中有陳述意見之機會，以貫徹被害人訴訟參與之目的。第 2 項立法理由指出，賦予訴訟參與人及其代理人辯論證據證明力之適當機會，目的在於使其得就各項證據資料之憑信性表示意見，以維護訴訟參與人於案件中之主體性，故法院自應依訴訟程序進行之情形及程度，給予訴訟參與人及其代理人辯論證據證明力之適當機會。

（五）對科刑範圍表示意見

§455-47 規定「審判長於行第二百八十九條關於科刑之程序前，應予訴訟參與人及其代理人、陪同人就科刑範圍表示意見之機會」。本條立法理由指出刑事審判之量刑，在於實現刑罰權之分配正義，法院對有罪之被告科刑時，除應符合罪刑相當原則外，尤應注意刑法 §57 所列各款事項，以為科刑輕重之標準。又刑罰之量定與罪責之認定均屬重要，是於檢察官、被告及辯護人就事實與法律進行辯論後，審判長應行 §289 關於科刑之程序。

此外，訴訟參與人因被告之犯罪行為而蒙受損害，其往往對於被告與被害人之關係、犯罪所生損害及被告犯罪後之態度等量刑事項知之甚詳；且陪同人既具備 §271-3I 所定身分或信賴關係，其對於被害人因被告之犯罪行為所受之創傷、心路歷程等攸關前開量刑事項之情形，亦有所悉，是應賦予訴訟參與人及其代理人、陪同人就科刑範圍表示意見之機會，使量刑更加精緻、妥適，以符刑罰個別化原則。又為使檢察官能事先知悉訴訟參與人及其代理人、陪同人對於科刑範圍之意見，以作為求刑之參考，並考量科刑之結果影響被告之權益甚鉅，為確保被告及其辯護人對於訴訟參與人及其代理人、陪同人所述，亦有表示意見之機會。

六、訴訟代表人

§455-45 規定「I 多數訴訟參與人得由其中選定一人或數人,代表全體或一部訴訟參與人參與訴訟。II 未依前項規定選定代表人者,法院認為必要時,得限期命為選定,逾期未選定者,法院得依職權指定之。III 前二項經選定或指定之代表人得更換、增減之。IV 本編所定訴訟參與之權利,由經選定或指定之代表人行使之」。本條立法理由指出,如重大公共安全、交通事故等案件,如使其等同時出庭及行使第三人參與訴訟程序所定的相關權利,可能造成審判窒礙難行,甚而導致訴訟程序久延致侵害被告受妥速審判之權利,故為因應有多數訴訟參與人之情形,增訂選定代表人制度。又多數訴訟參與人是否選定代表人及其人選,未必全體訴訟參與人意見一致,且相較於法院,訴訟參與人之間應更清楚彼等之利害關係、對於本案證據資料、事實及法律之主張、科刑之意見是否相同,故應許訴訟參與人自主決定是否選定代表人,並許其分組選定不同之人,或僅由一部訴訟參與人選定一人或數人,與未選定代表人之訴訟參與人一同參與訴訟。

於訴訟參與人為多數且未依第 1 項規定選定代表人以參與訴訟時,法院考量訴訟參與人之人數、案件情節之繁雜程度及訴訟程序之進行狀況後,如認有為訴訟參與人指定代表人之必要,以避免訴訟程序久延致侵害被告受妥速審判之權利,則為尊重訴訟參與人之主體性,法院得先定期命訴訟參與人自行選定代表人,如逾期未選定代表人者,方由法院依職權指定之。

訴訟程序之進行往往需歷經相當之時日,且於檢察官、被告及辯護人之攻擊防禦過程中,各訴訟參與人之利害關係、對於本案證據資料、事實及法律之主張、科刑之意見亦有可能改變。故為使各訴訟參與人得以選定適當之代表人代表其參與訴訟,並使各訴訟參與人之意見均能傳達於法院,自宜許其於訴訟過程中更換、增減代表人。

　　訴訟參與人經選定或指定代表人後，既得透過其代表人行使本編規定之權利，則為避免因多數訴訟參與人所致審判遲滯之情形發生，明定訴訟參與人經選定或指定代表人後，由被選定或指定之代表人行使本編所定之訴訟參與權利。又訴訟參與人經選定或指定代表人後，其原有之訴訟參與權並非當然喪失，僅係處於停止之狀態而不得再依被害人訴訟參與程序的規定行使權利。

七、自訴程序準用公訴程序中之訴訟參與制度

　　§455-38I 規定「犯罪之被害人得於檢察官提起公訴後第二審言詞辯論終結前，向該管法院聲請參與本案訴訟」，故而法條文義上無自訴訴訟參與制度之適用，在眾多被害人的案例中，若僅一人提自訴，將影響其他多訴被害人之訴訟權，此時是否得將自訴程序準用 §455-38？目前實務上（臺灣高等法院 109 年度聲字第 340、385、386、387、388、389、391 號刑事裁定）認為，依據 §343 與 §329I 之法理，使未能自訴之被害人得為訴訟參與，解決其餘犯罪被害人無法自訴之問題，可資贊同[8]。

八、被害人訴訟參與制度評析[9]

（一）與原本被害人既有的權利規定差別不大，且被害人為訴訟參與人時，仍非真正的訴訟主體地位。

（二）被害人無聲請調查證據權（§163I）、無訊問（§163I）與詰問權（§166I）、無上訴權（§314II、§344II）、無抗告權（§403）。若肯認被害人具有真正的訴訟主體地位，本書認為應賦予被害人聲請調查證據權、詰問權、獨立上訴權。然有學者認為訴訟參與人不應賦予詰問權，只

---

[8]　林俊益，刑事訴訟法概要（上），2020 年 9 月，頁 134。

[9]　盧映潔，犯罪被害人之訴訟地位強化—以德國附屬訴訟制度為說明，刑事法學雜誌，第 61 卷第 2 期，2017 年 2 月，頁 52。

可給予提問權才不會嚴重拖延證據調查，避免因私人利益之追求而妨礙真實發現，亦認為不應賦予被害人有向法院聲請調查證據權與上訴權[10]。

就詰問權方面，被害人至多可將自己想要問的問題提供給檢察官詰問用，惟所產生的「代理成本」，故仍易忽略當事人心中真正的想法以及詰問的細節。

（三）欠缺被害人與檢察官之間關係的規範，檢察官與被害人的權限是否各自行使無明確的規定，亦欠缺被害人對檢察官權限行使的意見表示之權利，亦無聽取檢察官說明的權利。

第三節　被害人訴訟程序的保護

壹、概說

民國 109 年 1 月增訂 5 條有關被害人在訴訟程序的保護規定，此為一般被害人皆可主張，非如被害人訴訟參與程序般僅限於特定犯罪之被害人，且於偵查中與審判中皆加以規定。

貳、被害人在訴訟程序的保護規定

一、信賴之人陪同在場（偵查中：§248-1、審判中：§271-3）

依 §248-1 與 §271-3 規定，被害人於偵查中、審判中受訊問或詢問時，其法定代理人、配偶、直系或三親等內旁系血親、家長、家屬、醫

---

[10] 李佳玟，建立一個兼顧公平審判的被害人訴訟參加制度，月旦法學教室，第 182 期，2017 年 11 月，頁 54。連孟琦，德國被害人訴訟參加（附加訴訟）之引進，月旦法學雜誌，第 269 期，2017 年 10 月，頁 67。

師、心理師、輔導人員、社工人員或其信賴之人，經被害人同意後，得陪同在場，並得陳述意見。此二條文原本已有規定相關親屬、醫師、社工之陪同，於民國 109 年 1 月再新增心理師、輔導人員等資格人員及信賴之人的陪同。

　　立法理由指出偵查中之陪同制度，係考量被害人受害後心理、生理、工作等急待重建之特殊性，在未獲重建前需獨自面對被告，恐有二度傷害之虞，明定具一定資格或關係之人得陪同在場及陳述意見。惟在個案中透過陪同在場協助，得促使被害人維持情緒穩定者，未必以原條文所定資格或關係之人為限，故而增加心理師、輔導人員等資格人員與「信賴之人」。而所謂「其信賴之人」是指關係緊密之重要他人，例如褓母、同性伴侶、好友等均屬之。又為尊重被害人意願，具本條所定資格或關係而得陪同之人，於偵查中陪同在場時，自以經被害人同意為前提。

二、聲請進行修復式司法（偵查中：§ 248-2、審判中：§ 271-4）

　　§ 248-2 與 § 271-4 之規定，檢察官於偵查中、法院於言詞辯論終結前，得將案件移付調解；或依被告及被害人之聲請，轉介適當機關、機構或團體進行修復。

　　所謂「修復式司法」或稱「修復式正義」，旨在藉由有建設性之參與及對話，在尊重、理解及溝通的氛圍下，尋求彌補被害人的損害、痛苦及不安，以真正滿足被害人的需要，並修復因衝突而破裂的社會關係，希望透過修復促進者居間協助加害人及被害人在適當時間展開對話，促使其等能相互了解，使雙方之關係及情感修復，並使加害人知道自己對被害人造成的傷害，據以降低其再犯可能性，以認錯、道歉並承擔責任及賠償的方式使被害人復原。而「修復式司法」與「調（和）解制度」最大區別，在於前者傾向於「關係修復」，後者著重於「解決問題」，調（和）解制度雖為促進修復式司法之重要過程，惟彼此間不能畫上等號[11]。

---

[11] 最高法院 108 年度台上字第 4039 號刑事判決、最高法院 109 年度台上字第 343 號刑事判決。

　　故現代刑事訴訟政策已由以往保障被告應有權益提升認應維護及回復被害人尊嚴之必要。此由民國 108 年 12 月 10 日經立法院三讀通過之 §248-2 及 §271-4，使檢察官於偵查中，依被告及被害人的聲請，轉介適當機關、機構或團體進行修復。法院於言詞辯論終結前，亦得依被告及被害人的聲請，於聽取檢察官、代理人、辯護人及輔佐人的意見後，轉介適當機關、機構或團體進行修復。即為貫徹修復式司法之精神並提升其成效，將部分案件轉介適當機關、機構或團體，而由專業之修復促進者以更充分之時間及更完整之資源來進行修復式司法程序，而將「修復式司法」制度明文化。

　　此外，被告、被害人或其家屬有進行調解之意願與達成調解之可能性、適當性，檢察官或法院認為適當者，得使用既有之調解制度而將案件移付調解。

三、隱私保護與隔離（偵查中：§248-3、審判中：§271-2）

　　§248-3 與 §271-2 規定，檢察官於偵查中，法院於審判中應注意被害人及其家屬隱私之保護。被害人於受訊問時，檢察官、法院依被害人之聲請或依職權，審酌案件情節及被害人之身心狀況後，得利用遮蔽設備，將被害人與被告、第三人適當隔離。

　　此二條文之立法理由指出為避免被害人及其家屬之隱私於偵查中遭受侵害，並參酌司法改革國是會議關於「保障隱私、維護尊嚴」之決議內容，課予檢察官於偵查程序中保障被害人及其家屬隱私之義務。此外，考量被害人於偵查中面對被告時，常因懼怕或憤怒而難以維持情緒平穩，及為維護被害人之名譽及隱私，避免第三人識別其樣貌，而增加被害人之心理負擔，甚而造成被害人之二度傷害，參考性侵害犯罪防治法 §16I 規定「對被害人之訊問或詰問，得依聲請或依職權在法庭外為之，或利用聲音、影像傳送之科技設備或其他適當隔離措施，將被害人與被告或法官隔離」，亦即檢察官或法院可依被害人的聲請或依職權，綜合考量案件情

節、被害人身心狀況，如犯罪性質、被害人之年齡、心理精神狀況及其他情事等，採取適當之隔離措施，使被告及第三人無法識別其樣貌。於個案中可視案件情節及檢察署或法院之設備等具體情況，採用遮蔽屏風、聲音及影像相互傳送之科技設備或其他措施，將被害人與被告、第三人適當隔離。

第六章　訴訟行為

第一節　訴訟行為的意義

壹、意義

　　整個訴訟程序是由訴訟參與人的活動所組成，例如逮捕、羈押、判決，稱為訴訟行為。構成訴訟程序所實施合於訴訟法上定型之行為，並足以發生訴訟法上之效果。訴訟行為的主體必須具有就審能力，如處於心神喪失狀態則不可能產生訴訟法上之效力。訴訟行為的內容必須具備足以辨認的表示內容，通常以文書為之，但不以文書為之為必要，且訴訟行為不得附條件，例如附條件撤回自訴，將會導致訴訟行為無效。

貳、訴訟行為的形式

　　訴訟行為的方式可以書面或言詞為之，若以書面提出者，皆稱為「文書」。當事人提出者多稱為「狀」（例如自訴狀）、公務員提出者多稱為「書」（例如不起訴書、裁判書）、「票」。

一、文書的製作

（一）原本：製作者製作之原文，亦即原本是由法官、檢察官親自製作之書類。必須裁判宣誓後當日將原本交給書記官（§226）。

（二）正本：書記官接受原本後，書記官照錄原文書全部之文書（§255II、§314），依照原本製作正本送達應送達之人。

（三）繕本：照錄原文書全部之文書，當事人提出之書狀用繕本送達於他造當事人，通常僅有通知的效用（§328、§352）。

（四）節本：節錄原文書一部之文書（§60、§458I）。

二、文書形式

（一）票：例如押票、拘票、搜索票。

（二）筆錄：例如訊問筆錄、搜索筆錄、扣押筆錄、勘驗筆錄、審判筆錄。

（三）書：例如判決書、不起訴處分書。

三、訊問筆錄與審判筆錄的區別

區別點	訊問筆錄	審判筆錄
是否於審判期日	審判期日前	審判期日中
記載之內容	§41I	§44I
是否應當場製作	應當場製作	不需當場製作 §45
是否應向受訊問人朗讀	應向受訊問人朗讀	不需朗讀
是否應訊問記載有無錯誤	需訊問記載有無錯誤	不需
是否應令簽名	應緊接末行簽名	無規定
筆錄之證據效果	屬於人的證據，陳述內容是否可信，由法官依據自由心證判斷	§47 法定證據主義之範圍

參、裁判書之更正

一、宣示或送達前 —— 更正（§40）

　　§40 規定「公務員制作之文書，不得竄改或挖補；如有增加、刪除或附記者，應蓋章其上，並記明字數，其刪除處應留存字跡，俾得辨認」。理由在於裁判書宣示或送達前，未對外產生信賴的外觀，故而由內部更正即可。

二、宣示或送達後 —— 不得自行更正

（一）原本錯誤：原本製作不符製作者本意

1. 顯然錯誤（誤寫誤算等顯然錯誤）且不影響全案情節與判決本旨，於正本宣示送達後，得由原審法官（不限於原判決的法官[1]），依聲請或職權裁定更正，若更正後錯誤已經除去，不得再以之為上訴之理由。

　　民國 112 年 6 月 21 日增訂 §227-1「I 裁判如有誤寫、誤算或其他類此之顯然錯誤或其正本與原本不符，而於全案情節與裁判本旨無影響者，法院得依聲請或依職權以裁定更正。II 前項更正之裁定，附記於裁判原本及正本；如正本已經送達，不能附記者，應製作該更正裁定之正本送達。III 對於更正或駁回更正聲請之裁定，得為抗告。但裁判於合法上訴或抗告中，或另有特別規定者，不在此限。」

釋字第 43 號解釋文

　　來呈所稱：原判誤被告張三為張四，如全案關係人中別有張四其人，而未經起訴，其判決自屬違背法令，應分別情形依上訴非常上訴及再審各程序糾正之。如無張四其人，即與刑事訴訟法第二百四十五條之規定未符，顯係文字誤寫，而不影響於全案情節與判決之本旨。除判決宣示前得依同法第四十條增刪予以訂正外，其經宣示或送達者，得參照民事訴訟法第二百三十二條，依刑事訴訟法第一百九十九條由原審法院依聲請或本職權以裁定更正，以昭鄭重。

最高法院 80 年度台上字第 2007 號刑事判決

　　訴訟程序中，於其應為訴訟行為而使訴訟狀態為一定之推移後，固發生一定之確定狀態；然此一確定狀態是否應予絕對性之效力，其有錯誤是否亦不得更正，則須就法的安定性與具體的妥當性兩者予以適當

---

[1] 大法官釋字第 118 號解釋文。

之衡量而定之，非可一概而論。蓋刑事訴訟重在國家刑罰權之實現，訴訟程序係對於判決之目的之手段，於某一程度上，其手段自應隸屬於目的。以裁判之更正言，倘將更正之訴訟行為視為有效，反較視之為無效，更能符合訴訟整體之利益，且對被告亦不致發生不當之損害者，為求訴訟之合目的性，自不能僅因訴訟狀態之確定，即不許其為更正。司法院大法官會議釋字第 43 號解釋所謂，不影響於全案情節與判決之本旨云者，亦即此意。

2. 非顯然錯誤（非誤寫誤算等顯然錯誤）或影響全案情節與判決本旨，於正本宣示送達後，不得裁定更正，須依上訴、再審、非常上訴救濟。

最高法院 107 年度台非字第 243 號刑事判決

　　被告於 107 年 7 月 9 日凌晨於高雄市○○區○○○路○○○號之「7-11」超商前竊取○○○ - ○○○號機車之犯行，其行為時已在前案所處徒刑執行完畢 5 年以後，即非累犯，原判決誤論以累犯並加重其刑，有適用法則不當之違法（原判決此項違誤已影響判決之本旨，不得逕以裁定更正，原法院於 107 年 10 月 4 日逕以 107 年度簡字第 1805 號裁定更正原判決有關累犯之記載及法條適用部分，應屬無效，不生更正之效力）。案經確定，且不利於被告，非常上訴意旨執以指摘，為有理由，應由本院將原判決撤銷，另行判決如主文第二項所示，以資救濟。

臺灣高等法院高雄分院 108 年度抗字第 129 號刑事裁定

　　本案被告所犯刑法第 339 條之 4 第 2 項、第 1 項第 2 款、第 3 款之三人以上以網際網路對公眾散布詐欺取財未遂罪，係屬最重本刑 7 年以下有期徒刑之罪，而依刑法第 41 條第 1 項「犯最重本刑為五年以下有期徒刑以下之刑之罪，而受六月以下有期徒刑或拘役之宣告者，得以新臺幣一千元、二千元或三千元折算一日，易科罰金。但易科罰金，難收矯正之效或難以維持法秩序者，不在此限。」之規定，則原審對被告所

宣告之刑即有期徒刑 6 月，自屬不得一併諭知易科罰金及其折算標準，乃原判決竟誤依刑法第 41 條第 1 項規定，分別於主文欄及理由欄，均一併諭知如易科罰金，以新台幣一仟元折算一日，自有判決適用法則不當之違法。雖原審法院嗣發現原判決之主文及理由欄，有上述違誤，而於 108 年 2 月 26 日，以誤寫為由，裁定更正刪除有關「如易科罰金，以新臺幣壹仟元折算壹日」之記載。……又法院就各罪所宣告之刑，是否得一併諭知易科罰金之折算標準，須符合刑法第 41 條第 1 項規定之法定要件，而判決主文對於所宣告之刑，是否得一併諭知易科罰金之折算標準，牽涉到本案之宣告刑，是否得准以易科罰金及其折算標準，足以影響判決本旨，即非屬判決誤寫、誤算或其他類此之顯然錯誤，依前揭說明，自不得予以裁定更正，否則即為自始、當然、絕對無效之裁定（最高法院 101 年度台非字第 32 號、105 年度台非字第 33 號判決意旨參照）。

（二）正本錯誤：原本與正本不符

1. 顯然錯誤且不影響全案情節與判決本旨，於送達後得依聲請或依職權以裁定更正，但期間不另行起算。

最高法院 71 年度第 2 次刑事庭會議決議（一）

　　提案：刑事裁判正本送達後，發現正本誤繕與原本不符（如主文之刑期、沒收、理由內之文字或引用之法條等），究應如何補救？實務上有下列各說，認有統一見解之必要。

　　甲說：刑事裁判正本送達後，發現正本與原本不符時，如係正本記載之文書（包括主刑及從刑）與原本之主文不符，而影響原案情節及判決之本旨者，不得以裁定更正，應重行繕印送達，上訴期限另行起算。至若正本與原本不符之情形，如僅係文字誤寫而不影響於全案情且與判決本旨者，得以裁定更正之。

　　決議：採甲說

2. 非顯然錯誤（非誤寫誤算等顯然錯誤）或影響全案情節與判決本旨，於送達後不得以裁定更正，期間重行起算，且重行繕印正本送達。例如法院於判決書記載一年有期徒刑、緩刑二年（記載無誤），而書記官製作正本時，卻僅記載一年有期徒刑（記載錯誤），而將判決書送達給被告，書記官應重新繕印送達被告，上訴期間也要另行起算。

最高法院 108 年度台上字第 2924 號刑事判決

　　原判決對於被告所為如其本件上訴意旨（一）所主張檢察官本件所提第二審上訴已逾期而為不合法一節，何以並無足取，已說明本案第一審法院於將第一審第 1 份判決正本（見第一審卷第 74 至 81 頁背面）送達予檢察官後，因發現其內有與原本不符之附件缺頁情形，無從辨識被告是否有如原判決附表一編號 6 至 11 所示部分之犯行，其情形已影響全案情節及判決本旨，乃於 107 年 5 月 23 日重行繕印判決正本（見原審卷一第 77 至 84 頁），而於同年月 30 日將第一審第 2 份判決正本送達予檢察官，並自第 2 份判決正本送達後重新起算上訴期間，依法院實務見解（最高法院 72 年度台抗字第 518 號裁定），並無不合。

第二節　訴訟行為之時間

壹、期日

一、意義與種類

法院、受命法官、受託法官或檢察官會合當事人及其他訴訟關係人於一定場所所為訴訟行為之時間（§63）。審判期日、訊問期日、搜索或扣押期日、勘驗期日。

二、開始與終了

審判期日，於朗讀案由開始。訊問期日於點呼開始。終了以該期日應為之訴訟行為之終了為終了。

三、變更與延展

§64 規定「I 期日，除有特別規定外，非有重大理由，不得變更或延展之。II 期日經變更或延展者，應通知訴訟關係人」。

$$
\text{非有} \begin{bmatrix} \text{重大事由} \\ \text{特別規定} \end{bmatrix} \text{不得} \begin{bmatrix} \text{變更：於期日開始以前以新期日代替舊期日} \\ \text{延展：於期日開始後停止其在該期日所應為之訴訟} \\ \quad\quad\text{行為而展至另一期日} \end{bmatrix}
$$

四、遲誤期日的效果

	主體	效果
當事人	檢察官	無制裁效果，法院若不待其到庭陳述逕行審判→ §379(8)。
	自訴人（或自訴代理人）	§327II：得拘提。 §331 規定「I 自訴代理人經合法通知無正當理由不到庭，應再行通知，並告知自訴人。II 自訴代理人無正當理由仍不到庭者，應諭知不受理之判決」。
	被告	§75：得拘提。 §306、§371：得不待其陳述逕行判決。
訴訟關係人	辯護人	強制辯護 §31 → §379(7)。 任意辯護：不生任何效果。
	輔佐人	不生任何效果。
	被告之代理人	被告之代理人 §36 但書。
	第三人	§178：證人得拘提。 鑑定人、通譯：得科罰鍰，但不可拘提。

貳、期間

一、意義與計算方式

應為訴訟行為之人，分別為訴訟行為之時間，有始期與終期之分。依民法之規定（§65），民法 §120 始日不算入。有疑問者為告訴期間始日是否應計入？實務上目前有不同見解，有認為[2] 應以始日計入，因 §237I 規定「告訴乃論之罪，應自得為告訴之人知悉犯人之時起，於六個月內為之」。故依前開條文，應自得為告訴之人知悉犯人之時當日起算。有認為[3] 始日不計入，因 §65「期間計算，依民法之規定」。而民法 §120II 規定「以日、星期、月或年定期間者，其始日不算入」。故應從翌日起算。

二、種類

（一）不變期間（或稱失權期間）

於一定期間內必須為該訴訟行為，如遲誤該期間則不得為該訴訟行為，例如下述之期間：

上訴期間	20 日（§349）
抗告與準抗告期間、再審裁定抗告期間	抗告期間 10 日、準抗告期間 10 日（§406、§416）；再審裁定抗告期間 3 日（§435III）
聲請再審期間	20 日（§424）
聲請再議期間	10 日（§256I）
聲請准許提起自訴期間	10 日（§258-1）

---

[2]　臺灣高等法院 95 年度上易字第 928 號、臺灣高等法院 95 年度上易字第 2056 號判決。
[3]　臺灣高等法院 90 年度上易字第 4334 號、臺灣高等法院 95 年度上易字第 1327 號判決。

　　§70 規定「遲誤聲請再議之期間者，得準用前三條之規定，由原檢察官准予回復原狀」。但是未規定准許提起自訴的回復原狀期間，文獻上認為應類推適用 §70[4]。

（二）在途期間

　　在途期間是當事人之居住地不在於法院所在地，於計算法定期間時要扣除一定的時間，因為每個人居住地方與法院的距離皆不同，應給予一定的緩衝期間，使應為訴訟行為之人有相等之機會。

　　§66 規定「I 應於法定期間內為訴訟行為之人，其住、居所或事務所不在法院所在地者，計算該期間時，應扣除其在途之期間。II 前項應扣除之在途期間，由司法行政最高機關定之」。§351 規定「I 在監獄或看守所之被告，於上訴期間內向監所長官提出上訴書狀者，視為上訴期間內之上訴。II 被告不能自作上訴書狀者，監所公務員應為之代作。III 監所長官接受上訴書狀後，應附記接受之年、月、日、時，送交原審法院。IV 被告之上訴書狀，未經監所長官提出者，原審法院之書記官於接到上訴書狀後，應即通知監所長官」。依 §351 規定，必須在上訴期間內提出者，始視為上訴期間內之上訴，若已在上訴期間內提出，縱監所人員遲誤轉送法院收文，致超逾規定之在途期間，其上訴仍不得視為逾期，蓋監所與法院之間並無在途期間之可言。反之，如逾期始向監所長官提出上訴書狀，自不得視為上訴期間內之上訴，雖監所長官即日將上訴書狀轉送法院收文，因無扣除在途期間之可言，其上訴自屬已經逾期[5]。

---

[4]　林俊益，刑事訴訟法概論（下），2016 年 2 月，頁 112。
[5]　最高法院 108 年度台抗字第 265 號刑事裁定。

最高法院 109 年度台上字第 2000 號刑事判決

　　本件第二審上訴期間自送達之翌日即 108 年 3 月 7 日起算 10 日，因上訴人住所非在原審法院之管轄區域，依法院訴訟當事人在途期間標準第 2 條規定加計在途期間 2 日，上訴人至遲應於 108 年 3 月 18 日（星期一）提起第二審上訴，然其卻遲至 108 年 3 月 27 日始提起上訴，有第二審上訴狀上第一審法院所蓋之收狀日期戳章可稽，足見其第二審之上訴已逾上訴期間，其上訴權已經喪失，且無從補正，原審法院乃不經言詞辯論，逕以判決駁回其第二審上訴。

最高法院 109 年度台抗字第 436 號刑事裁定

　　刑事訴訟法第 65 條明定：期間之計算，依民法之規定。民法第 122 條規定，期間之末日為星期日、紀念日或其他休息日時，以其休息日之次日代之。再抗告人係於 109 年 1 月 31 日向監所長官提出抗告書狀，有上開監獄蓋用該日期之書狀收受章戳於本件刑事抗告狀可憑（見原審卷第 12 頁）。因再抗告人向監所長官提出抗告書狀，並無在途期間可言，抗告期間自收受裁定翌日即 109 年 1 月 23 日起算，末日為 109 年 1 月 27 日，適逢農曆春節假期（自 109 年 1 月 23 日起至同年月 29 日止），依前開說明，其抗告期間之末日以最後休息日之次日即 109 年 1 月 30 日代之。再抗告人遲至同年月 31 日始提起抗告，顯逾越法定抗告期間甚明。因屬無可補正之事項，原裁定以再抗告人之抗告逾期，駁回其抗告。經核並無不合。

四、遲誤失權期間之救濟 —— 回復原狀

（一）意義

　　回復原狀是指於一定條件下回復應為訴訟行為之人，因不遵守期間所喪失之權利，亦即縱使法定期間經過後達成一定條件，所為之訴訟行為仍

與法定期間內同效果。考量法安定性下，遲誤失權期間，將會喪失訴訟上的權利，但如果是非因訴訟權人的過失而遲誤期間下一律產生失權效果，將欠缺公平，因而有回復原狀的規定，而在程序上雖然期間已經經過，但回復其訴訟上權利，允許其為訴訟行為。訴訟行為之回復，非期間之回復，可重新為訴訟行為。

（二）要件

§67 規定「I 非因過失，遲誤上訴、抗告或聲請再審之期間，或聲請撤銷或變更審判長、受命法官、受託法官裁定或檢察官命令之期間者，於其原因消滅後十日內，得聲請回復原狀。II 許用代理人之案件，代理人之過失，視為本人之過失」。非因過失是指遲誤事由不可歸責於訴訟行為人，應以客觀一般人未能或不可避免之事由為判準，並不以天災等不可抗力事由為限，例如出車禍昏迷而逾越期間。若其不能遵守期限由於自誤，即不能謂非過失，故對於遲誤上訴期間聲請法院回復原狀，自應以非因自身過失致遲誤上訴期間為其前提要件；並應於書狀內釋明非因過失遲誤期間之原因及其消滅時期[6]。自己或代理人非可歸責（非故意或過失）而遲誤，實務認為辯護人的過失視為本人之過失[7]。

（三）程序與裁判

1. 於原因消滅後 10 日內聲請（§67I）。

2. 須以書狀釋明原因，及原因消滅時期。§68 規定「I 因遲誤上訴或抗告或聲請再審期間而聲請回復原狀者，應以書狀向原審法院為之。其遲誤聲

---

[6] 最高法院 109 年度台抗字第 1117 號刑事裁定。

[7] 最高法院 101 年度台抗字第 368 號刑事裁定：按聲請回復原狀，依法本以當事人非因過失不能遵守期限者為限，又不守期限之原因，必限於不能歸責於當事人者，始得聲請回復原狀，當事人雖稱不守期限之原因，係由律師貽誤所致，然當事人既接受法院通知，乃不為相當之注意，任令律師遲誤提出重要之書狀，實不能不負過失之責，即難為回復原狀之原因（本院十八年度抗字第一四八號判例參照）。

請撤銷或變更審判長、受命法官、受託法官裁定或檢察官命令之期間者，向管轄該聲請之法院為之。II非因過失遲誤期間之原因及其消滅時期，應於書狀內釋明之。III聲請回復原狀，應同時補行期間內應為之訴訟行為」。

3. 需依其所遲誤之期間類型，分別提出聲請，並同時補行應為之訴訟行為（§68III），如未補行，法院應定期命其補正。

4. 裁判。§69規定「I回復原狀之聲請，由受聲請之法院與補行之訴訟行為合併裁判之；如原審法院認其聲請應行許可者，應繕具意見書，將該上訴或抗告案件送由上級法院合併裁判。II受聲請之法院於裁判回復原狀之聲請前，得停止原裁判之執行」。

5. 遲誤再議期間。§70規定「遲誤聲請再議之期間者，得準用前三條之規定，由原檢察官准予回復原狀」、§70-1「第六十七條至第六十九條之規定，於遲誤聲請撤銷或變更檢察事務官、司法警察官或司法警察處分之期間者，準用之。」例如§245-1II「被告、犯罪嫌疑人及其辯護人，對於前條第二項但書之限制或禁止不服者，得向該管法院聲請撤銷或變更之。」若非因過失而遲誤聲請期間，應給予聲請回復原狀之權利，以周延救濟程序。

第三節　訴訟行為之生效 —— 送達

　　送達的功能是送達後不變期間方開始計算，例如送達生效後上訴期間方開始起算。§62明文規定文書送達，除刑事訴訟法第六章有特別規定外，準用民事訴訟法之規定。

　　依據§55，被告有向法院陳明其應受送達處所之義務，倘被告未以言詞或書面向法院陳明其居所地，以致法院依其設籍之住所地為送達者，要難謂法院之文書送達不合法[8]。應受送達人雖未為陳明，而其住、居所或事

---

[8]　最高法院112年度台上字第1536號刑事判決。

務所為書記官所知者，亦得向該處送達之；此外，送達之目的即在於使受送達人有知悉訴訟上文書內容的機會，只要應受送達本人實際上已受領文書，即可視為合法送達[9]。

　　刑事判決之送達，依 §62 所定，準用民事訴訟法 §137I 規定，送達於住、居所、事務所或營業所，不獲會晤應受送達人者，得將文書付與有辨別事理能力之同居人或受僱人。

　　又，受公寓大廈管理委員會僱用之管理員，其所服勞務包括為公寓大廈住戶接收文件，性質上應屬全體住戶之受僱人。郵務機構之郵務人員送達刑事判決於住、居所、事務所或營業所，不獲會晤應受送達人，而將刑事判決付與上開公寓大廈管理員者，為合法送達。至該管理員何時將刑事判決轉交應受送達人，對已生之合法送達效力，不發生影響[10]。如無上述情形（例如不能向被告有辨別事理能力之同居人、受僱人補充送達時），得將文書寄存送達地之自治或警察機關並作送達通知書 2 份，1 份黏貼於應受送達人之住居所、事務所、營業所或其就業處所門首，另 1 份置於該送達處所信箱或其他適當位置，以為送達，§55I 及 §62 準用民事訴訟法 §136～§138 分別定有明文，此為依法寄存於其住所地及居所地之警察機關，自屬合法送達[11]。

　　傳喚或拘提的處所，除了檢察官或法官可明確知道被告有其他居所，實務上通常以戶籍地址為傳喚或拘提的地址，如果已送達戶籍地址，但戶籍地如沒人居住（籍在，人不在）或居住於戶籍地者收到票後不為通知該被告（例如房客不通知房東被告、大樓管理員不通知被告、其他被告與戶籍地居住者關係疏離之因素），仍為合法送達，但會使被告不知有上述情形而未按時到庭應訊，而被檢察官或法官通緝。

---

[9]　最高法院 106 年度台抗字第 122 號刑事裁定。
[10]　最高法院 109 年度台抗字第 75 號刑事裁定。
[11]　最高法院 109 年度台抗字第 483 號刑事裁定。

第二篇　偵查階段

第一章　偵查總論

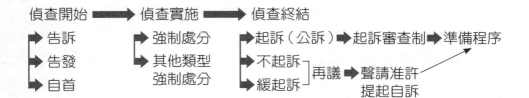

偵查開始 ➡️ 偵查實施 ➡️ 偵查終結

➤ 告訴　　　➤ 強制處分　➤ 起訴（公訴）➡️ 起訴審查制 ➡️ 準備程序

➤ 告發　　　➤ 其他類型　➤ 不起訴⎤

➤ 自首　　　　　強制處分　➤ 緩起訴⎦　再議 ➡️ 聲請准許　　提起自訴

第一節　偵查的開始

　　§228I 規定「檢察官因告訴、告發、自首或其他情事知有犯罪嫌疑者，應即開始偵查」[1]，而 §230II、§231II 規定司法警察（官）知有犯罪嫌疑者應即開始偵查，故以下依序介紹告訴、告發、自首或其他知有犯罪嫌疑者。

壹、告訴

一、告訴的基本觀念

（一）告訴的意義

　　有告訴權人向偵查機關申告犯罪事實並表明追訴之意的意思表示。如告訴人不是被害人或告訴權人，其行為僅是告發（§240）。告訴並不須

---

[1]　所稱「犯罪嫌疑」，係指主觀上之犯罪嫌疑。而 §251I 規定之「犯罪嫌疑」，係指客觀之犯罪嫌疑。因此可得知檢察官（或司法警察官、司法警察）主觀知有犯罪嫌疑時應立刻開始偵查，而檢察官依偵查所得的證據，客觀上足認被告有犯罪嫌疑時，應即起公訴。

指名罪名或犯人，即使所指之罪名有誤、誤指他人為犯人，皆為有效之告訴[2]。另外，附條件告訴是指告訴所附的條件而與告訴不可分離時，進而使告訴意思無法確定，此時沒有告訴效力，例如 A 向警察 B 說，如果 C 把房子過戶給我，我就不告 C，此時 A 的告訴不生效力。

二、告訴的種類及欠缺的效果

（一）非告訴乃論之罪

於非告訴乃論之罪時，告訴僅是偵查的「發動原因」。例如於強制性交罪、強制猥褻罪、竊盜罪、詐欺罪、侵占罪、背信罪等等，僅須向偵查機關申告犯罪事實即可，不以表明追訴之意為要件。

（二）告訴乃論之罪

於告訴乃論之罪時，告訴是偵查的「發動原因」同時也是「訴訟條件」，若有欠缺告訴即無法追溯、處罰。

1. 絕對告訴乃論（又稱一般告論罪）

告訴人不必與犯罪行為人具備特定的身分，只要有法定的犯罪行為出現，均可告訴乃論，例如毀損罪、公然侮辱罪、普通傷害罪。故告訴人僅須「申告犯罪事實」＋「表明追訴之意」＝合法的告訴。

2. 相對告訴乃論（又稱特殊告論罪）

犯罪本質上非告訴乃論之罪，然而因告訴人與犯罪行為人間具備特定的身分關係而成為告訴乃論之罪[3]，因此稱「相對」，例如親屬間的竊盜罪、詐欺罪、背信罪；配偶間之強制性交罪。而因為具有某身分，故須尊重被害人意思，故告訴人「申告犯罪事實」＋「表明追訴之意」＋「具體指明犯人」＝合法的告訴，例如 A 的手機被偷了，而向偵查機關說明自己

---

[2]　司法院院字第 1691 號解釋、臺灣高等法院高雄分院 108 年度原上易字第 5 號刑事判決。

[3]　林俊益，刑事訴訟法概要（下），新學林，2020 年 9 月，頁 15-16。

手機被偷（申告犯罪事實），請偵查機關快點追訴，但其實偷走 A 的手機的是 A 的姐姐 B（親屬間的竊盜罪），此時偵查機關必須向 A 說明是否要追訴 B，否則 A 未具體指明犯人之告訴不合法。

（三）欠缺告訴的效果

1. 非告訴乃論之罪

告訴僅為偵查發動的原因之一，即使未經告訴，偵查機關知道犯罪情事後還是要開始偵查。

2. 告訴乃論之罪

告訴是偵查發動原因之一，但如欠缺告訴，代表訴訟條件有欠缺，會導致無法追訴審判。如欠缺告訴，處理方式如下。

(1) 偵查中

檢察官應以 §252(5)「告訴或請求乃論之罪，其告訴或請求已經撤回或已逾告訴期間者」為不起訴之處分。或以 §255I 之其他法定事由為不起訴處分。

(2) 審判中

法官應以 §303(3)「告訴或請求乃論之罪，未經告訴、請求或其告訴、請求經撤回或已逾告訴期間者」，諭知不受理判決。

應注意者，審判中的案件是不是告訴乃論之罪，應以「法院」為認定主體，如認未經合法告訴，代表欠缺訴訟條件，法院得不經言詞辯論（§307）而諭知不受理判決（§303(3)）。如果以非告乃論之罪起訴，法院審理結果是告訴乃論之罪，若未經告訴權人補正告訴，法院仍要諭知不受理判決（§303(3)）。

三、告訴權的行使權人

告訴權人是指可以為告訴的人（§237）。告訴權除了犯罪的被害

人以外，還包含了與被害人有某些關係之人（例如有一定的親屬關係），以維護被害人的權利。以下為告訴權人的種類：

（一）犯罪被害人

§232 規定「犯罪之被害人，得為告訴」，被害人是指因為犯罪行為而被害之人。

1.「人」：包含自然人、法人[4]，只要是「人」即可，不以具有訴訟能力或行為能力為前提，即使 7 歲小孩仍屬之，該 7 歲小孩如何行使告訴權係以其能理解告訴意義即可。而「非法人團體」不可成為告訴人，惟若提告訴仍以告發論[5]。此外，雖然「人」包含法人，惟國家單位內之機關雖無法人地位，仍得由機關首長提出告訴[6]，例如臺北市公管處負責實際維護管理公園銅像，故而可由該機關首長對 A 以毀損公園中之蔣介石銅像為由提告。

2.「被害」：因犯罪而法益遭到侵害。

被害又分成「直接被害」與「間接被害」，前者具有告訴權。二者間的判斷基準須依法益的種類作區分：

---

[4] 以法人透過代表人以「法人」之名義提起告訴，若以代表人「自己」名義提起告訴，則不合法。

[5] 最高法院 107 年度台非字第 181 號刑事判決：所謂「被害人」係指具有法律上人格之自然人或法人而言，非法人團體無獨立之人格，不得以該非法人團體之名義提出告訴。至公寓大廈管理條例第 38 條第 1 項雖規定「管理委員會有當事人能力」，惟依其立法理由「管理委員會依民事訴訟法第 40 條可以為訴訟之當事人」之說明，係指公寓大廈管理委員會於民事訴訟案件具有當事人能力而言，尚不得執此謂該管理委員會可提出刑事告訴。是公寓大廈管理委員會在性質上既屬無獨立人格之非法人團體，自不得以該非法人團體之名義提出告訴；若以非法人團體名義提出告訴，應認係屬告發而非告訴。最高法院 107 年台上字第 1051 號刑事判決：縱認未經認許之外國公司屬於非法人團體而不可提起刑事自訴，仍可循告發、告訴暨公訴程序達成追訴犯罪之目的，對其刑事程序利益，尚不生重大影響。

[6] 最高法院 97 年度台非字第 285 號刑事判決、臺灣高等法院 109 年度上訴字第 1896 號刑事判決。

(1) 若涉及個人法益犯罪時，例如殺人罪、傷害罪、妨礙行動自由罪、竊盜罪等，其生命、身體、自由、財產法益直接受到威脅之人，亦即「法益直接受侵害」。

(2) 若涉及社會法益犯罪時，如果該犯罪一併侵害個人法益時，則該人亦為「直接被害人」，其「法益直接受侵害」。例如血親性交罪、放火罪、偽造文書罪、行使偽造文書罪[7]。

(3) 國家法益，對於下列罪名的判斷，實務認為下列罪名有一併侵害個人法益，該人亦為直接被害人，而有告訴權。

違法徵收罪	被徵稅之人為直接被害人[8]。
誣告或準誣告罪	被誣告之人為直接被害人[9]。
偽證罪	被告僅為間接被害人[10]。
湮滅證據罪	妨害國家的搜索權，故無直接被害人[11]。
枉法裁判罪	被裁判之人僅為間接被害人[12]，故無直接被害人。
賄賂罪、公務員圖利罪	侵害者為國家法益，無直接被害人[13]。

---

[7] 最高法院 109 年度台上字第 1590 號刑事判決。

[8] 最高法院 54 年台上字第 1884 號判例、最高法院 86 年度台上字第 4886 號刑事判決、臺灣高等法院 105 年度抗字第 1173 號刑事裁定。

[9] 最高法院 26 年渝上字第 893 號判例、最高法院 54 年台上字第 1139 號判例、最高法院 107 年度台上字第 4437 號刑事判決、最高法院 108 年度台抗字第 448 號刑事裁定。

[10] 最高法院 108 年度台上字第 147 號刑事判決。

[11] 臺灣高等法院 90 年度上更（一）字第 451 號刑事判決、最高法院 93 年度台上字第 3342 號刑事判決。

[12] 最高法院 54 年台上字第 246 號判例、最高法院 108 年度台上字第 4015 號刑事判決、最高法院 109 年度台上字第 3072 號刑事判決。

[13] 最高法院 29 年非字第 65 號判例：據原確定判決所認定之事實，被告係觸犯刑法第一百二十二條之賄賂罪，其所侵害者為國家法益，交付賄賂之某甲並非犯罪之被害人，於法不得提起自訴，原確定判決不依刑訴訟法第三百二十六條諭知不受理，乃據某甲之自訴，處被告以詐欺刑，顯不合法，惟查賄賂罪雖較詐欺罪為重，但原審對於應諭知不受理之案件，竟為科刑判決，即於被告顯有不利自應將原判決關於被告罪刑部分撤銷，另行判決。最高法院 70 年台上字第 1799 號判例。

　　討論究竟是否為直接被害人（若否，則非告訴權人）之實益為何？若非告訴權人則屬告發權，告訴權人對於偵查結果不服可以提再議、准許提起自訴，而告發權人則無此權利。實務如此區分的標準過於模糊，故學者認為犯罪的直接被害人應是指因犯罪行為對於被害人的生活領域產生直接、重大與密切不利益時的被害人[14]。以放火罪為例，A 於一樓放火，火勢雖然未延燒到頂樓，但會使頂樓的住戶生命、身體、生活、活動空間產生重大、密切之不利益，故為直接被害人。又如枉法裁判罪，A 法官枉法裁判而使 B 坐牢，B 受到枉法裁判此時對於其個人的生活領域產生重大、密切的不利益，故 B 為告訴權人。

（二）獨立告訴權人

　　獨立告訴權是指法定代理人[15]（父母、監護人）或配偶（合法結婚＋婚姻關係存續中），得與告訴權人（被害人）的意思相反而為告訴。既稱「獨立」，即使違反被害人意思亦無不可。

　　§233I 規定「被害人之法定代理人或配偶，得獨立告訴」，然 §233II 但書規定「被害人死亡＋告訴乃論之罪＋不得與被害人生前之意思相反」。例如 A 被 C 打傷，B 要以 A 的配偶的名義去告 C，但 A 認為以和為貴不要興訟，然 B 仍要告 C，此時 B 不受 A 的意思拘束。又如 A 為 18 歲之人，被 C 打傷，B 要以 A 的父親名義告 C，但 A 反對，B 不受 A 的反對而拘束。然 §233I 配偶在被害人活著時有獨立告訴權，但被害人死亡後，§233II 但書規定配偶的代理告訴權變成不得與被害人明示意思相反，似乎是夾雜了死者為大的思想，而使立法失衡。

---

[14] 黃朝義，刑事訴訟法，2013 年 4 月，頁 163-164。

[15] 必須以被害人為無行為能力或限制行為能力人為前提。最高法院 105 年台非字第 203 號刑事判決：無行為能力者，固亦得為告訴，但其能力畢竟低於有完全之行為能力者，故為保護無行為能力（或無完全之行為能力）之被害人，使其法定代理人或配偶，亦得獨立告訴。

§235 亦有獨立告訴權之規定，即「被害人之法定代理人為被告或該法定代理人之配偶或四親等內之血親、三親等內之姻親或家長、家屬為被告者，被害人之直系血親、三親等內之旁系血親、二親等內之姻親或家長、家屬得獨立告訴」。本條目的為擴張原來的獨立告訴權人的範圍，以避免 §233I 的法定代理人或其配偶為犯人時，會無人可以提告，而直系血親包含親生父母與養父母（釋字 28 號），例如 A 為 B 親生子，然 B 將 A 給 C 收養，C 某天無理由把 A 打傷，此時 B 可依據 §235 獨立告訴。

（三）代理告訴權人

代理告訴權是指該人代為本人（被害人）行使告訴權，然必須以代理人名義為之，且受到本人（被害人）意思拘束，不得與其明示意思相反，例如 §233II 但書。

（四）專屬告訴權人（§234）

專屬告訴權是指對於特定的告訴乃論之罪，惟有告訴權之人可以告訴，若該人不為告訴或不能告訴，第三人無從為代行告訴。

例如刑法和誘配偶罪（§234III），只有配偶可以告訴。而血親性交罪，僅本人的直系血親尊親屬、配偶或其直系血親尊親屬可告訴（§234I）。略誘婦女罪，僅被誘人的直系血親、三親等內之旁系血親，二親等內之姻親或家長、家長可告訴（§234IV）。侮辱誹謗死者罪，僅有死者的配偶、直系血親、三親等內之旁系血親、二親等內之姻親或家長、家屬可告訴（§234V）。

被害人的配偶、犯人的配偶相關問題

被害人的配偶 （犯罪告訴權人）	「提告訴時」有配偶身分告訴才合法。例如 §233「被害人之法定代理人或配偶，得獨立告訴」。
犯人的配偶 [16] （被害告訴權人）	「犯罪時」有配偶身分告訴即為合法，例如 §234I～III、§234IV「刑法第二百九十八條之妨害自由罪，被略誘人之直系血親、三親等內之旁系血親、二親等內之姻親或家長、家屬亦得告訴」、§234V「刑法第三百十二條之妨害名譽及信用罪，已死者之配偶、直系血親、三親等內之旁系血親、二親等內之姻親或家長、家屬得為告訴」。
問題	犯罪時　　　　　　提告訴時 （犯人的配偶有配偶身分）（被害人的配偶仍有配偶身分） （一）A、B 為夫妻時，A 被 C 撞而受傷但 A 不想提告，B 堅持提告，但之後 A、B 離婚，離婚後 B 可否為了 A 被撞傷提告訴？如離婚後 B 對 C 提告過失傷害罪，因該時點 A、B 不具有配偶關係，故 B 的告訴不合法。 （二）A、B 為夫妻時，A 與直系或三親等內旁系血親之 C 為性交（觸犯刑法 §230 血親性交罪），又刑法 §236 規定「第二百三十條之罪，須告訴乃論」。B 大怒而與 A 離婚，而 B 離婚後才想到要提出告訴，此時告訴是否合法？A 犯罪行為時，A、B 具有配偶關係，故 B 離婚後提起告訴仍為合法。

---

[16] 臺灣高等法院高雄分院 100 年度上易字第 458 號刑事判決：又配偶之告訴權因其身分不同可區分為「被害告訴權人」及「犯罪告訴權人」，前者即配偶本身為被害人，其告訴權之有無以犯罪時之身分為準；後者則以告訴時之身分為準。臺灣高等法院 106 年上易字第 2708 號刑事判決：按配偶之告訴權，因其身分之不同而可區分為被害告訴權人與犯罪告訴權人；被害告訴權人，即配偶本身為被害人，犯罪告訴權人，即因有人犯罪，與犯罪被害人有配偶關係之人享有之告訴權。……故刑事訴訟法第 234 條第 2 項規定刑法第 239 條之妨害婚姻及家庭罪，非配偶不得告訴，其中非配偶不得告訴，僅係指被害告訴權人而言；其告訴權之有無，係以犯罪時之身分為準，即必犯罪時其法益被侵害之配偶始有告訴權，縱該配偶之身分，於犯罪後或告訴時業已喪失，其告訴權仍不受影響。

（五）代行（為）告訴權人

　　告訴乃論之罪，提出告訴為追訴的條件，如果沒有合法的告訴，就不可以加以追訴，故 §236I 規定「告訴乃論之罪，無得為告訴之人或得為告訴之人不能行使告訴權者，該管檢察官得依利害關係人之聲請或依職權指定代行告訴人」。

　　設立代行告訴權人之目的在於充實告訴條件（公益考量）[17]，故只能提出，但不能撤回，因為必須是「有告訴權人」且「已實行告訴」，才有權利撤回告訴，而代行告訴人並不是有告訴權之人[18]。

　　「無得為告訴之人」是指合法告訴之前，已經因死亡或失蹤等情形導致無人可提告，如果是合法告訴後，才生死亡或失蹤等情形，不影響告訴效力，也無代行告訴適用。「不能行使告訴權」是指「事實上」不能行使。例如心神喪失、重病、中重度智障、所在地不明、意識不清[19]。

　　而被指定為代行告訴人後，仍須代行提出告訴才能充實告訴條件。此外指定代行告訴必須「限於一般告訴乃論之罪」，而若該告訴權專屬於特定告訴人時，則無 §236I 之適用，例如 §234I～III 之「限定告訴權」之規定又若特定之罪本來就不方便或不能由原本之告訴權人提出告訴，此時若有 §234IV、V 之「補充告訴權」人，亦無 §236I 之適用。

　　§236II 規定代行告訴制度準用 §233II 但書，故代行告訴人仍受被害人明示之意思拘束（與獨立告訴不同）。例如昏迷的 A 醒後不欲告訴，應認代行告訴人之代行告訴違反本人意思，為不合法告訴，法院應依 §303(3)「告訴或請求乃論之罪，未經告訴、請求或其告訴、請求經撤回或已逾告訴期間者」，諭知不受理判決。

---

[17]　最高法院 110 年度台非字第 85 號刑事判決。

[18]　最高法院 97 年度台非字第 19 號刑事判決。

[19]　最高法院 111 年度台非字第 4 號刑事判決：被害人之子經檢察官指定為代行告訴人之前，被害人尚無因意識不清，不能行使告訴權之情形。又被害人之配偶與被害人婚姻關係尚存，雖不識字，但仍可表達是否獨立告訴之意，縱使被害人有意識不清無法行使告訴權情事，亦非無其他得獨立告訴之人存在。是該案確定判決認定檢察官指定代行告訴人為不合法，於法並無不合。

　　若檢察官偵查結果，認為被告所涉，非屬告訴乃論之罪（例如殺人未遂、重傷害），本不生指定代行告訴問題；但在案件調、偵查中，如被害人已成年、無配偶，傷重陷於昏迷，其父母不諳法律，基於親情，單憑國民法律感情，向司法警察（官）或檢察官表示欲對於該加害之被告，提出控訴，此情固不生合法告訴之效力，嗣於檢察官依非告訴乃論罪名提起公訴後，審判中，被害人之父母，經人指點，依法向民事法院聲請准宣告監護，並取得監護人（法定代理人）身分，而刑事案件審理結果，認屬告訴乃論之罪，則先前該父母之不合法告訴瑕疵，當認已經治癒，並發生補正告訴之效果，此部分訴訟條件無欠缺，法院為實體的罪刑判決，尚難謂程序違法。唯有如此理解，才能確實保護被害人，符合現代進步的刑事訴訟法律思潮[20]。

案 例

　　A 撞傷 B，B 昏迷，檢察官指定 C 為 B 的代行告訴人，C 提告後，B 才清醒，後來 A、B 達成合解，B 表示不要追究了，所以要撤告。B 之撤告是否合法？C 可否撤銷告訴？B、C 都不可以撤回告訴，此時如何解決上述窘境？

擬 答

（一）B 之撤告不合法

　　B 有告訴權，但沒有實行告訴，故不合法。

（二）C 不可撤銷告訴

　　C 雖然有實行告訴，但無告訴權，故 C 不可撤回告訴。

---

[20] 最高法院 105 年度台非字第 203 號刑事判決、臺灣高等法院臺南分院 110 年度交上易字第 393 號刑事判決。

（三）B、C 都不可以撤回告訴，應如下解決

§236II 準用 §233II 但書，告訴乃論之罪（過失傷害罪）不得與被害人明示意思相反，又實務認為 B 撤告是表示 C 違反被害人明示意思，故當初 C 的「告訴不合法」，法院應依 §303(3)「告訴或請求乃論之罪，未經告訴、請求或其告訴、請求經撤回或已逾告訴期間者」。諭知不受理判決。◼

案例

A 傷害未成年人 B，B 因而死亡，B 有父母與成年的哥哥，檢察官可否指定哥哥為代行告訴人？

擬答

代行告訴必須是針對「告訴乃論之罪」，但傷害致死是非告訴乃論之罪，故本案無代行告訴人的適用。◼

案例

A 為失格的配偶，某天 A 車禍而重傷昏迷不醒，A 的父母都死了、配偶也行蹤不明，只有念大學的兒子 B，檢察官因而指定 B 為代行告訴人，而 B 表示要向車禍肇事者 C 提告，是否合法？

擬答

C 對於 A 觸犯過失重傷罪，為告訴乃論之罪，A 昏迷期間不能為意思表示，故無法以 §232（犯罪被害人身分）行使告訴，A 的法定代理人、配偶可依 §233I 提起獨立告訴，但 A 是成年人無法定代理人，其配偶又行蹤不明，此時為事實上不能行使告訴權，符合 §236「無得為告訴之人」，檢察官可指定 B 為代行告訴人，而 B 被檢察官指定後必須提起告訴，方為合法告訴。◼

四、告訴的期間

基於法安定性之要求，§237規定「I 告訴乃論之罪，其告訴應自得為告訴之人知悉犯人之時起，於六個月內為之。II 得為告訴之人有數人，其一人遲誤期間者，其效力不及於他人」。「知悉」犯人是以主觀確知為標準，如僅是懷疑他人，不算是知悉。又知悉「犯人」之時，而非知悉犯罪成立時。而非告訴乃論之罪，因告訴僅為偵查的原因，檢察官因之有犯罪嫌疑，仍得依職權偵查，故而無限定告訴期間之必要[21]。關於期間之計算，實務見解認由「知悉犯人之時起」開始起算，但始日不算入，並以最後之月與起算日相當的前一日，為期間的末日；但最後之月無相當日時，以其月之末日，為期間之末日。舉例而言，得為告訴之人於民國 110 年 1月 12 日上午 10 時知悉何人為犯罪行為人，則自該時點起，開始起算告訴期間，並因始日（即民國 110 年 1 月 12 日）不算入，故以翌日（即民國110 年 1 月 13 日）為起算日，並以最後之月與起算日相當日（即民國 110年 7 月 13 日）之前 1 日，即民國 110 年 7 月 12 日（星期一）為期間的終止點（末日）[22]。

另外有數告訴權人時，因為告訴權本來就可以分別行使，所以一人逾越告訴期間之效力不及於他人。又如果數告訴權人，知悉的時間先後有別，先知悉者可能已經逾越告訴期間，但後知悉者未逾越告訴期間，實務[23]上認為應該分別認定告訴期間，而後為後知悉者仍可以告訴。此外，依大法官釋字第 108 號解釋，告訴乃論之罪其犯罪行為有連續或繼續狀態者，應自得為告訴之人，知悉犯人最後一次行為或行為終了之時起算。

逾告訴期間之效果，於偵查中檢察官應不起訴處分（§252(5)），於審判中法官應諭知不受理判決（§303(3)）。

---

[21] 最高法院 102 年度台上字第 1411 號刑事判決。
[22] 最高法院 110 年度台非字第 215 號刑事判決。
[23] 最高法院 107 年度台上字第 4446 號刑事判決。

告訴乃論之罪與非告訴乃論之罪的告訴期間

 例

　　B 偷 A 的車、B 騙 A 的錢、B 搶 A 的皮包、B 侵占 A 的電腦、B 砸壞 A 的 switch 主機，若 A 當時未提告，過了 6 個月後 A 再為提告，國家機關如何處理？

擬答

　　B 觸犯的毀損罪（B 砸壞 A 的 switch 主機），因刑法 §357 規定毀損罪為「告訴乃論」之罪，因為逾越 §237I 的 6 個月的告訴期間，故如偵查中檢察官應依照 §255(5) 為不起訴處分，而審判中法官應為 §303(3) 諭知不受理判決。

　　然而應注意者，§237I 的 6 個月的限制之前提為「限於告訴乃論」之罪，但竊盜罪、詐欺罪、搶奪罪、侵占罪為「非告訴乃論」之罪，故 A 仍可以告訴，告訴只是使偵查機關發動偵查的條件。

代行告訴人的告訴期間之計算

 例

　　20 歲的 A 被 B 過失重傷而昏迷 200 天，A 的哥哥 C 於車禍當天就已經知悉該事，檢察官於事發第 179 天指定 A 的哥哥 C 為代行告訴人，C 於第 200 天提告訴後，檢察官起訴 B 過失致重傷罪，本案如何處理？

擬答

　　依據刑法 §287 過失致重傷罪為告訴乃論之罪，179 天尚未逾越 6 個月的告訴期間。而 C 於被指定為代行告訴人而提出告訴後，已逾自知悉時起 6 個月。代行告訴人 C 是否亦受 6 個月期間之限制？

（一）實務見解[24]（否定說）認為，代行告訴權人的告訴期間應於受檢察官指定時起算，故檢察官指定 C 時重新起算 6 個月，故 C 於第 200 天提告仍合法。

（二）學說見解（肯定說）認為，基於避免案件懸而未決，有違法安定性，代行告訴人是代行被害人的告訴權，如被害人告訴期間逾期，也不因檢察官指定代行告訴人而更新起算，故如檢察官於 179 天指定，C 應於 §237 規定的 6 個月的期間內提告，如於第 200 天提告則告訴不合法。

五、告訴的行使

（一）行使的方式

　　§242 規定「I 告訴、告發，應以書狀或言詞向檢察官或司法警察官為之；其以言詞為之者，應制作筆錄。為便利言詞告訴、告發，得設置申告鈴。II 檢察官或司法警察官實施偵查，發見犯罪事實之全部或一部係告訴乃論之罪而未經告訴者，於被害人或其他得為告訴之人到案陳述時，應訊問其是否告訴，記明筆錄。III 第四十一條第二項至第四項及第四十三條之規定，於前二項筆錄準用之」。

---

[24] 臺灣高等法院臺南分院 109 年度交上易字第 439 號刑事判決：代行告訴人之告訴期間，應自得為告訴即檢察官指定代行告訴人時起，於 6 個月內為之（最高法院 90 年度台上字第 1113 號判決意旨參照）。

（二）告訴的補正

探討以下問題前必須先了解，審判中該案件是否為告訴乃論之罪，以法官認定為準，而非檢察官。

> 告訴乃論之罪未經告訴權人之告訴而檢察官起訴，或以非告訴乃論之罪來起訴，而法院審判中認為是告訴乃論之罪，如何處理？
>
> 此時可以補行告訴，但補行的對象有所不同：
>
> （一）實務見解[25]
>
> 可補行告訴，但應向偵查機關為之，如直接向法院表示告訴，非合法告訴。
>
> （二）本書
>
> 可補行告訴，但應向法院為之。由於審判中，當事人（被告、檢察官）與法官皆於審判庭中，法院發現要經告訴才合法，此法院的主體皆在同一個法庭，如採實務見解將會產生告訴權人向法官說：「我要補正告訴」，法官對告訴權人說：「你不要跟我說，你跟對面的檢察官說。」此時運作的方式為，告訴權人向檢察官說：「檢察官我要補正告訴。」（法官在旁邊也聽到了），檢察官再向法官說：「告訴權人已經補正告訴」。雖然法院嚴守法條運作，亦盡其訴訟照料義務，然如此一來根本是多此一舉，故建議修法於此階段直接向法院補行告訴，亦有學者採此見解[26]。

> 「告訴乃論」之罪未經告訴而檢察官起訴，在審判中法官發現是「非告訴乃論」（如檢察官起訴普通傷害罪，法院認為是殺人未遂罪），應否該補正告訴？
>
> （一）實務見解
>
> 不用補正告訴。是否為告訴乃論之罪以法官的認定為標準，法官認定為非告訴乃論時，訴追條件就無欠缺（非告訴乃論本不用經告訴權人告訴），故不用補正。且法官具有 §300 變更起訴法條之權。

---

[25] 最高法院 73 年台上字第 4314 號判例、最高法院 87 年度台上字第 3923 號刑事判決、臺灣高等法院臺中分院 108 年度上易字第 203 號刑事判決、臺灣高等法院臺南分院 108 年度上易字第 299 號刑事判決。臺灣高等法院臺南分院 110 年度交上易字第 393 號刑事判決：實務運作上，亦合情便民。兼顧被害人權益照料，無礙被告訴訟防禦權行使，實質正義可獲彰顯。本此，檢察官以非告訴乃論之罪起訴，經法院審理結果，認為係犯告訴乃論之罪，或裁判上一罪，其犯罪事實之一部，係告訴乃論之罪，未經告訴者，仍應許其於起訴後補正（參看司法院院字第 2105 號解釋），此因檢察官公訴提起之作為，並無可受非難的情形存在，而被害人之權益亦由此獲得適當維護。且此種告訴之補正，依上述司法院解釋，猶不限於第一審，縱是在第二審，亦得為之。

[26] 林鈺雄，刑事訴訟法（下），2022 年 9 月，頁 127。

（二）學說[27]

　　要補正告訴。因為「程序優先於實體原則」，程序事項已經不合法了，即無從進入實體程序，未經合法告訴僅生形式訴訟關係，法院應可依§273VI定期間補正，補正後才可作實體審判。如果未補正，法官應依據§303(7)諭知不受理判決。

　　告訴的補正時點，除可於第一審補正外，於第二審是否仍可補正？
（一）實務（肯定說）

　　一、二審都可補正。實務[28]認為對被告權益未生影響而治癒、基於訴訟經濟考量而治癒等。此外亦須合情便民，兼顧被害人權益照料。在無礙被告訴訟防禦權行使，實質正義方可獲得彰顯。

（二）學說（否定說）

　　撤回告訴時為第一審言詞辯論終結前（§238），故告訴之補正亦限於第一審言辯終結前。第一審未經合法告訴而為實體審判屬於程序違法，不因告訴權人於第二審時補正而使第一審判決又變成程序合法，故第二審應該撤銷原判決諭知不受理[29]。實務認為二審可以補正，可能是認為案件都到二審了，為不受理判決很可惜，所以認為可以補正。

最高法院105年度台非字第203號刑事判決

　　訴訟條件的欠缺，於起訴之後、審理之中，能否加以補正？此於我國，法無明文，德國實務、通說，持肯定說；法國相反；日本戰前採同法國，戰後採同德國，但仍有異說。我國學者間乃有主張訴訟條件之欠缺，究竟應否准予補正，必須調和「法的安定性」與「法的具體妥當性」，經作適當之衡量後，始可決定；倘准予補正反較不許補正，更能符合訴訟整體利益，且對被告亦不致發生不當之損害者，為達訴訟之合目的性，自應許可其補正。蓋此種情形，如不許其補正，必於諭知不受理後再行起訴，徒增程序上之繁瑣，並無實益，故許其補正。細言之，學說上已發展出因當事人未異議而治癒；對被告權益未生影響而治癒；基於訴訟經濟考量而治癒；及不得治癒之瑕疵等區分。既於學理上圓融

---

[27] 林俊益，刑事訴訟法概論（下），2020年9月，頁37。

[28] 司法院院字第2105號解釋。最高法院105年度台非字第203號刑事判決。

[29] 林俊益，刑事訴訟法概論（下），2020年9月，頁38。

合理，在實務運作上，亦合情便民。兼顧被害人權益照料，無礙被告訴訟防禦權行使，實質正義可獲彰顯。本此，檢察官以非告訴乃論之罪起訴，經法院審理結果，認為係犯告訴乃論之罪，或裁判上一罪，其犯罪事實之一部，係告訴乃論之罪，未經告訴者，仍應許其於起訴後補正（參看司法院院字第 2105 號解釋），此因檢察官公訴提起之作為，並無可受非難的情形存在，而被害人之權益亦由此獲得適當維護。且此種告訴之補正，依上述司法院解釋，猶不限於第一審，縱是在第二審，亦得為之。至於告訴乃論之罪，無得為告訴之人或得為告訴之人不能行使告訴權者，該管檢察官得依利害關係人之聲請或依職權指定代行告訴人，刑事訴訟法第 236 條第 1 項固定有明文，此代行告訴制度之設計，本具有充實訴訟要件，滿足公共利益之用意，是檢察官指定代行告訴人之指定方式，並無一定限制。若檢察官偵查結果，認為被告所涉，非屬告訴乃論之罪（例如殺人未遂、重傷害），本不生指定代行告訴問題；但在案件調、偵查中，如被害人已成年、無配偶，傷重陷於昏迷，其父母不諳法律，基於親情，單憑國民法律感情，向司法警察（官）或檢察官表示欲對於該加害之被告，提出控訴，此情固不生合法告訴之效力，嗣於檢察官依非告訴乃論罪名提起公訴後，審判中，被害人之父母，經人指點，依法向民事法院聲准宣告禁治產，並取得監護人（法定代理人）身分，而刑事案件審理結果，認屬告訴乃論之罪，則先前該父母之不合法告訴瑕疵，當認已經治癒，並發生補正告訴之效果，此部分訴訟條件無欠缺，法院為實體的罪刑判決，尚難謂程序違法。唯有如此理解，才能確實保護被害人，符合現代進步的刑事訴訟法律思潮。

（三）告訴代理人

告訴權人「自己」決定要提告訴，而委任代理人向偵查機關代為告訴，代為告訴之人即為告訴代理人（§236-1），然而該被委任人不可以再委任代理人為告訴。又告訴代理人不以律師為限，有「權利能力與意思能力」即可為之。

六、告訴的效力

（一）主觀（共犯）不可分

1. 意義：如僅對共犯一人提出告訴或撤回告訴，效力及於其他共犯（共同正犯、教唆犯、幫助犯），因告訴是以犯罪事實為對象，而非以犯人為對象，故告訴權的行使，告訴權人僅可決定是否對該犯罪事實為告訴，而不可以選擇對共犯中的何人為告訴，故而§239規定「告訴乃論之罪，對於共犯之一人告訴或撤回告訴者，其效力及於其他共犯」，此為告訴之主觀不可分原則。

2. 主觀不可分的對象，僅適用於告訴乃論之罪[30]。

3. 告訴主觀不可分原則的例外，即§239但書已由釋字第791號解釋已宣告失效，民國110年5月31日立法院三讀通過將§239但書刪除。

釋字第 791 號解釋文

　　刑法第二百三十九條規定：「有配偶而與人通姦者，處一年以下有期徒刑。其相姦者亦同。」對憲法第二十二條所保障性自主權之限制，與憲法第二十三條比例原則不符，應自本解釋公布之日起失其效力；於此範圍內，本院釋字第五五四號解釋應予變更。

　　刑事訴訟法第二百三十九條但書規定：「但刑法第二百三十九條之罪，對於配偶撤回告訴者，其效力不及於相姦人。」與憲法第七條保障平等權之意旨有違，且因刑法第二百三十九條規定業經本解釋宣告違憲失效而失所依附，故亦應自本解釋公布之日起失其效力。

---

4. 營業秘密法之侵害營業秘密罪（§13-1），於§13-3I、II有告訴不可分之例外規定。營業秘密法§13-3I、II規定「第十三條之一之罪，須告訴

---

[30] 最高法院94年度台上字第252號刑事判決、最高法院107年度台非字第221號刑事判決。

乃論。對於共犯之一人告訴或撤回告訴者，其效力不及於其他共犯」。現行法僅有此之例外規定。

5. 共犯部分為「相對」告訴乃論之處理

相對告訴乃論是指，本質上為非告訴乃論之罪，但因行為主體與被害人有特定關係，重點在於犯人的性質而將之當成告訴乃論之罪。

(1) 全部皆為「相對」告訴乃論之罪的情形

全部皆為「相對」告訴乃論之罪的情形，是指具有特定關係之人共犯相對告訴乃論之罪，A、B 兄弟共偷父 C 財物，對 C 而言 A、B 都是相對告訴乃論，訴追條件一致，有告訴主觀不可分原則的適用，故對其中一人（A）提告，效力及於另一人（B）。其情形與全部皆為「絕對」告訴乃論之罪一樣，效力及於全部，因為絕對告訴乃論之罪的行為主體不以與被害人具有特定關係為必要，故重點在於犯罪事實，不論有無特定關係均為告訴乃論，例如傷害罪、公然侮辱罪。舉例而言，A、B、C 打傷 D，D 只告 C。檢察官可對 A、B、C 公訴，因為重點在於犯罪事實，故效力及於全部。

(2) 部分犯罪行為人與被害人有特定關係（部分為相對告訴乃論）

A、B 共同偷 C 財物，而 A 是 C 的兒子，此時產生了訴追條件不一致，C 對 A 是相對告訴乃論，C 對 B 是非告訴乃論之罪。

① 對具有特定關係之行為人提告

C 對 A 提告，會讓 A 的竊盜罪具備合法告訴，但 B 的部分是非告訴乃論，不以告訴為必要，告訴只是偵查機關開始偵查的原因，故 C 對 A 提告時，偵查機關就應對該犯罪開始偵查。

② 對不具特定關係之行為人提告

C 告 B，效力不及 A，因為 C 對無特定關係之 B 所犯之告訴乃論之罪提出告訴者，僅要申告犯罪事實已足。而 C 對 A 提出告訴（相對告訴乃論之罪）須具備：申告犯罪事實＋表明訴追之意＋具體指明人犯，如 C 僅對 B 提告，並無具體指明對 A 提出告訴，故告訴的效力不及於 A。

6. 不得告訴有不可分的適用及批評

　　實務認為「不得告訴」有不可分之適用[31]，但不得告訴不可分既然屬限制有告訴權人例外不得行使其告訴權的法律解釋結果，為避免實際適用上過於浮濫，應從嚴解釋等角度為出發，其適用要件自應予以嚴格解釋[32]。

　　過去實務[33]認為「不得告訴」有不可分的法理，由此推導出「不得自訴亦不可分」，然而釋字第 569 號解釋認為「不得自訴是可分的」，§321規定配偶不可以提自訴，是防止配偶因自訴而對簿公堂使家庭不圓滿而有之規定，屬於立法權的形成自由。雖然 §321 限制配偶的自訴權，但對於與配偶共犯告訴乃論之人，得依法提自訴，例如 A、B 為夫妻，A、C 共謀打傷 B，B 雖然不可以對 A 提自訴，但可以對 C 提自訴。

　　本書認為，不得告訴不可分乃不正確的看法，例如 A 被 B、C 打傷，因 A 認識 B，但 A 不認識 C，A 對 B 的告訴已經逾越 6 個月的告訴期間，而不得告訴，此時 A 不能再告 C 嗎？答案很明顯，一個案件＝一個被告＋一個犯罪事實，此案中就有兩個被告，所以是兩個犯罪事實，A 當然可以再告 C。

（二）客觀（犯罪事實）不可分

1. 意義

　　客觀不可分是在討論如果是實質上、裁判上一罪的單一性案件時，對犯罪事實一部告訴或撤回告訴，效力是否及於「全部犯罪事實」之問題。但是刑事訴訟法沒有像 §239（主觀不可分）一樣明文規定如何解決，故通說用訴訟法理解決，亦即依「犯罪事實各部是否均為告訴乃論」及「被害人是否相同」判斷[34]。

---

[31] 司法院院字第 2261 號解釋。
[32] 臺灣高等法院 105 年度上訴字第 900 號刑事判決。
[33] 最高法院 88 年度台非字第 68 號刑事判決。
[34] 林俊益，刑事訴訟法概論（下），2020 年 9 月，頁 41。

2. 類型

(1) 一部事實是告訴乃論，他部事實是非告訴乃論

① 對告訴乃論之犯罪事實部分提告，效力沒有及不及於非告訴乃論之犯罪事實部分的問題。因為他部犯罪事實為非告訴乃論，檢察官只要知悉犯罪事實即可逕行起訴偵查，故告不告訴不影響檢察官的追訴。例如 A 開車而過失傷害 B（告訴乃論）且過失致 C 於死（非告訴乃論），B 對於過失傷害的犯罪事實提出告訴，效力沒有及不及於過失致死罪的犯罪事實的問題。

② 對非告訴乃論的犯罪事實部分提告訴，效力不會及於告訴乃論的犯罪事實。例如 A 開車而過失傷害 B（告訴乃論）且過失致 C 於死（非告訴乃論），C 的配偶對 A 過失致死的犯罪事實部分提出告訴，效力不會及於過失傷害的犯罪事實。

(2) 全部事實都是告訴乃論，先判斷被害人相不相同，再判斷犯罪事實的類型

① 被害人（告訴權人）不同

　　告訴權是「個別行使」，有多個告訴人時，其中一個告訴人行使告訴權之效力不及於其他告訴權人。例如 A 一行為打傷 B、C，B 對 A 提出傷害的犯罪事實之告訴，告訴效力僅在 A 傷害 B 的犯罪事實部分（告訴＝告訴權人 B 向偵查機關表明犯罪事實且希望追訴之意）。但 A 打 C 的犯罪事實部分，則因為欠缺 C 的告訴，故效力不及於 A 對 C 的傷害。

② 被害人（告訴權人）相同，直接看犯罪事實的類型判斷

(①) 一行為且論以事實上一罪時，對一部分事實提出告訴，告訴效力會及於全部

　　諸如接續犯（係指基於單一之犯意，以數個舉動接續進行，而侵害同一法益，在時間及空間上具有密切關係，依一般社會健全觀念，難以強行分開[35]），或繼續犯（行為人基於同一犯意犯罪，而行為之久暫取決於行

---

[35] 最高法院 108 年度台上字第 1416 號刑事判決。

為人的意思），因本質上是一個行為，為一個犯罪事實，故對其中一個行為提告，效力本來就會及於全部（告訴客觀不可分）。例如【繼續犯】情形，A 基於同一犯意，入侵 B 的住宅中的客廳、房間、廁所，B 僅對於 A 入侵 B 的房間的犯罪事實提告，效力及於 B 入侵 A 的客廳、廁所的犯罪事實。又例如【接續犯】情形，A 基於同一犯意，偷 B 的手機、鑰匙、錢包，B 僅對 A 偷 B 的手機提告，效力及於 B 偷 A 的鑰匙、錢包之犯罪事實。

(②) 一行為論以裁判上一罪

典型例子為想像競合犯，學說與實務有爭議。例如 A 在操場上丟棒球，不小心砸破一旁 B 住家的窗戶同時砸傷 B 的手，B 對於 A 砸破 B 的窗戶而提告（X1 事實），效力是否及於砸傷 B 的手的犯罪事實（X2 事實）？

a. 學說

有文獻 [36] 認為告訴乃論之罪的本質，應以「被害人意思」為斷，如認為僅及於其提告的犯罪事實（X1 事實），效力不及於其他部分的犯罪事實（X2 事實），此與近期實務見解相同。另有文獻認為就裁判上一罪而言，原屬於不可分的同一案件，故一部告訴效力（X1 事實）自應及於全部（X2 事實），一部犯罪事實確定後（X1 事實），其他部分不得再為訴訟客體及二重起訴（X2 事實）[37]。

b. 實務

過去實務認為，依告訴不可分之客觀不可分原則，效力及於全部（對 X1 事實提告及於 X2 事實）[38]。近期實務認為，如裁判上一罪，然實體法上為數罪，而屬於數個訴訟客體，僅因訴訟經濟而擬制為一罪，因此被害

---

[36] 褚劍鴻，刑事訴訟法論上冊，4 版，頁 408，轉引自：林俊益，刑事訴訟法概論（下），2020 年 9 月，頁 42。

[37] 陳樸生，刑事訴訟實務，頁 313-314，轉引自：林俊益，刑事訴訟法概論（下），2020 年 9 月，頁 42。

[38] 林永謀，刑事訴訟法釋論（中冊），2010 年 12 月，頁 301-303。

人本可選擇就該犯罪事實之全部或部分予以追訴，被害人僅就其中一部分為告訴或撤回，效力應不及於全部[39]。

(3) 數行為數罪

都是告訴乃論的情況下，數行為數罪，即是屬於數罪併罰，並非要討論不可分的問題，對一部告訴效力當然不及於全部。例如 A 今天打傷 B，隔天 A 去弄壞 B 的電腦，此時 A 犯了傷害罪與毀損罪，數罪併罰，B 對傷害的事實提告訴，效力不及於 A 毀損電腦的事實。

案例

A、B、C 與 D、E 有仇，D 去 E 家作客，A、B、C 進 E 家拿棍子將 D、E 擊傷同時砸毀 E 的花瓶，後 E 向檢察官提 A 的傷害告訴，E 對 A 所提上開傷害告訴，根據告訴主觀不可分與客觀不可分如何論斷？

擬答

（一）實體法方面

A 分別對 D、E 犯普通傷害罪，B、C 為 A 的共同正犯。A 對 E 犯侵入住宅罪、毀損罪，B、C 為 A 的共同正犯。以上各罪皆為告訴乃論之罪。

（二）程序法方面

1. 告訴的主觀不可分之效力

E 對 A 提出傷害罪的告訴，因提出告訴或撤回告訴具有主觀（共犯）有不可分的效力（§239），故 A 對 E 提出告訴，依據 §239 效力會及於其他共犯 B、C。

---

[39] 最高法院 97 年度台上字第 2636 號刑事判決。

2. 告訴的客觀不可分之效力

(1) 被害人（告訴權人）不同

　　E 對 A 傷害部分提出告訴，不及於 A 傷害 D 的部分。因為告訴權是「個別行使」，有多個告訴人時，其中一個告訴人（E）行使告訴權之效力不及於其他告訴權人（D）。本案中 A 一行為打傷 D、E，僅 E 對 A 提出傷害的犯罪事實之告訴，告訴效力僅在 A 對於 E 的犯罪事實（告訴＝告訴權人 E 向偵查機關表明犯罪事實且希望追訴之意）。但 A 打 D 的犯罪事實部分，則因為欠缺 D 的告訴，故效力不及於 A 對 D 的傷害罪。

(2) 被害人（告訴權人）相同

　　E 僅對提出傷害罪的犯罪事實告訴，該告訴效力是否及於毀損罪的犯罪事實部分？毀損罪部分是出於另一個故意，而與傷害罪處於數罪併罰關係，故一部告訴效力不及於全部。

　　學說[40]、近期實務[41]認為，告訴乃論之罪的本質，應以「被害人意思」為斷，如認為僅及於其提告的犯罪事實（傷害罪的犯罪事實），效力不及於其他部分的犯罪事實（侵入住宅罪的犯罪事實）。

3. 數行為數罪

　　E 僅對提出傷害罪的犯罪事實告訴，該告訴效力是否及於侵入住宅罪的犯罪事實部分？

　　傷害罪與侵入住宅罪都為告訴乃論之罪，被害人都是 E，成立數罪併罰，告訴效力不及於侵入住宅部分。

（三）對告訴不可分效力的概念釐清

　　告訴不可分的效力與案件單一性的不可分效力無關，案件單一性主要在解決案件範圍的問題（亦即一個案件有多大），於起訴時，對於不同被

---

[40] 林俊益，刑事訴訟法概論（下），2020 年 9 月，頁 42。
[41] 最高法院 97 年度台上字第 2636 號刑事判決。

告，即屬於不同案件，故對共犯（主觀）之一的起訴效力不會及於另外的共犯。

　　告訴具有主觀不可分的效力是因為共犯間具有互相利用的關係，在偵查便利下，基於訴訟條件的充實，毋庸逐一對個別被告為之，況且告訴是以犯罪事實為對象，而非以犯人為對象[42]，而犯罪事實是指犯人於何時何地做了哪些事，故如以犯罪事實而告訴的對象，犯人都會被告訴效力所及，故只能選擇提告訴或不提告訴，不能選擇要對哪一個犯人提告。

　　告訴不可分是處理訴訟條件範圍的問題，但單一性案件是在處理起訴與審判範圍的問題，故以「單一性」確認犯罪事實的範圍大小，該案件是否有符合合法告訴的訴訟要件以「告訴不可分」解決。

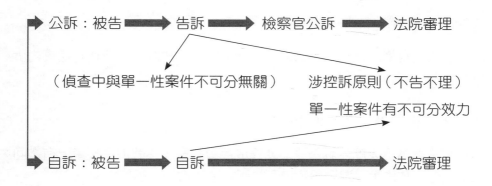

類型	主觀（對共犯）	客觀（對犯罪事實）
告訴不可分	不可分	不可分
單一性的不可分	可分	不可分
所要處理的問題	訴訟條件的範圍	案件的範圍

---

[42] 林俊益，刑事訴訟法概論（下），2020 年 9 月，頁 39。

七、告訴的撤回

（一）基本概念

　　§238 規定「告訴乃論之罪」，告訴人於「第一審言詞辯論終結前」，得撤回其告訴。而該告訴人是指「有告訴權且已經實行告訴之人」，如果缺乏其中一要件，即不可以撤回告訴，欠缺前者為無權撤回，欠缺後者為不生撤回效力（對訴訟毫無影響）。若數人皆有告訴權，因告訴權可以個別行使，撤回權亦可以個別行使，故而其中一人撤回告訴，對其他告訴權人的合法告訴不生影響。告訴之撤回方式沒有明文，實務見解認應類推 §242，告訴權人得以言詞或書狀向司法警察官、檢察官或法官為之 [43]。

（二）撤回告訴喪失告訴權

　　喪失告訴權的情形有，逾越告訴期間、撤回告訴，但不包含捨棄告訴權 [44]。

（三）民事和解不等於刑事撤回告訴

　　被告與告訴人就告訴乃論之罪達成民事和解，不等於在刑事上有撤回告訴效力，故告訴人還要再遞撤回告訴狀才生撤回告訴效力。

（四）撤回告訴的主觀效力

1. 告訴主觀不可分效力為 §239，故撤回告訴的主觀效力亦同。

2. 具有共犯的情形，而訴訟程序程度不同。例如 A、B 共同傷打 C，C 提告，但 A、B 的訴訟程序程度不同，C 對正在偵查中 A 的撤回告訴的效力是否及於已經進行到其他階段的 B？

---

[43] 臺灣高等法院高雄分院 109 年度上訴字第 1378 號刑事判決。

[44] 最高法院 90 年度台非字第 16 號刑事判決、臺灣高等法院 107 年度上易字第 1875 號刑事判決、臺灣高等法院臺中分院 106 年度交上易字第 702 號刑事判決。

　　因為提出告訴與告訴之撤回規定在偵查階段，但是 A、B 具有共犯關係且程序中的每個階段都必須具備告訴要件程序方可繼續進行，故問題點在於撤回告訴主觀不可分的效力是否及於審判中共犯？

　　實務 [45] 認為撤回告訴主觀的不可分效力在偵查中與審判中皆有適用，故於第一審言詞辯論終結前撤回告訴者，效力及於偵查中的其他共犯。

一審言詞辯論終結後、二審				B
一審言詞辯論終結前		A	A、B	
偵查中	A、B	B		A
效力	§239 本文→對 A 撤告效力及 B	74[th]6→對 A 撤告效力及 B	§239 本文→對 A 撤告效力及 B	對 A 撤告效力不及 B（一審言詞辯論後）

（五）撤回告訴的客觀效力

1. 犯罪事實一部為告訴乃論，他部為非告乃論

(1) 對非告訴乃論之罪撤回告訴，不生撤回效力。

(2) 對告訴乃論之罪撤回告訴，效力不及於非告訴乃論。

2. 犯罪事實全部為告訴乃論

(1) 被害人（告訴權人）不同，一人撤回，效力不會及於其他被害人。

(2) 被害人（告訴權人）相同

① 一行為論以實質上一罪，因為告訴人為一部犯罪事實告訴的效力及於全部犯罪事實，如果一部撤回＝全部撤回，故不可以撤回一部分的告訴。

② 一行為論以裁判上一罪，例如想像競合犯，允許一部撤回，效力只及於撤回部分。

③ 數行為數罪，例如數罪併罰，一部撤回，效力只及於撤回部分。

---

[45] 最高法院 74 年度第 6 次刑事庭會議決議。

（六）撤回告訴的效果

1. 偵查中撤回告訴，檢察官應為不起訴處分（§252(5)）且撤回告訴後不得再行告訴（§238II），如果再告訴，實務認為要依§255I 的「其他法定理由」，不起訴處分 [46]。

2. 審判中撤回，法官應依§303(3) 諭知不受理判決。若撤回告訴之人再行告訴，檢察官又起訴，同時構成§303(1)「起訴之程序違背規定者」與 (3)「告訴乃論之罪，未經告訴」。

3. 撤回告訴後就不得再行告訴，然可否為自訴？§322 規定撤回告訴後就不可再自訴，如再自訴應依§334 不受理判決。

貳、告發

　　不問何人知有犯罪嫌疑，「得」為告發（§240），然而如為公務員因執行職務知有犯罪嫌疑，「應」為告發（§241）。

	告訴	告發
權利人	有告訴權人	任何人
期間限制	§237，6 個月 §238，一審言詞辯論終結前撤回告訴	無期間限制 無規定可以撤回告發
效果	欠缺告訴的效果： 偵查中：§252(5) 不起訴 審判中：§303(3) 不受理	沒有告發，偵查機關仍可以職權發動偵查且起訴
救濟	有再議權（§256）可聲請准許提起自訴（§258-1）	無

---

[46] 司法院院字第 2292 號解釋。臺灣高等法院臺南分院 97 年度上易字第 528 號刑事判決。臺灣新北地方法院 108 年度交易字第 299 號刑事判決。

參、自首

犯罪嫌疑人在犯罪被發覺之前，自己或由他人向該管機關陳述犯罪事實且願意接受法院制裁的意思。

肆、其他知有犯罪嫌疑者

其他知有犯罪嫌疑者是指上述情形外知有犯罪嫌疑者，例如檢察官 A 去河堤跑步，發現空中瀰漫著屍臭味，沿著臭味尋找，果然發現樹林內有人虐死一堆貓吊樹頭或有人死狀疑似他殺；或者在電視上看到某政治人物爆料有某官員貪污，進而偵查。

第二節　偵查的基本介紹

壹、偵查的意義

偵查是提起公訴之前必經的程序，而若疑似有犯罪，就要先確認該犯罪是否存在、犯罪事實為何、犯罪人為何人，將不可能有罪的案件篩選而出，方不造成司法程序耗費，且必須先預測未來審判程序的證據調查，故偵查的重點在於「確定犯人」與「蒐集、保全證據」。

貳、偵查不公開原則

偵查程序是一個連續的過程，而該過程中可能會侵害人民的相關權利，故而要求偵查必須符合法律的規定，而衍生出偵查法定原則、偵查不公開原則。偵查不公開是在拘束偵查機關之工作人員以及辯護人、告訴代

理人，而不是在拘束被告或犯罪嫌疑人，例如警察 A 在路上逮捕 B 且掐住 B 的脖子，B 認為程序不合法而用手機錄影，一位名為佛洛伊德的路人也認為程序不合法而在一旁錄影，B 或佛洛伊德若將該錄影內容放在臉書社團爆料公社中，不違反偵查不公開。

　　以下介紹偵查不公開原則（又稱偵查秘密原則），其規定於 §245I「偵查，不公開之」。而偵查不公開作業辦法乃依據 §245V 規定「第一項偵查不公開作業辦法，由司法院會同行政院定之」。

一、偵查不公開的目的

　　依據偵查不公開作業辦法 §2 規定「為維護偵查程序之順利進行及真實發現，與保障被告、犯罪嫌疑人、被害人或其他訴訟關係人之名譽、隱私、安全，並確保被告受公平審判之權利，以落實無罪推定原則，偵查不公開之」。理由在於偵查程序只是刑事程序之初始，若偵查機關任意公開偵查中之訊息，將會使民眾誤以為犯罪嫌疑人、被告已有罪，使無罪推定原則遭減損，亦同時保障被告等之名譽、隱私資訊外流。學者認[47]偵查不公開目的尚有保障資訊優勢，避免消息不當走漏，造成保全犯人或蒐集、保全證據的困難。例如民國 111 年 8 月發生的台南殺警割喉案，偵查過程竟遭全程直播，造成無辜之陳姓男子一夕間成為通緝犯，故而遭網友以陳姓男子口吻戲稱：「我今天早上感冒吃藥昏睡，剛剛晚上九點才起床，發現我被全國通緝，臉書被灌爆，阿嬤叫我趕緊投案，誰能比我慘？」

二、偵查不公開的範圍

　　偵查不公開作業辦法 §7 規定「偵查不公開，包括偵查程序、內容及所得之心證均不公開」。所謂公開是指一切足使不特定人或多數人得以見聞、知悉之行為。偵查程序不公開是為了維護偵查的順利進行，而偵查內

---

[47] 林鈺雄，刑事訴訟法（下），2022 年 9 月 22 日，頁 88。

容不公開是為了無罪推定原則的實踐,避免未起訴之犯罪嫌疑人被公開資訊,造成難以彌補的傷害。

三、偵查不公開原則應遵守之人員

偵查不公開作業辦法 §5 規定「I 應遵循偵查不公開原則之人員,指檢察官、檢察事務官、司法警察官、司法警察、辯護人、告訴代理人或其他於偵查程序依法執行職務之人員。II 前項所稱其他於偵查程序依法執行職務之人員,指檢察官、檢察事務官、司法警察官、司法警察、辯護人及告訴代理人以外,依其法定職務於偵查程序為訴訟行為或從事輔助工作之人員」。

四、偵查中辯護人之筆記權

雖然辯護人有在場權(§245II 本文),偵查機關常以偵查不公開為由而不予提供辯護人相關卷證,亦不給予錄音,使辯護人僅能手抄筆記,本書認為偵查機關之相關證據未開示予辯護人,導致辯護人對於協助檢方發現真實之作為有限制,以致於偵查程序有時淪為冗長,辯護人之在野法曹身分功能亦難以發揮。況且偵查中之偵查主體為檢察官,起訴後即進入審判階段,因偵查中檢察官具有「證據優勢」,進而導致被告於審判中具有「隱形」的武器不平等,此與偵查不公開應遵守之人員並不包含被告,理應給予被告資訊權保障之概念存在一定程度上的矛盾。若偵查機關真正害怕的是辯護人與被告、共同被告或相關人勾串滅證,現階段似可於輕微案件中(例如公然侮辱罪)或證據明確之案件中(例如監視器明顯錄到 A 有在超商拿走網購貨物)依照偵查中羈押的閱卷權之法理,適度地遮蔽相關偵查機關所認為可能有上開情形發生之卷證,方有助於案件之進行效率,簡言之「你提出什麼證據認定我有罪或無罪可以說出來,我再來跟你解釋,你可以聽完我的解釋再判斷,不用自己在那邊猜。」況且違反偵查不中開亦有民事、刑事責任(洩漏國防以外秘密罪)等以資抑制。

　　民國 111 年憲判字第 7 號【偵查中辯護人在場筆記權等之救濟案】亦同此旨，被告或犯罪嫌疑人所享有之受有效協助與辯護之權利，不僅包含其得自主選任辯護人，於無資力時得享有免費獲得辯護之機會，其辯護人並得於刑事訴訟程序各階段，適時表示法律意見與提供法律上之協助，以協助被告或犯罪嫌疑人有效維護其權益。就犯罪偵查程序而言，被告或犯罪嫌疑人受檢察官訊問時，其於不諳法律下，可能為不當或不利於己之陳述或未能及時為有利於己之主張，其辯護人為有效維護其權益，自應有權於訊問時在場聽聞，並當場為被告或犯罪嫌疑人之權益，適時表示法律意見或提供法律上之協助。此外，提供法律專業協助之辯護人，既有權於被告或犯罪嫌疑人受訊問時在場聽聞並表示意見，自有權就聽聞所得進行記憶、理解與分析等思維活動，而當場自行筆記，乃屬其記憶與思維活動之輔助行為，與其在場並陳述意見密不可分。因此，被告或犯罪嫌疑人於偵查中所應享有之受有效協助與辯護之權利，除辯護人之選任權外，至少應包括辯護人在場權、筆記權及陳述意見權等偵查中辯護權。又，辯護人既係以法律專業身分而協助被告或犯罪嫌疑人維護其權益，是被告或犯罪嫌疑人於偵查中辯護權遭受侵害時，基於被告或犯罪嫌疑人受有效協助與辯護權利之憲法保障，除與被告或犯罪嫌疑人明示之意思相反外，其辯護人自應有權為被告或犯罪嫌疑人之利益，而以自己之名義請求救濟。§245前段部分明定被告或犯罪嫌疑人於受檢察官訊問時，其辯護人享有在場陪訊，並得陳述意見之權利，乃被告或犯罪嫌疑人憲法上所應享有之受有效協助與辯護權利之具體化，為彰顯憲法公平審判原則下之正當法律程序及充分防禦權保障之重要法律規定；其權利內涵如前所述，應包括均受憲法保障之辯護人在場權、筆記權及陳述意見權等偵查中辯護權。§245但書部分亦明定檢察官訊問被告或犯罪嫌疑人時，對被告、犯罪嫌疑人或其辯護人所應享有之偵查中辯護權，於一定要件下仍得予以限制或禁止，從而被告或犯罪嫌疑人憲法上之受辯護人有效協助與辯護之權利，即可能因此受到限制或剝奪。對此，現行刑事訴訟法並未設有相應之救濟途徑。影響所及，被告、犯罪嫌疑人或其辯護人對檢察官限制或禁止辯護人於訊問時在場、筆記或陳述意見之處分不服，認已侵害其憲法上受有效協助與辯

護之權利，即無從循司法救濟程序，請求法院為有效之權利保護。就此而言，被告、犯罪嫌疑人或其辯護人基於有權利即有救濟之憲法原則，而受憲法保障之訴訟權已明顯受到侵害。

從而民國 113 年 7 月 16 日立法者於 §245I 增訂辯護人得於詢問時在場並得筆記及陳述意見。

四、偵查不公開的界線

§245II 但書規定「有事實足認其在場有妨害國家機密或有湮滅、偽造、變造證據或勾串共犯或證人或妨害他人名譽之虞，或其行為不當足以影響偵查秩序者，得限制或禁止之」。§245III、IV 規定「III 前項限制或禁止事由應記明於筆錄。IV 檢察官、檢察事務官、司法警察官或司法警察依第二項但書禁止辯護人在場，致被告或犯罪嫌疑人無其他辯護人在場陪同，應再行告知第九十五條第一項第二款、第三款之事項。」前開限制或禁止事由包含限制或禁止之原因事實、理由、方式等，前開記載方有利於被告、辯護人提起救濟時法院進行事後審查。又若辯護人遭限制或禁止後，導致被告或犯罪嫌疑人並無辯護人陪同，然為保障其訴訟防禦權，仍應踐行告知義務。而 §245-1「I 被告、犯罪嫌疑人及其辯護人，對於前條第二項但書之限制或禁止不服者，得向該管法院聲請撤銷或變更之。II 前項聲請期間為十日，自為限制或禁止之日起訴，其為送達者，自送達後起算。法院不得以已執行終結而無實益為由駁回。III 第四百零九條至第四百十四條、第四百十七條、第四百十八條第二項規定，於本條準用之。IV 對於第一項之裁定，不得抗告。」

偵查不公開辦法 §8 規定「I 案件在偵查中，有下列各款情形之一者，經審酌公共利益之維護或合法權益之保護，認有必要時，偵查機關或偵查輔助機關得適度公開或揭露偵查程序或偵查內容。但其他法律有不得公開或揭露資訊之特別規定者，從其規定：一、對於國家安全、社會治安有重大影響、重大災難或其他社會矚目案件，有適度公開說明之必要。二、越獄脫逃之人犯或通緝犯，經緝獲歸案。三、影響社會大眾生命、身

體、自由、財產之安全，有告知民眾注意防範之必要。四、對於社會治安有重大影響之案件，依據查證，足認為犯罪嫌疑人，而有告知民眾注意防範或有籲請民眾協助指認之必要。五、對於社會治安有重大影響之案件，因被告或犯罪嫌疑人逃亡、藏匿或不詳，為期早日查獲或防止再犯，籲請社會大眾協助提供偵查之線索及證物，或懸賞緝捕。六、對於現時難以取得或調查之證據，為被告、犯罪嫌疑人行使防禦權之必要，而請求社會大眾協助提供證據或資訊。七、對於媒體查證、報導或網路社群傳述之內容與事實不符，影響被告、犯罪嫌疑人、被害人或其他訴訟關係人之名譽、隱私等重大權益或影響案件之偵查，認有澄清之必要。II前項第一款至第三款及第七款得適度公開或揭露之偵查程序及偵查內容，應經去識別化處理，且對於犯罪行為不得作詳盡深刻之描述或加入個人評論」。

　　偵查不公開辦法§9規定「I前條得適度公開或揭露之案件，除法律另有規定外，下列事項不得公開或揭露之：一、被告、少年或犯罪嫌疑人之具體供述及是否自首或自白。二、有關尚未聲請或實施、應繼續實施之逮捕、羈押、搜索、扣押、限制出境、資金清查、通訊監察等偵查方法或計畫。三、有關勘驗、現場模擬或鑑定之詳細時程及計畫。四、有招致湮滅、偽造、變造證據之虞者。五、被害人被挾持中尚未脫險，安全堪虞者。六、偵查中之卷宗、筆錄、影音資料、照片、電磁紀錄或其他重要文件、物品。七、被告或犯罪嫌疑人之犯罪前科資料。八、被告、犯罪嫌疑人或訴訟關係人之性向、親屬關係、族群、交友狀況、宗教信仰或其他無關案情、公共利益等隱私事項。九、有關被害人或其親屬之照片、姓名、其他足以識別其身分之資訊及有關其隱私或名譽之事項。十、有關少年事件之資料、少年或兒童之照片、姓名、居住處所、就讀學校、家長、家屬姓名及其案件之內容，或其他足以識別其身分之資訊。十一、檢舉人或證人之姓名、身分資料、居住處所、聯絡方式、其他足以識別其身分之資訊及其陳述之內容或所提出之證據。II前項第六款之影音資料、照片或物品，有前條第一項第一款、第七款之情形，而有特別說明或澄清之必要者，於以書面敘明理由，經機關首長核准，以去識別化處理後，得適度公

開之。但為維護重大公共利益之情形，得不以去識別化處理。III 被告或犯罪嫌疑人有前條第一項第四款至第六款之情形者，必要時得公開其聲音、面貌之圖畫、相片、影音、犯罪前科、犯罪情節或其他相類之資訊。IV 案件在偵查中，不得帶同媒體辦案，或不當使被告、犯罪嫌疑人受媒體拍攝、直接採訪或藉由監視器畫面拍攝；亦不得發表公開聲明指稱被告或犯罪嫌疑人有罪，或對審判結果作出預斷」。

第二章　偵查的實施 —— 強制處分

第一節　強制處分概說

壹、強制處分定義與種類

　　偵查程序的過程中往往會干預人民的憲法相關權利，例如人身自由權、財產權，故稱為強制處分。而國家機關追訴犯罪時，為使訴訟程序能順利進行，因而有保全被告及證據之必要，對相對人（受處分人）或物所採取的強制措施。強制處分是否合法，往往會與強制處分所取得證據可否用於審判程序相關。

　　強制處分可區分為直接的強制處分（國家本身行為具有強制力，例如 §75 與 §76 之拘提、§88 之逮捕、§122 之搜索、§133 之扣押、§101 與 §101-1 之羈押）與間接的強制處分（國家本身行為表示應負擔某種義務，如果不履行將會受到其他強制處分，如 §71 之傳喚、§133III 之提出命令、§75 之抗傳得拘）。

　　而強制處分也可分成對人的強制處分（對象為人，涉及隱私）、對物的強制處分（對象為物，涉及隱私與財產）、特殊類型及其他類型的強制處分。

對人的強制處分	傳喚、通知 拘提、逮捕 羈押 限制出境、出海 鑑定留置 身體檢查
對物的強制處分	提出命令 搜索 扣押
特殊類型及其他類型的強制處分	通訊監察 M 化車 GPS 監控位置資訊 數位證據的搜索扣押

貳、強制處分的定位

　　過去認為強制處分為國家機關所為的訴訟行為，概由國家機關決定如何為之即可，但現在通說實務認為強制處分為干預人民基本權利之措施，雖是訴訟行為，但實體上干預人民憲法上基本權，如搜索（侵害隱私權）監聽（形式上無強制力，但實質上侵害人民基本權），故須符合法治國原則。

參、強制處分的制定與執行應遵循之原則

一、法律保留原則

　　法律保留原則是指國家欲進行干預人民的基本權利之行為時，須有法律授權的依據。國家機關採取何種強制處分的措施，端視法律之規定為何而為之。

　　詳言之，國家機關對於人民基本權干預，諸如搜索涉及隱私權、扣押涉及財產權、羈押涉及人身自由權，都要有法律授權的依據，因此須符合法律授權下的法定要件，例如發動主體、對象、方式、令狀的形式等都須要符合法定要件。另外有令狀原則，例如拘提要用拘票（§77I）搜索要有搜索票（§128I）。

二、比例原則

　　手段（強制處分）與目的（保全被告及證據）間必須符合以下原則：

　　一為，適當性原則，所採之手段必須適用目的之達成，亦即所為的方法須有效。次為，必要性原則（最小干預原則）為對於目的達成，有數種同樣、有效的手段時，應採取侵害最小的手段為之。末為，狹義比例性原則為行使強制手段所造成的侵害，不能超過達到目的所獲的利益。

> **最高法院 108 年度台上字第 839 號刑事判決【強制處分與比例原則】**
>
> 　　刑事訴訟行為之「強制處分」乃對於受處分人行使強制力或使其負擔法律上義務，其含有強制力的意思表示及執行而言。因強制處分之發動具有突襲性質，且實施前不須通知人民知悉，使人民在無預警情況下受到基本權的限制及剝奪，為防止偵查機關隨意發動，故於實施前必須由獨立於偵查機關以外的公正第三者事先審查，以防止無必要或相當理由的強制處分，此即令狀主義的「事先審查制度」。相對地，所謂「任意處分」，是指不使用強制手段，不對受處分人的重要生活權益造成強制性侵害，而由受處分人自願配合所實施的處分。因其本質上未損害人民的基本權利，故原則上不須有法律的依據。惟偵查機關在未干預人民基本權利前提下，雖其不若強制處分應受法定原則的規範，但不表示任意處分即不受任何限制，仍須符合緊急性、必要性的「比例原則」。

三、強制處分之事前審查及事後救濟

　　強制處分干預人民基本權之公權力行為，一定須給人民有循司法途徑加以救濟之機會。

（一）事前審查

　　事前審查是指發動強制處分權，必須由法院審查程序，故於民國 105 年設立「強制處分庭」（法院組織法 §14-1），辦理偵查中強制處分聲請案件的審核，以合乎強制處分的時效性、專業性、法官的中立性。

　　誰有權決定可採取何種強制處分之措施？在立法例上有分為：

1. 法官保留原則（法官決定模式）

　　由法官決定強制處分，其他國家機關最多只能聲請，優點在於可以防止偵查機關濫權而可使人民受到保障，因法官雖為有決定權之人，但發動

者仍為檢察機關（由檢察官聲請）可達相互制衡之功能，缺點在於將會妨礙追訴效率。

2. 偵查機關決定模式

　　由檢察官決定強制處分，認為追訴犯罪須講求效率，否則將有緩不濟急之情況，優缺點與法官決定模式相反。

3. 我國採取混合模式的立法，以強制處分類型的不同而區分

(1) 絕對法官保留

　　立法者認為過度侵害人權，故而必定要事先獲得法官同意，例如羈押為剝奪長期人身自由的措施，故須先獲法官同意。

(2) 相對法官保留

　　原則上必須事前經過法官同意，但如有急迫的情形，偵查機關可以自行決定是否發動強制處分，故通常必須事後由法官審查是否合法，以避免偵查機關濫權，例如搜索、通訊監察。

類型	種類	依據
羈押	絕對法官保留	§102III、憲法 §8、釋字第 392 號[1]
鑑定留置	絕對法官保留	§203-1IV「鑑定留置票，由法官簽名。檢察官認有鑑定留置必要時，向法院聲請簽發之。」
搜索	相對法官保留	令狀原則：§128、§128-1，事先報請法院核發。無令狀為例外：§130～§131-1，急迫時，可為無令狀搜索。
扣押	相對法官保留	§133-1、§133-2
通訊監察	相對法官保留	通訊監察保障法 §5II
羈押的接見	相對法官保留	§34V、§34-1IV

---

[1] 昔對於羈押在偵查階段，係由檢察官決定，但釋字第 392 號認此為違憲，違背憲法§8之規定，因憲法§8所稱之法院應為：有審判權之法官所構成之獨任或合議之法院。

(3) 二分模式

　　偵查階段由檢察官決定，審判階段由法官決定，例如傳喚（§71IV）、拘提（§77III）、通緝（§85III）。在二分模式中因為偵查中已經先規定是偵查機關決定是否發動偵查，故而無事先審查的機制。

（二）事後審查

　　強制處分決定且執行後，由法院審查強制處分的決定與行使究竟有無合法或者針對受處分之人對於合法性問題提起救濟，由司法權來進行事後審查。我國情況，說明如下。

1. 羈押之決定及執行、搜索、扣押的事後審查制度。例如 §403、§404，對於羈押、搜索、扣押的決定可向上級法院抗告。

2. 緊急拘捕（§88-1），報請檢察官事後簽發拘票之事後救濟機制。

3. 逕行搜索（§131）之事後陳報制度。

四、強制處分之同意

　　國家機關行使強制處分，但欠缺實體事由或程序要件時，可否以受處分人之同意為由而予以合法化、正當化？我國以強制處分對相對人之權利侵害的不同以及強制處分的本質而區分，例如監聽的本質上無法經過同意而監聽，如果得同意而監聽，被監聽人不可能會講實話。又例如羈押為嚴重侵害身體自由，自願性監禁不可能存在，受處分人不可拋棄權利，欠缺實體事由或程序要件所為之羈押，係屬違法。然而搜索、扣押，不至於嚴重侵犯人權，可得受處分人之同意而為之，但國家機關須踐行一定程序（例如告知相對人所採取之措施及效果，並以書面方式取得相對人之同意）才可被認定為是合法的。

最高法院 104 年度台上字第 3664 號刑事判決【搜索的同意】

第 131 條之 1 所稱之「同意搜索」，應經受搜索人出於自願性同意，此所謂「自願性」同意，係指同意必須出於同意人之自願，非出自於明示、暗示之強暴、脅迫。法院對於證據取得係出於同意搜索時，自應審查同意之人是否具同意權限，有無將同意意旨記載於筆錄由受搜索人簽名或出具書面表明同意之旨，並應綜合一切情狀包括徵求同意之地點、徵求同意之方式是否自然而非具威脅性、警察所展現之武力是否暗示不得拒絕同意、拒絕警察之請求後警察是否仍重複不斷徵求同意、同意者主觀意識之強弱、年齡、種族、性別、教育水準、智商、自主之意志是否已為執行搜索之人所屈服等加以審酌。

最高法院 109 年度台上字第 543 號刑事判決【採尿的同意】

採尿之同意，至少應與刑事訴訟法第 131 條之 1 同意搜索要件為相同解釋，即必須被告出於自願之真摯同意，非僅以有無將同意意旨記載於筆錄。參酌最高法院見解：「應綜合一切情狀包括徵求同意之地點、徵求同意之方式是否自然而非具威脅性、警察所展現之武力是否暗示不得拒絕同意、拒絕警察之請求後警察是否仍重複不斷徵求同意、同意者主觀意識之強弱、年齡、種族、性別、教育水準、智商、自主之意志是否已為執行搜索之人所屈服等加以審酌」。

臺灣高等法院高雄分院 108 年度上訴字第 959 號刑事判決【採尿的同意】

刑事訴訟法對強制處分之同意應為如何之評價，亦即受處分人之同意是否可合法化？基本權是否均可拋棄？並未設有一般性之規定，此問題除摻雜著國民可能誤認有忍受的義務，或不同意時，恐將遭受更不利益之處分的疑慮，同意是否出於真心複雜之因素外，尚涉及可能大開迴避「法律保留原則」之大門。因此，因同意阻卻違法者，必須以所同意之事項，係行為人所得處分之事項及所干預的強度為前提，在該前提

下，審酌是否出於行為人之真心同意以定之。例如羈押強制處分，因係將被告拘禁於一定場所，防止其逃亡及保全證據之強制處分，其強烈的干預了人民之人身自由至深刻，自不容許因行為人之同意而阻卻違法。本案所涉及者為拘提或逮捕之強制處分，亦即若被告是真心同意與警方同行返回派出所接受採尿，是否得阻卻違法？因同行及接受採尿，並非在直接，且有形的物理強制力，違反行為人之自主意思下行之，對行為人之人身自由干預之密度不深，且被告亦得隨時撤回其同意，宜解為有「同意阻卻違法原則」之適用。

第二節　對人的強制處分

壹、傳喚與通知

一、傳喚

（一）意義與性質

1. 傳喚是指偵查中檢察官、審判中審判長或受命法官命被告、被告之代理人、自訴人（§327）、證人（§175）、鑑定人（§197準用證人）、通譯（§211準用鑑定人）、第三人參與沒收程序（§455-21III）於一定時日到一定處所（到場）應訊（§71II(3)）。

2. 傳喚的性質為間接的強制處分，故強制力較低。

3. 共同被告有數人時，應分別製作傳票送達各該被告，方屬合法，若僅向共同被告中同一人為送達，即使上開傳票內載有其他被告姓名，對於未受送達的被告，並不生合法傳喚效力[2]。

---

[2] 最高法院 28 年上字第 1747 判例。

4. 傳喚被告，除於第一次審判期日應於 7 日前送達（§272）外，並無期間之限制，若命隨票到案、即時到場亦屬合法，而傳喚證人時雖有最晚應於到場期日 24 小時前送達之規定，但 §175IV 但書亦規定但有急迫情形者，不在此限，故命證人隨票到案亦屬合法[3]。

（二）傳喚的種類

1. 書面傳喚（§71）

書面送達傳喚，即必須用傳票為之，稱為正式傳喚。

2. 面告到場傳喚（§72 前）

被告此次已到場，則下次的傳喚僅以口頭傳喚即可，不須用傳票，但須符合二要件，亦即：(1) 被告在場。(2) 口頭傳喚已記明於筆錄。稱為簡易傳喚。此規定於自訴人（§327II）、證人（§176）準用之。

3. 陳明到場（§72 後、§327II、§455-21、§215II、§176）

陳明到場是指被告、自訴人、參與沒收程序之第三人、對被告以外之人檢查身體時或證人經以書狀向法院表達願到場，此與傳喚有同一效力。與上開兩種傳喚不同之處在於陳明到場為「主動」向法院表達說：「就算你沒傳喚我，但我覺得我有必要去」之意。

（三）傳喚之效果

1. 按時訊問（§74）

被告因傳喚到場者，除確有不得已之事故外，檢察官或法官應按時訊問之。但是被告有到場的義務，但無陳述的義務，故被告享有 §95I(2) 的緘默權。

---

[3]　林俊益，刑事訴訟法概要（上），2020 年 9 月，頁 240。

2. 拘提（§75）

　　被告經合法傳喚，則被告有到場之義務，但被告若無正當理由不到場，傳喚到場指定的時間到了就可拘提（§71II(4)）。不過亦有以下例外情形。

(1) 輕微案件，准許代理人到場（§36I、§281II），但法官或檢察官認有必要時仍得命本人到場（§36I但）。

(2) 若傳喚僅要賦予被告到場的機會時，則被告不到場亦不會被拘提通知。

3. 審判中，傳喚不到場之逕行判決

(1) 第一審

　　因為是輕微案件，§306規定「法院認為應科拘役、罰金或應諭知免刑或無罪之案件，被告經合法傳喚無正當理由不到庭者，得不待其陳述逕行判決」。

(2) 第二審

　　不論案件是否輕微法官皆可逕行判決，§371規定「被告經合法傳喚，無正當之理由不到庭者，得不待其陳述，逕行判決」。

二、通知（實務稱「約談」）

（一）意義

　　司法警察（官）為了偵查犯罪或蒐集證據，使犯罪嫌疑人到場接受詢問之處分，通知之作成者係司法警察（官），對象為犯罪嫌疑人（§71-1）、證人（§196-1準用§71-1II）。實務運作上以「利害關係人」為通知對象時，此人可能並非犯罪嫌疑人，而僅是知道某些案情之人（可能是證人）。

　　§196-1II只準用§71-1II（警察通知證人的規定準用檢察官傳喚證人的規定），但無準用§71-1I規定「經合法通知，無正當理由不到場者，得報請檢察官核發拘票」。依此解釋下，司法警察通知證人到場而證人無

正當理由不到場，司法警察並無報請檢察官發拘票權限，故證人可以選擇是否到場，證人不到場也沒什麼大問題，而與檢察官傳喚時效果不同（§178I 規定「證人經合法傳喚，無正當理由而不到場者，得科以新臺幣三萬元以下之罰鍰，並得拘提之」）。

（二）程序

「得」使用通知書（準用傳票之規定），但不須記載「經通知不到得拘提」。「得」之意義為警察不必以書面方式通知，即使是以電話詢問方式亦具有通知效果。

（三）效果

經通知不到場者，司法警察（官）將報請檢察官核發拘票（§71-1II 規定「司法警察官或司法警察，因調查犯罪嫌疑人犯罪情形及蒐集證據之必要，得使用通知書，通知犯罪嫌疑人到場詢問。經合法通知，無正當理由不到場者，得報請檢察官核發拘票」。）

然而本書認為，通知與傳喚後而不到場，實質上它們的效果都是拘提到場，但是通知的規定（§71-1II）準用傳喚的規定（§71II(1)～(3)）時，卻沒有準用「無正當理由不到場者，得命拘提」（§71II(4)）的記載規定，此時犯罪嫌疑人是否有到場之義務？通知書中並未記載：「若通知不到得拘提」，但不到場者，卻有被拘提之可能，故應要由司法警察（官）發通知書，被告不到場則報請檢察官簽發傳票，被告再不到場才可向法官聲請拘票後拘提被告到場，有學者亦採此見解[4]。

---

[4] 林鈺雄，刑事訴訟法（上），2013 年 9 月，頁 346。

貳、拘提與逮捕

拘提與逮捕合稱拘捕，是指一定時期內拘束被告短期自由的強制處分，強制被告到一定處所接受訊問。

一、拘提

（一）意義

拘提是指於一定期間內強制被告到一定場所的強制處分，使被告身體短暫失去自由。決定機關於偵查中由檢察官決定、審判中由審判長或受命法官決定（§77II 準用 §71IV），執行機關為司法警察（官）（§78）。

（二）拘提之目的

使被告接受訊問（蒐集證據）及保全被告，比傳喚更能保全證據。

（三）拘提之種類

1. 一般拘提

「被告」經合法傳喚無正當理由不到庭得拘提（法官或檢察官，看誰是決定機關誰就有裁量的權限）（§75），而「證人」亦同，並可處罰鍰（§178I）。而鑑定人雖然是具有專業知識的專家（例如精神科醫師、教授、土木工程師、諮商輔導老師、鑑識科警察），但具有可代替性，與被告、證人具有不可替代性（非他不可）不同，故不得拘提（§199）。

2. 逕行拘提

逕行拘提是指不經傳喚「被告」（不含證人）而直接拘提，因此時傳喚乃無效之手段，故得不經傳喚而直接拘提。

§76 規定「被告犯罪嫌疑重大，而有下列情形之一者，必要時，得不經傳喚逕行拘提：一、無一定之住、居所者。二、逃亡或有事實足認為

有逃亡之虞者。三、有事實足認為有湮滅、偽造、變造證據或勾串共犯或證人之虞者。四、所犯為死刑、無期徒刑或最輕本刑為五年以上有期徒刑之罪者」。「必要時」必須依客觀事實判斷之，而非檢察官主觀判斷，民國109年1月修法理由指出逕行拘提係為達確保被告到場，並兼具保全證據之功能，乃以強制力於一定期間內拘束被告人身之自由，其干預人民基本權之手段與其所要達成之目的間，必須符合比例原則，以符現行法規用語，並增列「必要時」等文字。此外，§116-2IV（停止羈押時，被告違背法院命應遵守之事項）、§469（二年以上有期徒刑的刑之執行，檢察官認有相當理由逃亡之虞）亦有逕行拘提之規定。

一般拘提	1. 須經傳喚 2. 對象包含：被告、證人。因為鑑定具有替代性，所以不可拘提（§199）	被告經合法傳喚無正當理由不到場
逕行拘提	1. 不須經傳喚 2. 對象：被告（§76）	1. 被告犯嫌重大＋必要時＋法定原因（§76(1)~(4)） 2. 停止羈押時，被告違背法院命應遵守之事項（§116-2IV） 3. 二年以上有期徒刑的刑之執行，檢察官認有相當理由逃亡之虞（§469）

（四）拘提的程式

1. 拘票：要式行為

(1) 應記載事項

　　§77規定「I拘提被告，應用拘票。拘票，應記載左列事項：一、被告之姓名、性別、年齡、籍貫及住、居所。但年齡、籍貫、住、居所不明者，得免記載。二、案由。三、拘提之理由。四、應解送之處所。II第七十一條第三項及第四項之規定，於拘票準用之。」

　　拘提應準備二張書面，一張書面（聯）國家機關自己用，一張書面（聯）給被告或家屬（§79），其目的是為了符合憲法§8II的人民被逮

捕時之書面告知。

(2) 應記載拘提之日期

　　本法未明定拘票上「應記載拘提之日期」，故產生實務上「空白拘票」之問題，亦即檢察官可簽發許多的空白拘票給司法警察而使其可以隨時拘提，此亦實務運作上非常大的問題。

2. 執行機關

　　執行機關為司法警察（官）（§81），然而法官或檢察官可否親自執行拘提？

(1) 肯定說

　　法官及檢察官既然有權決定拘提與否，則當然有執行權，且§88-1明文規定檢察官得為拘提。即使認為檢察官與法官可自執行拘提，但仍須出示拘票，惟§88-1為例外情形。

(2) 否定說

　　拘提之決定權人與執行之機關，二者職權應劃分，且拘提可能須使用強制力，法官與檢察官未受專業訓練（例如柔道、射擊技術的訓練），恐不適合親自執行拘提。

（五）執行拘提時之注意事項

　　§89規定「I執行拘提或逮捕，應當場告知被告或犯罪嫌疑人拘提或逮捕之原因及第九十五條第一項所列事項，並注意其身體及名譽。II前項情形，應以書面將拘提或逮捕之原因通知被告或犯罪嫌疑人及其指定之親友」。民國109年1月之修法理由指出公民與政治權利國際公約及經濟社會文化權利國際公約施行法§2規定，兩公約所揭示保障人權之規定，具有國內法律之效力。公民與政治權利國際公約§9II規定「執行逮捕時，應當場向被捕人宣告逮捕原因，並應隨即告知被控案由」，又憲法§8II規定「人民因犯罪嫌疑被逮捕拘禁時，其逮捕拘禁機關應將逮捕拘禁原因，以書面告知本人及其本人指定之親友」。

§90 規定「被告抗拒拘提、逮捕或脫逃者，得用強制力拘提或逮捕之。但不得逾必要之程度」，此為符合狹義之比例原則而設之規定。

（六）拘提之效果

拘提被告應立即解送指定處所（§77II(4)），到達後應即時訊問被告（§93I），偵查中經檢察官訊問後，認有羈押之必要者，應自拘提之時起 24 小時內聲請該管法院羈押（§93II）。

如於 24 小時內不能達到指定處所者，應分別命拘提者為法官或檢察官，先行解送較進之法院或檢察機關，訊問人別有無錯誤（§91 後），亦即確認是不是拘提錯人。倘若一拘提到場就為即時訊問，實務見解有認為，因被告心神恐懼、環境壓迫，自由意志受影響下被告之自白不得為證據（§156I「其他不正之方法」）[5]。

（七）拘提不到的效果：得通緝

若無法拘提被告到場訊問，如認定被告有逃亡或藏匿，得通緝之（§84）。通緝書，於偵查中由檢察總長或檢察長簽名，審判中由法院院長簽名（§85）。

二、逮捕

（一）意義

逮捕之意義與拘提相似，使用強制力拘束被告身體自由，使其到場就訊，但不似拘提須有拘票，有稱「不要式拘提」，故逮捕屬不要式的強制處分（不須令狀，沒有「逮捕票」這種東西）。

---

[5] 最高法院 101 年度台上字第 2165 號刑事判決、最高法院 106 年度台上字第 4085 號刑事判決。

（二）種類及要件

1. 通緝犯的逮捕

(1) 通緝的意義

　　通緝是指以法院或檢察官通知或公告之方式，表示決定通知所有檢察官以及司法警察機關要協同拘捕某一個被告之意思。例如民國 86 年的白曉燕擄人勒贖撕票案，那是台灣治安史上最令人沉痛的案子之一，警方全台通緝陳進興、高天明、林春生，而於報紙（§86「通緝，應以通緝書通知附近或各處檢察官、司法警察機關；遇有必要時，並得登載報紙或以其他方法公告之」）刊登內政部警政署的通報。

【內政部警政署通報】

陳 XX（XX 仔）懸賞一千萬元		
	原生活照片	目前參考照片
特徵	40 歲、身高 165 公分、體格壯碩、頭髮較長、留山羊鬍 舉報專案專線：XXXX-XXX-XXX	

　　學說認為通緝，公告周知，影響被告名譽很大，故要比照逕行拘提，加上犯罪嫌疑重大較妥[6]。目前內政部警政署，查詢通緝犯必須輸入其姓名、身分證字號方可查詢[7]。

---

[6]　林鈺雄，刑事訴訟法（上），2013 年 9 月，頁 350。

[7]　中華民國內政部警政署全球資訊網，網址：https：//iweb2.npa.gov.tw/NpaE8ServerRWD/CE_Query.jsp，最後瀏覽日期：2020 年 7 月 5 日。

(2) 通緝的原因

　　被告已經逃亡無蹤或已經藏匿（通常發生於拘提無果且已經通知被告到場而不到場後），若只有逃亡之虞或雖有逃亡但知其所在者，皆不為通緝（§84）。

(3) 通緝的程式

　　通緝必須以通緝書為之（§85），且通知所有檢察官及司法警察機關。

(4) 通緝的效果

　　§87I「通緝經通知或公告後，檢察官、司法警察官得拘提被告或逕行逮捕之。II 利害關係人，得逕行逮捕通緝之被告，送交檢察官、司法警察官，或請求檢察官、司法警察官逮捕之」。現行法並沒有明文規定司法警察（警員，非警官）為通緝犯之拘提、逮捕機關。

(5) 通緝的撤銷

　　通緝之原因消滅或已顯無必要時，例如被告已到案或撤回訴訟，以公告或通知為之（§87III、IV）。

2. 現行犯（準現行犯）的逮捕

(1) 意義

　　以直接強制力（逮捕）限制現行犯的人身自由，而國家來不及即時阻止正在發生的犯罪，又犯罪事實與犯人都清楚明確，通常不至於產生錯誤認知，故承認一般人民可以逮捕現行犯（§88I），於逮捕後應立即送交檢察官、司法警察機關；若為警察機關逮捕者或由一般人民處接受現行犯之警察機關，應立即解送檢察官，但若犯罪重本刑一年以下有期徒刑等，可經檢察官許可，不解送之（§92）。於此急迫情況下根本來不及簽發令狀，故為無令狀的逮捕。此源自於憲法 §8I 規定「人民身體之自由應予保障。除現行犯之逮捕由法律另定外，非經司法或警察機關依法定程序，不得逮捕拘禁」。

(2) 要件

① 現行犯

　　§88II「犯罪在實施中被發覺或實施後即時被發覺，為現行犯」。「即時」是指犯罪的發生與時空有緊密關聯，若非即時頂多論以準現行犯。「發覺」是指被犯人以外之人所知悉。又現行犯所犯者是否為告訴乃論之罪根本不重要，只要犯罪即屬現行犯，因告訴為訴訟條件的問題，與現行犯強調國家來不及阻止為不同事由，故而血親性交罪、普通傷害罪亦可以為現行犯逮捕。

　　有爭議者為間接正犯、教唆犯是否亦屬現行犯？通說[8]否認之，因教唆行為與正犯行為、間接正犯所為之利用行為與正犯行為的發生已有一段時空之間隔，不符逮捕現行犯之「急迫性」。

② 準現行犯

(①) 被追呼為犯人（§88 III(1)）

　　應以「客觀上足認有犯罪嫌疑之人」為「準現行犯」的認定標準[9]，而「追呼為犯人」僅是足認為犯罪嫌疑人的判斷標準而已。例如 A 車禍斷腿，剛出院時只能坐輪椅，此時 B 手刀衝過去搶走 A 的包包，A 坐在輪椅上大喊：「夭壽喔～搶劫阿！」但沒有辦法去追，此時 B 仍是準現行犯。

(②) 因持有兇器、物、或其他物件、或於身體、衣服等處露有犯罪痕跡，顯可疑為犯罪人者（§88III(2)）

　　準現行犯無如現行犯般直接規定「即時」（時空有緊密關聯），然而準現行犯應具備時空「相當」之密接性[10]。在此解釋下，物與犯罪之發生

---

[8]　林鈺雄，刑事訴訟法（上），2013 年 9 月，頁 352。

[9]　最高法院 105 年度台上字第 1494 號刑事判決：警察先因上訴人與毒品治安顧慮人口交易不明物品而起疑、跟蹤，上訴人隨即購買注射針筒，依客觀情狀，其持有注射海洛因所用之可疑物品，足資認為犯罪嫌疑重大之準現行犯，警察將之逮捕，與逮捕準現行犯之規定無違。

[10]　最高法院 102 年度台上字第 447 號刑事判決、最高法院 109 年度台上字第 22 號刑事判決。

未必有時空上的相當密接性，例如 A 去偷鄰居 B 的電視機，隔了一年後才被 B 發現。故學者認為準現行犯應該限於犯罪行為發生後不久（不超過數小時）[11] 且足認有犯罪嫌疑下，方可為準現行犯逮捕。

大法官釋字第 90 號認為若行為人持有收受賄賂罪之犯罪所得並顯可疑為犯罪人時，亦屬本款。

③ 現行犯（準現行犯）的逮捕

現行犯（準現行犯）是否真的成立犯罪不重要，只要逮捕時有相當理由相信是現行犯（準現行犯）即可逮捕，例如 A 見到 B 搶 C 機票，A 逮捕 B，後到警局才知道 B 基於民法的自力救濟而防止 C 逃往國外不還錢，雖然 B 有阻卻違法事由，但 A 之逮捕仍合法。

3. 訊問後的逮捕

§228IV 規定「被告經傳喚、自首或自行到場者，檢察官於訊問後，認有第一百零一條第一項各款或第一百零一條之一第一項各款所定情形之一而無聲請羈押之必要者，得命具保、責付或限制住居。但認有羈押之必要者，得予逮捕，並將逮捕所依據之事實告知被告後，聲請法院羈押之。第九十三條第二項、第三項、第五項之規定於本項之情形準用之」，依本條之規定訊問後的逮捕主體為檢察官，不含司法警察。

三、緊急拘補（有稱為緊急拘提）（§88-1）

（一）意義與性質

緊急拘捕是介於拘提於逮捕之間的強制處分，檢察官親自執行時，不用事前取得拘票，近似逮捕；而司法警察執行時，應事後報請檢察官補發拘票，近似拘提。不過目前實務 [12] 稱為「緊急拘提」（因要補發拘票）。

---

[11]　林鈺雄，刑事訴訟法（上），2013 年 9 月，頁 353。
[12]　林俊益，刑事訴訟法概要（上），2020 年 9 月，頁 250。

（二）須具備下列兩個要件

1. 急迫性：來不及向檢察官報告（§88-1II）

§88-1II 規定「前項拘提，由檢察官親自執行時，得不用拘票；由司法警察官或司法警察執行時，以其急迫情況不及報告檢察官者為限，於執行後，應即報請檢察官簽發拘票。如檢察官不簽發拘票時，應即將被拘提人釋放」。然而由司法警察執行時，應是「來不及報請核發拘票」而非「來不及報告檢察官」（例如直接打行動電話給 24 小時輪流服勤的檢察官，很難再出現來不及報告的情況），立法上應修正。而由檢察官親自執行時，立法上應以「來不及製作拘票」為前提。

熱追緝理論[13]

（一）「熱追緝理論」（hot pursuit doctrine）

熱追緝理論是指警方在公共場所追緝犯罪嫌疑人，而於追緝中該人逃回自己家裡，因情況急迫，警方此時可以無令狀進入住宅。熱追緝理論於美國法上原本是用於緊急搜索人（§131 規定「有左列情形之一者，檢察官、檢察事務官、司法警察官或司法警察，雖無搜索票，得逕行搜索住宅或其他處所：二、因追躡現行犯或逮捕脫逃人，有事實足認現行犯或脫逃人確實在內者」）的情況，而於緊急拘提亦準用其法理[14]。

（二）§88-1I 的「情況急迫，得逕行拘提」

1. 若於公共場合發生緊急拘捕的狀況

僅涉及人身自由的剝奪，可推定有情況急迫（犯罪嫌疑人會四處遊走，不容易確定蹤跡）。

---

[13] 王兆鵬、張明偉、李榮耕，刑事訴訟法（上），2012 年 9 月，頁 263-264。

[14] 臺灣高等法院 107 年度交上易字第 20 號刑事判決。

2. 若為緊急拘捕發生在犯罪嫌疑人自己的家中

不僅涉及人身自由的剝奪，亦涉及住家隱私的侵犯，如果不加以嚴格限制，執法人員可能隨意進入他人住宅緊急拘提而再利用「一目瞭然原則」取得其他本案或他案之證據。例如 A 強盜後被警察逮捕，A 說：「B 也有一起搶劫，剛往那條街跑走」，若警察去追 B 而 B 跑進自己家中時，法院應該綜合以下因素判斷執法人員是否可以無票搜索而進入他人住宅。

(1) 犯罪嚴重性，如是輕微案件，逃亡可能性低，不容易構成急迫情況。

(2) 合理懷疑犯罪嫌疑人攜帶凶器。

(3) 有相當理由相信犯罪嫌疑人在建築物內。

(4) 有相當理由相信犯罪嫌疑人確實涉案。

(5) 若不立即逮捕，犯罪嫌疑人可能會逃逸。

2. 法定原因（§88-1）

(1) 因現行犯之供述，且有事實足認為共犯嫌疑重大者（§88-1I(1)）

「現行犯」的供述是否包含「準現行犯」的供述？若採否定說，應理解是為了保障人權而應嚴格解釋，且準現行犯非如現行犯般須具備時空緊密關聯。若採肯定說，判斷關鍵在於急迫性，此為實務所採[15]。

「共犯」包含共同正犯、幫助犯，然而是否包含教唆犯，必須視當時狀況有無急迫性而定，若有在現場且有急迫性，則為此條之共犯，實務採此見解[16]。

(2) 在執行或在押中之脫逃者（§88-1I(2)）

例如於保安處分接受執行時或羈押中脫逃者。然而本款其實是「通緝犯」之逮捕問題，非屬緊急拘提之問題。

---

[15] 檢察機關辦理刑事訴訟法案件應行注意事項第 15 點。

[16] 林俊益，刑事訴訟法概要（上），2020 年 9 月，頁 251。

(3) 有事實足認為犯罪嫌疑重大，經被盤查而逃逸者。但所犯顯係最重本刑為一年以下有期徒刑、拘役或專科罰金之罪者，不在此限（§88-1I(3)）。應注意本款之「盤查」，僅有司法警察得為盤查主體，檢察官並不屬之。

(4) 所犯為死刑、無期徒刑或最輕本刑為五年以上有期徒刑之罪，嫌疑重大，有事實足認為有逃亡之虞者（§88-1I(4)）。

3. 執行機關

(1) 司法警察（官）（§88-1III）

司法警察（官）執行緊急拘捕後應即報請檢察官核發拘票（§88-1II），且應告知犯嫌及家屬得選任辯護人（§88-1III）。民國 109 年 1 月修法理由指出公民與政治權利國際公約及經濟社會文化權利國際公約施行法 §2 規定，兩公約所揭示保障人權之規定，具有國內法律之效力。公民與政治權利國際公約 §9II 規定「執行逮捕時，應當場向被捕人宣告逮捕原因，並應隨即告知被控案由」。本諸公約精神，檢察官、司法警察官或司法警察，依第 1 項規定程序拘提犯罪嫌疑人者，亦應即告知本人及其家屬得選任辯護人到場，惟原條文第 4 項易生由受拘提之犯罪嫌疑人告知本人及其家屬得選任辯護人到場之誤解，修正第 4 項，以資明確，並遞移為第 4 項。

若未告知本人與家屬得選任辯護人到場，違反效果為 §158-2II 規定「檢察事務官、司法警察官或司法警察詢問受拘提、逮捕之被告或犯罪嫌疑人時，違反第九十五條第一項第二款（按：緘默權）、第三款（按：受辯護權）或第二項之規定者，所取得被告或犯罪嫌疑人之自白及其他不利之陳述，不得作為證據。但經證明其違背非出於惡意，且該自白或陳述係出於自由意志者，不在此限」。

(2) 檢察官

由檢察官執行*毋*庸拘票，且應告知犯嫌及家屬得選任辯護人（§88-1III）。實務上少見由檢察官執行的情況。

4. 執行緊急拘捕之附帶搜索

舊法時期規定緊急拘捕後，為保障執法者的人身安全，於 §88-1III 規定附帶搜索與對人的緊急搜索準用之，亦即緊急拘捕後可以再為附帶搜索與對人的緊急搜索。但於 2020 年 1 月修法後，不再準用附帶搜索與對人的緊急搜索，修法理由稱，§130 及 §131I 中所定「拘提」一詞，已包含原條文之「逕行拘提」在內，故檢察官、司法警察官或司法警察依原條文規定逕行拘提時，應逕適用 §130 及 §131I 之規定，而無準用上開規定之必要，是為求條文簡潔起見，而刪除之，故只是刪除準用的規定，但事實上仍不改變原本的運作。

四、拘捕的共同注意事項

執行拘提或逮捕，應當場告知被告或犯罪嫌疑人拘提或逮捕之原因及 §95I 所列事項，並注意其身體及名譽。且應以書面將拘提或逮捕之原因通知被告或犯罪嫌疑人及其指定之親友（§89）。有論者[17]指出在 2020 年修法後，依 §89 要提前在拘提或逮捕時當場告知 §95I 的法定告知義務，以茲與公政公約互相接軌，故稱台灣的米蘭達法則，若警察在拘捕犯罪嫌疑人後，在交談或閒聊的時候被告地位已經形成了，此時不但應告知 §95 之相關權利，亦應依 §100-1 全程錄音。若是拘捕犯罪嫌疑人時，未踐行 §95 的告知義務，取得自白的效果依 §158-2 前段，不得為證據。

執行拘提、逮捕或解送，得使用戒具。但不得逾必要之程度。且應注意被告或犯罪嫌疑人之身體及名譽，避免公然暴露其戒具；認已無繼續使用之必要時，應即解除（§89-1）。目的在於符合比例原則之要求，不得浮濫使用戒具，以維人權。

---

[17] 吳燦，刑事證據能力判斷的案例研討—台灣蘭達法則與證據排除主張逾期之法效，月旦法學雜誌，第 301 期，2020 年 6 月，頁 28-29。

拘提、逮捕與緊急拘捕的區分

	拘提	逮捕
共通	將特定人犯強制解送到一定處所之對人的強制處分	
令狀原則	具備令狀（拘票）之拘捕	本質上無須令狀
類型	（一）一般拘提（傳喚不到才可拘提）：被告（§75）證人（§178） （二）逕行拘提（不經傳喚直接拘提）：被告（§76）	（一）通緝犯逮捕：被告（§87） （二）現行犯逮捕：現行犯（§88）
令狀數	（一）一般拘提：傳票 x1 ＋拘票 x1 （二）逕行拘提：拘票 x1	不用令狀。通緝書不是令狀。 （發布通緝的主體，偵查中是檢察首長；審判中是法院院長。）
執行機關	法條規定執行機關為司法警察或官（§78）	（一）通緝犯逮捕：檢察官、司法警察（官）或利害關係人可為之（§87） （二）現行犯逮捕：人人皆可為之（§88）
緊急拘捕 （有稱緊急拘提）	緊急拘捕是介於拘提於逮捕之間的強制處分，檢察官親自執行時，不用事前取得拘票，近似逮捕；而司法警察執行時，應事後報請檢察官補發拘票，近似拘提。	

五、拘捕之後的處理

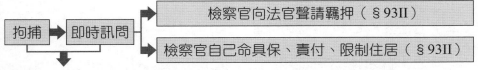

拘捕 ▶ 即時訊問 ┬▶ 檢察官向法官聲請羈押（§93II）
　　　　　　　　└▶ 檢察官自己命具保、責付、限制住居（§93II）

依憲法 §8 規定，檢警共用 24 小時（但要扣除法定障礙期間）

（一）通緝犯逮捕與現行犯逮捕之處理

	通緝犯逮捕	現行犯逮捕
主體	檢察官、司法警察官、利害關係人	任何人
時空	通知或公告後	犯罪中與發現時有時空緊密（現行犯）相當密接性（準現行犯）
逮捕之處理	（一）利害關係人：利害關係人，得逕行逮捕通緝之被告，送交檢察官、司法警官，或請求檢察官、司法警察官逮捕之（§87II），不含送交司法警察。 （二）司法警察「官」：拘提或因通緝逮捕之被告，應即解送指定之處所；如24小時內不能達到指定之處所者，應分別其命拘提或通緝者為法院或檢察官，先行解送較近之法院或檢察機關，訊問其人有無錯誤（§91）。	（一）一般人：§92I「無偵查犯罪權限之人逮捕現行犯者，應即送交檢察官、司法警察官或司法警察。送交司法警察官員」。情節輕微、嫌疑輕微或顯無羈押必要，司法警察並無釋放權。 （二）司法警察或司法警察官：§92II規定「司法警察官、司法警察逮捕或接受現行犯者，應即解送檢察官。但所犯最重本刑為一年以下有期徒刑、拘役或專科罰金之罪、告訴或請求乃論之罪，其告訴或請求已經撤回或已逾告訴期間者，得經檢察官之許可，不予解送」。
共同	（一）不需要書面（令狀）。 （二）「即」是指先移送至檢察官處，再由檢察官移送法院（決定是否羈押：§93II、III），但須符合憲法§8之24小時的規定（司法警察16小時；檢方8小時）。	

（二）憲法§8之24小時的計算

　　拘提逮捕後的解送期間與檢察官判斷是否聲請羈押或命具保、責付、限制住居的期間，不可以超過24小時，然而如果遇到法定障礙事由，該法定障礙的期間內，並不會算入24小時內。法定障礙事由的原因，說明如下：

1. 因交通障礙或其他不可抗力事由所生不得已之遲滯（§93-1I(1)）。例如遇到塞車、颱風天。

2. 在途解送時間（§93-1I(2)）。例如從警察局開車到地檢署的時間。

3. 依§100-3I規定不得為詢問者（§93-1I(3)）。§100-3I規定夜間不得詢問，夜間是指日出前，日後。若經受詢問人明示同意者、於夜間經拘提或逮捕到場而查驗其人有無錯誤者、經檢察官或法官許可者、有急迫之情形者，得詢問。若犯罪嫌疑人請求立即詢問者，應即時為之（§100-3I、II）。

4. 因被告或犯罪嫌疑人身體健康突發之事由，事實上不能訊問者（§93-1I(4)）。

5. 被告或犯罪嫌疑人因表示選任辯護人之意思，而等候辯護人到場致未予訊問者。但等候時間不得逾4小時。其等候§31V律師到場致未予訊問，或因身心障礙，致無法為完全之陳述，因等候§35III經通知陪同在場之人到場致未予訊問者，亦同（§93-1I(5)）。前段是指有選任律師時，等候選認之律師到場之情形，後段是指強制辯護案件，等候指定的律師到場之情形。

6. 被告或犯罪嫌疑人須由通譯傳譯，因等候其通譯到場致未予訊問者。但等候時間不得逾6小時（§93-1I(6)）。

7. 經檢察官命具保或責付之被告，在候保或候責付中者。但候保或候責付時間不得逾4小時（§93-1I(7)）。

8. 犯罪嫌疑人經法院提審之期間（§93-1I(8)）。

9. 辯護人接見期間（§34II）。§34II規定「辯護人與偵查中受拘提或逮捕之被告或犯罪嫌疑人接見或互通書信，不得限制之。但接見時間不得逾一小時，且以一次為限。接見經過之時間，同為第九十三條之一第一項所定不予計入二十四小時計算之事由」。

　　以上各款之期間，如果於該期間內訊問，§158-2規定「違背第九十三條之一第一項、第一百條之三第一項之規定，所取得被告或犯罪嫌疑人之自白及其他不利之陳述，不得作為證據。但經證明其違背非出於惡意，且該自白或陳述係出於自由意志者，不在此限」。

（三）拘捕後的即時訊問

1. 人別訊問（§94）：主要目的在於確認人別，例如問「你叫什麼名字？生日？身分證字號？」。

2. 事實訊問（§93I）：實體訊問，但只為了是否羈押準備工作的事實訊問。

檢察官解送犯人於法院前，可否為「本案」訊問

　　偵查機關的實務運作下，犯人解送法院前的訊問不僅是為了聲請羈押做的準備工作而訊問，其於警詢階段以及解送到地檢署都會作本案犯罪事實的詢、訊問，但此階段是否可為本案犯罪事實的詢、訊問？

（一）實務見解

　　偵查機關於拘捕後解送前，仍可偵訊被告，但需以準備工作為導向偵查機關只能審查「拘捕前置原則的合法性」與「有無羈押必要」。詳言之，應以防止其逃亡、湮滅罪證、勾串共犯或證人及確認其犯罪嫌疑是否重大等保全事項而為處置，非以實施積極偵查為主要目的，訊問的內容是要釐清 §93II、III 聲請法院羈押或認無羈押必要者，逕命具保、責付或限制住居等相關事項為限[18]。故而不得為本案之訊問[19]。

（二）學說見解

　　聲請羈押要件的偵查訊問工作往往需要涉及本案犯罪事實，兩者難區分且緊急拘捕與現行犯逮捕往往出於急迫，因偵查機關對於本人欠缺對被告基本的認識，對於犯罪的罪名、犯罪嫌疑的程度等等也是不清楚，故至少可以對現行犯逮捕與緊急拘捕要為本案犯罪事實的訊問[20]。

---

[18] 最高法院 101 年度台上字第 2165 號刑事判決、臺灣高等法院 108 年度上更（一）字第 34 號刑事判決。

[19] 林俊益，刑事訴訟法概要（上），2020 年 9 月，頁 247。

[20] 林鈺雄，刑事訴訟法（上），2013 年 9 月，頁 359、360。

3. 即時的概念

　　即時，係指依個案情節，考量被告人數多寡、情緒之安撫、案情是否繁雜、案件情資整理、偵查機關人員之調度、路程遠近、辯護人選任等諸多因素，不得為不必要之拖延，並應注意此時間之經過，是否會影響受訊問者陳述之任意性[21]。

4. 未即時訊問的法律效果

　　實務上認為未即時訊問而延宕訊問，會發生排除訊問所得內容之證據能力的後果[22]，尤其司法警察（官）明知被告或犯罪嫌疑人已表明需選任辯護人，自應待其辯護人到場後，即刻訊問，不得無故拖延。如司法警察（官）待犯罪嫌疑人所選任之辯護人到場後，卻刻意拖延，不遵守應即時詢問之規定，而於其辯護人離去後，始加詢問，使犯罪嫌疑人未獲辯護人之諮商及協助，自有礙於其防禦權之充分行使。此種情形，較之於詢問之初未告知得選任辯護人，尤為嚴重；且既屬明知而有意為之，自屬惡意。因此，依舉輕以明重之法理，司法警察（官）以此方法違背 §93I 即時詢問之規定時；其所取得被告或犯罪嫌疑人之不利供述證據，難認有證據能力[23]。

　　有實務見解直接指出，如未有正當理由而遲延訊問，被告或犯罪嫌疑人於精神上或身體上處於壓迫的環境，進而產生表意不自由狀態，違反憲法的人身自由與正當法律程序，且違反 §156I 的其他不正方法，故取得自白的證據能力應排除[24]。

　　司法警察即時詢問時，同時要作成筆錄，§43-1II 之「問錄分離」規定「司法警察對於犯罪嫌疑人詢問筆錄之製作，應由行詢問以外之人為之。但因情況急迫或事實上之原因不能為之，而有全程錄音或錄影者，不

---

[21] 最高法院 106 年度台上字第 4085 號刑事判決。
[22] 最高法院 106 年度台上字第 4085 號刑事判決。
[23] 最高法院 98 年度台上字第 4209 號刑事判決。
[24] 最高法院 101 年度台上字第 2165 號刑事判決。

在此限」。若問的人跟記錄的人，除了急迫或是時間上原因不能為之時的情況外，如沒有由不同人為詢問與記錄，排除筆錄的證據能力[25]。

（五）檢察官聲請羈押與不聲請羈押的處置

1. 聲請羈押（必須有羈押原因與羈押必要）（§93II）

　　偵查中經檢察官訊問後，認有羈押之必要者，應自拘提或逮捕之時起24小時內，以聲請書敘明犯罪事實、所犯法條及證據與羈押之理由，備具繕本並檢附卷宗及證物，聲請該管法院羈押之。但有事實足認有湮滅、偽造、變造證據或勾串共犯或證人等危害偵查目的或危害他人生命、身體之虞的卷證，應另行分卷敘明理由，請求法院以適當之方式限制或禁止被告及其辯護人獲知。

2. 命具保、責付或限制住居（有羈押之原因而無羈押必要）（§93III）

　　未經聲請羈押者，檢察官應即將被告釋放。§101I或§101-1I各款所定情形之一而無聲請羈押之必要者，得逕命具保、責付或限制住居；如不能具保、責付或限制住居，而有必要情形者，仍得聲請法院羈押之。

參、羈押

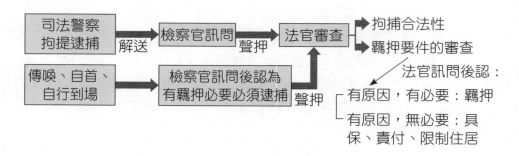

---

[25] 最高法院 106 年度台上字第 4085 號刑事判決。

一、羈押的意義

羈押是指拘禁被告於一定場所（羈押法 §3 規定「I 刑事被告應羈押者，於看守所羈押之。II 刑事被告應羈押者，於看守所羈押之。少年被告，應羈押於少年觀護所。於年滿二十歲時，應移押於看守所」）的長期間拘束人身自由的強制處分，羈押目的為保全被告、保全證據（避免串供，湮滅罪證）[26]、保全刑事程序[27]。現行的羈押採取絕對法官保留原則，法院為唯一可決定是否羈押的主體。

因羈押為最嚴重之強制處分手段，故必須符合比例原則，其他手段皆無法達到目的時，才動用羈押之強制處分的手段。又羈押與徒刑（例如有期徒刑）不同，羈押屬於確定判決前的剝奪人身自由，但徒刑是確定判決後的剝奪人身自由，故而在尚未確定該人有罪之前而予以羈押，與無罪推定原則處於高度的緊張關係。

實務上可能會產生濫用羈押的情形如下：

1. 將羈押作為偵查處分手段（先押人，再從中去找證據），如此一來使得羈押欲達之目的不能達到，更使被告成為偵查程序的客體。

2. 將羈押當成是安撫社會大眾的手段。「重罪羈押」其實並不符合羈押之目的，羈押是為了要保全被告及證據，與其所犯的罪名是否為重罪或輕罪並無關聯。

3. 將羈押當作是預防犯罪的工具，此與羈押的目的性亦不符合，以再犯之虞為要件（預防性羈押），目的與手段之間不相符。

4. 羈押期間依照刑法 §37-2 規定「I 裁判確定前羈押之日數，以一日抵有期徒刑或拘役一日，或第四十二條第六項裁判所定之罰金額數。II 羈押之日數，無前項刑罰可抵，如經宣告拘束人身自由之保安處分者，得以一日

---

[26] 最高法院 109 年度台抗字第 106 號刑事裁定。
[27] 最高法院 109 年度台抗字第 305 號刑事裁定。

抵保安處分一日」。因裁判確定前羈押之日數可以折抵刑期，將造成法官心態傾向為有罪之判決。

二、羈押的聲請程序

（一）聲請機關

1. 偵查中

偵查中由檢察官聲請（§93II），同樣的於撤銷羈押（§107II）、延長羈押（§108I）、停止羈押（§110II），檢察官也有聲請權。

「偵查中」檢察官聲押的原因在於 A 可能逃亡，法官可否職權變更檢察官聲押的原因而認為 A 不可能逃亡，但有串證的可能而羈押？

實務[28] 採否定說，認為法官不可以逾越檢察官的聲請範圍，不可以變更羈押的原因，因法官與檢察官屬於不同的機關，偵查中檢察官為追訴者，法官僅立於中立的角色審查是否認同檢察官所聲請的原因，如果法官可改變羈押的原因而又自為裁定，根本就是球員兼裁判。但學說上[29] 有認為基於發現真實，法官可改變羈押的原因而裁定，且審判中都有法官基於同一事實下可以變更起訴法條的規定，而偵查中也應該如此。本書認為上述皆是在討論院檢關係、控訴原則，但事實上應該著重於被告的防禦權，如可確保被告充分防禦權下方可以變更羈押原因，反之則否。

此外，如是審判中，法官可以職權羈押，就無變更羈押原因的問題。

而如果是檢察官新增羈押原因，或變更原先裁准羈押原因，得否向法院聲請延長羈押，實務上有以下之討論。

---

[28] 法院辦理刑事訴訟案件應行注意事項第 54 點：檢察官僅於偵查中始得聲請羈押、延長羈押、撤銷羈押或停止羈押。在審判中，並無為上揭各項處分之聲請權，其提出聲請者，應以聲請為不合法，予以駁回。

[29] 錢建榮，法官只能受限檢察官聲請羈押之事由？── 被誤用的當事人進行及不告不理原則，月旦法學教室，第 161 期，2016 年 3 月，頁 27-29。

檢察官新增羈押原因、或變更原先裁准羈押原因，聲請延長羈押

臺灣高等法院暨所屬法院 108 年度法律座談會刑事類提案第 19 號

一、法律問題

　　檢察官於偵查中原以被告涉犯 A 犯罪事實之犯罪嫌疑重大，且有甲羈押原因及羈押之必要等情，向法院聲請羈押。被告經法官訊問後，認為犯罪嫌疑重大，且確有甲羈押原因，非予羈押，顯難進行追訴、審判或執行，而裁定被告應予羈押。試問：檢察官於羈押期間屆滿之 5 日前，得否以：

（一）新增羈押原因（如甲羈押原因係有逃亡之虞，嗣新增另有勾串共犯或證人之虞之乙羈押原因），向法院聲請延長羈押？

（二）變更原先裁准羈押之羈押原因（如甲羈押原因係有逃亡之虞，嗣變更為有勾串共犯或證人之虞之乙羈押原因），向法院聲請延長羈押？

二、討論意見

（一）甲說：否定說。

1. 所謂「延長羈押」，即是被告原羈押狀態之延續。故審認是否延長羈押，應在首次羈押裁定之基礎上，考量原准予羈押之狀態有無改變，亦即應依檢察官後續偵查所得之證據資料及訊問被告之結果，逐一審查原羈押之犯罪事實、羈押原因是否仍然存在，再據以認定被告有無繼續羈押之必要，不應以與本案不相干之犯罪事實進行審查。

2. 被告原本既是經法院依檢察官之聲請，以 A 犯罪事實及甲羈押原因予以羈押，則法院審查是否延長羈押時，自應以原羈押之犯罪事實及原因為限，俾利被告及辯護人進行防禦。並使被告於原羈押之犯罪事

實及原因不存在時，有獲釋之機會。若容許檢察官於聲請延長羈押時，新增或變更羈押原因，甚至新增非屬同一案件之另案犯罪事實，作為延長羈押之理由，勢必增加被告續受羈押之可能性。若法院將新增之犯罪事實於延押時納入考量，可能使檢察官藉此將聲請延長羈押程序轉化成「新的」羈押聲請程序，更可能造成被告在原羈押犯罪事實及原因均不存在時，仍無法獲釋，反經法院以與首次羈押犯罪事實及原因全然不同之犯罪事實及羈押原因裁定繼續羈押被告，對被告產生突襲。

3. 是以，法院對檢察官聲請延長羈押之案件，僅應審查原羈押之犯罪事實、原因是否仍然存在，被告有無繼續羈押之必要。如發現羈押要件已有所改變，應認理由不足，駁回聲請。

（二）乙說：肯定說。

1. 羈押被告之目的，在於確保訴訟程序之進行、證據之存在，及刑罰之執行，故偵查中檢察官聲請對羈押之被告延長羈押，即應依偵查進度及其他一切情事審酌之。再者，偵查中羈押被告本質上仍屬為達保全被告及證據等目的，而對被告所實施之對人強制處分，期使偵查程序得以順利進行。是被告有無羈押之必要，當以有無上述羈押之目的，由法院依職權而為目的性裁量。故從羈押乃為保全被告或證據之觀點而言，檢察官依據首次羈押後，持續偵查之結果，因而發現其他新的證人、證據，而導致可能有滅證、串證之虞，乃至於案情升高，被告可能涉及之刑責提高，逃亡風險也隨之提高，均屬事理之常。此時，如僅侷限於原先羈押審查之羈押原因，不啻與偵查目的大相逕庭，而使法院成為偵查之絆腳石，並阻礙真實之發現。是以，延長羈押審查時，實*毋庸*限於首次羈押之羈押原因。

2. 依刑事訴訟法第 108 條第 1 項規定，延長羈押實質上仍屬一個羈押程序之開啟，在進行審查時，法院仍應依同法第 101 條或第 101 條之 1 之規定訊問被告，向被告、辯護人開示檢察官聲請延長羈押所依據

之事實、各項理由的具體內容及有關證據，使其等為充分之攻擊防禦後，始得逐一審認被告是否犯嫌重大、是否仍有羈押之原因，及繼續羈押之必要，而為裁定。故延長羈押程序，其實與首次聲請羈押無異，其程序保障完全不亞於首次聲請羈押之程序保障。依刑事訴訟法第 117 條第 1 項第 3 款規定，於停止羈押後，本案新發生第 101 條第 1 項、第 101 條之 1 第 1 項各款情形時，即得命再執行羈押。而再執行羈押，係於原停止羈押裁定後，回復原羈押裁定之效力，延長羈押則係延續原羈押裁定之效力，兩者均係為繼續維持原犯罪事實最初准予聲請羈押之目的，故聲請延長羈押當為同一解釋，不囿於最初聲請羈押時之事由，而得新增或變更羈押原因。

三、審查意見：採乙說（實到：23 人、甲說：0 票、乙說：19 票）。

2. 審判中

實務認為審判中*毋庸*檢察官聲請，法院可以職權決定是否羈押。

審判中檢察官是否有權聲請羈押

（一）否定說 [30]

法院辦理刑事訴訟案件應行注意事項第 54 點規定「檢察官僅於偵查中始得聲請羈押、延長羈押、撤銷羈押或停止羈押。在審判中，並無為上揭各項處分之聲請權，其提出聲請者，應以聲請為不合法，予以駁回」，目的在於貫徹當事人平等原則，因審判中的重點在於當事人的攻防關係，如果檢察官具有聲押權，會使被告地位低於檢察官一大截。而

---

[30] 最高法院 99 年度台抗字第 593 號刑事裁定、臺灣高等法院 100 年度聲字第 1718 號刑事裁定。鄭逸哲，審判中不得因檢察官聲請而羈押被告，月旦法學雜誌，第 79 期，2009 年 4 月，頁 13。柯耀程，刑事程序理念與重建，2009 年 9 月，頁 197。陳運財，大法官釋字第 665 號解釋評析，月旦法學雜誌，第 176 期，2010 年 1 月，頁 39-40。

且依 §93II 只明文規定偵查中檢察官可以聲請羈押，故應尊重法律規定，反面來說，審判中不可以聲請羈押。再基於當事人對等原則、武器平等原則下認為，檢察官於審判中的地位為當事人，而非如偵查中為追訴者，故不能為人身自由的干預。故而縱使檢察官聲請也頂多只有提醒法院的作用。

（二）肯定說[31]

　　文義上根本無法反面解釋而導出審判中無羈押的聲請權，否則也可以說一個路人 A 於偵查中無羈押聲請權，反面解釋下 A 於審判中有羈押聲請權。其次，法院不待檢察官聲請，可逕行為羈押的話，無法達到制衡作用，從控訴分離的角度，法官處於不告不理的被動地位，為了避免法官自己成為發動者與決定者而回復糾問主義時期，且違背審判獨立原則，故應給予檢察官聲押權。又我國已經採改良式當事人進行主義，法院應減少依職權發動的狀況，且檢察官本有客觀性義務且又有追訴犯罪的職權，以及武器平等的觀點下不能隨著偵查中與審判中階段的不同而改變是否可以聲押的權利。此外，羈押的目的下，照理說，偵查中、審判中、判決確定後的執行階段，檢察官應該都要有防止被告逃亡而有聲押權。

審判中的法院依職權的羈押裁定檢察官可否提抗告

（一）實務見解[32]（肯定說）

　　裁定羈押之當事人可以依據 §404I(2) 提抗告，當事人包含檢察官。而且基於客觀性義務可以對於羈押裁定表示不服提出抗告。

---

[31] 林鈺雄，刑事訴訟法（上），2013 年 9 月，頁 366。林鈺雄，檢察官的掘墓人？——綜評四組最高法院爭議裁判，月旦法學雜誌，第 207 期，2012 年 7 月，頁 75-78。楊雲樺，審判羈押與防止被告逃亡，月旦法學雜誌，第 257 期，2016 年 10 月，頁 172-176。

[32] 臺灣高等法院 107 年度抗字第 14 號刑事裁定、臺灣高等法院 109 年度抗字第 1320 號刑事裁定。

（二）學說見解[33]（否定說）

　　審判中檢察官沒有聲請羈押的權限，既然不可以聲押，也不能對法院的羈押裁定表示不服，檢察官最多只能有建議權，如果檢察官聲明不服而抗告，法院應予以駁回。

三、偵查中羈押的程序

（一）拘捕前置原則

　　拘捕前置原則是指若非經合法拘捕程序，不得聲請法院羈押，目的在於避免被告之自由受到不當之侵犯。憲法 §8II 規定逮捕拘禁機關應移送該管法院，該逮捕拘禁機關是指法院以外的機關，詳言之，憲法 §8I 的司法機關包含法院及檢察官，但憲法 §8II 的「限期移送」規定，要求執行逮捕拘禁之偵查機關要在 24 小時內移送法院訊問，以利法院審查「拘捕的合法性」與「決定是否有羈押必要」，此稱為「雙重審查」，以確保人身自由不受任意侵害，且因為對於拘捕程序不服現行法沒有向法官為抗告、準抗告的規定，可以於羈押的審查方面一併審查拘捕合法性[34]。又拘捕前置原則在偵查中才有適用，如果是偵查中於法院決定羈押被告時，得命司法警察直接執行羈押[35]。

---

[33] 陳運財，大法官釋字第 665 號解釋評析，月旦法學雜誌，第 176 期，2010 年 1 月，頁 39-40。黃朝義，從令狀主義觀點檢視羈押制度，台灣法學雜誌，第 120 期，2009 年 1 月，頁 48-49。

[34] 李榮耕，具保及羈押，月旦法學教室，第 146 期，2014 年 12 月，頁 60-61。

[35] 張麗卿，刑事訴訟法理與運用，2010 年 9 月，頁 265。臺灣高等法院 106 年度抗字第 35 號刑事裁定：刑事訴訟法採所謂的拘捕前置原則主義，主張必經合法之拘提逮捕程序，始得聲請羈押，否則羈押之聲請即不合法，此一原則乃由憲法第 8 條規定而來，因人民涉嫌犯罪，須先經拘捕程序，始有移送法院審查其拘捕是否合法及有無羈押之必要。惟審判中，無論是一般性之羈押或預防性之羈押，如經法官訊問後，認被告有重大之犯罪嫌疑及刑事訴訟法第 101 條第 1 項、第 101 條之 1 第 1 項之法定事由，暨有羈押之必要時，即得予以羈押，毋庸先諭知逮捕。

　　拘捕前置原則與拘提逮捕的關係而言，拘捕、逮捕的原因（嫌疑人的犯罪事實）和羈押的原因（嫌疑人的犯罪事實）必須為相同的犯罪事實方屬合法，例如檢察官因為 A 有竊盜罪的犯罪事實而將之拘提，但聲請羈押的原因卻是加重強制性交罪的犯罪事實，該聲請就違反拘捕前置原則。另一方面，檢察官可能先以輕罪而拘提再聲押該期間再進行重罪的訊問，此時就會產生違法的另案羈押的狀況[36]。

　　另外，拘提、逮捕後應於 24 小時內移送法院訊問，而該拘提、逮捕不以客觀上犯罪嫌疑人被壓制而無法脫逃為始點，而應是實際上人身自由被國家機關拘束時起算[37]，例如 A 檢察官對 B 進行搜索，之後要帶去訊問，訊問後方認為有羈押必要而逮捕，此時應以 A 對 B 進行搜索時即開始起算拘捕時點。

（二）非拘捕到場的處理

1. 檢察官的逮捕

　　依據 §228IV 規定下，如果犯罪嫌疑人是拘捕以外到場者（如傳喚、自首、自行到場），檢察官認為有羈押必要時，為了符合拘捕前置原則，而必須先逮捕犯罪嫌疑人。但如果犯罪嫌疑人是因為 §93 的拘提或逮捕到場者，不用再為逮捕。

　　憲法 §8 的文義解釋下僅要求符合正當法律程序才可以羈押，但並非一定要經過拘捕程序，故而 §228IV 的規定下，變成自行到場的犯罪嫌疑人之逮捕並無意義[38]。

　　§228IV 無非創設了一個新的逮捕之法定原因（不合逮捕之目的），只是要形式上符合拘捕前置原則，若對於被拘提逮捕之犯罪嫌疑人，要聲請羈押須考慮其拘提逮捕是否合法；但是對於自行到場的被告是否聲請羈

---

[36] 黃朝義，刑事訴訟法，2013 年 9 月，頁 200-201。
[37] 楊雲樺，24 小時之計算，月旦法學教室，第 53 期，2007 年 3 月，頁 23。
[38] 林鈺雄，刑事訴訟法（上），2013 年 9 月，頁 378-379。

押與合法拘捕前置原則無關（欲聲請羈押，不一定要經過拘捕前置），重點在於是否認定有羈押的原因。

2. 司法警察（官）的協同辦案

因為 §228IV 僅規定只有檢察官可以為逮捕，而又 §229III 規定司法警察官在解送檢察官訊問之前必須先經拘捕，方可解送。這會產生問題的是自行到場的被告，司法警察沒有法律依據可為逮捕，無經過拘捕程序，此時依 §229III 規定不得解送，故會產生一個法律漏洞，所以實務上司法警察的做法都是以協同辦案方式處理之。但是一般人民可能無拒絕司法警察的要求，也不知道司法警察協同辦案的處理方式是否有法律依據，雖然形式上沒有拘捕，但事實上可能具有強制作用，因此仍然違反合法拘捕前置原則的要求。

四、羈押的要件

（一）形式要件

1. 法官於羈押決定前必須先訊問被告

(1) 一般告知義務

法官須先進行人別訊問（ §94 ），再進行 §95 的告知義務（告知罪名、緘默權、辯護權、調查有利的證據）。

(2) 特別告知義務

因為羈押採取絕對法官保留原則，又是最嚴重干預人身自由的強制處分，故有特別告知義務， §101III 規定「第一項各款所依據之事實、各項理由之具體內容及有關證據，應告知被告及其辯護人，並記載於筆錄」， §101IV 規定「被告、辯護人得於第一項訊問前，請求法官給予適當時間為答辯之準備」， §101-1II 的預防性羈押規定也準用特別告知義務。

2. 到場參與者

　　法官須訊問被告，故法官、被告一定要到場（羈押庭），又偵查中的羈押屬於為強制辯護案件（§31-1I），故辯護人應到場，未通知辯護人到庭為程序違背法令。

　　§101II 但書規定如有 §93II 但書的檢察官「聲請限制辯護人閱卷權時」，檢察官「應」到場敘明理由並指明禁止或限制閱卷的範圍。有疑問者為倘非上開「聲請限制辯護人閱卷權時」的情形，檢察官是否「應」到場。§101II 的規定「法官為前項之訊問時，檢察官得到場陳述聲請羈押之理由及提出必要之證據」，依文義解釋下只有檢察官可以自己決定「得」到場，而本書認為檢察官為聲請人，於偵查中檢察官是追訴者的角色必須協助法院為正確裁定，且檢察官人力不足的問題乃事實上的考量，理論上應須保障的被告相關權利，故檢察官「應到場」而非「得到場」。

3. 審理原則

(1) 言詞審理原則

　　因憲法 §8II 規定必須經過「審問」，基於聽審原則下經言詞訊問被告方可充分表達意見，更能確保羈押的正當性。

　　第三審的羈押程序是否應經審問？是否須簽發押票？實務上認為第三審的羈押程序不需要經過訊問，因第三審為法律審可以經過卷內的資料審酌就好，也不用另外簽發押票，因為法律審僅接續羈押第二審已羈押的被告，故僅需要以接續羈押函件函知原審法院、監所及羈押中之被告[39]。案件在第三審上訴中，而卷宗及證物已送交該法院者，羈押處分由第二審法院裁定之[40]，本書認為訴訟程序的每個階段中必須隨時去審查羈押的原因與羈押的必要，因有無原因與必要會隨著時間而不同，不能以第三審為法律審就不審查羈押的原因與必要，例如 A 一審被羈押，但二審已經認為無羈押的必要而命具保，倘若 A 此時又聯絡其他人一同串證或逃亡，也

---

[39] 最高法院 95 年度第 3 次刑事庭會議決議。
[40] 最高法院 108 年度台抗字第 1619 號刑事裁定。

就是在第三審時，羈押的原因又出現了，第三審應該就有羈押的原因與必要加以審查。又羈押應該以每個審級重新計算，第三審的第一次羈押，仍應另行簽發押票，並建議重新訊問。

(2) 公開審理原則

偵查中的羈押程序因為偵查不公開原則下而不會公開審理，審判中的羈押程序則須公開審理。

(3) 證明法則

羈押為審判期日以外的程序事項（非認定有無犯罪事實的事項），自由證明即可（不必嚴格證明），證明程度僅須達「大致相信、很有可能是這樣」的程度即可，不須達到無合理懷疑的確信程度。且不適用直接審理原則而可用證據替代品（例如採用證人的證詞方面不須證人親自到庭），但法官仍需要親自訊問被告。

§101III 規定 §93II 但書規定，經法院禁止被告與其辯護人獲知之卷證，不得作為羈押審查之依據，修法理由指出偵查中羈押審查程序之被告與其辯護人僅受告知羈押事由所依據之事實，未包含檢察官聲請羈押之各項理由之具體內容與有關證據，與憲法所定剝奪人身自由應遵循正當法律程序原則之意旨不符（釋字第 737 號解釋意旨），配合修正 §101III，對檢察官聲請羈押之各項理由之具體內容與有關證據，經法院採認者，均應將其要旨告知被告與辯護人，利其有效行使防禦權，且逐載於筆錄使當事人提抗告實有依據。卷證資料有 §93II 但書所定應限制之部分，若能經以適當方式使被告與其辯護人獲知證據資料梗概者，則被告與其辯護人防禦權之行使未受到完全之剝奪，法院以之作為判斷羈押依據與憲法 §23 的比例原則無違反，但被告與其辯護人未能獲知之禁止部分，其防禦權之行使既受到完全之剝奪，該部分不得作為羈押依據。

（二）實質要件（§101I）

1. 犯罪嫌疑重大

　　被告有具體事實使人相信可能涉嫌被聲請羈押原因的犯罪。

2. 具備羈押的原因

　　被告經法官訊問後，認為犯罪嫌疑重大，而有左列情形之一，非予羈押，顯難進行追訴、審判或執行者，得羈押之：

(1) 逃亡或有事實足認為有逃亡之虞者（§101I(1)）

　　逃亡是指真的已經逃走而找不到人。逃亡之虞是只有逃亡的可能性，必須達到事實上可合理推測可能會逃亡。

(2) 有事實足認為有湮滅、偽造、變造證據或勾串共犯或證人之虞者（§101I(2)）

　　此款目的在於避免使案情晦暗不明，不過需要具體個案客觀觀察事實或跡證而確定是否可合理推測有使案情晦暗不明的可能。

(3) 所犯為死刑、無期徒刑或最輕本刑為五年以上有期徒刑之罪，有相當理由認為有逃亡、湮滅、偽造、變造證據或勾串共犯或證人之虞者（§101I(3)）

　　舊法的本款僅單純規定五年以上有期徒刑的重罪就原羈押的原因，但此可能違反無罪推定原則與比例原則，而釋字第 665 號作了限縮的合憲性解釋，亦即用 §101I(1)、(2) 的原因為前提，亦即「§101I(1) 或 (2)」＋「§101I(3)＋有相當理由」＝有羈押原因（注意 §101I(1)、(2) 的標準是「有事實足認」）。

釋字第 665 號解釋理由書

　　羈押係拘束刑事被告身體自由，並將之收押於一定處所，乃干預身體自由最大之強制處分，使刑事被告與家庭、社會及職業生活隔離，非特予其心理上造成嚴重打擊，對其名譽、信用等人格權之影響甚為重

大，自僅能以之為保全程序之最後手段，允宜慎重從事（本院釋字第三九二號、第六三五號、第六五四號解釋參照）。是法律規定羈押刑事被告之要件，須基於維持刑事司法權之有效行使之重大公益要求，並符合比例原則，方得為之。羈押之目的應以保全刑事追訴、審判或執行程序為限。故被告所犯縱為該項第三款之重罪，如無逃亡或滅證導致顯難進行追訴、審判或執行之危險，尚欠缺羈押之必要要件。亦即單以犯重罪作為羈押之要件，可能背離羈押作為保全程序的性質，其對刑事被告武器平等與充分防禦權行使上之限制，即可能違背比例原則。再者，無罪推定原則不僅禁止對未經判決有罪確定之被告執行刑罰，亦禁止僅憑犯罪嫌疑就施予被告類似刑罰之措施，尚以重大犯罪之嫌疑作為羈押之唯一要件，作為刑罰之預先執行，亦可能違背無罪推定原則。是刑事訴訟法第一百零一條第一項第三款如僅以「所犯為死刑、無期徒刑或最輕本刑為五年以上有期徒刑之罪」，作為許可羈押之唯一要件，而不論是否犯罪嫌疑重大，亦不考量有無逃亡或滅證之虞而有羈押之必要，或有無不得羈押之情形，則該款規定即有牴觸無罪推定原則、武器平等原則或過度限制刑事被告之充分防禦權而違反比例原則之虞。……又基於憲法保障人民身體自由之意旨，被告犯上開條款之罪嫌疑重大者，仍應有相當理由認為其有逃亡、湮滅、偽造、變造證據或勾串共犯或證人等之虞，法院斟酌命該被告具保、責付或限制住居等侵害較小之手段，均不足以確保追訴、審判或執行程序之順利進行，始符合該條款規定，非予羈押，顯難進行追訴、審判或執行之要件，此際羈押乃為維持刑事司法權有效行使之最後必要手段，於此範圍內，尚未逾越憲法第二十三條規定之比例原則，符合本院釋字第三九二號、第六五三號、第六五四號解釋意旨，與憲法第八條保障人民身體自由及第十六條保障人民訴訟權之意旨，尚無違背。

民國 106 年 4 月 §101I 修法之後，直接將 §101I(3) 規定為必須具備「重罪」＋「相當理由」＝有羈押原因。修法後實務認為，「相當理由，

係指重罪羈押之發動，被告如何併存有逃亡、滅證之虞，於判斷具體個案之情況，應有合理之依據，不得揣測為之[41]」，似乎是認為逃亡滅證之虞僅須達到合理懷疑的程度。

然近期實務認為嫌疑重大之人具有逃亡或滅證之相當或然率存在，即已該當「相當理由」之認定標準，不以達到充分可信或確定程度為必要[42]。

由此可知近期實務上於相當理由的認定，重罪羈押的程度為「相當或然率存在」。心證程度由低至高為：合理懷疑＜相當或然率存在（相當理由）＜有事實足認＜無合理懷疑。

有關相當理由的判斷，學者[43]認為應該以客觀判斷標準，而非以執法人員的主觀標準判斷（例如將退休的 A 警官說，依據我多年的經驗，長成獐頭鼠目樣且滿口檳榔渣的一定是犯罪嫌疑人），然而如果客觀上直接以線民的情報或傳聞證據當成考量點仍不足，因線民常常自己也是犯罪者（例如販毒者供出上下游可以獲得減刑的好處）且傳聞證據因未經對質詰問等程序確認下，仍不可靠，故應考量「雙叉法則」來判斷有無「相當理由」。

雙叉法則須考慮者，一為「訊息的可信性」，亦即須探究線民得知訊息的基礎或來源而判斷是否可信，是否與案件事實相符，是否為第一手資訊；二為「線民的信用力」，因為線民可能會說謊，從而必須探究線民是否為值得相信的人，例如過去線民常常提供線索供破案、線民提供的消息可能會使自己受到刑事追訴，可推論為具有信用力。若線民提供的消息，不能符合雙叉法則，則警察得以補強證據補強之，例如 A 何時、何地、何穿著，由警察跟監所得的客觀結果，可以補強線民訊息不符合雙叉法則

---

[41] 最高法院 106 年度台抗字第 1013 號刑事裁定、最高法院 106 年度台抗字第 1067 號刑事裁定。

[42] 最高法院 108 年度台抗字第 1113 號刑事裁定、最高法院 108 年度台抗字第 1479 號刑事裁定。

[43] 王兆鵬、張明偉、李榮耕，刑事訴訟法（上），2012 年 9 月，頁 72-73、77-81。

的瑕疵。若警察之消息來自於目擊證人或被害人，因其具有第一手消息且無捏造消息之動機，不用如同線民般須以嚴格標準審查。

最高法院 108 年度台抗字第 1619 號刑事裁定

　　司法院釋字第 665 號解釋，固要求附加考量被告除犯刑事訴訟法第 101 條第 1 項第 3 款所列重罪外，是否有相當理由足認其有逃亡、湮滅、偽造、變造證據或勾串共犯或證人之虞。然該等附加考量與單純考量同條第 1 項第 1、2 款之羈押原因仍有程度之不同。是以伴同重罪羈押予以考量之逃亡之虞，與單純成為羈押原因之逃亡之虞其強度尚有差異，亦即伴同重罪羈押考量之逃亡之虞，其理由強度可能未足以單獨成為羈押原因，然得以與重罪羈押之羈押原因互佐。另重罪常伴隨有逃亡、滅證之高度可能，係趨吉避凶、脫免刑責、不甘受罰之基本人性，倘一般正常之人，依其合理判斷，可認為該犯重罪，嫌疑重大之人具有逃亡或滅證之相當或然率存在，即已該當「相當理由」之認定標準，不以達到充分可信或確定程度為必要。

---

(4) 預防性羈押的原因

① 基本定義

　　§101-1I 規定，被告經法官訊問後，認為嫌疑重大，有事實足認為有反覆實行同一犯罪之虞，而有羈押之必要者，得羈押之，然須有觸犯放火罪、劫持交通工具罪、妨害性自主犯罪、殺人罪、重傷罪、妨害自由罪、強制罪、恐嚇危安罪、竊盜罪、搶奪罪、強盜罪、詐欺罪、恐嚇取財罪等為前提。

(①) 放火罪

　　包含刑法 §173I、III、§174I、II、IV、§175I、II 之放火罪、與 §176 之準放火罪。

(②) 劫持交通工具罪

即刑法 §185-1 之劫持交通工具罪。

(③) 妨害性自主犯罪

妨害性自主犯罪，包含刑法 §221 之強制性交罪、§222 之加重強制性交罪、§224 之強制猥褻罪、§224-1 之加重強制猥褻罪、§225 之乘機性交猥褻罪、§226-1 之強制性交猥褻之結合罪、§227 之與幼年男女性交或猥褻罪、性騷擾防治法 §25I 之罪。但其須告訴乃論，而未經告訴或其告訴已經撤回或已逾告訴期間者，不在此限。

(④) 殺人罪、傷害罪

刑法 §271I、II 之殺人罪、§272 之殺直系血親尊親屬罪、§277I 之傷害罪、§278I 之重傷罪。但其須告訴乃論，而未經告訴或其告訴已經撤回或已逾告訴期間者，不在此限。

(⑤) 妨害自由罪

刑法 §296-1 之買賣人口罪、§299 之移送被略誘人出國罪、§302 之妨害自由罪。

(⑥) 強制罪、恐嚇危害安全罪

刑法 §304 之強制罪、§305 之恐嚇危害安全罪。

(⑦) 竊盜罪、搶奪罪、強盜罪、海盜罪

刑法 §320、§321 之竊盜罪、§325、§326 之搶奪罪、§328I、II、IV 之強盜罪、§330 之加重強盜罪、§332 之強盜結合罪、§333 之海盜罪、§334 條之海盜結合罪。

(⑧) 詐欺罪

刑法 §339、§339-3 之詐欺罪、§339-4 之加重詐欺罪。

(⑨) 恐嚇取財罪、擄人勒贖罪

刑法 §346 之恐嚇取財罪、§347I、III 之擄人勒贖罪、§348 之擄人勒贖結合罪、§348-1 之準擄人勒贖罪。

(⑩) 特別法之罪

　　槍砲彈藥刀械管制條例 §7、§8 之罪、毒品危害防制條例 §4I～IV 之罪、人口販運防制法 §34 之罪。

　　民國 109 年 1 月 8 日修法理由指出公民與政治權利國際公約及經濟社會文化權利國際公約施行法 §2 規定，兩公約所揭示保障人權之規定，具有國內法律之效力。公民與政治權利國際公約 §9I 後段規定「非依法定理由及程序，不得剝奪任何人之自由」。被告所犯為死刑、無期徒刑或最輕本刑為五年以上有期徒刑之罪者，依本法 §101I(3)，得為羈押原因，故將之排除於預防性羈押之列。惟該款已配合司法院釋字第 665 號解釋修正，重罪不得作為羈押之唯一原因，原條文自應配合修正，以避免產生被告所犯雖非重罪，但有事實足認有反覆實行同一犯罪之虞者，而得依原條文第 1 項各款規定，為預防性羈押，惟被告所犯為重罪，如無相當理由認其有逃亡、湮滅、偽造、變造證據或勾串共犯或證人之虞，縱有再犯之虞，亦不得羈押之不合理現象。故將屬重罪且實務上再犯率較高之罪名，列為預防性羈押之對象而修正第 1 項第 1 款至第 3 款、第 6 款、第 8 款，並增訂第 9 款至第 11 款。其次，性騷擾防治法 §25I 之罪，與刑法 §224 之強制猥褻罪、§225 之乘機猥褻罪、§304 之強制罪，均屬對於身體自主權或性自主決定權侵害之犯罪，該等犯罪有相似之處，且依實務經驗，再犯率甚高，自有增列為預防性羈押之必要，於第 1 項第 2 款增列性騷擾防治法 §25I 之罪，以符實需。且配合刑法 §339-4 加重詐欺罪之增訂，考量加重詐欺之慣犯具高再犯率之犯罪特性，有以預防性羈押防止其反覆實行同一犯罪之必要，於第 1 項第 7 款增列刑法 §339-4 之加重詐欺罪。

② 預防性羈押之問題

　　預防性羈押是一種防止未來被告犯罪的措施，但事實上已經不符合羈押的保全證物目的、保全刑事程序目的，在尚未確定被告犯罪之前，只因為有事實足認有反覆實行同一犯罪之虞而予以剝奪長期的人身自由，違反了無罪推定原則，且對於被告的再社會化也無幫助，反而使其名譽、工作、家庭等受到極大的影響。

　　我國的法律對於未確定有罪的被告且僅是有事實足認為有反覆實施之虞而對於該被告為長期人身自由的剝奪，此外亦將屬重罪且實務上再犯率較高之罪名，列為預防性羈押之對象，雖於大眾情感上確實有安撫人心的作用，但於法律上觀點下仍不得為預防性羈押，因羈押的目的在於保全本案的刑事程序、被告、證據，並無避免被告再犯之目的，且再犯率只是統計數字，不能代表個別被告的再犯率，此乃以偏概全之理由，此外條文各款中有犯罪非屬刑法上之重罪，例如將強制罪列為預防性羈押之各款犯罪，非合理之理由。退步言之，如有擔憂再犯之虞，可以另外採取方案立法，而非將之歸類於羈押的範圍。

3. 有羈押的必要性

　　比例原則下，須判斷必要性，而一般性羈押的必要性標準規定於§101I「若非予以羈押，顯難進行追訴、審判或執行」。若為預防性羈押的標準規定於§101-1I「有事實足認被告有反覆實施同一犯罪之虞，而有羈押之必要者」。

> **最高法院 108 年度台抗字第 1112 號刑事裁定【羈押與比例原則】**
>
> 　　按羈押被告之目的，在於確保訴訟程序之進行、確保證據之存在及真實，並確保刑罰之執行，且聲請停止羈押，除有刑事訴訟法第 114 條各款所列情形之一不得駁回者外，被告有無羈押之必要或得以具保、責付、限制住居等而停止羈押各節，法院自得就具體個案情節予以斟酌決定，如就客觀情事觀察，法院許可羈押之裁定在目的與手段間之衡量並無明顯違反比例原則情形，即無違法或不當可言。

4. 羈押的替代手段（§101-2I）

　　有羈押的原因與羈押的必要時，應予以羈押，然而若有羈押的原因而無羈押的必要性時則為羈押的替代手段，但應注意 §114 的 3 款情形即屬於無羈押之必要，§114 規定「羈押之被告，有下列情形之一者，如經具保聲請停止羈押，不得駁回：一、所犯最重本刑為三年以下有期徒刑、拘

役或專科罰金之罪者。但累犯、有犯罪之習慣、假釋中更犯罪或依第一百零一條之一第一項羈押者，不在此限。二、懷胎五月以上或生產後二月未滿者。三、現罹疾病，非保外治療顯難痊癒者」。

羈押的替代手段有下列幾種：

(1) 具保

一般民間稱為保釋或交保，亦即命被告或犯罪嫌疑人提出保證書並繳納相當保證金為替代手段，需綜合判斷保證金的多寡（如越有錢保證金越多，有些人保證金 2 億還是在幾小時內籌出），如果被告逃亡，可以沒入保證金（§118I）。若被告覓保無著（例如籌不出保證金）時，實務[44]會改變原先具保決定而改為羈押決定。

(2) 責付

將被告或犯罪嫌疑人將來必須到場或出庭的責任將交給受責付的人（例如法院管轄區內被告的親友、村長、律師）督促，但卻沒有規定相對應的替代方案去追究責任。

(3) 限制住居

限制被告或犯罪嫌疑人於一定處所。過去通常以本條為限制出境的依據而產生了合憲性爭議，故民國 108 年 6 月增訂了第八章之一「限制出境、出海」而將之明文化。

五、羈押的期間

（一）羈押期間的計算

1. 計算始點

羈押期間的計算，自簽發押票之日起算（§108IV）。而偵查中與審判中的羈押的區分時點為「證卷送交時」，起訴或裁判後送交前的羈押期間算入偵查中或原審法院之羈押期間（§108III）。

---

[44] 最高法院 108 年度台抗字第 1479 號刑事裁定。

検察官聲押，
法官簽發押票　➡　檢察官將證卷送交第一審時　➡　第一審將證卷送交第二審時　➡　第二審將證券卷送交第三審時

└──偵查中羈押期間──┘　└─第一審羈押期間─┘　└─第二審羈押期間─┘

2. 羈押期間與次數的限制

(1) 期間

　　偵查中不得超過 2 個月，審判中不得超過 3 個月（§108I）。

(2) 次數

　　第二次羈押稱為延長羈押（延押），延押是指在羈押期間未滿之前，法官裁定延長原來的羈押期間且除當庭宣示外將裁定正本送達給被告，而可以繼續羈押被告（§108I 但）。在偵查中延長羈押期間，應由檢察官附具體理由，至遲於期間屆滿之 5 日前聲請法院裁定（§108I）。而延押的次數亦有限制。

① 偵查中

　　延長 1 個月，且延長 1 次為限（§108V）。

② 審判中

　　每次不得逾 2 月，如所犯最重本刑為十年以下有期徒刑以下之刑者，第一審、第二審以 3 次為限，第三審以 1 次為限（§108V），然而如為十年以上有期徒刑（例如殺人罪、強盜殺人罪、強盜放火罪、擄人勒贖致死或致重傷罪），因為案件經發回者，其延長羈押期間之次數，應更新計算（108VI），而使得審判中為了確定一個人有無犯十年以上之罪而使羈押的期間動輒十年以上，故該期間的規定有「流浪法庭三十年」的戲稱。

　　因而民國 108 年 6 月開始施行的妥速審判法 §5 規定「I 法院就被告在押之案件，應優先且密集集中審理。II 審判中之延長羈押，如所犯最重本刑為死刑、無期徒刑或逾有期徒刑十年者，第一審、第二審以六次為限，第三審以一次為限。III 審判中之羈押期間，累計不得逾五年。IV 前項羈押期間已滿，仍未判決確定者，視為撤銷羈押，法院應將被告釋放」。

羈押的次數、期間

階段		次數	期間	總期間	
偵查中		1 次	2 個月	2（第一次的羈押期間）+ 2x1 = 4 個月	
審判中	第一審、第二審：10 年以下（若發回更審，次數重計）	3 次	2 個月	3（第一次的羈押期間）+ 2x3 = 9 個月（9x2 = 18 個月＝一審＋二審）	最多60個月（5年）
	第一審、第二審：10 年以上（包含無期徒刑、死刑）	6 次	2 個月	3（第一次的羈押期間）+ 2x6 = 15 個月（15x2 = 30 個月＝一審＋二審）	
	第三審	1 次	2 個月	3（第一次的羈押期間）+ 2x1 = 5 個月	

羈押的競合

（一）羈押原因的競合

　　羈押原因的競合是指同一個被告對於同一犯罪事實，同時具有不同的羈押權原因。例如 A 有逃亡與串證之虞。此時因為是於同一次羈押而裁定，如果 A 只剩下有串證之虞，而無逃亡之虞，此時仍可以繼續羈押。

（二）羈押期間的競合

　　羈押期間的競合是指一個被告因為有不同的犯罪事實，而於不同時點被發現，而連續受到兩次以上的羈押，例如 A 對 B 的殺人案與 A 對 C 的竊盜案，此時法官可以分別裁定羈押（不管是不是同一個法官，皆無影響）。但執行時，僅執行其一，另一個羈押要等執行的羈押的原因消滅時而立刻繼續執行。

　　然而實務上僅由先聲請羈押而受理的法官（X法官）為該次羈押原因的裁定，容易發生 X 法官撤銷羈押時，來不及通知 Y 法官即時裁定的情形，期間拘束人身自由則不具合法性。

六、羈押執行的其他限制

　　§105 規定「I 管束羈押之被告，應以維持羈押之目的及押所之秩序所必要者為限。II 被告得自備飲食及日用必需物品，並與外人接見、通信、受授書籍及其他物件。但押所得監視或檢閱之。III 法院認被告為前項之接見、通信及受授物件有足致其脫逃或湮滅、偽造、變造證據或勾串共犯或證人之虞者，得依檢察官之聲請或依職權命禁止或扣押之。但檢察官或押所遇有急迫情形時，得先為必要之處分，並應即時陳報法院核准。IV 依前項所為之禁止或扣押，其對象、範圍及期間等，偵查中由檢察官；審判中由審判長或受命法官指定並指揮看守所為之。但不得限制被告正當防禦之權利。V 被告非有事實足認為有暴行或逃亡、自殺之虞者，不得束縛其身體。束縛身體之處分，以有急迫情形者為限，由押所長官行之，並應即時陳報法院核准」。

　　應注意者為，§105I 的羈押禁止接見與通信是指一律禁止與辯護人以外之人其他人接見或通信，亦即 §34I 羈押中被告與辯護人的接見通訊是不得被禁止，因其屬於憲法所保障的訴訟權之內容。

七、羈押的救濟

（一）一般救濟

1. 對於合議庭的「裁定」不服

　　因為對於羈押是以「裁定」為之（§121I），被告或檢察官若不服得依照 §403、§404I(2) 向該管之上級法院抗告。

2. 對於獨任法官（審判長、受命法官、受託法官）的「處分」不服

被告或檢察官若不服可依照 §416 向原處分的法官提準抗告。然而準抗告非向上級法院提起，而失去審級救濟的機會，釋字第 639 號對此提出解釋而認為準抗告之規定是因為立法機關基於訴訟迅速進行的考量所為的合理規定，未逾越立法裁量範圍，故而與憲法 §16、§23 不相牴觸。

本書認為釋字第 639 號似乎忽略了法官同儕間情誼的重要性，法官互相間給予對方「面子」也是人之常情，而不會作出相反的見解，不如向該管上級法院救濟般有「外部審查」般強烈的效果。

（二）特別救濟

1. 撤銷羈押

(1) 當然撤銷羈押（法定撤銷羈押）

① 意義

當然撤銷羈押是指法官於羈押於其「原因消滅」時，可依聲請撤銷羈押，將被告釋放（§107I）。由於當然撤銷羈押是羈押的原因消滅，故撤銷羈押後毋庸施以羈押的替代手段（凡需要的羈押的替代手段是指具有羈押的原因但沒有羈押的必要）。另外，相對於停止羈押，是指有羈押的原因但無羈押的必要。

② 聲請人

偵查中的檢察官，或者可經由被告、辯護人及得為被告輔佐人之人向聲請法院撤銷羈押（§107II）。

③ 聲請時期

偵查中的檢察官得隨時聲請。被告、辯護人即得為被告輔佐之人得於偵查中或審判中隨時聲請。

(2) 視為撤銷羈押（擬制撤銷羈押）

視為撤銷羈押是不待聲請，亦毋庸經過法院裁定，而擬制撤銷羈押。有四個原因：

① 羈押期滿

　　羈押期滿，延長羈押之裁定未經合法送達者，視為撤銷羈押（§108II）。羈押期間已滿未經起訴或裁判者，視為撤銷羈押，檢察官或法院應將被告釋放；由檢察官釋放被告者，並應即時通知法院（§108IV）。而羈押期滿包括羈押期間滿五年，而未判決確定（妥速審判法§5IV）。

　　然而如果延押未合法送達被告與羈押期滿未起訴或經裁判，將視為撤銷羈押，會使重罪案件（死刑、無期徒刑或最輕本刑為七年以上有期徒刑之罪者），面臨無條件釋放的可能，故而於2007年增訂§101VIII～X，於釋放前可再審查有無羈押原因與有無羈押必要而延長羈押，以下以圖示為之：

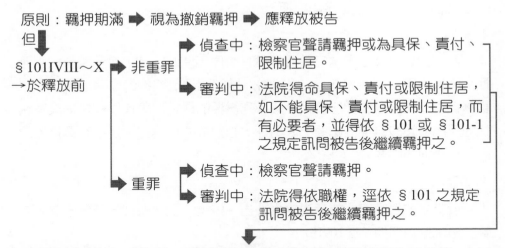

繼續羈押或具保、責付、限制住居之期間自視為撤銷羈押之日起算，以2月為限，不得延長。繼續羈押期間屆滿者，應即釋放被告。

　　本書認為因期滿而撤銷羈押，國家應該無權再限制人民的人身自由，但§101VIII～X卻規定在因期滿而撤銷羈押之下，還能繼續羈押、具保、責付、限制住居，造成羈押期限形同具文。實務上因為未能在羈押期

限內完成審判，此乃不可歸責給被告，該條文的規定是將國家機關的人為瑕疵的過錯轉嫁給被告，有學者亦採此見解，更提出主要問題點是因為實務上「無法終結案件」的情形過多，實務憂心被告逃亡而不到庭，而妥速審判法已經將羈押的期間最高上限訂五年，五年內必須將案件完結，超過五年就無法再羈押。根本之道還是要將羈押的替代手段（具保、責付、限制住居）作為「獨立程序的保全規定」，亦即如無羈押的原因但有保全程序的必要時可以為獨立的處分，而非附隨於羈押[45]。

② 案件經上訴者，被告羈押期間如已逾原審判決之刑期者，應即撤銷羈押，將被告釋放（§109）。因為基於保障人權且§109並無如§316規定般如認有必要得繼續羈押。

③ 被告受不起訴或緩起訴處分，視為撤銷羈押，檢察官應立即釋放被告，並應即時通知法院（§259）。

④ 被告經特定之判決：

　　羈押之被告，經諭知無罪、免訴、免刑、緩刑、罰金或易以訓誡或§303(3)、(4) 不受理之判決者，視為撤銷羈押。但上訴期間內或上訴中，得命具保、責付或限制住居；如不能具保、責付或限制住居，而有必要情形者，並得繼續羈押之（§316）。上訴期間得命具保、責付、限制住居，但視為撤銷羈押雖然可命具保、責付、限制住居，但並未如同停止羈押有規定可命被告應遵守的事項（例如進行疾病的治療）。例如【鄭再由案】，法院認為鄭再由案中，鄭再由殺人但其為思覺失調症患者而判無罪，雖然上訴期間得命具保、責付或限制住居，但無法命其進行接受疾病治療，而造成社會不安。

　　如果是因無罪判決而視為撤銷羈押，除了可以具保、責付或限制住居外，能否施以其他替代措施，例如未經法院許可，不得離開住居所以外之區域；又例如 A 於行為時已因嚴重精神疾病而欠缺對自己行為不法的辨

---

[45] 柯耀程，刑事程序理念與重建，2009 年 9 月，頁 360-361。

識能力及控制能力，但應入相當處所施以監護處分（刑法 §19I、§87I）。除施以 §316 列舉的具保、責付或限制住居外外，可不以用其他替代措施？學者[46]認為 §116-2 之停止羈押的規定「定期向法院、檢察官或指定之機關報到」、「未經法院或檢察官許可，不得離開住、居所或一定區域」、「交付護照、旅行文件」、「其他經法院認為適當之事項（此為概括規定，例如要求病患定期去看醫生、吃藥）」，惟撤銷羈押並無規定，上述的替代措施實質合理，然形式上已經欠缺法律授權依據，如果施以上揭替代措施屬違法之干預處分。

2. 停止羈押

(1) 定義

　　停止羈押是指有羈押的原因，但無羈押的必要時，以具保（§110）、責付（§115）、限制住居（§116）為替代手段，暫時停止羈押。而撤銷羈押是因羈押原因消滅而撤銷或因法定原因而視為撤銷，兩者有別[47]。

(2) 聲請程序

① 聲請人：被告、辯護人、輔佐人、偵查中之檢察官（§110I、II）。

② 聲請時期：隨時皆可聲請。檢察官限於「偵查中」得聲請法院命被告具保停止羈押（§110II）。

③ 審查過程：與羈押同。

④ 決定是否准許停止羈押：以裁定為之。

(①) 有理由：裁定命停止羈押，並命具保、責付或限制住居。

(②) 不合法、無理由：裁定駁回。

(③) 特別規定：§114 規定「羈押之被告，有下列情形之一者，如經具保聲請停止羈押，不得駁回：一、所犯最重本刑為三年以下有期徒刑、拘役或專科罰金之罪者。但累犯、有犯罪之習慣、假釋中更犯罪或依第一百零

---

[46] 林鈺雄，撤銷羈押、停止羈押及其替代措施，月旦法學教室，第 216 期，2020 年 10 月，頁 21-23。

[47] 臺灣高等法院臺南分院 109 年度抗字第 180 號裁定。

一條之一第一項羈押者，不在此限。二、懷胎五月以上或生產後二月未滿者。三、現罹疾病，非保外治療顯難痊癒者」。

(3) 效果

① 釋放被告

　　有羈押原因，無羈押必要須釋放被告，但命為羈押的替代手段。

② 命被告遵守 §116-2 所規定之事項

　　§116-2 規定「I 法院許可停止羈押時，經審酌人權保障及公共利益之均衡維護，認有必要者，得定相當期間，命被告應遵守下列事項：一、定期向法院、檢察官或指定之機關報到。二、不得對被害人、證人、鑑定人、辦理本案偵查、審判之公務員或其配偶、直系血親、三親等內之旁系血親、二親等內之姻親、家長、家屬之身體或財產實施危害、恐嚇、騷擾、接觸、跟蹤之行為。三、因第一百十四條第三款之情形停止羈押者，除維持日常生活及職業所必需者外，未經法院或檢察官許可，不得從事與治療目的顯然無關之活動。四、接受適當之科技設備監控。五、未經法院或檢察官許可，不得離開住、居所或一定區域。六、交付護照、旅行文件；法院亦得通知主管機關不予核發護照、旅行文件。七、未經法院或檢察官許可，不得就特定財產為一定之處分。八、其他經法院認為適當之事項。II 前項各款規定，得依聲請或依職權變更、延長或撤銷之。III 法院於審判中許可停止羈押者，得命被告於宣判期日到庭（又稱防逃條款）。IV 違背法院依第一項或第三項所定應遵守之事項者，得逕行拘提。V 第一項第四款科技設備監控之實施機關（構）人員、方式及程序等事項之執行辦法，由司法院會同行政院定之」。

③ 再執行羈押

　　§117 規定「I 停止羈押後有下列情形之一者，得命再執行羈押：一、經合法傳喚無正當之理由不到場者。二、受住居之限制而違背者。三、本案新發生第第一百零一條第一項、第一百零一條之一第一項各款所定情形之一者。四、違背法院依前條所定應遵守之事項者。五、依第一百零一條第一項第三款羈押之被告，因第一百十四條第三款之情形停止羈押後，其

停止羈押之原因已消滅，而仍有羈押之必要者。II 偵查中有前項情形之一者，由檢察官聲請法院行之。III 再執行羈押之期間，應與停止羈押前已經過之期間合併計算。IV 法院依第一項之規定命再執行羈押時，準用第一百零三條第一項之規定」。再執行羈押之對象為停止羈押的被告，惟若免予羈押之被告如發生再執行羈押事由時，可否再執行羈押？因既未羈押故而無停止羈押，自無撤銷停止羈押之處分而再執行羈押之問題，僅生是否改命羈押的問題[48]。

2019 年的防逃機制之修法

（一）§116-2：停止羈押者，得命被告於宣判期日到庭。

（二）§456：裁判除關於保安處分者外，於確定後執行之。但有特別規定者，不在此限。前項情形，檢察官於必要時，得於裁判法院送交卷宗前執行之。

（三）§469：受罰金以外主刑之諭知，而未經羈押者，檢察官於執行時，應傳喚之；傳喚不到者，應行拘提。但經諭知死刑、無期徒刑或逾二年有期徒刑，而有相當理由認為有逃亡之虞者，得逕行拘提。

羈押的一般救濟途徑與特別救濟之比較

	一般救濟	特別救濟
內容	抗告、準抗告	撤銷羈押、停止羈押
聲請權人	被告、檢察官	被告、檢察官、辯護人、輔佐人
聲請方式	書面（§407）	書面或言詞為之
聲請時點	裁定送達後 10 日內（§406）或處分作出後 10 日內（§416）	隨時。然檢察官限於偵查中
審理方式	書面	言詞

---

[48] 林俊益，刑事訴訟法概要（上），2020 年 9 月，頁 320-321。

肆、限制出境、出海

一、基本概念

　　過去刑事訴訟法未規定限制出境、出海，實務上多是以限制住居（羈押替代的手段）限制刑事被告出境、出海的，但因涉及人民的遷徙自由，違反法律保留原則的可能，故為落實防逃機制之建立，並平衡兼顧人民權益保障及偵審實務需求，目的均在避免被告出境滯留他國，俾保全偵查、審判程序之進行及刑罰之執行[49]，與符合法律保留原則與法律明確性原則，於民國 108 年 12 月 19 日施行後，限制出境、出海可為獨立型態的強制處分或者為羈押的替代處分。

　　限制出境、出海可區分為逕行限制出境、出海（獨立型限制出境），及替代羈押處分之限制出境、出海（羈押替代型限制出境）二種類型。此二種類型，雖同限制出境、出海處分，但前者是檢察官或法官認有必要時，即得逕行為之；後者則是須先經訊問程序，始為適法[50]。

二、獨立的限制出境、出海

（一）要件（§ 93-2I）

1. 被告犯罪嫌疑重大。

2. 須具備限制出境、出海的原因

(1) 無一定之住、居所者。

(2) 有相當理由足認有逃亡之虞者。

(3) 有相當理由足認有湮滅、偽造、變造證據或勾串共犯或證人之虞者。

---

[49] 最高法院 109 年度台抗字第 242 號刑事裁定。
[50] 最高法院 110 年度台抗字第 221 號刑事裁定。

3. 必要性：必要時檢察官或法官得逕行限制出境、出海。所謂「必要」僅需依自由證明法則，使法院相信很可能如此時即可[51]。

4. 但所犯係最重本刑為拘役或專科罰金之案件，不得逕行限制之。

輕罪案件，即§36規定「最重本刑為拘役或專科罰金之案件，被告於審判中或偵查中得委任代理人到場」，被告本人不用親自到場，亦無限制出境、出海的必要。另外，輕罪案件僅有拘役（最重為120日）或專科罰金，如限制出海、出境的期間動輒超過120日，將違反比例原則，故而有此限制。

最高法院109年度台抗字第384號刑事裁定

被告犯罪嫌疑重大，而有相當理由足認有逃亡之虞者，必要時法官得逕行限制出境、出海，刑事訴訟法第93條之2第1項第2款定有明文。且限制出境、出海係為保全被告到案，避免逃匿國外，致妨礙國家刑罰權行使之不得已措施。法院是否限制出境、出海之判斷，乃事實審法院職權裁量之事項，應由事實審法院衡酌具體個案之訴訟程序進行程度、人權保障及公共利益之均衡維護等一切情形，而為認定，其職權裁量苟無濫用權限之情形，即不得指為違法。

（二）程序

1. 發動主體（相對法官保留）與期間限制（定期審查制）

(1) 偵查中（§93-3I、II）

① 第一次限制

檢察官可以限制被告出境、出海，但不得超過8個月。因偵查中可能出現急迫情形，而使檢察官可以逕為限制。

---

[51] 最高法院109年度台抗字第541號刑事裁定。

② 聲請延長兩次（相對法官保留原則）

檢察官認有繼續限制之必要者，應附具體理由，最晚於期間屆滿之 20 日前「向法院聲請」延長，第一次聲請可延長 4 個月、第二次聲請可延長 2 個月，以延長 2 次為限。故而最多可以限制被告出境、出海 14 個月。

另外，延長聲請的聲請書繕本也應同時通知被告及其辯護人，以保障被告的表達意見的權利。

(2) 審判中（§93-3II）

限制不得超過 8 個月，延長限制期間每次最多 8 個月，但最長限制時間則會因最重本刑不同而不同：

① 最重本刑為十年以下有期徒刑：最長期間限制累計不得超過五年。

② 其餘之罪：最長期間限制累計不得超過十年。

階段	限制期間	相對法官保留原則	累計上限
偵查中	第一次限制：8 個月	無（檢察官逕為限制）	14 個月
	第二次延長：4 個月	有	
	第三次延長：2 個月	有	
審判中	每次 8 個月	最重本刑十年以下：有	五年
		其餘之罪：有	十年

2. 法院每次限制應給予被告及其辯護人陳述意見的機會，重新審查限制原因與必要性。惟實務認為 [52] 若第一次逕自為獨立型的限制出境、出海，無給予陳述述意見之問題。

3. 被告逃匿而通緝的期間不予以計入（§93-3III）。

---

[52] 最高法院 109 年度台抗字第 204 號刑事裁定。

（三）限制出境、出海，應以「書面記載」（書面記載原則）下列事項（§93-2II）

被告之姓名、性別、出生年月日、住所或居所、身分證明文件編號或其他足資辨別之特徵。案由及觸犯之法條。限制出境、出海之理由及期間。執行機關。不服限制出境、出海處分之救濟方法。

（四）限制出境、出海之通知（§93-2III、IV）

除被告住、居所不明而不能通知者外，§93-2II 的書面最晚應於為限制出境、出海後 6 個月內通知。但於通知前已訊問被告者，應當庭告知，並付與前項之書面。被告於收受書面通知前獲知經限制出境、出海者，亦得請求交付 §93-2II 之書面。

（五）聲請撤銷、職權撤銷以及視為撤銷

1. 聲請撤銷

聲請撤銷是指被告及其辯護人得向檢察官、法院聲請撤銷或變更限制出境、出海，或檢察官認為無繼續限制出境、出海必要時得向法院聲請解除限制出境、出海（§93-5I、II）。

2. 職權撤銷

檢察官於偵查中若認為無繼續限制必要時，應依職權撤銷或變更第一次限制出境、出海，但若起訴後案件繫屬法院時，偵查中所剩餘限制出境、出海之期間，得由法院職權或檢察官聲請撤銷之（§93-5III）。

法官得依職權撤銷或變更偵查中或審判中法院之限制出境、出海（§93-5IV）。

3. 視為撤銷（擬制撤銷）

被告受不起訴處分、緩起訴處分，或經諭知無罪、免訴、免刑、緩刑、罰金或易以訓誡或依 §303(3)、(4) 不受理之判決者，視為撤銷限制

出境、出海。但上訴期間內或上訴中，如有必要，得繼續限制出境、出海（§93-4）。

（六）救濟

1. 得抗告

　　§404 規定關於羈押、具保、責付、限制住居、限制出境、限制出海、搜索、扣押或扣押物發還、變價、擔保金、身體檢查、通訊監察、因鑑定將被告送入醫院或其他處所之裁定及依 §105III、IV 所為之禁止或扣押之裁定。

2. 得準抗告

　　§416 規定關於羈押、具保、責付、限制住居、限制出境、限制出海、搜索、扣押或扣押物發還、變價、擔保金、因鑑定將被告送入醫院或其他處所之處分、身體檢查、通訊監察及 §105III、IV 所為之禁止或扣押之處分。

三、限制出境、出海為羈押的替代處分

　　檢察官接受拘提或逮捕之被告而即時訊問後，若認為有羈押原因但無羈押之必要，得依 §93-6 規定「依本章以外規定得命具保、責付或限制住居者，亦得命限制出境、出海，並準用第九十三條之二第二項及第九十三條之三至第九十三條之五之規定」。

　　過去因為沒有法律明文規定，實務上以限制住居作為「限制出境、出海」依據的做法，故修法將「限制出境、出海」作為羈押的替代處分，然其實是將舊法時代的限制出境的替代處分明文的法律依據[53]。

---

[53] 吳巡龍，限制出境新制，月旦法學教室，第 204 期，2019 年 10 月，頁 2。

四、評析

（一）違反限制出境、出海處分，欠缺處罰機制

有論者[54]認為現行法限制出境、出海之規定有美中不足之處，並沒有如美國法規定，若違反限制出境處分將有藐視法庭罪：「任何人為被法院所發出之令狀、傳票、命令、裁定及指揮，行為人應依本法處以有期徒刑或併科罰金。罰金以 1,000 美元為上限，有期徒刑 6 個月為限」，且依據聯邦刑事訴訟規則 §43(B) 規定，被告若於審判開始後無故不到庭，視為放棄到庭權，也就自然放棄對質詰問權。

（二）違反急迫例外原則

學者認[55]限制出境處分由檢察官決定，忽略限制出境為羈押替代處分的性質，非屬急迫情況下檢察官亦可決定之，有違反急迫例外。因限制出境侵害人民基本權遠大於具保、責付、限制住居等其他替代處分，且限制出境有長期性（例如 §93-3 檢察官可決定限制出境最長 8 個月），應由中立的法官審查之方妥。

（三）救濟程序之重複規範

有論者[56]認 §93-5 已經單獨規定救濟程序，自無需於 §414I(2)、416I(1) 規定限制出境、出海之救濟程序。

---

[54] 吳巡龍，限制出境新制之檢討，台灣法學雜誌，第 409 期，2021 年 2 月，頁 85-86。

[55] 溫祖德，刑事訴訟限制出境之立法論—兼評新增限制出境之規範，政大法學評論，第 162 期，2020 年 9 月，頁 230。

[56] 陳文貴，刑事訴訟限制出境（出海）新制立法論，台灣法學雜誌，第 407 期，2021 年 1 月，頁 112-113。

五、舊法與新法的比較

舊法時期有羈押原因，無羈押必要，得以限制出境出海為替代措施，但法無明文。新法時期，除了法律明文限制出境、出海為羈押的替代措施外，限制出海、出境亦定位為獨立的強制處分，只要被告符合犯罪嫌疑重大且無一定住居所，即使無羈押原因也可以為之。

伍、暫行留置

一、概說

於民國 108 年 7 月發生的嘉義殺警案，第一審法院認為被告為思覺失調症患者，先不論後續被告有罪與否，若法院尚未判決確定前或刑法之監護處分尚未執行前，應如何兼顧處於此身心狀態之被告的人身自由與社會安全防護，即產生問題，故而有暫行安置制度之立法。

暫行安置與羈押之保全刑事程序「目的」不同，暫行安置乃為兼顧刑事被告醫療需求、程序權益保障及社會安全之防護，以強化社會安全網，且效果可存在於刑事程序各個階段。

暫時安置制度於精神疾患涉犯刑事案件犯罪嫌疑重大且有危害性、急迫性時，檢察官可以聲請、法院也可於審判中依職權運用暫行安置制度，為適當之處置。

二、實質要件

§121-1I 規定「被告經法官訊問後，認為犯罪嫌疑重大，且有事實足認為刑法第十九條第一項、第二項之原因可能存在，而有危害公共安全之虞，並有緊急必要者，得於偵查中依檢察官聲請，或於審判中依檢察官聲請或依職權，先裁定諭知六月以下期間，令入司法精神醫院、醫院、精神醫療機構或其他適當處所，施以暫行安置」。

§121-1II 規定「第三十一條之一、第三十三條之一、第九十三條第二項前段、第五項、第六項、第九十三條之一及第二百二十八條第四項之規定，於偵查中檢察官聲請暫行安置之情形準用之。」因暫行安置長期拘束人身自由之狀況與羈押相仿，為求簡潔採用部分準用羈押程序之規定，不因暫行安置制度之設立而喪失被告之原有權利，包含 §31-1 之強制辯護、§33-1 之閱卷權、§93II 之拘捕後 24 小時內聲請（若案件於審判中則不須要此要求）、§228IV 之檢察官可為暫行安置而逮捕被告、§93-1 之法定障礙事由。

§228IV 之準用規定文義上包含「得命具保、責付或限制居住」以及 §93-1(7) 規定「經檢察官命具保或責付之被告，在候保或候責付中者。但候保或候責付時間不得逾四小時。」惟立法理由指出「準用」應限於性質不相牴觸之範圍內方可為之，此二規定應不在準用之列。

§93-1(4)「因被告或犯罪嫌疑人身體健康突發之事由，事實上不能訊問者」，此為被告或犯罪嫌疑人之有無就訊能力判斷標準，亦為法定障礙事由，若檢察官於偵查中被告已無就訊能力，應讓被告戒護就醫，等到事實可以訊問且已訊問後方可開始計算 24 小時，若被告於檢察官訊問時已經無就訊能力，檢察官逕行聲請暫行安置，法官應以檢察官未經 §228IV 訊問駁回聲請。若被告於檢察官聲請候欠缺就訊能力，則法院仍應將被告戒護就醫後，待被告有就訊能力之後方可以訊問被告。

（二）聲請權人

檢察官於偵查中、審判中皆有暫行安置之聲請權，而法院僅於審判中得依職權發動暫行安置，且法院應依裁定為之，不得以處分為之。現行法並未賦予被告或辯護人聲請暫行安置之權限，且暫行安置亦非如具保、責付或限制住居等為羈押之替代手段，被告自無聲請以暫行安置代替羈押之權限。

（三）聲請程式

§121-1IV 規定「檢察官聲請暫行安置或延長暫行安置者，除法律另有規定外，應以聲請書敘明理由及證據並備具繕本為之，且聲請延長暫行安置應至遲於期間屆滿之五日前為之。」

（四）法官裁定程序

法官裁定程序包含非檢察官聲請得到場陳述意見及檢察官聲請者有到場義務、告知義務、請求準備時間、檢察官執行、被告及辯護人之陳述意見權，規定於 §121-2「I 法官為前條第一項或第三項前段訊問時，檢察官得到場陳述意見。但檢察官聲請暫行安置或延長暫行安置者，應到場陳述聲請理由即提出必要之證據。II 暫行安置或延長暫行安置所依據之事實、各項理由之具體內容及有關證據，應告知被告及其辯護人，並記載於筆錄。III 檢察官、被告及辯護人得於前條第一項或第三項前段訊問前，請求法官給予適當時間為陳述意見或答辯之準備。IV 暫行安置、延長暫行安置，由該管檢察官執行。」

檢察官可請求法官給予適當時間為陳述意見或答辯之準備，是因為暫行安置、延長暫行安置均由檢察官執行，如果法官於審判中職權發動，檢察官可能不在場且可能未事先準備執行處所，將造成執行困難，故而有此規定。

（五）案件第三審上訴中之裁定

§121-4「I 案件在第三審上訴中，而卷宗及證物已送交該法院者，關於暫行安置事項，由第二審法院裁定之。II 第二審法院於為前項裁定前，得向第三審法院調取卷宗及證物。」因第三審為法律審，不為事實之調查，被告是否有暫行安置之原因必要，自應由事實審調查審認。

不得上訴第三審的案件，第二審暫行安置裁定可否抗告？是否不受 §405 規定「不得上訴於第三審法院之案件，其第二審法院所為裁定，不

得抗告」規定之限制？本書認為暫行安置與一般程序之裁定，係考量被告醫療、防衛社會及程序權益保障，應採肯定說。

三、效果

　　法院可裁定諭知六月以下期間，令入司法精神醫院、醫院、精神醫療機構或其他適當處所，施以暫行安置。法律未禁止裁定宣告特定之處所，法院可參酌現實考量，以免未來執行困難，不必於裁定主文宣特定之處所。又「處所」應可解為不限於機構式之處所。

　　暫行安置可否折抵日後之刑期？實務認為慮及接受醫療中之被告若因刑事偵查、審判進程之需求而受頻繁提解，則可能影響其精神穩定度或醫事人員已擬定之醫療計畫，故暫行安置制度除於§121-1III規定準用§108II關於「除當庭宣示者外，須於羈押期間未滿前以裁定正本送達被告，始發生延長羈押之效力，若羈押期滿，延長羈押之裁定未經合法送達，視為撤銷羈押」之規定外，並未準用其他羈押諸如應區分偵查、審判及不同審級而分別裁定、計算羈押期間之規範，而就暫行安置期間則僅有「暫行安置期間應為6月以下，延長暫行安置每次不得逾6月，暫行安置期間累計不得逾五年」等上限規定，益見暫行安置制度之本質已有別於羈押，自無從僅以暫行安置拘束人身自由而無法折抵日後之刑期乙節，即認原審延長暫行安置之裁定有違比例原則及立法意旨，故此部分抗告意旨同屬無據[57]。

四、撤銷

　　§121-31「暫行安置之原因或必要性消滅或不存在者，應即撤銷暫行安置裁定。II檢察官、被告、辯護人及得為被告輔佐人之人得聲請法院撤

---

[57] 臺灣高等法院高雄分院111年度抗字第286號刑事裁定。

銷暫行安置裁定；法院對於該聲請，得聽取被告、辯護人及得為被告輔佐人之人陳述意見。III 偵查中經檢察官聲請撤銷暫行安置裁定者，法院應撤銷之，檢察官得於聲請時先行釋放被告。IV 撤銷暫行安置裁定，除依檢察官聲請者外，應徵詢檢察官之意見。」

「原因」是指犯罪嫌疑重大、刑法 §19I、§19II 之原因可能存在、有危害公共安全之虞；必要性是指緊急必要。偵查中檢察官聲請撤銷時，法官僅有形式之審查權，無實質審查權，故而法院「應」撤銷之，而審判中檢察官聲請撤銷時，法院則有裁量空間。

從 §121-3 之規定可知撤銷暫行安置的程序未採行言詞審理原則，暫行安置之程序執行後，如被告身心狀況可能有變化時，法院似可考慮開庭審理，並通知訴訟的關係人到場。惟偵查中檢察官聲請撤銷時，仍因法院無裁量空間，無開庭審理之必要。

五、視為撤銷與免予執行

§121-5「I 暫行安置後。法院判決未宣告監護者，視為撤銷暫行安置裁定。II 判決宣告監護開始執行時，暫時安置或延長暫行安置之裁定尚未執行完畢者，免予繼續執行。」若被告受暫行安置執行中，經判決宣告監護確定而執行時，暫行安置與監護之執行將接軌，故而免予繼續執行暫行安置。

六、期間

延長暫行安置期間，§121-1III 規定「暫行安置期間屆滿前，被告經法官訊問後，認有延長之必要者，得於偵查中依檢察官聲請，或於審判中依檢察官聲請或依職權，以裁定延長之，每次延長不得逾六月，並準用第一百零八條第二項之規定。但暫行安置期間，累計不得逾五年。」

七、執行時之急迫處分

§121-6「I 暫行安置，本法未規定者，適用或準用保安處分執行法或其他法律之規定。II 於執行暫行安置期間，有事實足認被告與外人接見、通信、受授書籍及其他物件，有湮滅、偽造、變造證據或勾串共犯或證人之虞，且情形急迫者，檢察官或執行處所之戒護人員得為限制、扣押或其他必要之處分，並應即時陳報該管法院；法院認為不應准許者，應於受理之日起三日內撤銷之。III 前項檢察官或執行處所之戒護人員之處分，經陳報而未撤銷者，其效力之期間為七日，自處分之日起算。IV 對於第二項之處分有不服者，得於處分之日起十日內聲請撤銷或變更之。法院不得以已執行終結而無實益為由駁回。V 第四百零九條至第四百十四條規定，於前項情形準用之。VI 對於第二項及第四項之裁定，不得抗告」。

（一）主體

急迫處分之主體為檢察官、執行處所之戒護人員，法院不可能於裁定暫行安置時同時為預知未來風險而為急迫處分。

（二）實質要件

暫行安置之要件為被告有事實足認為刑法 §19I、§19II 之原因可能存在，而有危害公共安全之虞，並有緊急必要，並未包括被告有無湮滅、偽造、變造證據或勾串共犯或證人之虞。惟被告於暫行安置期間，如發現與外人接見、通信或受授書籍及其他物件時，有事實足認有湮滅、偽造、變造證據或勾串共犯或證人之虞時，檢察官或執行處所之戒護人員得為限制、扣押或其他必要之處分。

（三）處分內容

限制（非禁止）、扣押（國家機關暫時對物品取得占有）或其他必要之處分（其他情況下阻止滅或勾串的不得已措施）。

（四）陳報義務

　　為確保此一急迫處分之合法性，§121-6II 後段規定處分後應「即時」陳報該管法院；法院倘認不應准許者。應於受理之日起 3 日內撤銷之，以因應實際需要，並兼顧被告程序權益。

　　急迫處分倘經陳報而未撤銷者，依 §121-6III 其效力期間為 7 日，屆至後當然失效。另於本項所定效力期間屆滿後，並不因此當然排除其他合法之作為，例如相關物件、文書屬於可為證據之物，偵查中得由檢察官、或審判中得由法官依據 §133 以下扣押之。對於第 2 項之限制、扣押或其他必要之處分有不服者，應賦予其聲請撤銷或變更之權利，故 §121-6IV 明定得於處分日起 10 日聲請撤銷或變更，以作為其救濟途徑。該項所定之救濟期限較前述處分效力期間更長，亦可明確其兼具確認訴訟之性質，縱使處分效力期間經過之後，仍得依其聲請而確認處分之違法與否。法院對此聲請所為之決定，即屬裁定，應依本法關於裁定之方式辦理。

　　為明確救濟程序，規定前開救濟準用抗告程序部分規定辦理，但 §121-6VI 規定，於第 2 項（法院不准許限制、扣押或其他必要之處分的裁定）及第 4 項（被告對限制、扣押或其他必要之處分不服的法院裁定）之裁定，有迅速確定之必要，故明定不得抗告。

八、救濟

　　暫行安置、延長暫行安置之裁定，依 §121-1V 規定「對於第一項及第三項前段暫行安置、延長暫行安置或駁回聲請之裁定有不服者，得提起抗告。」，抗告權人為檢察官與被告，而輔佐人、得為輔佐之人與被告有身分之密切關係，而得強化被告事實及法律上之防禦能力，因此倘於被告抗告時，可將輔佐人、得為輔佐人之人意見納入考量。

　　暫行安置、延長暫行安置之撤銷裁定或駁回聲請之裁定有不服者，得提起抗告（§121-3V）。

陸、鑑定留置

一、鑑定留置的意義

鑑定留置為長期干預人身自由的措施，目的為鑑定被告心神或身體的狀態（例如毒販有無把毒品吞到胃中），以將被告送入適當處所（例如醫院）為手段連續觀察、診斷。簡言之，例如新聞常說的要看被告的心神狀態是否達到無責任能力而後可否處以死刑的前置問題，亦即要先證明被告有達到無責任能力，須加以鑑定而應以鑑定留置此強制處分為之[58]。

鑑定留置已經非單純的證據調查方法，而屬於強制處分。理論上無論偵查中、審判中的刑事程序，或者證據保安程序皆可適用鑑定留置。如果沒有經過被告自願性同意，鑑定留置期間不得施以身體檢查處分，亦不得課予主動配合義務或治療措施[59]。

二、決定機關

因其性質與羈押類似，故為採取絕對法官保留原則，亦即鑑定留置票由法官簽名。檢察官認有鑑定留置必要時，向法院聲請簽發之（§203-1IV）。

---

[58] 最高法院 90 年度台上字第 6093 號刑事判決：刑法上之精神耗弱或心神喪失，固屬行為有責性判斷之範圍，惟是否精神耗弱或心神喪失，乃精神醫學上之專門知識，有賴精神醫學專家之鑑定，以資判斷。

[59] 林鈺雄，鑑定留置制度，月旦法學雜誌，第 113 期，2004 年 10 月，頁 51 以下。最高法院 106 年度台上字第 3908 號刑事判決。最高法院 107 年度台上字第 3083 號刑事判決：「自願性同意」，應以一般意識健全具有是非辨別能力之人，因司法警察表明身分與來意，均得以理解或意識到身體檢查之意思及效果，而有參與該訴訟程序及表達意見之機會，可以自我決定選擇同意或拒絕，非出於強暴、脅迫、利誘、詐欺或其他公權力之不當施壓所為之同意為其實質要件。亦即該同意是否出於自願，應依案件之具體情況包括徵求同意之地點、徵求同意之方式、同意者主觀意識之強弱、教育及智慮程度等內、外在一切情況為綜合判斷，不能單憑多數警察在場即否定其自願性。

　　因為鑑定留置干預人民權利重大，又與羈押類似，故本書認為必須以重大犯罪嫌疑且符合比例原則為妥。

最高法院 104 年度台上字第 2268 號刑事判決

　　被告行為時之心神狀態如何，有無因精神障礙或其他心智缺陷，而足以影響其責任能力之情形，攸關其行為是否不罰或得否減輕其刑，而被告於審判時有無心神喪失之情狀，亦關涉法院應否依刑事訴訟法第 294 條第 1 項規定停止審判，自均屬對被告利益有重大關係之事項。即使被告未聲請調查，法院亦應依職權善盡其調查職責，以兼顧發見真實並維護被告在訴訟上之合法權益，不受被告本身所為意見陳述之拘束。因此，刑事訴訟法第 203 條第 3 項規定「因鑑定被告心神或身體之必要，得預定 7 日以下之期間，將被告送入醫院或其他適當之處所。」並於同法第 203 條之 1 至第 204 條之 2 規定執行「鑑定留置」及施以「必要處分」等相關規定，明白賦予審判長、受命法官得以鑑定留置之方式鑑定被告心神狀態之強制處分權。

三、書面

　　應用鑑定留置票。但經拘提、逮捕到場，其期間未逾 24 小時者，不在此限（§203-1I），因 24 小時的期間內仍是 §91～§93 的偵訊期間，故毋庸簽發鑑定留置票。

　　鑑定留置票內容應記載：被告之姓名、性別、年齡、出生地及住所或居所、案由、應鑑定事項、應留置之處所及預定之期間。如不服鑑定留置之救濟方法（§203-1II）。

　　鑑定留置的執行前提應該是具有令狀為原則，若無令狀時，實務上用假設偵查流程來推定亦會產生相同的結果，認定鑑定留置取得之書面報告具有證據能力，但此見解不當。

> **最高法院 104 年度台上字第 717 號刑事判決【不具令狀下，對於鑑定留置取得的書面報告之證據能力】**
>
> 　　檢察官於偵查中將被告送請馬偕紀念醫院（下稱馬偕醫院）實施精神鑑定，乃基於被告個人基本人權之保障及公共利益之均衡維護，並兼顧程序正義及發現實體真實，縱檢察官另向法院聲請簽發鑑定留置票，法院亦會同意簽發，故檢察官雖未向法院聲請簽發鑑定留置票，對被告之人身自由及防禦權並無影響，且與鑑定單位即馬偕醫院無涉，不影響馬偕醫院對被告實施之精神鑑定之可信性；故經審酌上揭事項，依比例原則、法益權衡原則為客觀判斷結果，亦認馬偕醫院精神鑑定報告書具有證據能力，以均衡維護人權保障及公共利益。

三、鑑定留置的期間

（一）原則：7 日以下（§203III）。

（二）例外：鑑定留置之預定期間，法院得於審判中依職權或偵查中依檢察官之聲請裁定縮短或延長之。但延長之期間不得逾 2 月（§203-3I）。故而鑑定留置的總期間上限為 2 個月又 7 天[60]。

四、執行機關與方式

　　鑑定留置的方式與羈押相似，§203-2 規定「I 執行鑑定留置，由司法警察將被告送入留置處所，該處所管理人員查驗人別無誤後，應於鑑定留置票附記送入之年、月、日、時並簽名。II 第八十九條、第九十條之規定，於執行鑑定留置準用之。III 執行鑑定留置時，鑑定留置票應分別送交檢察官、鑑定人、辯護人、被告及其指定之親友。IV 因執行鑑定留置有必要時，法院或檢察官得依職權或依留置處所管理人員之聲請，命司法警察看守被告」。

---

[60] 林鈺雄，鑑定留置制度，月旦法學雜誌，第 113 期，2004 年 10 月，頁 51 以下。

五、救濟

　　鑑定留置無特別救濟途徑，僅有一般救濟途徑，亦即僅可依據 §404I(2) 抗告、§416I(1) 準抗告。應注意者，抗告並不停止執行裁判之效力（§409I），所以會導致抗告無實益，因精神科醫師很快就會鑑定結束，等法官認為抗告有理由，認為鑑定留置違法，但也已經來不及了。故法官應該善用 §409I 但「得裁定停止裁判的執行」[61]。§415(6) 規定「對於抗告法院之裁定，不得再行抗告。但對於其就左列抗告所為之裁定，得提起再抗告：六、證人、鑑定人、通譯及其他非當事人對於所受之裁定抗告者」。

六、鑑定留置與上訴第三審

　　如果未為鑑定留置是否為可上訴第三審的事由，亦即此是否屬於 §379(10) 規定於審判期日應調查證據而未調查，是否可以上訴第三審，實務見解不一，但關鍵還是取決於有無鑑定留置的必要性，如認為有鑑定留置的必要而未為鑑定留置，則可上訴第三審[62]，若無鑑定留置的必要，則不可上訴第三審[63]。

柒、身體檢查

一、身體檢查的概念

　　身體檢查是指以人的身體本身（含其組織、成分）之物理性質、狀態或特徵作為證據目的之處分，也就是透過對人的裸身進行觀察、採集或檢驗，

---

[61] 林鈺雄，刑事訴訟法（上），2013 年 9 月，頁 458。
[62] 最高法院 90 年度台上字第 6093 號刑事判決。
[63] 最高法院 89 年度台上字第 2291 號刑事判決、臺灣高等法院高雄分院 106 年度上易字第 203 號刑事判決。

以便判別、推論構成要件該當性、責任能力等相關事實的干預措施[64]。其性質涉及人性尊嚴中人的身體完整性之不可侵犯性以及資訊隱私。論者[65]有將之歸類於對物之強制處分，而稱之為強制採樣者。

二、決定機關與類型

（一）鑑定人鑑定的身體檢查

1. 意義

　　鑑定人因鑑定之必要，得經審判長、受命法官或檢察官之許可，檢查身體、解剖屍體、毀壞物體或進入有人住居或看守之住宅或其他處所（§204I）。鑑定人因鑑定之必要，得經審判長、受命法官或檢察官之許可，採取分泌物（例如為鑑定性侵者精液、唾液）、排泄物（例如為鑑定吸毒者之尿液）、血液、毛髮（例如以毛髮鑑定有無毒品反應）或其他出自或附著身體之物，並得採取指紋、腳印、聲調、筆跡、照相或其他相類之行為。該處分，應於鑑定許可書中載明（§205-1）。

2. 決定機關

　　理論上，偵查中由檢察官決定，審判中由法官決定。

（二）法官、檢察官勘驗的身體檢查

1. 意義

　　法院或檢察官因調查證據及犯罪情形，得實施勘驗（§212）。又§213 規定「勘驗，得為左列處分：一、履勘犯罪場所或其他與案情有關係之處所。二、檢查身體。三、檢驗屍體。四、解剖屍體。五、檢查與案情有係之物件。六、其他必要之處分」。例如 A 對 B 犯強制性交罪，B

---

[64]　林鈺雄，刑事訴訟法（上），2013 年 9 月，頁 549。
[65]　林俊益，刑事訴訟法概要（上），2020 年 9 月，頁 234、385-395。

說出 A 的生殖器上方有「兩片大象耳朵」圖案的刺青且有 6 顆入珠，因此可以對 A 為生殖器的身體檢查。

2. 決定機關

偵查中由檢察官決定，審判中由法官決定。

（三）司法警察（官）的身體檢查

1. 意義

檢察事務官、司法警察官或司法警察因調查犯罪情形及蒐集證據之「必要」，對於「經拘提或逮捕到案」之犯罪嫌疑人或被告，得違反犯罪嫌疑人或被告之意思，採取其指紋、掌紋、腳印，予以照相、測量身高或類似之行為（此稱為體表檢查，非侵入性的身體檢查）；有「相當理由」認為採取毛髮（可驗毒性反應）、唾液、尿液（針對施用毒品者）、聲調或吐氣（針對酒駕者）得作為犯罪之證據時，並得採取之（§205-2）。

該主體於必要時予以採取指紋等行為是確認身分的措施，而相當理由時採取毛髮等行為則是為了蒐集證據及將來鑑定之用。而相當理由與情況急迫呈現正面相關，例如酒駕者若越晚採取吐氣樣本則其測得之酒精濃度越低。

2. 決定機關

檢察事務官、司法警察官或司法警察。

3. 批評

檢察事務官、司法警察官或司法警察直接擁有的權限，毋庸經任何人的事前審查或事後審查，有悖於刑訴中強制處分規定的發展。本條規定只是為了符合實務向來的狀況，但要件模糊，可採取的措施很廣泛，應不可為身體侵犯性的措施，但是條文規定不明確，恐怕會導致偵查機關為身體侵犯性的措施。

4. 民國 111 年憲判字第 16 號【司法警察（官）採尿取證案】

§205-2 所涉及之採尿取證行為，係為取得犯罪之證據，認定犯罪相關事實，對人之身

體產生之尿液進行採集之取證行為，屬對身體採樣之身體檢查處分，與刑事訴訟法第一編第十一章所定之搜索同具有強制處分之性質。就採尿之方式觀之，違反受採尿者意思採取其尿液，其方式可大別為侵入性與非侵入性方式兩大類。

由於尿液蘊含足資辨識個人行為與生活方式之個人資訊，例如體內毒品濃度之閾值，而屬個人資訊之載體，上述兩種違反受採尿者意思之採尿方式，就取得受採尿者之尿液作為犯罪之證據而言，其對受採尿者之資訊隱私權之侵害程度，雖無本質之不同，惟侵入性方式之採尿，因係以器具侵入受採尿者之身體私密部位以採集尿液，除嚴重侵害其等個人私密領域之隱私權外，更使受採尿者之身體受到實施採尿者之操控，致嚴重侵害受採尿者免於身心受傷害之身體權，甚至可能危害其身心健康。

以侵入性方式採尿取證，然就其嚴重侵害受採尿者之基本權而言，授權受檢察官指揮（命令）或協助檢察官偵查犯罪之司法警察（官），作為以侵入性方式採取尿液之強制處分主體，顯非合理、正當之程序規範。是系爭規定使司法警察（官），得違反受合法拘捕者之意思採尿取證，如係以侵入性方式為之者，並不符憲法正當法律程序原則之要求。因此，系爭規定所規範之採取尿液行為，應不包含以侵入性之手段為之者，其係就非侵入性方式採取尿液而為規範。

違反受採尿者意思之非侵入性方式採尿取證行為，若係於受採尿者經合法拘提或逮捕後所進行，仍對受採尿者受憲法 §22 保障之資訊隱私權構成限制，均已使受採尿者身體自主控制權受到制約，其等受憲法 §22 保障之免於身心受傷害之身體權因而受到限制。是非侵入性方式之採尿取證程序，仍應具備必要之法律程序，以符合憲法正當法律程序原則之要求。

司法警察（官）依系爭規定，以非侵入性方式違反受合法拘捕者意思採尿取證，乃刑事偵查階段蒐證方式之一種。從而，系爭規定所應具備之正當法律程序，原則上即應與法律屬性相近之其他刑事蒐證方式之必要程序相當。性質上屬對身體採樣之身體檢查處分之一種，即應踐行與同具強

制處分性質之身體檢查處分程序相當之法律程序，始符憲法正當法律程序原則之要求。

　　人體尿液並不如血液般蘊含大量個人生物特徵識別資料，其對受採尿者憲法上資訊隱私權之侵害程度，實不若強制採檢血液之情形；以非侵入性方式違反受採尿者意思採尿，對受採尿者之免於身心受傷害之身體權造成限制，其嚴重程度實遠不及以侵入性方式所為者。檢察官主要任務係在犯罪之偵查及公訴權之行使，犯罪證據之蒐集為其中不可或缺之一環，賦予檢察官以非侵入性且對受採尿者身體健康無虞方式之採尿取證權限，就個案具體情狀，決定是否違反受採尿者之意思採尿取證，尚符合憲法正當法律程序原則之要求。至司法警察（官）為調查犯罪及蒐集證據，固得於受合法拘捕者之人身自由已受合法留置之限制下，經事前報請檢察官發動職權，核發鑑定許可書，以非侵入性且對受合法拘捕者身體健康無虞之方式採尿取證。

　　為偵查程序之順利進行及有效取得認定事實之證據，於有非即時採尿否則無法有效保全證據之急迫情況，自得例外賦予司法警察（官）以非侵入性方式採尿取證之強制處分權限，且於採尿後，於一定期限內陳報檢察官許可，檢察官並應得於事後予以撤銷。受採尿者作為受處分人之身分，自應享有依法向法院請求救濟之機會，始符合憲法正當法律程序原則之要求。故系爭規定未區分是否有非即時採取尿液，否則將無法有效保全證據之急迫情況，即例外授權司法警察（官）無須令狀或許可，得違反受合法拘捕者意思採尿取證，並欠缺須經檢察官事後審核監督之機制，以及受採尿者事後權利救濟途徑等權利保障之程序規定，與前述限制資訊隱私權及免於身心受傷害之身體權所應具備之正當法律程序不合。

　　§205-2 係就司法警察（官）以非侵入性方式採取尿液而為規範。惟其規定不分情況是否急迫，事前既未經該管檢察官許可，事後亦無任何陳報該管檢察官之監督查核程序，且對受採尿者亦無提供任何權利救濟機制，不符憲法正當法律程序原則之要求，牴觸憲法 §22 條保障資訊隱私權及免於身心受傷害之身體權之意旨，應自本判決公告之日起，至遲於屆

滿二年時失其效力。又本判決公告前，已依上開規定採取尿液而尚未終結之各種案件，仍依現行規定辦理。相關機關應自本判決公告之日起二年內，依本判決意旨妥適修法；自本判決公告之日起至完成修法前，司法警察（官）依 §205-2 規定以非侵入性方式採取尿液之實施，應報請檢察官核發鑑定許可書始得為之；情況急迫時，得依 §205-2 規定以非侵入性方式採取尿液，並應於採尿後 24 小時內陳報該管檢察官許可；檢察官認為不應准許者，應於 3 日內撤銷之；受採尿者得於受採取尿液後 10 日內，聲請該管法院撤銷之。

身體檢查可否促使被告自行排尿

　　命被告喝水且走動促使自行排尿是否為法許可？實務[68]認為司法警察官、司法警察之強制採取尿液權力，除屬於依毒品危害防制條例 §25 規定之應受尿液採驗人，經合法通知而無正當理由不到場，或到場而拒絕採驗者，應報請檢察官許可強制採驗外，對於經合法拘提或逮捕到案之犯罪嫌疑人或被告，因調查犯罪情形及蒐集證據之必要，只須於有相當理由認為得作為犯罪之證據時，依刑事訴訟法 §205-2 之規定，本得違反犯罪嫌疑人或被告之意思，強制採尿。此乃不須令狀或許可，即得干預其身體之立法特例，係針對犯罪嫌疑人或被告頑強地繼續拒絕任意提供尿液之替代方法，俾滿足偵查階段之及時蒐證需求，使證據能有效取得，國家刑罰權得以實現。此之強制採取尿液，其屬侵入身體而作穿刺性或侵入性之身體採證者，因攸關人身不受侵害基本權之保障，學說上固有仍須取得令狀而排除在本條授權之外之主張，惟如屬一般強迫犯罪嫌疑人或被告自然解尿之方式採尿取證，例如警察命犯罪嫌疑人或被告喝水、喝茶或走動等以促其尿意產生，待其自然排泄之後再予扣押者，則以合乎刑事訴訟法有關告知緘默權之程序即可，依法並無

---

[68] 最高法院 109 年度台上字第 282 號刑事判決、最高法院 109 年度台上字第 3154 號刑事判決。

事先取得令狀或許可之必要。至於有無相當理由之判斷，則應就犯罪嫌疑之存在及使用該證據對待證事實是否具有重要性、且有保全取得之必要性等情狀，予以綜合權衡。

三、對象

（一）原則：對被告本人為之。

（二）例外：對第三人為身體檢查處分。檢查身體，如係對於被告以外之人，以有相當理由可認為於調查犯罪情形有必要者為限，始得為之（§204II 準用勘驗→ §215），而司法警察不可對第三人為身體檢查處分。

　　對第三人身體檢查處分的門檻較高，必須限於發現存留在第三人身體的特定痕跡或犯罪結果，例如 A 對 B 強制性交，而對 B 體內的精液為之，學說上稱為跡證原則。而該第三人必須限於預期可作為證人時方可對之為之（包含幼童），學說上稱為證人原則，然有學說認為如果與案情無關的第三人則不須包含[69]。另外，與強制導尿相同法理，應禁止對第三人進行侵入性或穿刺性的檢查處分。

四、強制力的使用不得逾越必要程度（§204II 準用勘驗→ §219 準用 §132）。

五、檢查婦女身體時應命醫師或婦女行之（§204II 準用勘驗→ §215III）

　　檢查婦女身體包括照相、量身高，該事項應不用限定性別。另外如果男性被檢查身體時，如由女性為之亦可能有此問題，此外也應考量性傾向

---

[69] 林鈺雄，對第三人之身體檢查處分，干預處分與刑事證據，2008 年 1 月，頁 114-116。

之問題。而於司法警察的身體檢查時漏未規定不應由異性為之，應該修法解決上述問題，未修法前可類推適用該法理。

六、身體檢查與搜索、鑑定、勘驗的區別

（一）身體檢查與搜索的區別

　　搜索與身體檢查同列為強制處分，為取得證據的方法，實務認為搜索，可分為對人搜索與對物搜索。對人搜索，雖包括對被告身體的搜索，然此種搜索，應與身體檢查處分（如採集指紋、唾液、尿液等）有所區別，並非搜索扣押之概念所能涵蓋[70]。

　　詳言之，身體檢查處分是以身體本身的物理性質、狀態當成證據的強制處分，如果是外來物則非屬身體檢查處分，然如果已經進入身體應將其當成是身體的一部分，而可為身體檢查處分。而身體檢查處分如非是對於身體自然開口的干預，例如深藏在肛門、陰道、胃裡面的毒品、刀片，必須藉由醫療器材取出。但如果是對於身體自然開口的干預，例如藏在口腔內，即為搜索[71]。實務見解認為於毒品案中以高科技的 X 光照射檢查，發現夾藏海洛因，亦為身體檢查[72]。

　　總之，搜索是指身體表面及附著於身體表面外部之物件的探尋，借助觸覺、視覺、毋庸藉助工具，而身體檢查是指身體本身成分或身體內部異物的取得，通常需藉助工具。身體的內外部之區分以是否有侵入性，如無侵入性則屬身體外部。

---

[70] 最高法院 108 年度台上字第 4027 號刑事判決。
[71] 林鈺雄，對第三人之身體檢查處分，干預處分與刑事證據，2008 年 1 月，頁 23-25。
[72] 最高法院 104 年度台上字第 2090 號刑事判決。

（二）身體檢查與鑑定、勘驗的區別

身體檢查屬於強制處分（為了取得證據），鑑定、勘驗是取得證據後而調查證據的問題，有先後關係。但有些情況下需要當庭勘驗時，身體檢查處分與鑑定會同時進行，例如法官當庭勘驗 A 胸前的胎記。

第三節　對物的強制處分

壹、搜索

一、意義與目的

搜索是指為了欲發現被告或犯罪嫌疑人、蒐集犯罪證據或其他應沒收之物而搜查被告或第三人的身體或物件、電磁紀錄及住宅或其他處所（§122）。學者[73] 認只要物理性侵入法律所保護之領域即屬搜索，若無物理侵入之情況下，只要侵犯人民合理隱私期待即屬搜索，人民合理隱私期待是指主觀上對於特定有體物（如信箋）或無體物（如對話）要有隱私期待意思，客觀上必須是一般人認為該隱私期待為合理的，例如一般人都認為被丟掉的垃圾是沒有合理隱私期待。對於身體、住宅之搜索，為嚴重侵犯人民身體自由、居住安寧、隱私及財產權之行為，故「原則上」應符合令狀原則，實踐法治國原則。

（一）依據搜索的目的可分成

1. 拘捕搜索

拘捕搜索是指為發現「被告或犯罪嫌疑人」，亦即發現人的搜索，其後往往緊隨拘捕程序。

---

[73] 王兆鵬、張明偉、李榮耕，刑事訴訟法（上），2022 年 3 月，頁 202-203。

2. 偵（調）查搜索

偵查搜索是指為發現「犯罪證據或其他得沒收之物」，亦即發現物的搜索，其後往往緊隨著扣押程序。

（二）依據搜索的對象可分成

1. 對被告的搜索

被告為國家的追訴對象，相較於第三人享有較多程序上相關權利，被告對於搜索應有較高的忍受義務，故於「必要時」得搜索被告身體、被告的物件、電磁紀錄及住宅或其他處所（§122I）。

2. 對第三人的搜索

針對除被告（共犯）以外的第三人之搜索（例如證人、自訴人），因第三人非追訴對象，且無如被告般享有較多相關權利，故於相當理由相信被告或應扣押之物存在時，方可對第三人為搜索身體、物件、電磁紀錄及住宅或其他處所（§122II）。

二、有令狀的搜索

（一）聲請機關與決定機關

1. 聲請機關

(1) 檢察官（§128-1I）。

(2) 司法警察「官」（不含司法警察）：由其聲請時，須經檢察官的許可（§128-1II）。

司法警察官
具聲請書狀 ➡ 向檢察官請求許可 ┬➡ 不許可：退回書狀
　　　　　　　　　　　　　　　　└➡ 許可：向法院聲請搜索令狀

然而該規定並不妥當，因搜索講求的是迅速，如認為有發動搜索必要時，第一線的司法警察最為清楚實際情況，如仍需要透過檢察官許可，可

能會妨礙司法警察搜索的效率與意願，而且不論是司法警察官或檢察官申請，最終都要經由法官審查，不會有濫行搜索的疑慮[74]。

2. 決定機關

搜索採取相對法官保留原則，以有令狀為原則，故 §128III 規定搜索票由法官簽名，故法官為決定機關。如檢察官或司法警察官報請檢察官許可後之聲請經法官駁回者，不得聲明不服（§128-1III）。法院是指屆時有管轄權之法院（非搜索所在地的法院）。

（二）搜索票的審查過程

法院審查搜索票的聲請時，基於 §128IV 規定「核發搜索票之程序，不公開之」，此稱為偵查中的審查搜索票程序不公開。

此為程序事項，並非有無真的犯罪之問題，也屬於審判期日以外的程序，故自由證明即可，不適用直接審理原則、傳聞法則，所以只要證明搜索有合理懷疑（合理根據），亦即只要說明有這件事情而讓法院得到大概如此的心證已足。因此，法官不用親自訊問證人，可以依證據的替代品判斷而達到有合理懷疑時，即可簽發搜索票。

審查的程度而言，對被告的搜索應確認是否符合 §122I 的「必要性」門檻。對第三人搜索時必須符合「相當理由」，兩者都屬於合理懷疑，而後者門檻較高。

（三）搜索票之記載

§128II 規定「搜索票，應記載下列事項：一、案由。二、應搜索之被告、犯罪嫌疑人或應扣押之物。但被告或犯罪嫌疑人不明時，得不予記載。三、應加搜索之處所、身體、物件或電磁紀錄。四、有效期間，逾期不得執行搜索及搜索後應將搜索票交還之意旨」。

---

[74] 黃朝義，刑事訴訟法，2013 年 9 月，頁 239。

　　除有記載外，尚要符合合理明確性，如果違反之，屬於概括搜索票之禁止，尤其是針對應扣押之「物」與應搜索之「對象」時更要明確[75]。不可空泛記載「有關犯罪贓證物及犯罪所得之物」，如違反之，搜索所得的證據，應依 §158-4 權衡公、私益判斷是否有證據能力。

　　在 112 年憲判字第 9 號【搜索律師事務所案】中，對於可搜索律師事務所的對象與範圍，憲法法院表示不能及於律師或辯護人與被告、犯罪嫌疑人或潛在犯罪嫌疑人間行使秘密自由溝通權之紀錄以及因此而生之文件資料（如文書、電磁紀錄等）[76]。

　　處所的範圍，實務上認為包含與生活起居密切關聯的一切場所[77]，例如大樓或公寓等集合式住宅的停車場、住宅的儲藏室、住處的樓梯間。且住址的記載應該以避免以一張搜索票概括搜索住所或辦公室為主。而有效期間的記載，是為了避免一張搜索票可以長期搜索的情形。

最高法院 100 年度台上字第 5065 號刑事判決【概括搜索票禁止原則】

　　搜索票之應記載事項者，即學理上所謂「概括搜索票禁止原則」。其第 2 款「應扣押之物」，必須事先加以合理的具體特定與明示，方符明確界定搜索之對象與範圍之要求，以避免搜索扣押被濫用，而違反一

---

[75] 李佳玟，停車位上的威而鋼 —— 簡評最高法院 98 年度台上字第 3863 號判決，台灣法學雜誌，第 159 期，2010 年 9 月，頁 172-176。

[76] 112 年憲判字第 9 號【搜索律師事務所案】：律師事務所作為律師執行業務之所在，儲存保留其眾多委任人委託案件之檔案資料，且包括以電磁數位方式儲存者。同一電子檔案內亦可能包括多數委任人之資料。律師與其委任人間之委任內容可能涉及刑事責任，亦可能涉及其他領域之諮詢不一而足。國家機關就律師事務所執行搜索、扣押時，欲就特定文書、電磁紀錄加以扣押，必經篩選搜索，瀏覽範圍勢必及於非本案扣押標的之其他委任人所屬應受秘密自由溝通權保障之文件資料（如文書、電磁紀錄等）。核准搜索時，應於搜索票明確記載搜索律師事務所之處所、身體、物件或電磁紀錄之範圍，並具體指示執行人員對搜索律師事務所得搜索、扣押取得之應扣押物，應不含律師或辯護人與被告、犯罪嫌疑人或潛在犯罪嫌疑人間行使秘密自由溝通權之紀錄及因此而生之文件資料（如文書、電磁紀錄等）。

[77] 最高法院 98 年度台上字第 3863 號刑事判決。

般性（或稱釣魚式）搜索之禁止原則。所謂應扣押之物，參照同法第 133 條第 1 項規定，指可為證據或得沒收之物。搜索票上之「應扣押之物」應為如何記載，始符合理明確性之要求⋯⋯是檢察官聲請書之記載如欠缺明確性，法院應先命補正。搜索票應記載之事項如失之空泛，或祇為概括性之記載，違反合理明確性之要求，其應受如何之法律評價，是否導致搜索所得之證據不具證據能力之效果，應依刑事訴訟法第 158 條之 4 之規定，視個案情節而為權衡審酌判斷之。本件第一審法院所核發之搜索票，其應扣押之物欄僅載為「有關犯罪贓證物及犯罪所得之物」，核其記載失之空泛，是否符合明確性之要求，司法警察據以執行搜索所扣得如原判決附表一之物，得否為證據，均非無疑。

　　舉一例而言，司法警察 A 以 B 涉嫌販毒為由，取得對 B 住宅之搜索票，其「應扣押之物」欄記載「有關犯罪贓證物及犯罪所得之物」。A 執行搜索時，果然於 B 宅之櫥櫃內發現海洛因 30 公克。試問 A 所取得之海洛因得否作為證據？此案例中明顯違反概括搜索之禁止，亦即搜索票所記載的應扣押之物應明確，搜索之海洛因不合法下，扣押的海洛因也不合法，是否可作為證據應依 §158-4 個案判斷。

　　再舉一例，某司法警察機關 A，為偵查甲涉嫌電話詐欺案，報請檢察官 B 許可，向法院聲請核發搜索票，載明「案由：詐欺。應搜索之犯罪嫌疑人與應扣押之物：甲涉犯詐欺罪之存摺、提款卡、人頭電話卡等相關證物。應搜索處所：甲之住處。有效期間：二週，逾期不得搜索及搜索後應將搜索票交還」。因甲平日有多個住所，由司法警察 C 持搜索票到甲其中之一住處進行搜索，C 於甲房間內查獲電腦主機一台，要求開機查，甲拒絕，C 強行加以開機，發現內有詐騙電腦程式，乃扣押帶回，後續程序是否合法？所得物品可否為證據？依照 §128I 應用搜索票，此乃令狀原則，即搜索原則上要經法官同意且簽發搜索票，除有 §130～§131-1 例外情形，才得適用無令狀搜索。基於令狀原則與相對法官保留原則，搜索票上記載事項（§128II）必須符合合理明確性原則與概括搜索禁止原則。

法院核發之搜索票未詳細載明甲所有住所的地址，亦未載明應扣押物，該扣押物包含電腦與詐騙程式（電磁紀錄），違反合理明確性與概括搜索禁止，其證據能力依據 §158-4 綜合判斷。

三、無令狀的搜索

（一）概說

　　搜索以有令狀為原則，無令狀為例外，以符合相對法官保留原則，然而搜索如果具有突襲性、急迫性而來不及聲請搜索票時就有無令狀搜索的必要 [78]。

（二）附帶搜索

1. 條文依據

　　§130 規定「檢察官、檢察事務官、司法警察官或司法警察逮捕被告、犯罪嫌疑人或執行拘提、羈押時，雖無搜索票，得逕行搜索其身體、隨身攜帶之物件、所使用之交通工具及其立即可觸及之處所」。

2. 立法目的

(1) 人身安全

　　被拘捕的被告可能身懷武器或其他危險物品，會危及執法人員或現場其他人的安全。

(2) 保全證據，避免被告立即銷毀犯罪證據。

(3) 防止被逮捕人逃亡

　　實務上更認為防止被逮捕人逃亡為目的 [79]。本書推測實務上可能是認為如被逮捕人身上有武器、工具比較有利於逃亡，例如【甘兆旭案】，於

---

[78] 最高法院 107 年度台上字第 2226 號刑事判決。
[79] 最高法院 108 年度台上字第 1453 號刑事判決。

羈押的情形下，該人犯有一次被押出庭的過程中，利用鐵絲偷偷解開手銬且用預先藏好的胡椒粉向法警的臉上撒去，使法警淚流不止且大打噴嚏，進而趁機脫逃成功。

3. 發動主體

檢察官、檢察事務官、司法警察官或司法警察。如果是「一般私人」逮捕現行犯下，也可能有本條目的之需要，卻於§130未規定到私人以§87、§88逮捕現行犯時可為附帶搜索，有學者認為應可類推§130[80]。

4. 附帶搜索的對象

附帶搜索的對象一般來說為被告、犯罪嫌疑人，然而「證人」可否為附帶搜索的對象？多數學者採肯定說，§130並無特定搜索對象，且證人可能是潛在被告，也有危及執法人員人身安全問題，故可類推§130[81]。

5. 前提要件

(1) 合法的拘捕或執行羈押之存在為必要[82]

如果是非法的前行為，則即使因為該行為而發現證據，該證據仍為非法證據，實務上認為其證據能力須依照§158-4權衡認定之[83]。於槍砲彈藥、毒品案件實務上依據權衡法則判斷有無證據能力，而學者認為初始逮捕非法，所為之附帶搜索亦非法，證據能力應排除[84]。

依據警察職權行使法而將人民帶往勤務處所查證時，可否為附帶搜索？學說上採否定說，因為警察職權行使法規定只要「合理懷疑」人民有

---

[80] 陳運財，無令狀之搜索 —— 評最高法院96年台上字第5184號判決，法令月刊，第60卷第12期，2009年12月，頁61。

[81] 林鈺雄，拘提證人與附帶搜索，月旦法學雜誌，第75期，2001年8月，頁14-15。李榮耕，附帶搜索及其要件，月旦法學雜誌，第243期，2015年8月，頁127。

[82] 最高法院102年度台上字第59號刑事判決、臺灣高等法院109年度上訴字第657號刑事判決。

[83] 最高法院99年度台上字第4117號刑事判決、臺灣高等法院高雄分院106年度上訴字第334號刑事判決。

[84] 王兆鵬、張明偉、李榮耕，刑事訴訟法（上），2012年9月，頁154。

犯罪之嫌或有犯罪之虞，即可對人民查證身分，為了防止警察假查身分之名而行搜索之實，故應禁止之[85]。

(2) 即時性、現場性

　　附帶搜索原則上須於拘提、逮捕後即時進行，例如在公路上逮捕汽車駕駛人，如果當場未立即搜索汽車，將車拖回警局才搜索汽車，不符合即時性。如要搜索汽車必須另外聲請搜索票或有急迫的狀況方可為之[86]。然過去實務見解卻認為帶回警局搜索仍不違法[87]。另外有學者採折衷的看法，認為原則上須符合附帶搜索的目的及即時性，但考量公益（例如現場混亂）或被告名譽的情況下，可以將人帶往與現場有時空緊密的處所附帶搜索[88]（例如 5 公尺旁的巷弄內）。

　　另外，因為附帶搜索須符合即時性，故而也無暇考慮是否為本案證據的問題。

拘捕前若發生附帶搜索目的之即時性的狀況，可否於拘捕前先進行附帶搜索

（一）肯定說[89]

　　逮捕前的搜索比較不會對犯罪嫌疑人造成比較大的安全與隱私的侵害，且先搜索的話，如果沒有發現證據，可能就會認為無逮捕必要，而對人民更有利。例如 A 警察到看 B 腰間有突起物而疑似手槍準備犯案，警察可以先取槍再逮捕。實務上亦同此見解[90]。

---

[85] 王兆鵬、張明偉、李榮耕，刑事訴訟法（上），2012 年 9 月，頁 154。
[86] 王兆鵬、張明偉、李榮耕，刑事訴訟法（上），2012 年 9 月，頁 154。黃朝義，刑事訴訟法，2013 年 9 月，頁 247。
[87] 最高法院 93 年度台上字第 5325 號刑事判決。
[88] 陳運財，無令狀之搜索 —— 評最高法院 96 年台上字第 5184 號判決，法令月刊，第 60 卷第 12 期，2009 年 12 月，頁 62 以下。
[89] 王兆鵬、張明偉、李榮耕，刑事訴訟法（上），2012 年 9 月，頁 155。
[90] 最高法院 92 年度台上字第 5921 號刑事判決。

（二）否定說[91]

為了避免搜索流於濫權，必須先拘捕而後附帶搜索。

6. 附帶搜索時是否須審查合理懷疑（必要性、相當理由）

學說採否定見解，因無令狀搜索必須具有即時性，故重點在於是否符合該要件，就不用審查是否符合 §122 的必要性與相當理由，故附帶搜索接近於機械式搜索[92]。而有學者認為如搜索的對象為容器時，必須具有合理懷疑方可搜索[93]。

7. 搜索的範圍

(1) 身體、隨身攜帶的物件、所使用的交通工具及其立即可觸及的處所

附帶搜索可搜索被拘提、逮捕、羈押者之身體、衣服的口袋、身體自然開口的口腔。隨身攜帶的物件是指皮包、背包，或容易打開的容器，因為該物件容易藏有武器或證據而使被拘捕的對象可以隨時取得而傷害執法人員或滅證，例如 A 警察逮捕 B 毒犯後，若未立即搜索 B 的包包或口袋，B 於 0.2 秒內一個轉身從包包或口袋中拿起毒品往橋下一丟證據就難以再找到了。

然而為了避免無邊無際的搜索，故重點在於「立即可觸及的處所」（不限於被告身上），亦即必須限於「被告立即所能控制之處」，上述的所使用的交通工具的範圍也應受該標準的限制，例如 A 警察拘捕 B 後，於 A 搭乘火車上搜索整個車廂或 A 自行開車時其後車廂、排氣管裡，則非屬於立即可觸及的處所。然實務上認為所使用的交通工具是指被告、犯罪嫌疑人被逮捕當時「正使用」的交通工具[94]。

---

[91] 黃朝義，刑事訴訟法，2013 年 9 月，頁 247。

[92] 黃翰義，論附帶搜索在我國刑事訴訟法上之檢討，月旦法學雜誌，第 120 期，2005 年 5 月，頁 131 以下。

[93] 王兆鵬、張明偉、李榮耕，刑事訴訟法（上），2012 年 9 月，頁 158。

[94] 最高法院 98 年度台上字第 2281 號刑事判決、臺灣高等法院高雄分院 106 年度上訴字第 334 號刑事判決。

　　另外應用於物件時，上鎖的容器（例如上鎖的保險箱）也非立即可觸及的範圍。於住宅內拘提逮捕後的附帶搜索的範圍，亦必須以立即可觸及的處所為限[95]，若要進一步檢查，應得受搜索人之同意（§131-1 的同意搜索），不得擅自為之[96]。此外基於「立即所能控制之處」的法理，於住宅外或門口拘提逮捕後亦不得於住宅內為附帶搜索。

　　學說上有與「被告立即所能控制之處」相同概念者，稱「臂長之距」法則，需要個案認定被逮捕人是否上銬、體格、機靈程度、房間大小、警察與被逮捕人數量比例[97]。例如對於世界上跑最快的閃電波爾特來說（9.72 秒／100 公尺），10 公尺的距離可能不需要 2 秒（要考量到物理上的加速度問題），即為其立即可觸及的處所。但如他旁邊包圍著體格如橄欖球員或網紅館長的警員們，此時 10 公尺可能就是世界冠軍最遙遠的距離，非立即可觸及的處所。

　　而學說上更提出「控制範圍延伸理論」，是指立即可觸及的處所會隨著被拘提或逮捕的被告的移動而延伸[98]，例如 A 警察發現酒店裡有冬至脫衣狂歡陪酒秀，將該犯罪嫌疑人拘捕，然而認為只穿單薄的內衣褲或全身沒穿會很冷，故先允許他們去其他空間（例如廁所、更衣室）穿衣服。本書原則肯認之，但若於「假附帶搜索之名而行搜索其他空間之實」時則不允許，若要搜索其他空間必須有另一張搜索票。

(2) 附帶搜索範圍的擴張 —— 保護性掃視[99]

　　保護性掃視是指在犯罪嫌疑人家中逮捕時，執法人員可以目視查看現場有無存在危險人物，以免受攻擊。而為保護性掃視的門檻方面，如果與

---

[95] 最高法院 96 年度台上字第 1630 號刑事判決。

[96] 最高法院 108 年度台上字第 1453 號刑事判決：若要進一步檢查，應得受搜索人之同意，不得擅自為之。扣案之第二級毒品甲基安非他命及玻璃球，係藏於其已脫下之深色褲子口袋內，而該褲子當時置於距其有數步之遙之單人床上。則員警並非自其身體或其攜帶之物件、交通工具或立即可觸及之處所獲得上開扣案物，是員警所執行之「搜索」顯非依法可為之附帶搜索。

[97] 王兆鵬、張明偉、李榮耕，刑事訴訟法（上），2012 年 9 月，頁 159。

[98] 王兆鵬、張明偉、李榮耕，刑事訴訟法（上），2012 年 9 月，頁 159。

[99] 王兆鵬、張明偉、李榮耕，刑事訴訟法（上），2012 年 9 月，頁 163-164。

逮捕現場緊密相連，不須要有合理懷疑，執法人員即可立刻為之，如非緊密相連，則必須具有合理懷疑某處有危險人物方可為之，例如 A 於一樓逮捕 B，聽到二樓有刀具掉落聲響，可以到二樓目視查看有無危險人物存在，故其範圍比立即控制的範圍廣，但是只限於可能會有人所在的地方，與對人的緊急搜索之要求相同，但目的、原因不同。後者的目的在於發現人而逮捕，而有人所在的地方以該處所是否可以容納常人的大小為準，例如房間、化糞池（例如有人像忍者一樣用水管當成呼吸的工具而潛藏在化糞池中），而不可以去打開抽屜、馬桶的水箱、骨灰罈（因為人不可能躲在裡面）、小型冰箱（除非已經先知道犯罪嫌疑人是知名的軟骨功大師）。

　　本書認為此時就不能以發現證據為目的而為保護性掃視，應僅能以保護執法人員的安全而為之，否則將會無盡擴張附帶搜索的範圍而過度侵害隱私權。例如 A 警察於 B 宅中的客廳逮捕 B，認為有合理懷疑隔壁房間有證據存在，而去隔壁房間附帶搜索，此時為違法的搜索，實務上亦同此旨[100]。

　　以下實務見解更強調，如果已經達成附帶搜索目的後，不得任意擴大搜索範圍。

最高法院 91 年度台上字第 5653 號刑事判決

　　次按被告經通緝後，司法警察（官）得逕行逮捕之，於逮捕通緝之被告時，雖無搜索票，亦得逕行搜索其身體、住宅或其他處所，刑事訴訟法第 87 條第 1 項、第 130 條、第 131 條第 1 項第 1 款分別定有明文。然對於身體、住宅之搜索，為嚴重侵犯人民身體自由、居住安寧、隱私及財產權之行為，故執行搜索時，自應遵守刑事訴訟法有關之規定，且不得逾越必要之程度，始符該法保障人民不受非法及不當搜索之意旨。因之，司法警察（官）於逮捕通緝之被告時，若僅係基於發現通緝被告之目的，而對通緝被告之住所或其他處所逕行搜索之情形，其於

---

[100] 最高法院 97 年度台上字第 6231 號刑事判決。

發現通緝之被告而將其逮捕後，必須基於執法機關之安全與被逮捕人湮滅隨身證據之急迫考量，始得逕行搜索被告身體，又因其逮捕通緝被告逕行搜索之目的已達，除為確認通緝被告之身分以避免逮捕錯誤，而有調查其身分資料之必要外，不得任意擴大範圍，復對被告所在之住宅及其他處所再為搜索，始符刑事訴訟法保障人民不受非法及不當搜索之意旨。

　　該司法警察（官）似係基於逮捕通緝犯之目的，未持搜索票，逕行進入上開處所內執行搜索而逮捕上訴人，然執法之員警對屋內，尤其是對保險櫃所為之搜索，是否係基於確認上訴人身分或緊急搜索之必要？有無逾越附帶搜索之範圍？其將保險櫃內涉犯常業重利罪之相關證物予以搜索、扣押，是否已逸脫刑事訴訟法第 130 條、第 131 條逕行搜索之立法目的，均非無進一步詳加研求之必要。又按刑事訴訟之目的，固在發現真實，藉以維護社會安全，然其手段仍應合法純潔、公平公正，以保障人權。因之，執法機關違反刑事訴訟法之相關規定執行搜索，因而取得之證據，以及依各該證據所發現之其他衍生證據，應否排除其證據能力，自應就執行之司法警（官）違背該法定程序之主觀意圖、客觀情節、侵害犯罪嫌疑人權益之輕重、對犯罪嫌疑人在訴訟上防禦不利益之程度，以及該犯罪所生之危害、禁止使用該證據對於抑制違法蒐證之效果，與司法警察（官）如依法定程序有無發現該證據之必然性等情形，本於人權保障與社會安全之均衡精神，依比例原則具體認定之，若該違法搜索所違反法定程序之情節甚為嚴重，不予排除其證據能力，已難維護人民對司法公平公正之信賴，且難抑制偵查機關違法之搜索，則就司法警察（官）違法搜索所取得之證物及相關證人之證言，應予排除，始符公平正義。

【附帶搜索的範圍】

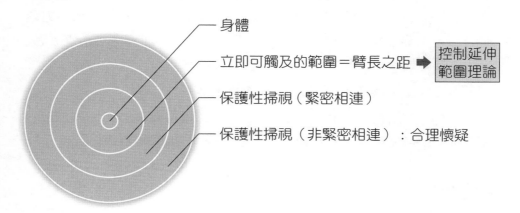

身體

立即可觸及的範圍＝臂長之距 ➡ 控制延伸範圍理論

保護性掃視（緊密相連）

保護性掃視（非緊密相連）：合理懷疑

綜合上述，舉一例而言，甲因涉嫌竊取某銀樓之金飾，經檢察官合法傳喚無正當理由不到場，檢察官遂簽發拘票，命司法警察乙執行拘提。當甲由工作場所走出，準備駕車離去時，乙即上前出示拘票並表明來意。當乙將甲解送至地檢署後，又返回甲停放車輛之地點，對車輛予以搜索，並在後行李箱中發現銀樓所失竊之金飾，乙遂將金飾予以扣押。試問乙之搜索及扣押行為是否合法？主要應探討警察乙後返回甲停放車輛的地點，此地點不是甲臂長之距的範圍，也非保護性掃視的範圍，不符合即時性與現場性，故非甲立即可觸及的處所，也非甲正在使用的交通工具。接著須探討違法的附帶搜索下的扣押是否也屬違法，請參照扣押章節。

案例

甲駕駛其所有之自用小客車搭載乙，因違規行車為司法警察丙、丁攔停。丙於檢視甲、乙下車所出示身分及駕駛證件後，因聞到甲身上散發濃濃酒味，乃要求甲以呼氣方式測試檢定酒精濃度，甲予以拒絕並拔腿跑離。丙迅速自後追及甲，加以拘捕。旋丙、丁查知乙有施用毒品犯罪前科，無持搜索票，即逕行搜索甲、乙之身體及甲所駕駛自用小客

車，惟並無所獲。丙、丁認有調查犯罪情形及蒐集證據之必要，乃不顧甲、乙之反對，在所屬派出所採取乙排放之尿液，將甲帶往醫院採取其體內血液，分別送請檢驗（尿液中有無毒品反應、血液中酒精濃度若干）。請附理由回答下列問題：

（一）丙、丁所為之拘捕及搜索，是否適法？

（二）丙、丁所為採取甲之血液及乙之尿液，是否適法？就甲之血液及乙之尿液所得檢驗結果，得否作為認定甲、乙犯罪事實之證據？

擬答

　　首先可以討論丙、丁攔停發現甲涉嫌酒駕，甲拒絕而跑走，丙追擊並逮捕是否符合現行犯、準現行犯逮捕，本題中甲散發濃濃酒味，客觀上即可以認為觸犯不能安全駕駛罪的現行犯，故逮捕合法。

　　本題亦可討論是否符合緊急拘補，即§88-1I(3)規定「檢察官、司法警察官或司法警察偵查犯罪，有下列情形之一而情況急迫者，得逕行拘提之：三、有事實足認為犯罪嫌疑重大，經被盤查而逃逸者」。然而該盤查是指從事犯罪偵查並經司法警察盤查而逃亡，不含例行檢查或巡邏的逃逸，本案中的違規停車的攔停並非是從事刑事上的犯罪偵查，故不符合§88-1I(3)，但如果今天丙、丁是因為覺得甲的行動很可疑，可能有犯罪行為且情況急迫時，則符合§88-1I(3)。

　　依現行犯合法逮捕後，丙、丁對甲的附帶搜索，基於附帶搜索的目的下，應屬合法。又丙、丁對甲的抽血，依照§205-2規定「有相當理由認為採取毛髮、唾液、尿液、聲調或吐氣得作為犯罪之證據時，並得採取之」，丙、丁僅認為有必要性，尚未達到相當理由的門檻，又§205-2未規定可以抽血，故丙、丁的強制處分不合法。

　　況且乙只是有前科，其非通緝犯也非現行犯，也非在場的共犯，對乙根本無發動逮捕的前提可言，故丙、丁對乙的逮捕為不合法，又因不符合

合法拘捕前置原則,所以對乙的附帶搜索亦不合法。§205-2 身體檢查的前提是經合法的拘捕到案,對乙採取尿液之身體檢查強制處分乃違法,所得證據是否以證據能力應依照 §158-4 權衡判斷之。

(二)對人的緊急搜索(又稱逕行搜索)

1. 條文依據

§131I 規定「規定有左列情形之一者,檢察官、檢察事務官、司法警察官或司法警察,雖無搜索票,得逕行搜索住宅或其他處所:一、因逮捕被告、犯罪嫌疑人或執行拘提、羈押,有事實足認被告或犯罪嫌疑人確實在內者。二、因追躡現行犯或逮捕脫逃人,有事實足認現行犯或脫逃人確實在內者。三、有明顯事實足信為有人在內犯罪而情形急迫者」。

依 §131I(1)~(3) 所為的拘提、逮捕或羈押等前行為必須是合法,始得發動本條的緊急搜索。

2. 發動門檻

§131I(3) 的有明顯事實足信的發動門檻,有文獻認為,當警察對民宅進行敲門後,應門者立刻大喊「警察來了,快跑」,且隨即有人從 2 樓跳下逃逸的客觀情狀下,以及綜合他人指述的證詞,如果已經達到 50% 機率足信有人在內犯罪,警方見狀後無票進入住宅的行為,符合 §131I(3) 的發動要件 [101]。

3. 立法目的

搜索人(非搜索物),逮捕嫌犯,如目的已經達成後應立即退出。

4. 發動主體

檢察官、檢察事務官、司法警察(官),不包含一般私人。

---

[101] 羅國榮,警察來了,快跑:緊急搜索之難題 —— 評臺灣桃園地方法院 103 年度易字第 1143 號判決,月旦裁判時報,第 65 期,2017 年 11 月,頁 100。

5. 搜索的對象

　　被告、犯罪嫌疑人或因追躡中的現行犯或逮捕後之脫逃人。§131I(2)的追躡概念，實務上有認為曾因他故致未能持續掌握其所在，而後因其他事證足認前所追躡之人現在某住宅或處所內之情形，對人的緊急搜索始有適用本款，但如果是一直追逐追到家裡面的情形，才有熱追緝理論的運用。本書認為追躡的概念必須是正在追逐中，若追逐因故而中斷則非屬追躡中。

> ## 臺灣高等法院 107 年度交上易字第 20 號刑事判決【緊急搜索與熱追緝理論】
>
> 　　刑事訴訟法所謂之「搜索」，原則應需持有搜索票始得為之，但該法亦規定有數種於不及聲請核發搜索票，仍得逕行搜索之情形，其中第 131 條第 1 項第 2 款規定因追躡現行犯，有事實足認現行犯確實在內，得逕行搜索住宅或其他處所，惟此應係指追躡現行犯過程中，曾因他故致未能持續掌握其所在，而後因其他事證足認前所追躡之人現在某住宅或處所內之情形，始有適用之餘地，否則法條即無必要規定為「有事實足認」等語，且因此種情形下，並非全然確信前所追躡之人確實在該住宅或處所內，故於同條第 3 項設有事後審查之「陳報制度」，以對此種情形下所發動之搜索加以監督。至若係在公共場所發現犯罪嫌疑人後，始終無間斷地持續追躡該人，而該人嗣逃入住宅或其他私人領域者，即與上開規定之情形並非相同，而此種情形，於外國實務上有所謂「熱追緝」或「熱追捕」之概念，亦即認前述始終追躡犯罪嫌疑人，並確實掌握其所在之情形下，因已無就該人之所在有誤判之可能，且此時追訴犯罪所得確保之公共利益已甚為明顯、具體，雖同時因未持搜索票而擅入住宅或私人領域實施逮捕，對該住宅或私人領域內之隱私權有所影響，然該隱私權所受影響程度尚為確保前述甚為明顯、具體之犯罪追訴公共利益下所得容許之限度，故認即便未執有搜索票，仍得進入住宅或其他私人領域內執行逮捕（至於該犯罪嫌疑人之犯罪嫌疑有無誤判，係屬另

一層次之問題），且因此種情形並無誤判之虞，則後續處理亦無如前開關於「事後陳報」之監督制度。而我國刑事訴訟法上雖無前述「熱追緝」、「熱追捕」之概念或相類似規定，惟依我國刑事訴訟法前述關於追躡現行犯之逕行搜索規定，其僅「有事實足認」之心證程度，即已容許無搜索票而進入住宅或私人領域執行搜索，則於始終追躡犯罪嫌疑人並完全掌握其所在之情形，若反謂應另行聲請搜索票始得進入住宅或私人領域執行逮捕，實有緩不濟急且輕重失衡之嫌。是以，被告既係於飲酒後駕駛車輛上路，並於尚屬公共場所之路途中即遭員警對其產生涉犯公共危險罪之懷疑，其後員警趨車尾隨至其住處地下室停車場要求被告接受酒精濃度測試，則員警懷疑被告涉犯公共危險罪嫌既始於公共場所，且始終追躡被告至屬私人場所之被告住宅地下室，與上述「熱追緝」之概念相符，故本案員警進入被告前址住處地下室，雖未執有搜索票，然依前述，亦難認違法。

6. 搜索的範圍

　　住宅或其他處所，該範圍也可能包含第三人的住宅。應注意者，為了符合本條文目的，故而限於可以搜索可能有藏人的地方[102]。

　　執行對人的緊急搜索時可否一併為保護性掃視？亦即警察入屋逮捕人時，可否對於整棟房屋進行搜索，來確保無其他共犯足以威脅警察安全或湮滅證據？保護性掃視僅可以有限度的搜索，只能在逮捕後在屋內四處走動，而以目光搜索有無危害警察安全的人或物，不可以隨意翻動他人的書桌抽屜、櫃子等，如果在目光所及之處看到應扣押之物，亦可扣押[103]。本書亦肯認之，不過應強調的是，目的為發現有無危害之人，而非在於搜索其他證物。

---

[102] 林鈺雄，刑事訴訟法（上），2013 年 9 月，頁 419-420。王兆鵬、張明偉、李榮耕，刑事訴訟法（上），2012 年 9 月，頁 166。

[103] 林鈺雄，刑事訴訟法（上），2013 年 9 月，頁 420。

拘票是否代替搜索票

　　拘票可否代替搜索票？亦即可否以檢察官簽發的拘票代替法官簽發的搜索票（搜索票僅能由法院簽發）？若否，可否以法官簽發的拘票搜索第三人住宅？例如檢察官 A 簽發拘票給司法警察 B 到 C 宅，C 躲在窗簾後偷看，B 敲門後無人應門但隱約從窗戶看到 C，此時以 §131I(1) 執行拘提時有事實足認被告或犯罪嫌疑人確實在內，可逕行搜索住宅或其他處所。又如果 A 知道 C、D 為好友，認為 C 有某犯罪的證據在 D 家中，此時是否可以拘提 C 為由至 D 家中搜索？

　　搜索採取相對法官保留原則，僅有法官可以簽發搜索票。拘提採二分模式，偵查中檢察官可以簽發拘票，審判中法官亦可以簽發拘票。

　　依照 §131I(1) 規定因逮捕被告、犯罪嫌疑人或「執行拘提」、羈押，有事實足認被告或犯罪嫌疑人確實在內者，檢察官、檢察事務官、司法警察官或司法警察，雖無搜索票，得逕行搜索住宅或其他處所。此時偵查中檢察官有拘提簽發的權限，但無簽發搜索票之權，然而 §131I(1) 又規定執行拘提有事實足認被告在內，得逕行搜索住宅，此時等於架空了搜索的相對法官保留原則，變成檢察官可以簽發拘票代替搜索票而搜索他人住宅。因此應認為 §131I(1) 的拘提中的拘票限於法官簽發的拘票[104]。換言之，拘提是影響人身自由，搜索是影響住家的隱私權。現行法中，立法者採相對保留原則，偵查中檢察官雖可決定是否拘提（人身自由之限制），但無權利是否進行搜索（隱私權影響），偵查中或審判中只有法官可以決定是否搜索，否則檢察官可能「以拘提之名而行搜索之實」。

---

[104] 最高法院 99 年度台上字第 1398 號刑事判決：故如容許司法警察（官）執檢察官簽發之拘票（對人的強制處分）以實施搜索、扣押（對物的強制處分），無異鼓勵「假拘提之名而行搜索、扣押之實」，以規避法院就搜索、扣押之合法性審查。

而依上所述，§131I(1) 限於法官簽發的拘票，上揭案例中 D 是拘提 C 案件以外的第三人，此時是否可以拘提 C 為由至 D 家中搜索？如限於法官的拘票，對於 D 而言，D 是拘提 C 案件以外的第三人，以前述解釋應可持拘票進入 D 的住宅，然而學說有認為，因法官於簽發 C 的拘提案件的拘票時，並無事先判斷 C 躲在 D 的住宅的情形，故而不得以法官簽發的對 C 拘提的拘票而進入 D 宅搜索，如要進入搜索必須法官另外簽發搜索票[105]。

案例

甲被檢舉賣海洛因，警方查證屬實，因此向檢察官報告，但屢傳未到，故檢察官發拘票交由警方前往甲住處逕行拘提到案，警方到達，立即壓制甲外並對甲之身體與隨身皮包搜查，找出小包裝之毒品海洛因 10 包，後由甲帶警方一同進入其所居住之房間搜索，在床下查出土製鋼管槍 1 把與子彈 10 顆，予以扣押為證。本案拘提、搜索、扣押是否均合法？

擬答

檢察官所簽發的拘票合法，為確保被告到庭接受訊問，於偵查程序進行，可由檢察官簽發拘票，用逕行拘提方式代替傳喚。§76（逕行拘提）規定「被告犯罪嫌疑重大，而有下列情形之一者，必要時，得不經傳喚逕行拘提：一、無一定之住、居所者。二、逃亡或有事實足認為有逃亡之虞者。三、有事實足認為有湮滅、偽造、變造證據或勾串共犯或證人之虞者。四、所犯為死刑、無期徒刑或最輕本刑為五年以上有期徒刑之罪者」。甲涉及毒品條例賣一級毒品罪，最重可死刑，警方查證屬實後屬於犯嫌重大，故而檢察官簽發的拘票合法。

---

[105] 王兆鵬，逾越搜索權之拘提，月旦法學雜誌，第 81 期，2002 年 2 月，頁 99-105。

　　警方持檢察官核發之拘票進入甲住處逕行拘提之行為是否合法，依據§131I(1)的文義解釋下，持拘票進入住宅拘提為合法，得逕行搜索找尋應被拘提之人，但實務認為§131I(1)此時會變成拘票的審查代替搜索票的審查，故實務見解主張警方不可以持檢察官核發的拘票進入甲住處搜索，學說亦同此見解。

　　又搜索甲之身體與隨身皮包、扣押海洛因之行為不合法，因為扣押的前提是合法的拘提、逮捕或羈押，依上述學說、實務見解本案警方持檢察官核發之拘票進入甲住所逕行拘提之行為不合法，故其附帶搜索與扣押行為均不合法。甲帶同警方人員進入其居住之房間搜索，可否認符合§131-1同意搜索，請參照以下同意搜索的同意的認定。

例

　　司法警察某甲持法官簽發之拘票到被告乙之住處拘提某乙，經與乙同住之其配偶丙開門後，甲出示拘票，隨即在乙、丙住處實施搜索。甲進入乙之臥室，打開其使用書桌之小抽屜，赫然發現具有殺傷力之制式手槍一支，甲隨即將該支手槍扣案，之後並在該臥室衣櫥內，發現躲藏在該處之乙，而將其拘提到案。警察甲後來將該扣案手槍移請地檢署偵辦，檢察官偵查後認為乙涉犯無故持有手槍罪嫌將其向法院提起公訴。請問甲搜索並扣得上開手槍之行為，是否合法？又該手槍在乙被訴案件中，審酌有無證據能力的標準為何？

擬答

　　附帶搜索是拘捕到人後對人的身體、物件或立即可觸及的處所為搜索的問題，但本題並非此種情形，故而本題與附帶搜索（§130）無關。

　　司法警察持法官簽發的拘票到乙的處所拘提乙，僅有拘票而進入處所的行為屬於搜索行為，為§131I(1)因執行拘提而有事實足認被告確實在

內，雖無搜索票仍得逕行搜索住宅或其他住所的對人的緊急搜索，但執行的範圍應限於對人的搜索，只能找尋可以找到人的地方，不含小抽屜，故對小抽屜的搜索不合法。然在衣櫥的搜索是合法的，因為衣櫥可以容納一個人的體積。

搜索到手槍的行為違法，在手槍的證據能力方面，依照 §158-4 判斷違背法定程序的意圖、客觀情節、侵害犯罪嫌疑人權益的輕重、對訴訟上防禦權不利益的程度、該犯罪所生的危害等情狀予以審酌公益與私益間的關係，進而認定有無證據能力。

乙的配偶開門讓司法警察實施搜索，可以討論同意搜索（§131-1）的自願性同意、第三人有無同意權限的問題。

案例

警方接獲線報，知悉因販賣一級毒品罪遭通緝之甲藏身於友人乙之住宅後，警方未申請搜索票，即強行進入乙宅逮捕甲，並在乙宅臥房之抽屜內搜得毒品若干。試問，警方之上述行為是否合法？

擬答

首先，必須說明搜索以有令狀為原則而無令狀為例外，本案中未申請搜索票而進入乙宅，屬於無令狀狀況，故應討論是否符合 §130～§131-1。

§130 附帶搜索與對人的緊急搜索中，§131I 規定「有左列情形之一者，檢察官、檢察事務官、司法警察官或司法警察，雖無搜索票，得逕行搜索住宅或其他處所：一、因逮捕被告、犯罪嫌疑人或執行拘提、羈押，有事實足認被告或犯罪嫌疑人確實在內者。二、因追躡現行犯或逮捕脫逃人，有事實足認現行犯或脫逃人確實在內者。三、有明顯事實足信為有人在內犯罪而情形急迫者」，必須以合法的拘捕為前提。而本案中的逮捕並非現行犯、準現行犯逮捕，而應討論緊急拘提（緊急拘捕），亦即 §88-

1I(4) 規定「檢察官、司法警察官或司法警察偵查犯罪，有下列情形之一而情況急迫者，得逕行拘提之：四、所犯為死刑、無期徒刑或最輕本刑為五年以上有期徒刑之罪，嫌疑重大，有事實足認為有逃亡之虞者」。甲販賣一級毒品為 10 年以上有期徒刑之罪，如認嫌疑重大而有逃亡之虞時，則符合緊急拘捕的定義，進而可依照 §131I(1) 如因執行拘提（包含緊急拘捕）而有事實足認被告確實在內，依照條文文義似可進入屋內逕行拘提。

然而實務見解認為依照 §131I(1) 拘提的拘票應該僅限於法官所簽發的拘票，否則無異會使搜索的相對法官保留原則架空，另外對於第三人乙的住宅逮捕時，應該由法官簽發另一張搜索票方進入乙宅搜索甲（參考本書上述內容「拘票是否代替搜索票」）。故而本題中警察進入第三人乙宅搜索後拘提或逮捕甲不合法。於 §130 的附帶搜索必須以合法的拘提逮捕為前提，而前提已經不合法，故不可以附帶搜索，故本題搜出之毒品為違法搜索所得。最後警察經常會主張有經同意而搜索，此時則要依照強制處分的程度而個案判斷，是否符合自願性同意。

（三）對物的緊急搜索

1. 條文依據

§131II 規定「檢察官於偵查中確有相當理由認為情況急迫，非迅速搜索，二十四小時內證據有偽造、變造、湮滅或隱匿之虞者，得逕行搜索，或指揮檢察事務官、司法警察官或司法警察執行搜索，並層報檢察長」。

2. 立法目的

情急下可以取得並迅速保全證據，目的在於搜索物，而非搜索人。

3. 發動主體限檢察官

主體限於檢察官之理由在於保全證據的緊急搜索採令狀原則，但影

響人民權益甚大，宜審慎為之[106]。有學說認為應包含司法警察，因對物的緊急搜索僅由檢察官發動，而司法警察、司法警察官為偵查的第一線人員，卻必須等待檢察官的指揮方可搜索，將會面臨若不及搜索，則證據稍縱即逝的窘境[107]。

另有學說[108]認為條文只限於檢察官，若司法警察有證據而認為有緊急搜索的必要，應立刻向檢察官報備，得其核可後可緊急搜索物，而報備的方式不一定要用書面，在 5G 的時代下，一通電話或網路視訊（例如 Line 視訊），即可知悉現場發生何種情況而解決追訴效能的問題，本書亦肯認之。

4. 門檻

「相當理由」認為情況急迫與必要性（非迅速搜索有偽造、變造等之虞）之，門檻比對人的緊急搜索的「有事實足認」低。

（四）同意搜索

1. 條文依據

§131-1 規定「搜索，經受搜索人出於自願性同意者，得不使用搜索票。但執行人員應出示證件，並將其同意之意旨記載於筆錄」。

2. 立法目的

如經同意而搜索方不會侵害隱私權。

3. 自願性同意

§131-1 為國家可以發動強制處分的合法前提的明文化，除了須符合

---

[106] 林俊益，刑事訴訟法概要（上），2020 年 9 月，頁 346-347。
[107] 王兆鵬，張明偉，李榮耕，刑事訴訟法（上），2012 年 9 月，頁 183。黃朝義，刑事訴訟法，2013 年 4 月，頁 248。
[108] 林鈺雄，刑事訴訟法（上），2013 年 9 月，頁 421。黃翰義，論附帶搜索在我國刑事訴訟法上之檢討，月旦法學雜誌，第 120 期，2005 年 5 月，頁 156。

書面要式且載明於筆錄外，重點在於何為自願性同意[109]，請參照偵查總論的「強制處分之同意」。

　　實務上偵查機關的附帶搜索被認為不合法，也常主張有經過被告同意才搜索，故搜索所得之證據有證據能力，是否有經過被告的同意應依據強制處分的強度不同、客觀情狀不同、同意人的主觀意識的強弱、教育程度等判斷之。而有實務更認為執行人員應於執行搜索場所，當場出示證件，先查明受搜索人有無同意權限，同時將同意意旨記載於筆錄（書面）後，才可執行搜索，而且不能事後補正[110]，亦即不可以事後（搜索後）同意。

同意搜索得拒絕之告知義務

　　執行人員有無義務於徵求搜索人同意前，應先告知該人有拒絕搜索的權利？

（一）否定說

　　實務上採否定說理由在於 §131-1 未規定[111]，學說上亦認同，其理由在於是否告知可以拒絕同意只是自願性同意的判斷因素之一，只要符合自願性即可[112]。

---

[109] 最高法院 106 年度台上字第 258 號刑事判決：刑事訴訟法第 131 條之 1 規定之受搜索人自願性同意搜索，係 (1) 以執行人員於執行搜索前應出示證件，(2) 查明受搜索人有無同意之權限，並 (3) 應將其同意之意旨記載於筆錄，由受搜索人簽名或出具書面表明同意之旨為程序規範，(4) 並以一般意識健全具有是非辨別能力之人，因搜索人員之出示證件表明身分與來意，均得以理解或意識到搜索之意思及效果，而 (5) 有參與該訴訟程序及表達意見之機會，可以自我決定選擇同意或拒絕，非出於強暴、脅迫、利誘、詐欺或其他公權力之不當施壓所為之同意為其實質要件。（(1)～(5) 為筆者所加）

[110] 最高法院 100 年度台上字第 7112 號刑事判決。臺灣高等法院 108 年度上訴字第 899 號刑事判決。臺灣高等法院 109 年度上訴字第 197 號刑事判決。

[111] 法務部 96 年 5 月 28 日法檢字第 0960801837 號法律意見。臺灣高等法院臺中分院 101 年度上訴字第 118 號刑事判決。

[112] 王兆鵬，張明偉，李榮耕，刑事訴訟法（上），2012 年 9 月，頁 197-199。

（二）肯定說

　　為了調節國家與人民的實力差距，而有告知義務，不論任何階段皆是如此，且同意的前提必須要充分理解一切情狀，方為自願性同意，一般人於警方前來搜索通常都會認為警方有權利進屋搜索，然而警方無權利搜索（無搜索票）下更應告知可以拒絕的義務，若未告知僅可「推定」為非自願性同意[113]。

　　近期實務（最高法院 108 年度台上字第 839 號刑事判決、最高法院 109 年度台上字第 1832 號刑事判決）認為應先行告知被搜索人有權拒絕搜索，且於執行搜索過程中受搜索人可隨時撤回同意而拒絕繼續搜索。

4. 自願性同意之搜索不以相當理由為必要

　　多數學者、實務[114]皆認自願性同意之搜索不以相當理由為必要。然有學者認為有令狀搜索都規定有相當理由了，無令狀搜索也應達到該門檻，否則自願性同意會成為取證手段的王牌[115]。

5. 同意搜索的範圍

　　同意搜索的範圍須受到自願性同意人同意範圍的限制，例如 A 同意可以搜索客廳，此時偵查機關不可以搜索臥室。又例如 A 同意搜索自己的口袋，偵查機關不可以搜索 A 的鞋底。

---

[113] 蕭宏宜，同意搜索的自願性判斷標準 —— 評最高法院 100 年度台上字第 376 號刑事判決，法令月刊，第 63 卷第 8 期，2012 年 8 月，頁 37 以下。林鈺雄，刑事訴訟法（上），2013 年 9 月，頁 422。陳運財，無令狀搜索 —— 評最高法院 96 台上 5184 號判決，法令月刊，第 60 卷第 12 期，209 年 12 月，頁 67。

[114] 最高法院 106 年度台上字第 258 號刑事判決。

[115] 黃翰義，論附帶搜索在我國刑事訴訟法上之檢討，月旦法學雜誌，第 120 期，2005 年 5 月，頁 140-141。

6. 同意權人

具有同意權的前提在於同意人對於住宅或物品具占有或持有支配權限，而非以所有權為判斷，第三人即被搜索人以外之人（例如室友、犯罪嫌疑人的媽媽）同意執法人員搜索被搜索人的住宅或物品時，該同意是否有效？

① 共同權限說

採此說法者理由有二，一為，因為既然有共同的權限（例如共同使用權），第三人對於被搜索、物品有「共同控制權」時該同意有效。二為，風險承擔理論[116]，因為當犯罪嫌疑人自願性與他人共同使用、控制時，就應承擔他人可能會同意偵查機關搜索的風險。例如 A、B 為室友，A 為犯罪嫌疑人，B 則對於共同居住的房屋的客廳有控制權，A 也應承擔風險，但 B 對於 A 的臥室無控制權、毋庸承擔風險。又例如，房東之於房客，對於房客承租的房間，房東無共同使用權，房東之同意也不會是有效的同意。

② 表現權限說

第三人向偵查機關表示與被告對於處所或財產有共同權限，此時偵查機關也合理、善意相信有共同權限，此時呈現表面的共同權限，該表現呈現的共同權限應依據當時的客觀事實，一般人都認為第三人有同意權時該第三人即為有同意權人。

表現權限說與共同權限說並不相對立，只是在面對不同的情況而用不同說法處理第三人同意。而如果依照共同權限說、表現權限說皆得不出第

---

[116] 最高法院 105 年度台上字第 1892 號刑事判決：所謂同意權人應係指偵查或調查人員所欲搜索之對象，而及於被告或犯罪嫌疑人以外之人。而該條所稱自願性同意者，祇要受搜索人係在意思自主之情況下，表示同意為已足，不因其有無他人陪同在場，而異其法律效果。又在數人對同一處所均擁有管領權限之情形，如果同意人對於被搜索之處所有得以獨立同意之權限，則被告或犯罪嫌疑人在主客觀上，應已承擔該共同權限人可能會同意搜索之風險，此即學理上所稱之「風險承擔理論」。執法人員基此有共同權限之第三人同意所為之無令狀搜索，自屬有效搜索，所扣押之被告或犯罪嫌疑人之物，應有證據能力。

三人有共同權限時，偵查機關仍為搜索，搜索所得的證據應依 §158-4 權衡判斷，應注重的是違反法定程序的主觀意圖與公益間的衡量。

案例

　　某日甲與朋友三人在張三所經營的餐館用餐，無意間甲碰撞到隔桌以 A 為首的四人中一人；A 乃與甲理論，過程中兩人話語不合，兩群人大打出手，多人掛彩。警方據報到達現場，欲將鬧事者帶回警局處理之際，甲不悅，心想曾向張三賒帳未還，一定是被張三藉機報復而出賣報案，因而於警察面前胡亂指摘說，張三的餐館 3 樓房間藏有槍與毒。警察頓時錯愕，二話不說直接衝往 3 樓搜扣，果真如指摘內容，意外地起出制式手槍 2 把、子彈 50 發、安非他命 50 公克；執行搜索扣押行為後，警察也取得張三同意搜索的簽章。試問本案警察搜索扣押行為合法否？所扣押的槍、毒品有無證據能力？

擬答

　　警察搜索、扣押的處分行為並不合法。本案中警察為無令狀搜索，所以應審查 §130～131-1。§130 附帶搜索以執行合法拘提、逮捕時為前提。又 §131I(3) 對人的緊急搜索（逕行搜索），限於有明顯事實足信有人在內犯罪且情況急迫，但本案僅甲的說詞，而 §131II 緊急搜索必須依照檢察官之指揮，但本案之司法警察未受檢察官指揮，不過可以討論立法論上是否要使司法警察有緊急搜索之自主權限。§131-1 的同意搜索限於事前的明示同意，且應經告知等程序，故事後補正的同意非屬有效的同意。

　　不管是有令狀之搜索或無令狀之搜索，附隨於其後的皆為無令狀的扣押（因為現行法無扣押票），有搜索票上會記載應扣押之物（§128I(2)），雖有學者認為無令狀搜索下不得附帶扣押、另案扣押，然依照現行法、通說、實務見解包含有令狀搜索、無令狀搜索，而附帶扣押、另案扣押的問題請參照本書下述內容。

四、救濟、事後審查

（一）一般救濟：抗告與準抗告

對象	對合議庭（法院）	對個別法官	檢察官	司法警察
有令狀搜索	§404I(2) 抗告	§416I(1) 準抗告	§416I(1) 準抗告	X
附帶搜索	X	X	§416I(1) 準抗告	X
對人的緊急搜索	X	X	§416I(1) 準抗告	X
對物的緊急搜索	X	X	§416I(1) 準抗告	X
同意搜索	X	X	§416I(1) 準抗告	X

（二）事後陳報、審查制度

　　§131III 規定對於對人或對物的緊急搜索，由檢察官為之者，應於實施後 3 日內陳報該管法院；由檢察事務官、司法警察官或司法警察為之者，應於執行後 3 日內報告該管檢察署檢察官及法院。法院認為不應准許者，應於 5 日內撤銷之，§131IV 規定搜索執行後未陳報該管法院或經法院撤銷者，審判時法院得宣告所扣得之物，不得作為證據，此即所謂事後陳報、審查制度。亦即於執行後最終應陳報給法院審查搜索的合法性，而兩者層次上有先後，§131III 審查的是「偵查中的搜索行為」是否合法，如違法應將扣得之物返還被搜索人。§131IV 審查的是該搜索取得之「扣押物有無證據能力」，如果未陳報或經法院撤銷者，所扣得之物不「得」為證據，實務上認為條文未明文規定不「應」為證據，亦即就扣得證物是否有證據能力，法院仍有審酌權，不因前搜索行為違法而應返還扣押物而認為無證據能力，反而可依據 §158-4 權衡是否有證據能力[117]。

　　不過上述之規定產生了立法的漏洞，亦即司法警察的附帶搜索、對人的緊急搜索、同意搜索，並無事後的救濟途徑。

---

[117] 最高法院 94 年度台上字第 1252 號刑事判決。

對象	檢察官	司法警察（官）
附帶搜索	無事後陳報，但可準抗告	無事後陳報，也無法準抗告
對人的緊急搜索	事後陳報、準抗告	事後向檢察官及法院報告，但無法準抗告
對物的緊急搜索	事後陳報、準抗告	事後向檢察官及法院報告，但無法準抗告
同意搜索	無事後陳報，但可準抗告	無事後陳報，也無法準抗告

　　司法警察於無令狀搜索時亦屬於侵害人民權利的強制處分，既然檢察官的無令狀搜索可以有救濟途徑，故司法警察的無令狀搜索也應建立由法院事後審查的控管制度，基於人權保障下應就司法警察之附帶搜索與同意搜索沒有事後陳報的立法漏洞類推適用緊急搜索的事後陳報。然而實務上卻認為附帶搜索不用事後陳報是立法者有意區隔，因附帶搜索是基於保護執法人員的安全，非源自於急迫性或緊急狀況，搜索程序若有瑕疵可以回歸準抗告救濟（本書補充：這樣的說法，於司法警察方面，現行法仍有無法準抗告之法律漏洞，故實務見解不合理），且取得證據有無能力可留待日後由本案審理法院判斷[118]。有學者認為司法警察方面可以類推適用準抗告[119]。

五、搜索的執行與限制

（一）在場與通知

　　有在場權就應該踐行程序使相對人知悉，故需要通知。§148 規定「在有人住居或看守之住宅或其他處所內行搜索或扣押者，應命住居人、看守人或可為其代表之人在場；如無此等人在場時，得命鄰居之人或就近自治團體之職員在場」。§149 規定「在政府機關、軍營、軍艦或軍事上秘密處所內行搜索或扣押者，應通知該管長官或可為其代表之人在場」。

---

[118] 臺灣高等法院 91 年庭長法律問題研討會之多數見解。
[119] 林鈺雄，干預處分與刑事證據，2008 年 1 月，頁 192。

§150 規定「I 當事人及審判中之辯護人得於搜索或扣押時在場。但被告受拘禁，或認其在場於搜索或扣押有妨害者，不在此限。II 搜索或扣押時，如認有必要，得命被告在場。III 行搜索或扣押之日、時及處所，應通知前二項得在場之人。但有急迫情形時，不在此限」，至於辯護人於偵查中的在場權請參照總論。

（二）必要處分、處置

§144 規定「I 因搜索及扣押得開啟鎖扃、封緘或為其他必要之處分。II 執行扣押或搜索時，得封鎖現場，禁止在場人員離去，或禁止前條所定之被告、犯罪嫌疑人或第三人以外之人進入該處所。III 對於違反前項禁止命令者，得命其離開或交由適當之人看守至執行終了」。

（三）限制

1. 搜索婦女身體限於婦女（§123）。

2. 公務物件

　　政府機關或公務員持有或保管的文書及其他物件應扣押者，基於政府的威信下應先請求交付，必要時方得搜索（§126）。

3. 軍事應秘密處所

　　軍事上應秘密之處所未得該管長官允許不得搜索，但有妨害國家重大利益者不得拒絕（§127）。

4. 夜間搜索禁止

　　§146 規定「I 有人住居或看守之住宅或其他處所，不得於夜間入內搜索或扣押。但經住居人、看守人或可為其代表之人承諾或有急迫之情形者，不在此限。II 於夜間搜索或扣押者，應記明其事由於筆錄。III 日間已開始搜索或扣押者，得繼續至夜間。IV 第一百條之三第三項之規定，於夜間搜索或扣押準用之」。原則上應禁止夜間搜索，但例外可以，理由在於不得干涉人民正常休息的權利。

「承諾」、「急迫情形」，均應為嚴格之解釋。而該項之「承諾」，亦應以當事人之自願且明示之同意為限，而不包括當事人未為反對表示之情形，亦不得因當事人未為反對之表示即擬制謂當事人係默示同意，否則受搜索、扣押之當事人因不諳相關法律規定不知可為拒絕之表示，而執行之公務員復未主動、明確告知所得主張之權利時，偵查機關即可藉此進行並擴大夜間搜索，變相侵害當事人之隱私權及財產權，該規定之保護形同具文[120]。若違反夜間搜索之規定之證據能力則依 §158-4 綜合判斷[121]。

有疑問者為，偵查機關欲進行夜間搜索時，預先於聲請時就註明：請准予夜間搜索，而向法官申請許可，法院應否准許？因為夜間時是否有急迫的情況，法官無從預先判斷，法院應駁回該部分的聲請，實務上亦同此旨，故而有必要時另外簽發搜索票即可[122]。

（四）付與證明書

§125 規定「搜索而未發見應扣押之物者，應付與證明書於受搜索人」。

---

[120] 最高法院 108 年度台上字第 2254 號刑事判決。
[121] 最高法院 110 年度台上字第 2734 號刑事判決。
[122] 林俊益，論夜間搜索之禁止，月旦法學雜誌，第 73 期，2001 年 6 月，18-19。

貳、扣押

一、前言

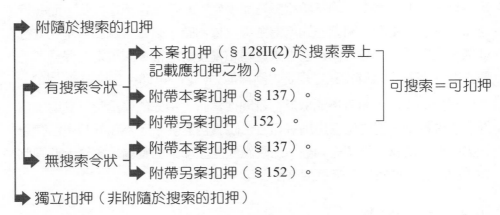

➤ 附隨於搜索的扣押

➤ 有搜索令狀 ─┬─➤ 本案扣押（§128II(2) 於搜索票上記載應扣押之物）。 ─┐
　　　　　　　├─➤ 附帶本案扣押（§137）。 　　　　　　　　　　　│ 可搜索＝可扣押
　　　　　　　└─➤ 附帶另案扣押（152）。 ─────────────┘

➤ 無搜索令狀 ─┬─➤ 附帶本案扣押（§137）。
　　　　　　　└─➤ 附帶另案扣押（§152）。

➤ 獨立扣押（非附隨於搜索的扣押）

　　搜索採取相對法官保留原則，扣押是跟隨著搜索，因此亦採取相對法官保留原則，民國 105 年修法後增加獨立扣押（非附隨於搜索的扣押）（§133-1）的規定，其立法理由為，現行法關於搜索，原則上應依法官之搜索票為之，即採法官保留原則，附隨搜索之扣押亦同受其規範。非附隨於搜索之扣押與附隨搜索之扣押本質相同，除僅得為證據之物及受扣押標的權利人同意者外，自應一體適用法官保留原則。至於同時得為證據及得沒收之物，仍應經法官裁定，以免架空就沒收之物採法官保留為原則之立法意旨。

　　搜索與扣押應分別獨立而論，而現行法大多是「附隨搜索的扣押」，使實務運作上以一張搜索票可搜索，也等於可扣押，而違法的搜索其扣押也隨之違法，實則應該有兩張令狀（搜索票、扣押票），方符合相對法官保留之意旨。另有學者主張，偵查機關應該有告知義務，亦即告知被扣押人得拒絕扣押 [123]。

---

[123] 薛智仁，2016 年刑事程序法回顧：沒收程序法、羈押閱卷與證據法則，國立臺灣大學法學論叢，第 46 卷特刊，2017 年 11 月，頁 1493 以下。

此外，有學者認為搜索與扣押兩者目的不同，扣押雖然與搜索時常如影隨形，但一者是屬於證據取得的手段，另一者則屬於證據保全的手段，就搜索而言，取得證據必須有正當性（令狀），而扣押則是屬於對證據的保全方法，其所保全的證據，可能是從搜索而來，但也可能非從搜索而來，在對象上較諸搜索的範圍為廣，且因其屬於證據保全的手段，並無涉及證據來源正當性的問題，即使有不應扣押而扣押者，在證據能力上並不生影響，扣押所要思考的問題，並非令狀擔保的問題，而是財產權回復及侵害填補的問題 [124]。

二、意義與性質

扣押為國家機關取得物之暫時占有之強制處分，性質為剝奪、限制人民之財產權，因此必須有法律之明文以為依據。

三、客體與要件

§133I 規定「可為證據或得沒收之物，得扣押之」。

（一）可得為證據之物（保全證據的扣押）

證據資料與證據素材，只要與犯罪事實可能關聯之一切資料及素材，皆為「可得為證據之物」。所謂「物」，例如屍體、血液。故 §133I 規定「得為證據之物得扣押之」，以便後續偵查、審判程序的進行的扣押。

（二）得沒收之物（保全沒收的扣押）

刑法總則中違禁品及供犯罪所使用之物，刑法分則或特別法中有具體規定何物得沒收。§133I 規定「得沒收之物得扣押之」，目的是為了保全

---

[124] 柯耀程，扣押問題的定性與思辯，高大法學論叢，第 6 卷第 2 期，2011 年 3 月，頁 129-130。

未來沒收的可能性而扣押，以免該物將來被處分、藏匿。§133II 又規定「保全追徵的扣押」，為保全追徵，必要時得酌量扣押犯罪嫌疑人、被告或第三人之財產。

例如 A 政府官員接受性招待，為不正利益，故應該先依據刑法 §38-2I 估算價額，而依據 §133II 酌量扣押 A 的財產，如性招待的不正利益為 50 萬，可酌量扣押 A 的限量球鞋（價值 10 萬）、一瓶 1951 年份的葛蘭許紅酒（價值 40 萬），以利於往後的沒收、追徵。

（三）合理依據

有文獻認為 [125] 幾乎所有的扣押都須由執行人員臨場（具有浮動性）判斷發現物是否為可為證據或得沒收之物，判斷基準為「合理依據」，若是單純懷疑則非屬合理依據，從發現物本身來說，如是違禁物（如槍枝本身即違反槍砲彈藥刀械管治條例），即有扣押之直接合理依據，若是於臨場個案判斷，由發現物存在的方式、狀態，結合本案已知的犯罪資訊而得知為犯罪證物，採「附條件之合理依據」。

四、扣押的類型

（一）本案扣押

§128II(2) 規定法官應於搜索票記載應扣押之物，故搜索後取得應扣押之物，即為本案扣押之物。亦即其有搜索令狀，該搜索就是為了扣押該物。

1. 決定機關：法官（§128II(2)）。

2. 執行機關：除由法官或檢察官親自實施外，得命檢察事務官、司法警察官或司法警察執行（§136）。

---

[125] 林鈺雄，刑事訴訟法實例解析，新學林，2022 年 9 月，頁 166-168。

（二）無令狀扣押（附隨搜索的扣押）

有學者認為無令狀搜索下，不可為附帶扣押，理由在於會使扣押的範圍無法控制[126]。而實務[127]之見解認為考量證據的蒐集與保全，具高度機動性與急迫性，為便利犯罪追訴[128]，不論有令狀搜索或無令狀搜索，若發現與本案「有關」的犯罪證據，但「未記載」於搜索票上，應為附帶扣押。

本書認為依 §137 規定「I 檢察官、檢察事務官、司法警察官或司法警察執行搜索或扣押時，發現本案應扣押之物為搜索票或扣押裁定所未記載者，亦得扣押之。II 第一百三十一條第三項（事後陳報、審查制）之規定，於前項情形準用之」，附隨搜索的扣押之要件如下：

1. 決定機關與執行機關為相同（§137）

檢察官、檢察事務官、司法警察（官）在執行有令狀或無令狀搜索時，若發現與本案有關的應扣押之物，可自行決定予以附帶扣押。例如法官在搜索票上記載應扣押毒品，但是執法者在現場還發現了販毒獲得的金錢，該金錢就可以為附帶扣押。

2. 附帶扣押的前提

合法的搜索[129]。警察利於合法地位而一目瞭然發現應扣押物皆可扣押，不論理由為拘提、逮捕或搜索[130]。

3. 發現搜索票所未記載的本案應扣押之物

此限於尚未發現搜索票所記載之物之前所偶然、意外發現者。依此實務上的運作方式可能會有意假裝忽略已經發現的搜索票上所記載之應扣押之物，再大肆搜索其他物，故而後來學說與實務提出一目瞭然原則以解決該問題，相關說明請參照下述「另案扣押」。

---

[126] 何賴傑，逮捕、搜索與扣押，台灣法學雜誌，第 25 期，2001 年 8 月，頁 126。
[127] 臺灣高等法院 104 年度上易字第 1272 號刑事判決。
[128] 林俊益，刑事訴訟法概要（上），2020 年 9 月，頁 377。
[129] 最高法院 96 年度台上字第 1630 號刑事判決。
[130] 林俊益，刑事訴訟法概要（上），2020 年 9 月，頁 378。

4. 事後陳報、審查制

§137II 準用 §131III。

（三）另案扣押

不管是有令狀或無令狀搜索，若與本案「無關」的犯罪證據，也「未記載」於搜索票上，應為另案扣押，例如法院簽發之搜索票記載的應扣押內容為殺人案件的兇刀，然而偵查機關還在現場找到毒品案件的海洛因、詐欺案件的人頭帳戶，此時則與本案（殺人案件）無關。§152 規定「實施搜索或扣押時，發見另案應扣押之物亦得扣押之，分別送交該管法院或檢察官」。要件如下：

1. 決定機關與執行機關：同附帶扣押。

2. 另案扣押的前提：合法的搜索[131]。

3. 發現搜索票所未記載的另案（與本案無關）應扣押之物：限於尚未發現搜索票所記載之物之前所偶然、意外發現者。

學說、實務認為附帶、另案扣押應限於尚未發現搜索票所記載之物之前所「偶然、意外發現」，目的在於避免偵查機關規避令狀大肆扣押而漠視人權，故而要求如果已經發現應扣押之物，不得再搜索而應立刻退出現場[132]。

然而實務的運作上常常會故意假裝無法先找到搜索票上記載的應扣押之物，例如搜索票上記載應扣押之物為 A 的加重公然侮辱寫「B 是公豬」的海報，偵查機關一進門就發現該海報貼在玄關，但偵查機關為了找出其

---

[131] 最高法院 97 年度台上字第 4373 號刑事判決。

[132] 最高法院 98 年度台上字第 137 號刑事判決：上開得逕行對被告或犯罪嫌疑人住宅或其他處所之搜索，旨在發現被告、犯罪嫌疑人或應被拘提之人，為「人」之發現，非為「扣押物」之發現，故於發現應被逮捕或拘提之人後，即應停止搜索。又上開有明顯事實足信為有人在內犯罪而情形急迫，得逕行搜索住處之目的，在於阻止犯罪，一旦發現無犯罪或犯罪之痕跡，應立即退出；至對於「扣押物」之扣押，除有針對扣押物之搜索票外，僅得於搜索被告、犯罪嫌疑人或應被拘提之人之過程中，發現應扣押之物時，予以扣押。

殺人案件的證據，進而逕自入內搜索殺人案的兇刀，最後果真在客廳中的泰迪熊娃娃的肚子裡找到兇刀，而主張該兇刀是偶然、意外的發現。此時真的是偶然、意外發現的嗎？另人質疑，此無異規避了令狀原則。

因此附帶、另案扣押應限於尚未發現搜索票所記載之物之前所「偶然、意外發現」似乎已經不足因應上開情形，故學說上提出「一目瞭然原則」，核心概念為，偵查機關進入一個場所時，僅允許偵查人員以目光發現其他證據，不得隨意翻動或搜索，且該物必須「相當理由（立即且明顯）」可認定是犯罪證據時方可扣押。因為偵查機關對於可能的犯罪物不可能視而不見，且若不立即取證，證據可能稍縱即逝[133]，該概念亦被實務運用[134]。該概念也可以運用到一聽即知、一嗅即知、一觸即知。以一嗅即知為例，法官搜索票上記載應扣押之物為 A 於毒品案件的實驗用燒杯、酒精燈、吸食器、0.5 克的 K 他命，偵查機關一進門就聞到疑似塑膠燒焦的味道，然而卻假裝沒有聞到，不隨著味道的起源去搜尋，反而是往 A 的房間內搜尋 A 觸犯強制性交案件的物件。隨後偵查機關果然在 A 的房間內搜索到 A 強制性交後所留下的衛生紙團與沾有體液的保險套，此時若依照上述過去實務見解，偵查機關可以技巧性地去規避偶然、意外發現的要件。然若依照一嗅即知原則，於偵查機關一進門就聞到疑似塑膠燒焦的味道時，即不可以再假裝自己沒有聞到該味道，進而再去搜尋未於令狀上所記載之物（衛生紙團、沾有體液的保險套）而扣押之。

再舉一例來說，司法警察甲因乙涉嫌販毒，持搜索票前往乙家進行搜索毒品，意外發現有槍枝 2 把，甲除扣押毒品外，應否對槍枝扣押？搜索票上記載應扣押之物為毒品，但卻意外發現槍枝，屬於與本案無關的另案，應討論另案扣押，故必須要審查發現槍枝是否於毒品之前，以及一目瞭然原則，如果符合即為合法，而可扣押。

---

[133] 王兆鵬、張明偉、李榮耕，刑事訴訟法（上），2012 年 9 月，頁 210-216。林俊益，刑事訴訟法概要（上），2020 年 9 月，頁 379。
[134] 最高法院 109 年度台上字第 259 號刑事判決。

最高法院 109 年度台上字第 259 號刑事判決【偶然、意外發現＋一目瞭然原則】

　　搜索為刑事訴訟蒐證之手段，常伴隨著對人民財產之扣押，因而涉及隱私權、財產權、居住權等基本權的干預。搜索與否，職司刑事偵查之公務員每須面臨蒐證必要性與上開基本權保障的兩難抉擇，考量委諸此等實施公權力人員自為決定，難以避免角色上之衝突，為杜絕球員兼裁判之疑慮，故刑事訴訟法第 128 條採「法官保留」原則，明定搜索須由法官簽發搜索票，並應載明搜索之對象、處所及應扣押物等，以監督、限制搜索範圍及扣押標的，其旨在藉助法院以第三人中立、公正之立場進行審查，俾節制濫權，以落實保障人民上開基本權。同法第 152 條雖為使執行搜索之公務員對於職權行使過程中所發現之他案證據，得掌握調查取得證據之先機，當場及時予以扣押，期有助於該他案發現真實，而規定「實施搜索或扣押時，發見另案應扣押之物亦得扣押之」，即學理上所謂「另案扣押」；此等扣押，不須就該他案證據重新聲請法官審核、簽發搜索票，性質上屬無票搜索之一種，乃「法官保留」原則之例外。此規定就另案扣押，固僅設有須於合法之有票或無票搜索過程中執行之外部界限，然為符合上開保障人民基本權之精神，解釋上，所扣押之另案證據，一則必須係於合法搜索過程中，毋庸另啟搜索行為，即自然地為執行人員視線所及，而一目瞭然即可發現者，英美法謂之為「一目瞭然」法則，於未偏離原程序之常軌中併予扣押此等證據，因較諸原搜索行為，並未擴大或加深對受搜索人隱私之干預，自可毋庸重為司法審查；再者，該另案證據須出乎執行人員之預期，而於合法搜索過程中，經執行人員無意間偶然意外發現者，對此等證據之扣押，因須臨時應變、當場及時為之而具有急迫性，事實上即無聲請並等待法官另簽發搜始符合另案扣押制度設計之本旨。至於搜索人員原有預見可能發現之另案證據，對之扣押，並不具有急迫性，自仍應先經法院審查，迨取得搜索票後，始據以扣押，以符合法官保留原則，防免執法偵查人員得規避司法審查，持憑一張搜索票，即藉機濫行搜索、扣押，侵害人民財產權。唯有如此理解，才能進一步落實憲法對干預人民基本權須踐行正當程序之要求。

4. 沒有事後陳報、審查制

此時為法律漏洞，應修法。實務認為如果另案扣押時，法院應職權主動審查，進而依照 §158-4 判斷證據能力[135]。

（四）獨立扣押（非附隨於搜索的扣押）

過去刑事訴訟法將扣押當成是搜索的附屬，核准搜索等於核准扣押，而使得搜索與扣押共用同一張令狀，而忽略了扣押的獨立性與扣押是基本權的干預手段。獨立扣押是指非附隨於搜索的扣押，有的是經過被扣押者的同意而扣押；有的是經過法院的裁定而扣押，故採相對法官保留原則。獨立扣押的目的是為了保全證據或者是為了保全沒收所為的扣押（或保全追徵的假扣押）。獨立扣押可以區分為保全證據的扣押與保全將來沒收執行的扣押，以下圖示為之：

➡ 保全證據的扣押：法院、檢察官均有權扣押
➡ 保全沒收的扣押 ➡ 同意扣押：不用法官裁定，但有告知拒絕扣押的義務
　　　　　　　　　➡ 緊急（逕行）扣押 ➡ 原則：應經法院裁定而扣押
　　　　　　　　　　　　　　　　　　➡ 例外：相當理由、情況急迫
　　　　　　　　　　　　　　　　　　　　（事後陳報）

1. 保全證據的扣押

保全證據的扣押目的在於使國家取得的犯罪證據，免於遭到湮滅、變造或隱匿，確保刑事訴訟順利進行，以及真實發現。保全證據的扣押不採取法官保留原則與令狀原則，目的在於方便檢警辦案[136]。但是究竟由檢察官決定或者由司法警察決定發動保全證據的扣押，現行法並無規定，故而學者認為法官與檢察官為有權發動保全證據的扣押的決定機關，且以

---

[135] 最高法院 101 年度台上字第 1610 號刑事判決。
[136] 陳文貴，刑事訴訟法增訂保全扣押相關條文立法過程與簡釋，司法周刊，第 1805 期（司法文選別冊），2016 年 7 月，頁 27-28。

§136 規定「I 扣押，除由法官或檢察官親自實施外，得命檢察事務官、司法警察官或司法警察執行。II 命檢察事務官、司法警察官或司法警察執行扣押者，應於交與之搜索票或扣押裁定內，記載其事由」為根據認為檢察事務官、司法警察（官）執行並無權決定是否執行扣押[137]。

2. 保全將來執行沒收的扣押、保全追徵之扣押

保全將來執行沒收的扣押目的在於確保將來執行且有效預防犯罪，經由保全扣押的制度，將違禁物、犯罪物（包含供犯罪所用、犯罪預備之物或犯罪所生之物）或其替代價額、犯罪利得原物或其替代價值，置於國家實力支配下，以使日後的沒收判決可以順利進行，而獲得犯罪的一般與特別預防效果[138]。此外，保全沒收之扣押的客體既然不限於犯罪物及利得原物，只要具有財產利益或得為財產標的，都可以成為沒收、追徵的標的，保全沒收之扣押的範圍較保全證據之扣押的範圍廣，換言之，保全沒收標的之範圍為行為的責任財產，例如 A 去盜獵，如已經找不到獵物具體落於何方，應於 A 的責任財產範圍內向 A 追徵該獵物之價額，因此時執行保全沒收之扣押的範圍不以動產或有實體之物為限[139]，惟應注意比例原則[140]。

---

[137] 林鈺雄，刑事訴訟法（上），2013 年 9 月，頁 431-432。

[138] 潘怡宏，論保全證據與保全沒收執行之獨立扣押的競合，萬國法律，第 207 期，2016 年 6 月，頁 18。最高法院 107 年度台抗字第 1125 號刑事裁定：保全扣押裁定，係一項暫時之保全執行名義，效果僅止於財產之禁止處分，而非永久剝奪，目的在於確保實體判決之將來執行，其屬不法利得剝奪之程序事項規定，以自由證明為已足。

[139] 王士帆，犯罪所得沒收與追徵之保全扣押，月旦裁判時報，第 48 期，2016 年 6 月，頁 70-71。

[140] 最高法院 111 年度台抗字第 221 號刑事裁定：可為證據或得沒收之物，得扣押之；為保全追徵，必要時得酌量扣押犯罪嫌疑人、被告或第三人之財產，刑事訴訟法第 133 條第 1 項、第 2 項定有明文。前者係為保全犯罪利得原物之沒收，後者則係保全其價額之追徵或財產之抵償，係追徵抵償價額之額度而對義務人之一般財產為「假扣押」，使其發生禁止處分之效果。對犯罪利得之扣押，仍具有干預人民財產權之性質，故應遵守比例原則，扣押須以有保全之必要性為要件，亦即，若無保全措施，勢將阻礙日後沒收判決之執行者，始得為之；又在保全追徵抵償之假扣押，既非原物扣押，為避免過度（假）扣押而侵害義務人之財產權，就義務人責任財產之（假）扣押範圍，同應遵守比例原則，此所以上開條項規定「酌量」之理由。又倘事實審法院依卷內資料，為合目的性之裁量，綜合審酌應沒收之不法利得數額（應追徵抵償之價額）、扣押財產之狀況、經濟

保全沒收的扣押類型，區分如下：

(1) 同意扣押

① 條文依據

§133-1 規定「I 非附隨於搜索之扣押，除以得為證據之物而扣押或經受扣押標的權利人同意者外，應經法官裁定。II 前項之同意，執行人員應出示證件，並先告知受扣押標的權利人得拒絕扣押，無須違背自己之意思而為同意，並將其同意之意旨記載於筆錄。III 第一項裁定，應記載下列事項：一、案由。二、應受扣押裁定之人及扣押標的。但應受扣押裁定之人不明時，得不予記載。三、得執行之有效期間及逾期不得執行之意旨；法官並得於裁定中，對執行人員為適當之指示。IV 核發第一項裁定之程序，不公開之」。

② 相對法官保留原則的對象

由「非附隨於搜索之扣押，除以得為證據之物而扣押或經受扣押標的權利人同意者外，應經法官裁定」，可知扣押須經法官裁定時（相對法官保留原則），僅適用於保全沒收的狀況（保全扣押物未來可以沒收），而不適用於保全證據。緊急扣押（§133-2I）亦同此解釋。而得為證據之物而扣押或經受扣押標的權利人同意，則屬於保全證據扣押，檢察官可以直接依照 §136I 自行決定扣押。例如 A 駕車過失撞死 B，檢察官對該車的扣押，應屬於保全證據的扣押，而 §133-1I 不適用於保全證據的扣押，不用經過法官裁定，故而檢察官可依照 §136I 自行決定扣押。

保全證據的扣押限於本案證據，範圍較特定，保全沒收的扣押之扣押物，因為應沒收者的任何財產都可能是潛在的標的物，且亦可經由追徵（§133II）為之[141]，例如 A 觸犯加重詐欺案件，犯罪所得 50 萬，A 的車子、房、地、骨董、海賊王正本仿真模型、麥可喬丹的球星卡等都可以是

價值及保全利益等情，認扣押與比例原則無違者，核屬事實審法院本於職權所為之適法裁量，尚難遽指為違法。

[141] 林鈺雄，沒收之程序問題（上），德國法之鳥瞰與借鏡，月旦法學教室，第 115 期，2015 年 5 月，頁 62。

扣押的對象,所以必須透過法官相對保留原則保障人民的財產權。

　　然而保全沒收的扣押與保全證據的扣押也會發生競合,例如扣押物為槍枝時,槍枝可以當成證據,也是「應」沒收的違禁物,故違禁物通常具有雙重性質,此時應先適用保全證據的扣押。

③ 立法理由

　　為確保當事人同意之真意,課予執行人員有出示證件、表明身分、告知當事人享有得拒絕權利之義務,並應將其同意之意旨記載於筆錄。又非附隨於搜索之扣押,原則上既採法官保留原則,扣押所依據之案由、扣押標的為何人所有之何種財產及其範圍,自均應記載於扣押裁定,始符合令狀主義及保障人權之要求。扣押裁定應有一定執行期間之限制,且扣押係經由法官裁定,法官於裁定時,自得對執行人員為適當之指示。為避免證物滅失或應被沒收財產之人趁隙脫產,核發扣押裁定之程序,不應公開之。

(2) 緊急扣押（逕行扣押）

① 條文依據

　　§133-2 規定「I 偵查中檢察官認有聲請前條扣押裁定之必要時,應以書面記載前條第三項第一款、第二款之事項,並敘述理由,聲請該管法院裁定。II 司法警察官認有為扣押之必要時,得依前項規定報請檢察官許可後,向該管法院聲請核發扣押裁定。III 檢察官、檢察事務官、司法警察官或司法警察於偵查中有相當理由認為情況急迫,有立即扣押之必要時,得逕行扣押;檢察官亦得指揮檢察事務官、司法警察官或司法警察執行。IV 前項之扣押,由檢察官為之者,應於實施後三日內陳報該管法院;由檢察事務官、司法警察官或司法警察為之者,應於執行後三日內報告該管檢察署檢察官及法院。法院認為不應准許者,應於五日內撤銷之。V 第一項及第二項之聲請經駁回者,不得聲明不服」。

　　情況急迫,必須是聲請扣押裁定的期間,標的物將受到處分或藏匿,而來不及為保全沒收的扣押。

② 相對法官保留原則。

③ 立法理由

非附隨於搜索之扣押，原則上採法官保留原則，故偵查中，檢察官認有聲請前條扣押裁定之必要者，應先聲請法院裁定後始得為之；惟於情況急迫時，應得逕行扣押以資因應。又為慎重其程序，且使法院知悉扣押之內容，聲請扣押裁定，應以書狀為之，並記載應扣押之財產及其所有人。為避免檢察官濫用逕行扣押，對人民權利造成不必要之侵害，自應課以陳報法院進行事後審查之義務，以維程序正義。參考本法 §131Ⅲ 之事後審查制的規定，增訂 §133-2Ⅳ。至於非法逕行扣押及扣押後未依法陳報者，如扣押物是「可為證據之物」，則依 §158-4 權衡是否以證據能力。又 §133-2Ⅰ 扣押之聲請經駁回者，如有必要，自得再為聲請，並無抗告之實益，故 §133-2Ⅴ 規定不得聲明不服。

「得沒收之物」的扣押若未依法陳報，立法理由中並無說明其證據能力如何判斷，本書認為若依照 §158-4 判斷，而其判斷應著重於偵查機關的主觀意圖（惡意程度）。

3. 程序

(1) 聲請機關

偵查中的檢察官（§133-2Ⅰ），司法警察僅可先報請檢察官許可後向法院聲請（§133-2Ⅱ）。

(2) 同意扣押

執行人員有告知拒絕同意扣押義務。

§133-1Ⅱ 規定「前項之同意，執行人員應出示證件，並先告知受扣押標的權利人得拒絕扣押，無須違背自己之意思而為同意，並將其同意之意旨記載於筆錄」。

(3) 裁定扣押

① 應記載事項

　　§133-1III「第一項裁定，應記載下列事項：一、案由。二、應受扣押裁定之人及扣押標的。但應受扣押裁定之人不明時，得不予記載。三、得執行之有效期間及逾期不得執行之意旨；法官並得於裁定中，對執行人員為適當之指示」。

② 裁定程序不公開（§133-1IV）

緊急搜索與緊急扣押

	緊急搜索	緊急扣押
條文	§131	§133-2
主體	檢察官	§133-2III 檢察官、檢察事務官、司法警察（官）
時間限制	相當理由認為情況急迫，非迅速搜索，24 小時內證據有偽造、變造、湮滅或隱匿之虞者	§133-2III 有相當理由認為情況急迫，有立即扣押之必要時，得逕行扣押
證據排除	§131III、IV →不得作為證據	§133-2IV →無此規定
	同意搜索	同意扣押
條文	§131-1	§133-1
告知同意的義務	X	§133-1II

五、網域的扣押

　　網域名稱的扣押，是指對於網站的扣押，例如影音盜版網站「楓林網」、「小鴨影音」、「99 酷播」，皆屬於侵害智慧財產權的犯罪。

　　網域名稱的扣押本在我國現行法所規定的範圍內，即 §133 規定為搜索時屬於得為證據之物，而得扣押。但如果在網路上偶然看到非法網站卻

不知道是何人架設該網站，此時可以單獨宣告沒收（刑法 §40III），故屬於獨立扣押（非附隨於搜索的扣押）的情形。

六、扣押的限制

（一）公物、公文的限制

§134I「政府機關、公務員或曾為公務員之人所持有或保管之文書及其他物件，如為其職務上應守秘密者，非經該管監督機關或公務員允許，不得扣押。II 前項允許，除有妨害國家之利益者外，不得拒絕」。

釋字第 627 號解釋認為總統特別費國家機密事項之訊問、陳述，或該等證物之提出、交付，是否妨害國家利益，由總統釋明。未能合理釋明，該管檢察官或受訴法院應審酌具體情形，依 §134II、§179II 及 §183II 之規定處分或裁定，總統如不服可以聲明異議或抗告，並由高等法院或其分院以資深庭長為審判長之法官 5 人組成特別之合議庭審理。

（二）郵電扣押的限制

§135 規定「I 郵政或電信機關，或執行郵電事務之人員所持有或保管之郵件、電報，有左列情形之一者，得扣押之：一、有相當理由可信其與本案有關係者。二、為被告所發或寄交被告者。但與辯護人往來之郵件、電報，以可認為犯罪證據或有湮滅、偽造、變造證據或勾串共犯或證人之虞，或被告已逃亡者為限。II 為前項扣押者，應即通知郵件、電報之發送人或收受人。但於訴訟程序有妨害者，不在此限」。

（三）夜間扣押的限制（§146）。

七、扣押物的處置

（一）封緘、標識

§139規定「I扣押，應制作收據，詳記扣押物之名目，付與所有人、持有人或保管人。II扣押物，應加封緘或其他標識，由扣押之機關或公務員蓋印」。

（二）扣押物的處置

§140規定「I扣押物，因防其喪失或毀損，應為適當之處置。II不便搬運或保管之扣押物，得命人看守，或命所有人或其他適當之人保管。III易生危險之扣押物，得毀棄之」。§141規定「I得沒收或追徵之扣押物，有喪失毀損、減低價值之虞或不便保管、保管需費過鉅者，得變價之，保管其價金。II前項變價，偵查中由檢察官為之，審理中法院得囑託地方法院民事執行處代為執行」。

（三）扣押物之發還

§142規定「I扣押物若無留存之必要者，不待案件終結，應以法院之裁定或檢察官命令發還之；其係贓物而無第三人主張權利者，應發還被害人。II扣押物因所有人、持有人或保管人之請求，得命其負保管之責，暫行發還。III扣押物之所有人、持有人或保管人，有正當理由者，於審判中得預納費用請求付與扣押物之影本」。§142-1規定「I得沒收或追徵之扣押物，法院或檢察官依所有人或權利人之聲請，認為適當者，得以裁定或命令定相當之擔保金，於繳納後，撤銷扣押。II第一百十九條之一之規定，於擔保金之存管、計息、發還準用之」。§143規定「被告、犯罪嫌疑人或第三人遺留在犯罪現場之物，或所有人、持有人或保管人任意提出或交付之物，經留存者，準用前五條之規定」。

　　保全證據的扣押之目的在於把扣押物當成證據使用，如果扣押物已經無作為證據的必要，就沒有繼續保存的必要而應發回給權利人，亦即依據§142 發還犯罪行為人與第三人。而保全沒收的扣押，目的在於確保日後沒收判決可以順利進行，故而保全沒收執行的扣押物，除了贓物而無第三人主張權利，應發還被害人外，並無發還給犯罪行為人的可能[142]。

　　保全沒收的扣押，如果有替代扣押標的物且該物可確保日後沒收判決的執行，即無繼續扣留該標的物的必要，故而可依據§142-1 撤銷。而保全證據的扣押並無扣押之撤銷的問題，因為扣押的標的物如果無作為證據使用的必要時，就必須發回。

　　綜上，舉一例而言，A、B、C、D、E 組成詐騙集團，其中 A 以詐騙所得購買一部車，因為刑法上的利得沒收屬於必要沒收，又該車為刑法§38-1 的犯罪所得所變得之物，為應沒收之物，若有保全沒收的必要，得扣押之（§133I），如果今天 A 將車子送給自己的阿公開，阿公將車放在自己的車庫裡，偵查機關可否去阿公的車庫搜索？搜索必須符合令狀原則，故須先請法官簽發搜索票後進入阿公的車庫扣押該車。如果偵查的時間很久，要保管該車的費用過多，檢察官可依照§141I 變賣該車。相對的，如果 A 想要偵查機關還車，可依據§142-1II 聲請還車，若檢察官不還或者擔保金過高，A 可以向法院提起準抗告。於審判中亦同，不過應提的是抗告而向上級法院為之（§404）。

八、救濟：抗告、準抗告

　　§404I(2) 規定「對於判決前關於管轄或訴訟程序之裁定，不得抗告。但下列裁定，不在此限：二、關於羈押、具保、責付、限制住居、限制出境、限制出海、搜索、扣押或扣押物發還、變價、擔保金、身體檢查、通

---

[142] 潘怡宏，論保全證據與保全沒收執行之獨立扣押的競合，萬國法律，第 207 期，2016 年 6 月，頁 20。

訊監察、因鑑定將被告送入醫院或其他處所之裁定及依第一百零五條第三項、第四項所為之禁止或扣押之裁定」。§416規定「對於審判長、受命法官、受託法官或檢察官所為下列處分有不服者，受處分人得聲請所屬法院撤銷或變更之。處分已執行終結，受處分人亦得聲請，法院不得以已執行終結而無實益為由駁回：一、關於羈押、具保、責付、限制住居、限制出境、限制出海、搜索、扣押或扣押物發還、變價、擔保金、因鑑定將被告送入醫院或其他處所之處分、身體檢查、通訊監察及第一百零五條第三項、第四項所為之禁止或扣押之處分」。故而受處分人對檢察官之扣押不服得依§404提抗告，亦可依§416準抗告，而受處分人對於司法警察得之扣押不服，可以類推§404以及§416，亦可依據§142救濟。

第四節　特殊及其他類型的強制處分

壹、通訊監察

一、基本概念

通訊隱私權保護之主要緣由，乃通訊涉及兩個以上參與人，意欲以秘密之方式或狀態，透過介質或媒體，傳遞或交換不欲為他人所得知之訊息[143]。通訊監察，又稱監聽，基於犯罪偵查或國家安全的情報蒐集等目的下，國家以監控與過濾犯罪嫌疑人的通訊內容，蒐集、記錄以作為犯罪證據。該行為干預了人民的秘密通訊自由（憲法§12）與隱私權（憲法§22），故而通訊監察的發動須受法律保留原則的限制，因此，有通訊保障及監察法（下稱通保法）之規定。

---

[143] 最高法院106年度台非259號刑事判決。

二、受監察之對象

受監察之對象，依通保法 §4 規定，本法所稱受監察人，除了 §5 所規定的被告或犯罪嫌疑人，及 §7 外國勢力、境外敵對勢力或其工作人員外，還包括為其發送、傳達、收受通訊或提供通訊器材、處所之人。

三、有關犯罪偵查之通訊監察的立法原則

（一）重罪原則

有事實足認被告或犯罪嫌疑人有最輕本刑三年以上之罪，並危害國家安全、經濟秩序或社會秩序情節重大，而有相當理由可信其通訊內容與本案有關，且不能或難以其他方法蒐集或調查證據者，得發通訊監察書（通保法 §5I(1)）。但如果非三年以上之罪，必須符合通保法 §5I(2)～(18)的列舉之罪方可通訊監察，例如內亂罪、瀆職罪、貪汙治罪條例之違背職務行賄罪、犯罪組織條例規定之罪，然而該列舉之罪大多都是三年以上之罪。

（二）關聯性原則

監聽內容必須與本案事實具有關聯性。

（三）比例原則

一為合理性原則，客觀上須有相當理由相信通訊內容與本案相關（通保法 §5I）。二為必要性原則，不能或難以用他法蒐集或調查時（通保法 §5I）。三為最小侵害原則，不得逾必要限度且以侵害最小方法為之（通保法 §2），例如通保法 §13I 規定，通訊監察得以截收、監聽、錄音、錄影、攝影、開拆、檢查、影印或其他類似之必要方法為之。但不得於私人住宅裝置竊聽器、錄影設備或其他監察器材，但書的手段即所謂「大監

聽禁止」（私宅全面監聽之禁止），屬於時時刻刻監聽人民最隱私領域的手段，侵害過大故而禁止。

（四）令狀原則

須有法官核發的通訊監察書（通保法 §5II）。

釋字第 631 號認為過去偵查中可由檢察官決定是否核發通訊監察書，因此可能造成檢察官濫用監聽制度，而對於人民的秘密通訊自由有重大影響，故而如果未由客觀、獨立行使職權的法官核發，將違反正當法律程序，而於民國 96 年修法後，通保法 §5III 規定「前項通訊監察書，偵查中由檢察官依司法警察機關聲請或依職權以書面聲請該管法院核發」，採取相對法官保留原則。

釋字第 631 號解釋文

憲法第十二條規定：「人民有秘密通訊之自由。」旨在確保人民就通訊之有無、對象、時間、方式及內容等事項，有不受國家及他人任意侵擾之權利。國家採取限制手段時，除應有法律依據外，限制之要件應具體、明確，不得逾越必要之範圍，所踐行之程序並應合理、正當，方符憲法保護人民秘密通訊自由之意旨。中華民國八十八年七月十四日制定公布之通訊保障及監察法第五條第二項規定：「前項通訊監察書，偵查中由檢察官依司法警察機關聲請或依職權核發」，未要求通訊監察書原則上應由客觀、獨立行使職權之法官核發，而使職司犯罪偵查之檢察官與司法警察機關，同時負責通訊監察書之聲請與核發，難謂為合理、正當之程序規範，而與憲法第十二條保障人民秘密通訊自由之意旨不符，應自本解釋公布之日起，至遲於九十六年七月十一日修正公布之通訊保障及監察法第五條施行之日失其效力。

通訊監察應由檢察官向法院聲請核發令狀。民國 103 年增訂之通保法 §5II 中、後段規定「聲請書應記載偵、他字案號及第十一條之事項，

其監察對象非電信服務用戶,應予載明;並檢附相關文件及監察對象住居所之調查資料,釋明有相當理由可信其通訊內容與本案有關,且曾以其他方法調查仍無效果,或以其他方法調查,合理顯示為不能達成目的或有重大危險情形。檢察官受理聲請案件,應於四小時內核復;如案情複雜,得經檢察長同意延長四小時。法院於接獲檢察官核轉受理聲請案件,應於四十八小時內核復。審判中由法官依職權核發。法官並得於通訊監察書上對執行人員為適當之指示」。此加重檢察官於聲請通訊監察書時的詳細記載義務,其核復時間從 2 小時之加長成 4 小時,且可延長時間從 2 小時變成 4 小時,法官核復時間從 24 小時變成 48 小時,以利正確審查。

通保法 §5III 規定「前項聲請不合法定程序、不備理由、未經釋明或釋明不足者,法院應予駁回。其聲請經法院駁回者,不得聲明不服」,本項立法理由認為偵查階段的聲請被法官駁回,只要再補行事實與證據重新聲請即可,毋庸以聲明不服之方式為之。

通保法 §5V 規定「通訊監察書之聲請,應以單一監察對象為限,同一偵、他字或相牽連案件,得同時聲請數張通訊監察書」,因為過去實務運作常常有「一案吃到飽」的情形,亦即檢警針對犯罪嫌疑人的門號進行通訊監察時,發現有其他的犯罪嫌疑人或其他門號,在聲請通訊監察或繼續監察時,以原案號為之,未簽分另一案號,故而將通保法 §5V 修正,但該修正也只是讓偵查機關將一張聲請書拆開成數張聲請書,除了增加紙張的使用量外,沒有什麼意義,實則如何去控管通訊監察的範圍才是重點[144]。

(五)定期報告原則

通保法 §5IV 規定「執行機關應於執行監聽期間內,每十五日至少作成一次以上之報告書,說明監聽行為之進行情形,以及有無繼續執行監聽之需要。檢察官或核發通訊監察書之法官並得隨時命執行機關提出報告。

---

[144] 李榮耕,簡評二〇一四年新修正的通訊保障及監察法 —— 一次不知所為何來的修法,月旦法學雜誌,第 227 期,2014 年 4 月,頁 17。

法官依據經驗法則、論理法則自由心證判斷後，發現有不應繼續執行監聽之情狀時，應撤銷原核發之通訊監察書」。因監聽是一個連續的過程，法官可以隨時審查是否仍有監聽必要，而保護人民權利，此為繼續監聽的限制。

最高法院 109 年度台上字第 472 號刑事判決

原判決從形式上觀察，並無任何違背法令之處。另通訊監察與其他強制處分最大不同處，在於不論執行前或執行中，受監察人並不知悉自己遭通訊監察，而無立即提起救濟之機會。故以外部監督機制監督執行機關，更顯重要。通保法第 5 條第 4 項就通訊監察執行機關之報告義務，所彰顯之重大意義，在於該項後段「法官依據經驗法則、論理法則自由心證判斷後，發現有不應繼續執行監聽之情狀時，應撤銷原核發之通訊監察書」，要求法官依執行機關之報告書，即時判斷原所核准之通訊監察書，是否有不應繼續執行之職責。以免人民依憲法第 12 條所享有之秘密通訊自由，在不知也無從救濟之情形下，遭受侵害。從而，原判決認執行監聽機關未於執行監聽 15 日內提出監察報告書，而認通訊監察譯文，無證據能力，難認有何違誤。

（六）期間限制原則

通保法 §12I 規定「第五條（按：有令狀監聽）第六條（按：緊急監聽）之通訊監察期間，每次不得逾三十日，第七條（按：國安監聽）之通訊監察期間，每次不得逾一年；其有繼續監察之必要者，應釋明具體理由，至遲於期間屆滿之二日前，提出聲請。但第五條、第六條繼續之監察期間，不得逾一年，執行機關如有繼續監察之必要者，應依第五條、第六條重行聲請」。

又通保法 §12II「第五條、第六條之通訊監察期間屆滿前，偵查中檢察官、審判中法官認已無監察之必要者，應即停止監察」。且通保法

§12III 規定「第七條之通訊監察期間屆滿前，綜理國家情報工作機關首長認已無監察之必要者，應即停止監察」。

（七）事後通知原則

依通保法 §15 規定，通訊監察後應通知被監聽人，於民國 103 年修法後增加通聯紀錄為事後通知的範圍，且舊法對於何時通知被監聽人並無規定，而民國 103 年之後明確規定 14 日通知的期限。

三、通訊監察的客體

（一）一般客體

通訊監察的客體包括所有的溝通方式，依通保法 §3 規定「I 本法所稱通訊如下：一、利用電信設備發送、儲存、傳輸或接收符號、文字、影像、聲音或其他信息之有線及無線電信。二、郵件及書信。三、言論及談話。II 前項所稱之通訊，以有事實足認受監察人對其通訊內容有隱私或秘密之合理期待者為限」。例如 A 於電話中跟 B 說：「你就到 XX 路的咖啡廳那邊拈花惹草（按：毒品交易中，雙方不碰面，把毒品在花盆下，藥腳自行取貨）。」B 說：「我就來看看花開好了嗎。」而電話中的對話內容就是通訊監察的客體，將此對話內容轉譯成書面稱為通監譯文。但應注意，此等內容須有隱私或秘密之合理期待始為通訊監察的內容，例如 A 在山頭對另一個山頭的 B 唱情歌，此時就欠缺合理隱私期待。

監聽時的背景聲音與合理隱私期待

最高法院 107 年度台上字第 4581 號刑事判決

司法警察機關依法定程序執行電信監聽取得之錄音，係以錄音設備之機械作用，真實保存當時通訊之內容，在通訊監察之錄音過程

中，無論係監聽電話通訊發、受話兩端之對話聲音、背景聲音，乃至於兩端或受監察人單端與其身旁人之對話內容，皆屬透過受監察電信設備目標所接收之音，符合監聽受監察人之目的，受監察人對此亦有合理的隱私期待，俱為該法第 3 條第 1 項第 1 款所稱之「通訊」，仍屬合法通訊監察之範圍。至司法警察實施通訊監察所側錄被告與他人之對話內容，若其對話本身即係被告進行犯罪中構成犯罪事實之部分內容，該對話內容於法律評價上，應屬被告審判外之自白，其得否為證據，應視其是否具備任意性與真實性以為斷，並仍應調查其他補強證據，以察其是否與事實相符。

（二）附屬訊息

通保法 §3-1 規定「I 本法所稱通信紀錄者，謂電信使用人使用電信服務後，電信系統所產生之發送方、接收方之電信號碼、通信時間、使用長度、位址、服務型態、信箱或位置資訊等紀錄。II 本法所稱之通訊使用者資料，謂電信使用者姓名或名稱、身分證明文件字號、地址、電信號碼及申請各項電信服務所填列之資料」。此通訊紀錄、通訊者使用資料稱為附屬訊息。一般認為「通訊」的隱私權益高於「附屬訊息」（即通聯紀錄、通訊使用者資料）[145]。

通聯紀錄是指跟談話內容無關，但可以知悉有無通訊、通話的電話號碼、通訊時的所在位置、通訊時間、通話的方式、移動定位追蹤等通話狀態的資料，也是屬於秘密通訊自由的保護領域，故而也應受法律保留限制[146]。因此通保法 §11-1 將通聯紀錄納入通保法的保障範圍，且通聯紀錄的調取需要向法院聲請核發調取票（令狀原則、相對法官保留原

---

[145] 吳巡龍，伺服器傳真影像之調取，月旦法學教室，第 197 期，2019 年 3 月，頁 23-24。
[146] 林鈺雄，通聯記錄之調取，台灣法學雜誌，第 239 期，2014 年 1 月，頁 56-58。王兆鵬、張明偉、李榮耕，刑事訴訟法（上），2013 年 9 月，頁 288-289。

則），不過必須符合重罪原則（三年以上有期徒刑之罪，例如賭博罪（刑法 §266）、圖利供給賭博場所（刑法 §268）不符於重罪）與關聯性原則、必要性原則，而在聲請的主體，原則上由檢察官以書面事先向法院聲請調取票（通信紀錄、通訊者使用資料），而司法警察調取通信紀錄時須經檢察官事先許可後，方可以書面事先向法院聲請調取票，但如有急迫情形不及事先聲請者，可先為調取通聯紀錄，於急迫原因消滅後，應向法院補行聲請調取票。又如果是十年以上的有期徒刑之罪，有需要時得由檢察官依職權或司法警察向檢察官報請許可後，調取通訊紀錄，不需受是否有法官之調取票的拘束（不適用相對法官保留）。

然而通保法 §11-1II 僅規定司法警察報請檢察官許可後，可向法院聲請「調取通信紀錄」，但未規定是否可向法院聲請「調取使用者資料」，司法警察是否可以不用聲請即可直接「調取使用者資料」？學說認為應類推通保法 §11-1III，司法警察應經檢察官許可，向法院聲請核准後始可調取使用者資料[147]。此外，歷史性行動電話基地台位置資訊具有自動產生性，經過大數據資訊的蒐集、儲存、集合與分析，行動電話使用者受長期、不間斷產生之資訊影響個人隱私，有學說[148]認為若向法院聲請調取的歷史性行動電話基地台位置資訊，僅需有事實足認通訊紀錄及通信使用者資料與本案偵查間具備必要性及關聯性，即可調取，惟門檻過低，若未達相當理由之程度恐引發隱私權之疑慮。

Line 通信紀錄之調取是否有通保法 §11-1 之適用？學者[149]認為臺灣連線股份有限公司提供之服務是為其使用者「發送、儲存、傳輸或接收符號、文字、影像、聲音或其他信息」，但依通保法所得調取的電信紀錄必須是「電信服務後，電信系統所產生之發送方、接收方之電信號碼、通信

---

[147] 李榮耕，通信使用者資料的調取，月旦法學教室，第 189 期，2018 年 6 月，頁 26-28。

[148] 溫祖德，調取歷史性行動電話基地台位置資訊之令狀原則—自美國 Carpenter 案之觀察，月旦法學雜誌，第 297 期，2020 年 2 月，頁 143-144、146-147。

[149] 李榮耕，即時通訊程式的通信紀錄的調取，月旦法學教室，第 212 期，2020 年 6 月，頁 23-25。

時間、使用長度、位址、服務型態、信箱或位置資訊等紀錄」（通保法§3I），而電信服務必須是由電信業者利用電信設備所經營，提供公眾使用的服務（電信法§2），所以 Line 並不屬於電信業者，其所提供的服務，理當然非通保法之電信服務，使用 Line 與他人交換信息後所產生，與內容無關的資訊（例如：通話是否接通、通話的長度、時間等），自非通信紀錄，而無通保法§11-1 的適用。惟該資訊仍為得為證據之物，故而可§133-1 之非附隨於搜索之扣押取得通信紀錄。

又倘若無急迫情形，司法警察經檢察官同意後卻未向法院聲請，就自行「調取通信紀錄」、「調取使用者資料」，取得的證據資料是否有證據能力？學說認為現行法僅規定違法監聽之證據排除（違反§5、§6 及§7，違法取得通訊內容的行為設有證據排除），未規定此種情形，應以§158-4 權衡是否可作為證據[150]。

四、通訊監察的類型[151]

（一）一般監聽

即通保法§5I。若符合各款之重罪，並危害國家安全、經濟秩序或社會秩序情節重大，而有相當理由可相信通訊內容與本案有關聯（關聯性原則），且不能或難以其他方法蒐集或調查證據者，得發通訊監察書。

（二）緊急監聽

緊急監聽，乃檢察官對於特定罪名因他人生命、身體、財產有急迫危險或其他急迫情形，以口頭通知執行機關執行監聽，於 24 小時內向法院陳報，法院應於 48 小時內補發令狀。通保法§6 規定「I 有事實足認被告或犯罪嫌疑人有犯刑法妨害投票罪章、公職人員選舉罷免法、總統副

---

[150] 李榮耕，通信使用者資料的調取，月旦法學教室，第 189 期，2018 年 6 月，頁 26-28。
[151] 通保法有包含國安監聽之規定，但並非犯罪偵查的手段，故本書不詳加介紹之。

總統選舉罷免法、槍砲彈藥刀械管制條例第七條、第八條、毒品危害防制條例第四條、擄人勒贖罪或以投置炸彈、爆裂物或投放毒物方法犯恐嚇取財罪、組織犯罪條例第三條、洗錢防制法第十一條第一項、第二項、第三項、刑法第二百二十二條、第二百二十六條、第二百七十一條、第三百二十五條、第三百二十六條、第三百二十八條、第三百三十條、第三百三十二條及第三百三十九條，為防止他人生命、身體、財產之急迫危險；或有事實足信有其他通訊作為前條第一項犯罪連絡而情形急迫者，司法警察機關得報請該管檢察官以口頭通知執行機關先予執行通訊監察。但檢察官應告知執行機關第十一條所定之事項，並於二十四小時內陳報該管法院補發通訊監察書；檢察機關為受理緊急監察案件，應指定專責主任檢察官或檢察官作為緊急聯繫窗口，以利掌握偵辦時效。II法院應設置專責窗口受理前項聲請，並應於四十八小時內補發通訊監察書；未於四十八小時內補發者，應即停止監察」。

（三）同意監聽

　　監察者為通訊之一方或已得通訊之一方事先同意的監聽，此稱為同意監聽，故而非出於不法目的者，即使不符合令狀原則與發動門檻，依照通保法§29I(3)規定，該類監聽就不罰。

五、另案監聽

　　另案監聽是指於本案監聽時，偶然聽到受監聽者的其他犯罪事實或他人的犯罪事實，例如A警察監聽B的販毒案件，卻偶然聽到B於電話中炫耀對C強制性交的犯罪事實。另案監聽所得內容可否用於他案而有證據能力，分別論述如下：

（一）本案監聽合法

1. 過去學說、實務

　　有學說認為可基於另案扣押的法理（一聽即知的法理）取得證據能力，因為如果偵查人員對於偶然聽到的另案資訊不予理會的話，證據未即時擷取將稍縱即逝，且與國民法感情不合 [152]，而另案無限制於重罪原則、關聯性原則。但多數學說認為必須限制於重罪原則、關聯性原則，故而本案監聽如合法，偶然聽到的另案，也必須限於 §5 的法定列舉重罪或與本案監聽具有關聯性，此時方可作為證據 [153]。

　　而實務 [154] 結合了兩種學說見解，整理如下圖。

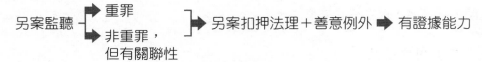

本案監聽合法

　　另案監聽 → 重罪 / 非重罪，但有關聯性 → 另案扣押法理＋善意例外 → 有證據能力

本案監聽違法：另案監聽，絕對排除證據

2. 現行法採取重罪原則、關聯性原則

　　通保法 §18-1 規定「I 依第五條、第六條或第七條規定執行通訊監察，取得其他案件之內容者，不得作為證據。但於發現後七日內補行陳報法院，並經法院審查認可該案件與實施通訊監察之案件具有關連性或第五

---

[152] 王兆鵬、張明偉、李榮耕，刑事訴訟法（上），2012 年 9 月，頁 214-216。李榮耕，錦上添花 —— 另案監聽所得通訊內容之證據能力，月旦法學教室，第 81 期，2009 年 7 月，頁 22-23。

[153] 楊雲樺，通訊監察「違反令狀原則」以及「另案監聽」在刑事證據法上之效果 —— 評最高法院九八年度台上字第一四九五號、九七年度台上字第二六三三號及九七年度台非字第五四九號三則判決，台灣法學雜誌，第 141 期，2009 年 12 月，頁 67 以下。吳巡龍，監聽偶然獲得另案證據之證據能力，月旦法學教室，第 47 期，2006 年 9 月，頁 80 以下。

[154] 最高法院 97 年度台上字第 2633 號刑事判決。

條第一項所列各款之罪者，不在此限。II 依第五條、第六條或第七條規定執行通訊監察所取得之內容或所衍生之證據與監察目的無關者，不得作為司法偵查、審判、其他程序之證據或其他用途，並依第十七條第二項規定予以銷燬。III 違反第五條、第六條或第七條規定進行監聽行為所取得之內容或所衍生之證據，於司法偵查、審判或其他程序中，均不得採為證據或其他用途，並依第十七條第二項規定予以銷燬。」

通保法 §18-1II 規定在合法的本案監聽下，另案取得的證據仍必須與符合法定重罪、通訊監察有關聯才可當成證據。故通保法 §18-1 為實務見解的明文化。

學者指出 7 日的陳報期間應屬失權期間，也就是只要偵查機關遲誤此一期間，無論故意或過失，該另案的通訊內容就不能作為認定該另案犯罪事實的依據。但如此一來對於犯罪有效偵查極為不利，對被告的隱私權保護也無助益，所以不需要有事後陳報期間的規定，即使認為必須要有，也可以容許較長的陳報期間（如 1 個月或 3 個月）[155]。

對監察對象所涉販賣或意圖販賣而持有毒品等罪嫌，於合法實施監聽期間，取得販賣、運輸毒品（下稱販運毒品）監察對象之上、下游，或與監察對象共犯上開罪嫌之人的監聽內容，對該上、下游或共犯而言，是否屬通保法 §18-1I 所定「依第五條、第六條或第七條規定執行通訊監察，取得『其他案件』之內容者，不得作為證據。但於發現後七日內補行陳報法院，並經法院審查認可該案件與實施通訊監察之案件具有關連性或為第五條第一項所列各款之罪者，不在此限」所稱的「其他案件」之內容？倘通訊監察聲請書內已敘明監聽範圍包括「監察對象之上、下游或共犯等與販運毒品有關之對話」，而法院也據以核發通訊監察書之情形，結論有無不同？

---

[155] 李榮耕，另案監聽及其所取得的通訊內容的證據能力，月旦裁判時報，第 84 期，2019 年 6 月，頁 45。

　　「一人一票」原則係對通訊監察書之聲請、核發的限制，以避免肉粽串式監聽，並非意在限制「執行」監聽時不能偶然取得另案監聽之對話內容。蓋監聽具有隱密性（監聽對象無法察覺被監聽）、未來性（監聽之對話並非現在已存在，而是預期未來會發生）、持續性（監聽時間較長，亦不受有形空間之限制）、流刺網性（並非只蒐集監察對象之訊息，第三人使用被監聽之電話或第三人與監察對象間之對話，均有被蒐集可能性）等不確定之特性，亦即犯罪之偵查常處於浮動狀態，考慮偵查效率及刑事有效訴追等要求，與搜索之情形相同，監聽亦係對尚未確定事證之蒐集，無從自始即清楚、明確知悉通訊對象與對話內容，而可事先預測或控制監聽所可能擴及之主觀及客觀範圍，故在監聽執行階段保持一定之彈性，為偵查事理本質之必然。由於通保法所規範之通訊本質乃「2人以上之特定人間的意思交換」，監聽之執行本即係為了蒐集監察對象與他人間之對話內容，而基於監聽之上開特性，當國家機關鎖定特定監察對象之電話線路進行監聽時，所有與之通話或使用其電話之人，均不可避免地亦處於被監聽之狀態。是以，於監聽時偶然所取得販運毒品予監察對象之上、下游，或與監察對象共犯上開罪嫌之人的對話內容，並未逸脫通保法所規範之通訊本質範圍，難謂已擴大侵害對話者之隱私合理期待。無論基於學說「假設再次干預亦受允許」或「類似犯罪例外」之觀點，均認為監聽標的乃犯罪嫌疑人使用之特定通訊設備（例如行動電話），故凡經由該通訊設備撥出或接收而參與和監聽案由有關之通話內容，均不可避免落入實際執行監聽之範圍內。此際因並未進一步擴大侵害對話者合理隱私保護之範圍，故於執行機關善意執行監聽時，本案監聽之結果難免會偶然擴張至原監聽活動可及範圍之其他犯罪，此乃執行監聽活動事理本質所必然，不會導致原通訊監察令狀之濫用，並無違反法官保留而牴觸令狀原則可言。析言之，依「假設再次干預亦受允許」之觀點，前述另案監聽所得，屬於法定允許監聽之重罪範圍，且與本案監聽之主、客觀範圍具客觀關連性，若有充分理由相信，向法官聲請監聽亦會准許，即應容許是類之無令狀監聽。此即學說上所稱「偵審人員如依法定程序亦有發現該證據之必然性」或「事實

上按照個案之情況存有合法蒐證之可能」之情形。又依「類似犯罪例外」之觀點，基於對「一目瞭然法則」所衍生之「一聽即知法則」（又稱「明顯可見法則」）之運用，肯認將令狀所載監察對象擴及與之通訊對話而有上、下游或共犯關係之人，或將令狀載明涉嫌觸犯法條涵蓋「充分近似」（即具客觀關連性）之其他犯罪，符合進行中之偵查活動本應涵蓋其他具客觀關連性而充分近似犯罪之偵查本質，自應容許是類之無令狀監聽。是以，前述情形之另案監聽所得，既未擴大原監聽偵查之目的、範圍，不會使得本案監聽成為另案監聽之託辭，尚不致造成本案監聽程序之濫用，並不當然應依通保法§18-1I前段之規定，絕對排除其證據能力，俾在未擴大侵害合理隱私期待之前提下，兼顧有效保全證據及避免無謂訴訟資源之耗費[156]。

　　通訊監察書之聲請、核發，應嚴守「一人一票」原則，多數監察對象不得共用一張通訊監察書。則縱然通訊監察聲請書內已敘明監聽範圍包括「監察對象之上、下游或共犯等與販運毒品有關之對話」，惟法院既應依「一人一票」原則核發通訊監察書，則本案監聽之範圍，自不及於原核准進行監聽之「監察對象」以外之人。是於此場合所取得販運毒品予監察對象之上、下游，或與監察對象共犯上開罪嫌之人之監聽內容，對該上、下游或共犯而言，仍屬另案監聽所取得之內容[157]。

（二）本案監聽違法

　　通保法§18-1III規定「違反第五條、第六條或第七條規定進行監聽行為所取得之內容或所衍生之證據，於司法偵查、審判或其他程序中，均不得採為證據或其他用途，並依第十七條第二項規定予以銷燬」。亦即本案監聽違法或偵查機關假合法的本案監聽之名，行違法的另案監聽之實，證據應排除，其衍生證據亦應排除。

---

[156] 最高法院110年度台上字第5765號刑事判決。
[157] 最高法院110年度台上字第5765號刑事判決。

最高法院 109 年度台上字第 1345 號刑事判決

　　偵查機關依法執行「本案監聽」時，在監聽過程中得知「另案」之通訊內容。此「另案監聽」所取得之證據，如若係執行監聽機關自始即偽以有「本案監聽」之罪名而聲請核發通訊監察書，於其監聽過程中發現另案之證據者，因該監聽自始即不符正當法律程序，且執行機關之惡性重大，則其所取得之監聽資料及所衍生之證據，悉應予絕對排除，不得作為另案之證據使用。倘若屬於本案依法定程序監聽中偶然獲得之另案證據，即在通訊監察過程中，得知在本案通訊監察目的範圍以外之通訊內容，此種監察所得與本案無關之通訊內容，如涉及受監察人以外之人是否另有其他犯罪嫌疑時，依通訊保障及監察法第 18 條之 1 第 1 項之規定，原則上不得作為證據，但如於發現後 7 日內補行陳報法院，並經法院審查認可該案與實施通訊監察之案件具有關連性或為同法第 5 條第 1 項所列各款之罪者，則得作為證據。

最高法院 109 年度台上字第 61 號刑事判決

　　依通保法第 18 條之 1 第 1 項之規定，另案監聽所取得之內容有無證據能力，係採「原則排除、例外容許」之立法體例。本條項但書所定另案監聽內容得作為證據之要件有二，即實質要件係以「重罪列舉原則」（通保法第 5 條第 1 項所列各款之罪），或非屬重罪但「與本案具有關連性之犯罪」（輕罪）者為限，並輔以於發現後 7 日內補行陳報法院審查認可為程序要件。同條第 3 項係採取英美法制之毒樹果實理論，明文規定「違法監聽」所取得之內容或所衍生之證據，均應予排除，不得作為證據。至本條第 1 項「另案監聽」所衍生之證據，則不與焉。蓋因本條第 1 項前段僅規定在合法監聽下所取得其他案件之內容，不得作為證據，並不及於所衍生之證據，此與第 3 項規定因「違法監聽」所取得之內容或所衍生之證據，及同條第 2 項規定所取得與監察目的無關之內容或所衍生之證據，均應予排除之情形，

顯然有別，亦即依立法原意，對於「另案監聽」所衍生之證據，不得引用「毒樹果實理論」而認為無證據能力，予以排除。從而，自亦不得復援引與「另案監聽」無關之第 3 項規定，作為「另案監聽」所衍生證據當然無證據能力之理由。關於證據能力部分，原判決已說明○○○因涉嫌販賣毒品，警方對於○○○所持行動電話依法執行通訊監察過程中，偶然獲得上訴人與○○○間交付毒品並收取價金之通訊內容，屬另案監聽所得，警方未依法報由檢察官陳報法院審查認可，固違反通保法第 18 條之 1 第 1 項規定，然經審酌本件警方係偶然監聽獲得上訴人販賣毒品訊息，並非有意利用合法監聽以附帶監聽上訴人，且販賣毒品嚴重危害社會治安，警方如依法報由檢察官陳報法院審查，依形式觀之，法院尚無不予認可之理由，警方亦無故意不報請法院審查之意圖，況上訴人於警詢、第一審法院訊問時均肯認有該等通話內容無誤（見警卷第 6 至 7 頁、第一審卷（二）第 100 至 103 頁）。經依刑事訴訟法第 158 條之 4 規定權衡上開各節後，認該通訊監察譯文有證據能力，且內容並無不實等旨。經核並無違背證據法則之情形。上訴意旨（一）以該通訊監察譯文無證據能力、上訴意旨（二）以上訴人於警、偵所述係受譯文內容誤導所致，而指摘原判決採證違法，均非適法之第三審上訴理由。

最高法院 108 年度台上字第 3714 號刑事判決、最高法院 108 年度台上字第 1586 號刑事判決

依通保法第 18 條之 1 第 1 項之規定，另案監聽所取得之內容有無證據能力，係採「原則排除、例外容許」之立法體例。本條項但書所定另案監聽內容得作為證據之要件有二，即實質要件係以「重罪列舉原則」（通保法第 5 條第 1 項所列各款之罪），或非屬重罪但「與本案具有關連性之犯罪」（輕罪）者為限，並輔以於發現後 7 日內補行陳報法院審查認可為程序要件。此項於偵查中另案監聽應陳報法院事後審查之立法，與刑事訴訟法第 131 條第 3 項對於逕行搜索，應於實施或執行後 3 日內陳報該管法院或報告該管檢察官及法院，由法院審查之立法例相

仿，本質上與逕行搜索同為無令狀之強制處分。而基於偵查作為具浮動性，偵查機關實無從事先預測或控制監聽內容及可能擴及之範圍，而相關之通訊內容如未即時擷取，蒐證機會恐稍縱即逝。是另案監聽所附帶取得之證據，其保全尤具急迫性，即令有未及時陳報情形，其所得之證據，應容許法院於審判時適用刑事訴訟法第 158 條之 4 權衡理論判斷有否證據能力。

六、監聽所得證據資料之證據能力相關問題

（一）得一方同意之監聽（通保法 §29(3)）

偵查機關未取得通訊監察書，而僅取得通訊一方的同意而進行監聽時，稱為得一方同意之監聽。

1. 國家發動（國家已經得到其中一方同意而監聽）

例如 A 偵查機關要監聽 B、C 的通話，A 得到 B 的同意下而監聽 B、C 通話，此時監聽是否合法，其內容可否為證據？

(1) 違法說、權衡說

有實務見解認為屬於違法監聽，但應依據 §158-4 權衡是否有證據能力。基於衡平原則，對於當事人之一方，所賦予之保護措施。並非謂司法警察機關於蒐集證據時，得趁此機會，於徵得通訊之一方事先同意，即可實施通訊監察，而無須聲請核發通訊監察書，以規避通保法 §5、§6 所規定之限制。從而司法警察機關縱徵得通訊之一方事先同意而監察他人通訊，其所取得之證據有無證據能力，仍應依 §158-4 規定，審酌人權保障及公共利益之均衡維護，以為判斷[158]。

---

[158] 最高法院 93 年度台上字第 2949 號刑事判決、臺灣高等法院 109 年度交上訴字第 23 號刑事判決。

(2) 合法說、虛偽朋友理論

　　有實務見解認為此時監聽合法，因為受監察者對於通訊一方無通訊秘密及隱私期待可言，與監察者在受監察者不知情狀況下，截聽或截錄電話談話內容之情形有別，故而所取得的證據具有證據能力 [159]。

　　學說上亦以合理隱私期待與虛偽朋友理論（風險承擔理論）為依歸，而虛偽朋友理論是指，發言時就必須承擔被出賣的風險，因此對話當時的秘密通訊的狀態已經不存在，最後通訊秘密應由雙方所構成，如僅有一方主觀上認為是秘密，無從構成 [160]。

(3) 違法說、國家干預說、放棄權利不得由他人代理

　　學說上有批評虛偽朋友理論之見解者，認為國家無令狀下介入屬於違法。如一方放棄了通訊的隱私期待，另一方亦享有合理隱私期待，因為對話進行時，彼此間存有特殊信賴關係，對話結束後不會洩漏給其他人或以該對話內容作為不利於己的證據加以運用 [161]。另外有學者批評虛偽朋友理論來比擬當時的狀態並不合理，因為其忽略了國家的介入行為，同意監聽的一方根本是國家手足的延伸，可視為是國家的一部分 [162]。又通訊隱私不可由他人代為放棄，故而國家得一方同意而監聽，可視為國家與一方之通話，屬於缺乏令狀原則下的違法監聽。

2. 私人發動（監察者就是通訊的一方）

　　例如通話的當事人偷錄音之情形，主打清廉執政的 A 官員向主打良心油的 B 廠商收賄，想不到一次比一次要求更多，因此 B 廠商忍無可忍下，不經 A 同意就錄 A 官員行求賄賂的談話內容，A 說：「B 啊，你的

---

[159] 最高法院 97 年度台上字第 2743 號刑事判決、最高法院 101 年度台上字第 3287 號刑事判決、臺灣高雄地方法院 108 年度訴字第 276 號刑事判決。

[160] 楊雲樺，得一方同意之監聽，月旦法學教室，第 28 期，2005 年 2 月，頁 22-23。吳巡龍，得通訊一方同意竊聽錄音之證據能力 —— 兼評最高法院 93 年度台上字第 2949 號判決，月旦法學雜誌，第 28 期，頁 238 以下。王兆鵬、張明偉、李榮耕，刑事訴訟法（上），2022 年 9 月，頁 208-209。

[161] 黃朝義，刑事訴訟法，2013 年 4 月，頁 305。

[162] 林鈺雄，刑事訴訟法（上），2013 年 9 月，頁 324-325。

油跟上次一樣有驗出類似大便的物質在裡面喔～啊～對了！先別說這個，我最近需要三綑太陽花裝飾辦公室，有點煩惱要買哪家的，你有什麼建議嗎？（一綑太陽花代表 100 萬）」。B 進而舉報，該錄音內容可否為證據？

　　實務見解與私人不法取證的解決方式相同，而認為私人取得之證據，除係以強暴、脅迫等非和平之方式或係違反通訊保障及監察法及刑法上開條文之規定所取得者外，並無證據排除法則之適用，亦即應得為證據[163]。因此，私人為保全證據所為之錄音，如非出於不法之目的及以違法手段取證，即非屬非法取得之證據，應無非法證據排除法則之適用。但如果是私人間之電話錄音譯文，是依其聽取之內容轉譯作成，此乃又透過人之意思活動予以傳達之證據，屬該負責轉譯之人於審判外之書面陳述，為傳聞證據[164]。

　　學者指出，如果私人以竊錄、竊聽的方法為之，雖屬不法取證，但依通保法 §3II 規定「前項所稱之通訊，以有事實足認受監察人對其通訊內容有隱私或秘密之合理期待者為限」，該竊聽、竊錄的內容是否有證據能力應依是否有隱私或秘密之合理期待為判斷。美國法上認為竊聽、竊錄的被害人自願將訊息通知他人時，即便是有行為人不得對他人洩漏的主觀期待，但客觀上這種期待非社會上所承認其為合理，故而該訊息沒有隱私期待，不受美國聯邦憲法 §4 保護[165]，亦即「你不要期待講出去的話，不會被傳出去」。私人監聽之通訊應不受合理隱私期待保護，被害人都必須承擔行為人洩漏給他人的風險[166]，此即風險承擔理論的運用。學者進一步指出，風險承擔理論並非是「有無」的問題，而是「高低」的問題，如果是朋友家人間的對話或社會保密活動的進行，參與者會有比較高的合理隱私期待，此時證據需要加以排除，但是如果是隱私期待較低的狀態下，即回歸一般運用風險承擔理論，無須考慮證據排除[167]。

---

[163] 最高法院 104 年度台上字第 1210 號刑事判決。
[164] 最高法院 107 年度台上字第 2069 號刑事判決。
[165] 吳巡龍，私人取證，月旦法學教室，第 133 期，2013 年 10 月，頁 36-37。
[166] 金孟華，私人取證的證據能力，月旦裁判時報，2017 年 9 月，頁 43。
[167] 金孟華，私人取證的證據能力，月旦裁判時報，2017 年 9 月，頁 45。

（二）違反通保法其他規定

依現行通保法 §18-1 規定，違反 §5、§6、§7 時一律排除證據能力。但如果違反其他條文時，實務見解認為應依照 §158-4 權衡其證據能力之有無[168]。對此有學者提出美國法上的「核心保護措施理論」為判斷，亦即如果與人民秘密通訊與隱私權高度相關時，應排除證據能力，如果非高度相關則依照 §158-4 權衡判斷是否有證據能力。例如違反通保法 §12 的 30 日監聽期間，已經違反令狀原則，應依據通保法 §18-1 而一律排除證據。例如法院未依通保法 §6 規定設置專責窗口時，雖然現行法規定一律排除證據，但此僅是單純法院的內部分配問題，不涉及人民核心秘密及通訊隱私保護，故其證據能力應依 §158-4 加以權衡，而非依通保法 §18-1 一律排除。又例如發現另案證據未於 7 日內陳報法院審查，此涉及人民核心保護的領域，應該絕對排除其證據能力。再例如通保法 §5V 的一票一監聽規定，若違反一票一監聽之規定，但此規定形同虛設，故不須加以排除，也無須依 §158-4 加以權衡[169]。

七、通訊內容適用通訊監察或搜索之釐清

通訊監察與搜索相同之處在於皆是侵害隱私權，不同之處在於通訊監察執行時間較長、對象為尚未存在的內容、人民並不知道被監聽。

對於過去、現在、未來的通訊內容，應適用通保法或刑事訴訟法的搜索、扣押，學說[170]、實務[171]認為：

---

[168] 最高法院 107 年度台上字第 3035 號刑事判決。

[169] 李榮耕，論通訊保障及監察法第 18 條之 1 第 3 項的證據排除規定，政大法學評論，第 156 期，2019 年 3 月，頁 261 以下。

[170] 吳巡龍，伺服器傳真影像之調取，月旦法學教室，第 197 期，2019 年 3 月，頁 24-25。李榮耕，觀點：為最高法院保障人民隱私權的判決按讚！網址：https://www.storm.mg/article/452101，最後瀏覽日期：2020 年 5 月 24 日。

[171] 最高法院 106 年度台非字第 259 號刑事判決。

1. 「現在」與「未來發生」的通訊內容，應依通保法之通訊監察書或調取書之規定。

2. 「過去已結束」之通訊內容。

　　秘密通訊自由所保護者，既係在於通訊參與人間之訊息得以不為他人知悉之方式往來或遞送之秘密通訊過程，其所保障之範圍，自應隨訊息送達接收方，傳遞過程結束而告終止。據此，通訊內容在傳遞過程中固為秘密通訊自由所保護之客體，如該通訊內容已處於接收方之支配範圍，接收方得對此已結束傳遞過程之通訊內容，自行決定留存或刪除等處理方式，則其秘密通訊自由之保障已經結束。換言之，所謂「過去已結束」之通訊內容，已非秘密通訊自由保護之客體，應僅受一般隱私權即個人資料自主控制之資訊隱私權所保護，偵查機關如欲取得該內容，應依照搜索扣押的相關規定為之，故而依法搜索扣押電腦或手機時，不用取得通訊監察書即可以檢視通訊電磁紀錄。

　　對於過去已經結束之通訊內容，仍有一般的合理隱私期待，於非附隨於搜索的扣押，原則上仍應向法院聲請核發扣押裁定，不得逕以提出或交付命令之函調方式取得，始符合保障人民一般隱私權。§133-1I 除書的「得為證據」而毋庸取得法院裁定，與 §133III 的「應扣押」之物得命提出等規定，應依目的性限縮，而認為不及於「過去已結束」之通訊內容。

案 例

　　A 涉嫌販毒，A 使用的電子郵件信箱為 B 公司提供之通訊服務、A 的網路傳真資料是由 C 公司提供之通訊服務，檢察官用通保法 §11-1 之調取票命 B 公司提供 A 電子郵件，另外用 §133-1I 規定要求 C 公司提供 A 於網路上的傳真資料，是否合法？

擬答

檢察官向 B 公司調閱 A 電子郵件、向 C 公司調閱 A 網路傳真資料，都是過去已經結束的通訊內容。通保法 §11-1 規定的「調取票」範圍限於不涉及通訊內容的「通信紀錄或通信使用者資料」，但電子郵件已經涉及通訊內容，不可用通訊紀錄調取票調閱，而要回歸刑訴的搜索、扣押，故檢察官用調取票命 B 公司提供 A 電子郵件屬於違法。

傳真資料部分，因 C 傳真資料可以證明 A 是否有販毒，屬於「得為證據之物」，傳真資料為 C 公司保管，依 §133-1I 之文義規定檢察官得要求 C 公司提出傳真資料。然而實務認為過去結束的通訊內容雖非屬通訊自由，但仍受資訊隱私權的保障，故應目的性限縮 §133-1I 的「得為證據之物」，不包含過去已結束之通訊，目的為保障人民資訊隱私，故檢察官不應該以此規定要求調閱 A 的傳真資料，而應依 §133-1I 聲請法院核發扣押裁定。

貳、盤查、臨檢

一、盤查之意義

盤查是介於預防性與干預性、介於行政法（警察法）及刑事訴訟法的處分，並且也是介於諸多前述對人、對物強制處分之間的公法措施。

於從事行政權的工作時，通常為巡邏、值班等，屬於危害預防，比較少干預人民自由。但如果是實施犯罪偵查，例如逮捕、搜索、扣押、偵訊等，往往會干預基本權，故此時必須有法律明文授權，以符合法律保留原則。而事實上兩者間可以隨時轉換，例如警察巡邏時發現 A 機車後座的黑色大塑膠袋中裝著疑似人類的屍體，此時警察認為可疑，可能觸犯殺人罪，可以轉換成犯罪偵查，爾後發現，A 只是因為要搬家而將與人等身大小的充氣娃娃裝進該塑膠袋中一起搬家，即要結束犯罪偵查。

二、典型的「警察盤查」

警察的盤查如果運用不當，可能會變成鋪天蓋地的掃蕩式犯罪偵查。

1. 攔阻：即命相對人停止前進，「攔阻」並不等於「逮捕」，應依照一切情況綜合判斷，如果短暫留置雖不構成逮捕，但警察舉槍命人民趴在地上，此時則會是逮捕，關鍵在於侵害人民人身自由、意志自由的程度。

2. 檢視或檢查，即檢視相對人之身體、持有物或座車。「檢查」亦不等於「搜索」。

3. 盤詰：即盤問相對人身分及其他相關事項，「盤詰」並不等於「偵訊」。

另外，查核身分方面，必須一經查明就應該任其離去，故僅可以短暫留置，釋字第 535 號解釋之後，警察職權行使法 §6 規定「警察於公共場所或合法進入之場所，得對於下列各款之人查證其身分：一、合理懷疑其有犯罪之嫌疑或有犯罪之虞者。二、有事實足認其對已發生之犯罪或即將發生之犯罪知情者」，如果人民不配合，於警察職權行使法 §7II 更規定「警察得將該人民帶往勤務處所查證；帶往時非遇抗拒不得使用強制力，且其時間自攔停起，不得逾三小時，並應即向該管警察勤務指揮中心報告及通知其指定之親友或律師」。

學者認為盤查時詢問人民，人民無回答義務，不得僅因人民拒絕回答而逮捕，否則會侵害 §95 之緘默權。至少是不用回答姓名、住所[172]。

三、與盤查相類似的名詞

學者認為盤查常常在公共交通場所進行，而包含路檢、臨檢（臨場檢查）、集體盤查[173]。而臨檢的概念非常模糊，路檢盤查也是一種臨檢，但如果是進入住宅的臨檢，就是無令狀搜索。另外，集體盤查是針對特定區

---

[172] 王兆鵬、張明偉、李榮耕，刑事訴訟法（上），2012 年 9 月，頁 235、236。
[173] 林鈺雄，刑事訴訟法（上），2013 年 9 月，頁 439。

域內之人，通常會用路障設定範圍，但該範圍會包含無犯罪嫌疑的人，例如警方設置路障，該 100 公尺範圍內想要找到一位犯罪嫌疑人，但該範圍內多數都是無犯罪嫌疑的人，故會有違憲的問題。

四、為何須有法律依據

　　國家行政權之行使干涉到基本人權時，必須有法律的依據。警察勤務條例 §11(2) 規定「警察勤務方式如下：二、巡邏：劃分巡邏區（線），由服勤人員循指定區（線）巡視，以查察奸宄（按：奸宄是指犯法作亂），防止危害為主；並執行檢查、取締、盤詰及其他一般警察勤務」。

　　攔阻：禁止前進，干涉身體行動之自由。警察職權行使法 §7I(1) 規定若警察認有合理之理由相信某些人的行為已經構成危害或即將發生危害時得施以攔阻，以便於盤詰。

　　盤詰：詢問身分，干涉自我決定權，此為基本人權之核心。此於警察職權行使法 §7I(2) 有所規定。

　　檢查物品：干涉隱私權。此於警察職權行使法 §7I(3)、§8I 有所規定。

五、要件

1. 發動盤查之門檻

　　臨檢、盤查兩者概念相似，學說上有認為臨檢包含盤查，亦有認為盤查包含臨檢，警察勤務條例 §11(3) 規定「警察勤務方式如下：三、臨檢：於公共場所或指定處所、路段，由服勤人員擔任臨場檢查或路檢，執行取締、盤查及有關法令賦予之勤務」，可推知盤查為臨檢的下位概念，本書認為盤查性質上屬於隨機干預人民權利且地點不特定，而臨檢是指對於封閉性場所為之，此時已經有特定性了。不過無論名稱如何，釋字第535 號將重點放在「有無強制處分性質」，即臨檢實施之手段：檢查、路

檢、取締或盤查等不問其名稱為何，均屬對人或物之查驗、干預，影響人民行動自由、財產權及隱私權等甚鉅，應恪遵法治國家警察執勤之原則。依照釋字第 535 號概念區分其門檻：

(1) 對人的臨檢：限於相當理由

　　對人實施之臨檢則須以有「相當理由」足認其行為已構成或即將發生危害者為限，且均應遵守比例原則，不得逾越必要程度。臨檢進行前應對在場者告以實施之事由，並出示證件表明其為執行人員之身分。不得逾越必要程度是為了避免造成大量財物損害、干擾正常營業或生活。

(2) 對場所臨檢：應限於已經發生危害或導致合理可疑的跡象，即合理懷疑

　　警察人員執行場所之臨檢勤務，應限於已發生危害或依客觀、合理判斷易生危害之處所、交通工具或公共場所為之，其中處所為私人居住之空間者，並應受住宅相同之保障，皆有隱私權之問題。其場所應限於公共場所（例如公園）或是公眾得出入的處所（例如正在營業的飯店大廳廣場、百貨公司、酒店）。

(3) 臨檢的限制

　　臨檢應於現場實施，非經受臨檢人同意或無從確定其身分或現場為之對該受臨檢人將有不利影響或妨礙交通、安寧者，不得要求其同行至警察局所進行盤查。其因發現違法事實，應依法定程序處理者外，身分一經查明，即應任其離去，不得稽延。

(4) 臨檢、盤查必須符合比例原則、告知事由、出示證件、現場實施（例外：受同意、無從確定身分、現場為之對其不利或妨礙交通）。

釋字第 535 號解釋文

　　警察勤務條例規定警察機關執行勤務之編組及分工，並對執行勤務得採取之方式加以列舉，已非單純之組織法，實兼有行為法之性質。依該條例第十一條第三款，臨檢自屬警察執行勤務方式之一種。臨檢實

施之手段：檢查、路檢、取締或盤查等不問其名稱為何，均屬對人或物之查驗、干預，影響人民行動自由、財產權及隱私權等甚鉅，應恪遵法治國家警察執勤之原則。實施臨檢之要件、程序及對違法臨檢行為之救濟，均應有法律之明確規範，方符憲法保障人民自由權利之意旨。

上開條例有關臨檢之規定，並無授權警察人員得不顧時間、地點及對象任意臨檢、取締或隨機檢查、盤查之立法本意。除法律另有規定外，警察人員執行場所之臨檢勤務，應限於已發生危害或依客觀、合理判斷易生危害之處所、交通工具或公共場所為之，其中處所為私人居住之空間者，並應受住宅相同之保障；對人實施之臨檢則須以有相當理由足認其行為已構成或即將發生危害者為限，且均應遵守比例原則，不得逾越必要程度。臨檢進行前應對在場者告以實施之事由，並出示證件表明其為執行人員之身分。臨檢應於現場實施，非經受臨檢人同意或無從確定其身分或現場為之對該受臨檢人將有不利影響或妨礙交通、安寧者，不得要求其同行至警察局、所進行盤查。其因發現違法事實，應依法定程序處理者外，身分一經查明，即應任其離去，不得稽延。前述條例第十一條第三款之規定，於符合上開解釋意旨範圍內，予以適用，始無悖於維護人權之憲法意旨。現行警察執行職務法規有欠完備，有關機關應於本解釋公布之日起二年內依解釋意旨，且參酌社會實際狀況，賦予警察人員執行勤務時應付突發事故之權限，俾對人民自由與警察自身安全之維護兼籌並顧，通盤檢討訂定，併此指明。

2. 評析

對人的盤查，因為侵犯性程度、時間較搜索少，不用與對第三人（因為此時非犯罪嫌疑人，故不可以與被告、犯罪嫌疑人的搜索門檻比擬）的有令狀搜索般同樣要求「相當理由」（學說稱 45.78% 的確信），故認為是「合理懷疑」（學說稱 31% 的確信）[174]，亦即需要根據當時事實，依

---

[174] 王兆鵬、張明偉、李榮耕，刑事訴訟法（上），2012 年 9 月，頁 232、233。

照執行人員之個人經驗判斷有無合理懷疑。例如警員深夜巡邏時，發現某車忽快忽慢蛇行，疑似酒醉駕車，遂予攔阻、盤詰，此即合乎合理可疑（合理懷疑）。

臨檢與搜索應嚴以區分（涉及臨檢與搜索之界線），臨檢為非強制性的行政處分目的是為了預防犯罪與維護社會安全，並不是對犯罪行為搜查，無令狀即可為之；搜索是強制性的司法處分，目的為偵查犯罪，原則上須有令狀始可為之，相較之下臨檢時施的手段、範圍應小於刑事訴訟法搜索的相關規定，亦即只限於觀察人、物或場所的外表，若要進一步檢查應得到受檢者同意[175]。學說認為必須考慮執法人員之安全問題，與附帶搜索（§130）之考量類似，據此，應賦予盤查警員得檢視、搜查相對所能「立即控制」的範圍的權利（應與「立即可觸及的處所」相同理解），以免隨身武器危及警員安全，不過僅能有限且急迫檢視、搜查[176]，至於除該情形以外的則為搜索，需要搜索票。學說[177]認為若警察命被檢查人將偽鈔、海洛英及夾鏈袋從身上的口袋或皮包拿出，屬於違法搜索（既非同意搜索、亦非附帶搜索或逕行搜索）。

但如果是在檢查人民身上有無武器時，依據警察職權行使法§7I(4)規定「若有明顯事實足認其有攜帶足以自殺、自傷或傷害他人生命或身體之物者，得檢查其身體及其所攜帶之物」，符合相當理由時可以附帶搜索（例如將手收入口袋、將物品翻出檢查等等），但如僅有合理可疑時，僅可以拍觸身體外部檢查是否有武器，故而有事實足認的解釋應該區分成相當理由與合理可疑，而區分警察可以檢查的程度，此時亦有一觸即知法則的運用。不過目前警察職權行使法並無拍觸權之規定。

---

[175] 最高法院 101 年度台上字第 763 號刑事判決。
[176] 林鈺雄，刑事訴訟法（上），2013 年 9 月，頁 440、441。
[177] 林俊益，刑事訴訟法概要（上），2020 年 9 月，頁 360。

六、事後救濟：釋字第 535 號認為，應賦予事後救濟之途徑

（一）面臨盤查

相對人認無合理之根據，可要求盤查者說明。

（二）盤查之理由

相對人認為無理由，可拒接受盤查，而請求中斷盤查行為。倘盤查者認為有理由，仍堅持要盤查，此時相對人可要求出具盤查單（寫明合理之依據），此盤查單據屬一種行政處分，可據以提起行政訴訟。故而警察職權行使法 §29 規定「I 義務人或利害關係人對警察依本法行使職權之方法、應遵守之程序或其他侵害利益之情事，得於警察行使職權時，當場陳述理由，表示異議。II 前項異議，警察認為有理由者，應立即停止或更正執行行為；認為無理由者，得繼續執行，經義務人或利害關係人請求時，應將異議之理由製作紀錄交付之。III 義務人或利害關係人因警察行使職權有違法或不當情事，致損害其權益者，得依法提起訴願及行政訴訟」。

參、GPS 或非以辨識個人生物特徵之科技方法監控位置資訊

一、修法前實務、學說見解

實務見解認為 [178] 維護人性尊嚴與尊重人格自由發展，乃自由民主憲政秩序之核心價值。隱私權雖非憲法明文列舉之權利，惟基於人性尊嚴與個人主體性之維護及人格發展之完整，並為保障個人生活私密領域免於他人侵擾及個人資料之自主控制，隱私權乃為不可或缺之基本權利，而受憲法 §22 所保障。又對個人前述隱私權之保護，並不因其身處公共場域，

---

[178] 最高法院 106 年度台上字第 3788 號刑事判決。

而失其必要性。即他人之私密領域及個人資料自主，在公共場域亦有可能受到干擾，而超出可容忍之範圍，尤以現今資訊科技高度發展及相關設備之方便取得，個人之私人活動受注視、監看、監聽或公開揭露等侵擾之可能大為增加，個人之私人活動及隱私受保護之需要，亦隨之提升。是個人縱於公共場域中，亦應享有依社會通念得不受他人持續注視、監看、監聽、接近等侵擾之私人活動領域及個人資料自主，而受法律所保護，此觀釋字第 603 號、第 689 號解釋意旨自明。故而隱私權屬於憲法所保障之權利，殆無疑義。而有無隱私權合理保護之期待，不應以個人所處之空間有無公共性，作為決定其是否應受憲法隱私權保障之絕對標準。即使個人身處公共場域中，仍享有私領域不被使用科技設備非法掌握行蹤或活動之合理隱私期待。再者，按刑法 §315-1(2) 妨害秘密罪之立法目的，係對於無故竊錄他人非公開活動、言論、談話或身體隱私部位之行為，予以限制，以保障人民秘密通訊自由及隱私權。所謂「非公開之活動」，固指該活動並非處於不特定或多數人得以共見共聞之狀態而言，倘處於不特定或多數人得以共見共聞之狀態，即為公開之活動。惟在認定是否為「非公開」之前，須先行確定究係針對行為人之何種活動而定。以行為人駕駛小貨車行駛於公共道路上為例，就該行駛於道路上之車輛本體外觀言，因車體本身無任何隔絕，固為公開之活動；然由小貨車須由駕駛人操作，該車始得移動，且經由車輛移動之信息，即得掌握車輛使用人之所在及其活動狀況，足見車輛移動及其位置之信息，應評價為等同車輛使用人之行動信息，故如就「車內之人物及其言行舉止」而言，因車輛使用人經由車體之隔絕，得以確保不欲人知之隱私，即應屬於「非公開之活動」。以 GPS 定位蒐集位置資訊，屬於侵害個人隱私之違法偵查手段。

　　有論者[179]認為保障人權，於 GPS 偵查於立法規範前，至少於極為重大犯罪之偵查案件中，僅以通常偵查方法查獲有困難時，而有持續、全面掌握對象車輛之使用者行動之高度必要性時，得在對執行人員為與 GPS

---

[179] 吳燦，科技偵查蒐證之授權依據及證據能力 —— 以警察裝置 GPS 偵查為例，檢查新論，第 27 期，2020 年 2 月，頁 168。

偵查蒐證有關之適當指示，類推適用搜索規定，並為事後通知，以符合正當程序，以及法官事後審查時應有善意例外適用；而無令狀執行 GPS 偵查所獲得的證據以及派生證據，依證據排除法則一律排除，至於衍生證據則以先前的違法行為與後續的取證行為間是否具直接因果關聯或個別獨立偵查作為是否排除證據的基準。

二、全球衛星定位系統或其他非以辨識個人生物特徵之科技方法追蹤的明文化

　　近期因新興科技的發展，偵查機關為偵查犯罪而在他人車輛下方底盤裝設 GPS 追蹤器。偵查機關使用 GPS 追蹤器，可以連續多日、全天候持續而精確地掌握該車輛及其使用人之位置、移動方向、速度及停留時間等活動行蹤，且追蹤範圍不受時空限制，亦不侷限於公共道路上，即使車輛進入私人場域，仍能取得車輛及其使用人之位置資訊，且可蒐集長期而大量之位置資訊進行分析比對，可窺知車輛使用人之日常作息及行為模式。而且使用 GPS 追蹤器較之現實跟監追蹤，除取得之資訊量較多以外，就其取得資料可以長期記錄、保留，且可全面而任意地監控，並無跟丟可能，有如背後靈般讓人感到不安，亦因而引發侵害個人隱私。因此有長時間、遠距離、大規模、不知情、難逃脫、無差別及易複製等特性，對受調查人之基本權干預多且廣，也可能侵害非受調查之人，故與傳統側重於人力而有其侷限性之調查方式不同。

　　雖然現行實務中，偵查機關可依 §228、§230、§231 等為偵查作為，然現行規範仍有不足，而若又以大規模蒐集不特定人之生物特徵（例如人臉資訊），即時辨識比對以追蹤調查對象的位置，其干預特定對象即不特定人之個人資訊自主權及隱私權之程度過高，故於民國 113 年 7 月 16 日三讀通過 §153-1I「為調查犯罪情形或蒐集證據認有必要時，得使用全球衛星定位系統或其他非以辨識個人生物特徵之科技方法對被告或犯罪嫌疑人追蹤位置。」

三、比例原則、關連性原則及令狀原則

（一）對第三人之限制

§153-1II「對第三人實施前項調查，以有相當理由可信與被告、犯罪嫌疑人、證人或應扣押之物或電磁紀錄有所關連時為限。」因第三人並非本案應受調查之人，故必須符合相當理由之門檻且與被告等有關聯時為限。然若於未符合前開要件而對第三人調查，恰巧又發現另案證據，似未見有明確之規範。

（二）實施期間之限制、許可書核發

§153-1III～VI「前二項實施期間，不得逾連續二十四小時或累計逾二日，實施當日不足二十四小時，以一日計。有再次或繼續實施之必要者，至遲應於再次實施前或期間屆滿前，由檢察官依職權或由司法警察官報請檢察官許可後，以書面記載第一百五十三條之五第一項各款之事項與實施調查之必要性及其理由向該管法院聲請核發許可書。實施第一項、第二項調查前，可預期實施期間將逾連續二十四小時或累計。逾二日者，得於實施前，依前項規定向該管法院聲請核發許可書。前二項法院許可之期間，每次不得逾三十日。有繼續實施之必要者，至遲應於期間屆滿之二日前，由檢察官依職權或由司法警察官報請檢察官許可後，以書面記載具體理由向該管法院聲請核發許可書。」

若長期蒐集或追蹤受調查人之位置資訊，將使受調查人私人生活圖像及行為模式得以被掌握，干預隱私權之程度較高，而短期追蹤位置較難形成「圖像效果」，對人民隱私權之干預較為輕微，故應區別長、短期間，後者於必要時即可實施。若是連續 24 小時或累積超過 2 日，若要再次或繼續實施，自應經過更嚴格之審查程序。又若偵查機關實施調查前已可預期實施期間將連續 24 小時或將累計超過 2 日，可是前向法院聲請核發許可書。

四、許可書應記載事項

§153-5「I 第一百五十三條之一至第一百五十三條之三之許可書應記載下列事項：一、案由及涉犯之法條。二、受調查人或物。但受調查人不明者，得不予記載。三、使用之調查方法及使用該方法調查得取得之標的。四、前款之調查方法裝設或實施方式。五、執行機關。六、實施期間。II 核發許可書之程序，不公開之。法院並得於許可書上，對執行人員為適當之指示。III 第一百五十三條之一至第一百五十三條之三之聲請，經法院駁回者，不得聲明不服。IV 檢察官或核發許可書之法官得命執行機關提出執行情形之報告。執行機關應於執行期間內，依檢察官或法官指示作成報告書，說明執行行為之進行情形，以及有無繼續執行之需要。核發許可書之法官並得於發現有不應繼續執行之情狀時，撤銷原核發之許可。V 第一百二十八條之二之規定，於實施本章規定之調查時，準用之。」

許可書應記載受調查人或物，以特定受調查之對象，例如受調查人之基本資料或受調查車輛之車牌號。許可書應記載調查方法或實施方式，以免濫用許可書。

五、情況急迫且有立即實施必要、事後補發許可書、通知受調查人

§153-6「I 於下列情形之一，檢察官、檢察事務官、司法警察官或司法警察有相當理由認為情況急迫，而有立即實施之必要者，得逕行實施，並應於實施後三日內依各該條規定以書面聲請該管法院補發許可書：一、實施第一百五十三條之一之調查已逾連續二十四小時或已累計逾二日，實施當日不足二十四小時，以一日計。二、實施第一百五十三條之二、第一百五十三條之三之調查。II 前項之調查，有下列情形之一者，應即停止實施：一、檢察官不許可或於報請日起逾三日未為許可之決定。二、法院未補發許可書或於聲請日起逾三日未為補發許可書之裁定。III 法院補發許可書者，實施期間自實施之日起算。IV 第一項之聲請，經法院駁回者，

不得聲明不服。」為因應偵查犯罪之時效性及緊急狀況等急迫情形，例如偵辦毒品危害防制條例案件有立即向上溯源之必要，或被告或犯罪嫌疑人正在湮滅證據而有必要立即保全等情形而參考緊急搜索等規定訂定。

　　§153-7「I 經法院依第一百五十三條之一至第一百五十三條之三及前條核發或補發許可書實施之調查結束，或依前條第二項停止實施後，執行機關應敘明受調查人之姓名、住所或居所、許可書核發機關文號、實際調查期間、有無獲得調查目的之資料及救濟程序，陳報該管檢察官及法院，由法院通知受調查人。如認通知有妨害調查目的之虞、通知顯有困難或不能通知者，應一併陳報。II 調查結束或停止實施後，執行機關逾一個月未為前項之陳報者，法院應於十四日內主動通知受調查人。但通知顯有困難或不能通知者，法院得不通知受調查人。III 法院對於第一項陳報，除有具體理由足認通知有妨害調查目的之虞、通知顯有困難或不能通知之情形外，應通知受調查人。IV 第一項不通知之原因消滅後，執行機關應陳報法院補行通知。原因未消滅者，應於第一項陳報後每三個月向法院陳報未消滅之情形。逾期未陳報者，法院應於十四日內主動通知受調查人。V 實施第一百五十三條之一之調查未逾連續二十四小時或未逾累計二日者，除通知有妨害調查目的之虞、通知顯有困難或不能通知之情形外，應由執行機關於調查結束後一個月內，敘明受調查人之姓名、住所或居所、實際調查期間、有無獲得調查目的之資料及救濟程序，通知受調查人。並應每三個月檢視不通知之情形是否消滅，如不通知之情形已消滅，應即通知受調查人。」因調查作為對隱私權之干預程度較高，有使受調查事後知悉之必要，故應通知受調查人，惟若有妨害調查目的之虞，應准許延後通知；若通知顯有困難，例如因人數眾多且難以一一特定其身分，或有其他不能通知之情形者，亦應准許延後通知或不通知。又為避免執行機關於調查結束或停止實施後，故應就是否通知受調查人之事項久未陳報法院，並促使執行機關定期檢視不通知原因是否消滅。

六、證據取得之使用

§153-8「I 實施第一百五十三條之一至第一百五十三條之三及第一百五十三條之六調查所得資料，與本案有關者，除法律另有規定外，應留存該案卷宗，供本案偵查、審判使用，不得作為其他程序之證據或其他用途。II 實施第一百五十三條之一至第一百五十三條之三及第一百五十三條之六調查所得其他案件資料，不得作為證據。但於實施期間屆滿後三十日內補行陳報法院，並經法院審查認可該案件與本案具有關連性或為最重本刑五年以上之罪者，不在此限。III 實施第一百五十三條之一至第一百五十三條之三及第一百五十三條之六調查所得資料，除符合前二項情形外，應即銷燬或刪除之，不得作為司法偵查、審判、其他程序之證據或其他用途。但已供另案偵辦使用者，不在此限。IV 第二項之陳報，經法院駁回者，不得聲明不服。」若因特殊強制處分取得知資料，是跟他案相關，原則上不得為證據，然若為重罪或與本案有關連性者，則經法院審查認可後可使用取得之證據。

七、為執行刑事裁判實施之準用

§153-9「為執行刑事裁判，除其他法律另有規定外，法官、檢察官、檢察事務官、司法警察官或司法警察得依本章之規定實施調查。」刑事裁判之執行有運用科技方法防止人犯逃匿、搜尋應執行之人或物等需求，且此時係基於執行刑事裁判而為之必要處分，且有實施之基礎及正當性。至於法律就執行方法另有規範者，例如 §116-2I(4) 對於停止羈押之被告實施科技設備監控，自應依相關規定為之。

八、救濟

§153-10「I 受調查人及被告或犯罪嫌疑人之辯護人，對於法官、檢察官依本章所為之裁定或處分，得向該管法院提起抗告或聲請撤銷或變更

之。II 前項提起抗告或聲請期間為十日，自送達後起算。法院不得以已執行終結而無實益為由駁回。III 第四百零九條至第四百十四條、第四百十七條、第四百十八條第二項規定，於本條準用之。IV 對於第一項之裁定，不得聲明不服。V 依本章實施調查之方式、所得資料之保存、管理及銷燬、陳報、通知、救濟、監督及其他相關事項之辦法，由司法院會同行政院定之。」因特殊強制處分會因其高度借重科技設備而有長時間、遠距離、大規模、不知情、難逃脫、無差別及易複製等特性，干預人民基本權深淺不一，就調查實施之方法、所得資料之保存等會同行政院定之。

肆、M 化偵查網路系統（M 化車）蒐證

一、修法前之實務見解

　　實務見解認為 [180]「M 化車」是利用行動電話為確保手機（即行動電話，下同）用戶享有之電信服務在移動過程不被中斷，因此插入門號卡片之手機開機後，無論處於通訊中、上網時或待機狀態，即自動搜尋並持續向其所在位置附近所屬電信業者基地台註冊，而傳輸該手機本身全球獨一無二之專屬序號（簡稱 IMEI）及該手機使用門號即 SIM 卡之全球專屬識別碼（簡稱 IMSI）等通訊設備間自動連結之技術原理，透過「M 化車」裝設之截收器偽裝成基地台（即偽基地台），發出比附近電信業者基地台更強之訊號，藉此令在其發射功率區域內所有手機均誤認其為真實基地台而向其註冊，而截取該區域內手機之 IMEI 及 IMSI 等識別碼資料，經比對得知目標對象之手機識別碼後，除可向電信業者調取該識別碼之通訊使用者資料及所屬門號外，並可藉由系統與目標手機連結訊號之強弱，即時定位該手機位置。而隨著科技日新月異，手機之普及與便利已快速改變人類生活習慣，使其成為現代人與外界互動之重要媒介，廣泛形成手機如同

---

[180] 臺灣高等法院 111 年度重上更一字第 42 號刑事判決。

其使用者之貼身物品，導致使用「M化車」截取特定手機 IMEI 及 IMSI 及位置等資訊，可即時鎖定該手機位置及持續定位追蹤，而據以研判獲悉該手機使用者之位置而持續追蹤其行跡。

警方使用「M化車」蒐證取得手機 IMEI、IMSI 及位置等資訊，並非手機使用者因通訊附隨產生之資料，而係手機與「M化車」等科技設備間自動連結傳輸之技術訊號，該資訊均不具有人際間表達或交換意見等通訊應有之特徵，亦無從藉此推斷該手機使用者與他人之通訊情形或二者之關係，故警方使用「M化車」蒐證取得手機識別碼及位置等資料，並非秘密通訊自由保障之範疇。惟「M化車」所截收之 IMEI 及 IMSI 等識別碼，如同手機及門號 SIM 卡之身分證號碼，因電信業者有通訊使用者（即行動電話門號之申辦人）之資料，電信業者在行動通訊網路中即藉由該識別碼辨識通訊使用者之身分。而警方取得手機識別碼，既可依規定向電信業者調取該識別碼之電信門號及使用者資料，亦可藉由「M化車」系統與該手機連結訊號之強弱而偵測該手機位置資訊，進而探知手機使用者所在位置，故「M化車」所取得之手機識別碼及位置資訊，均係可連結辨識與該手機使用者相關個人資料之中介資訊，而屬憲法 §22 所保障隱私權及資訊自主權之範圍。又在現代生活中，手機雖已成為現代多數人不可或缺之一部，而廣泛形成持有手機之人與該手機緊密相隨，即所謂「機不離身」之現象，以及手機持用人必須向電信業者提供其個人資料，以取得電信業者所提供之電信服務。惟依一般社會通念，實難想見任何持用手機者，僅因手機具有自動搜尋聯繫臨近基地台等傳輸功能之科技原理，及他人有利用此原理以虛設之基地台誘使該手機向該偽基地台註冊之情形，即可謂手機使用者自願或同意向他人揭露其手機識別碼及所處位置等私密資訊，進而謂其對生活私密領域、具私密性個人資訊之隱私及自主控制等憲法所保障之隱私權及資訊自主權均欠缺合理期待。蓋手機持有者無論身處何處，未必願意他人利用科技方法任意取得其手機資訊內容，對其緊密追蹤，而窺知其所在位置。因此，手機持用人對其生活私密領域及資訊自主權，自仍享有免於受他人使用科技設備非法掌握之合理隱私期待。

　　偵查乃國家機關因追訴犯罪而發現及確認犯罪嫌疑人，或蒐集、保全犯罪證據之刑事程序。偵查機關之偵查作為，依其追訴手段是否干預憲法所保障人民基本權利，可分為「任意偵查」及「強制偵查」（或稱刑事訴訟上之基本權干預）二種類型。不論偵查機關使用有形或無形之手段，如實質侵害個人權利或利益者，即屬「強制偵查」，該種類型之偵查作為，本質上具有壓制或違反個人意思之強制性質，亦為一般所稱之「強制處分」。而前揭所稱「強制偵查」或「強制處分」之偵查作為，已干預憲法所保障人民之基本權利，故依憲法第 23 條之法律保留原則，「強制偵查」必須以法律或法律授權明確規定者，始得為之，此即所謂「強制處分法定原則」。

　　偵查機關使用「M 化車」在目標對象即手機持用人不知情下，秘密截取手機識別碼及位置資料，而對目標對象之手機進行定位追蹤之偵查作為，在操作上並無時間限制，且定位追蹤範圍，亦不因目標對象身處私人住宅或公開場域而有區別。偵查機關上開秘密蒐集、處理及利用人民私密資料之偵查手段，已干預人民隱私權及資料自主權，使人民之行蹤徹底暴露在國家公權力之監控下而無所遁形，洵至將使人民對自我行為設限，而壓縮其依內心意思決定如何行為之空間，影響其人格發展之完整與自由。故偵查機關不受時空限制，以「M 化車」之截收器偽裝成基地台，在目標對象不知情下，秘密蒐集、處理截取目標對象手機之識別碼，再利用該等資料，以「M 化車」定位系統精確定位手機位置資訊，無論手機使用者身居何處，偵查機關均能持續定位追蹤而精準掌握其所在位置之偵查作為，顯已侵犯一般人不欲被追蹤窺探之需求及隱私之合理期待，而屬對手機使用者之生活私密領域及資訊自主權造成一定程度干預之強制偵查作為。又縱令警方關閉「M 化車」相關系統而停止操作後，即自動清除「M 化車」截收器截取訊號範圍內之所有手機識別碼，惟該科技偵查作為，對非目標對象之其他手機持用人之資訊自主權亦已造成附帶干預之不良效應。

　　國家對人民自由權利（包括隱私權及資訊自主權）等基本權，在符合憲法 §23 規定範圍內，雖非不得以法律加以適當限制。惟我國現行 §228I、§230II、§231II 僅係對檢察官、司法警察官及司法警察發動偵

查或調查為抽象之誡命規定。警察職權行使法§11I則係基於防止犯罪之目的而規範警察對無隱私或秘密期待之行為蒐集資料，屬行政警察作用，並非調查犯罪所實施偵查處分之司法警察作用，前揭規定均不得援為「M化車」強制偵查作為之法律依據。而通訊保障及監察法（下稱通保法）之立法目的雖係保障人民秘密通訊自由及隱私權不受非法侵害，惟該法僅係授權對於通訊雙方相互溝通傳達之符號、文字、影像、聲音或其他信息等具有意思表示之通訊內容及通訊附隨產生之資料等通訊隱私權之干預。而「M化車」所截取之識別碼及位置資料，均係手機與「M化車」設備間自動連結傳輸之科技訊號，並非人際間之通訊內容，亦非通訊附隨產生之位置資料，且係「M化車」以偽基地台方式，介入手機與電信業者基地台之聯繫，而取得手機識別碼及位置等資料，並非向電信業者取得手機之通訊附隨位置資料，通保法自不能引為「M化車」偵查作為之法律授權依據。另個人資料保護法§15(1)僅係對公務機關蒐集及處理個人資料為應符合特定目的及執行法定職務必要範圍之抽象性規定，對於資料蒐集及處理之期間、方式及要件等必要程序事項均欠缺具體明確規定，亦不能作為「M化車」定位追蹤之授權規範。又刑事訴訟法所規定之搜索，係物理性侵入有形空間或侵害受搜索人財產權而對其身體、物件、電磁紀錄及住宅或其他處所進行蒐證，以保全已存在之證據資料，而避免該資料遭隱匿或湮滅之危險。因此其所謂電磁紀錄，係指已儲存在電子載體內或網路雲端空間之數位資料而言，且搜索之執行，法律賦予受搜索人在場權，亦非以秘密方式為之。而「M化車」科技偵查，則在目標對象不知情下，秘密截取其所持用手機現在即時及未來自動傳輸訊號之情形，並不符合現行法搜索規定之要件，因此雖均基於蒐證之目的而為，然二者之概念、方法及本質均不相同。況且，刑事訴訟法對於搜索僅規定「必要時」得對於被告或犯罪嫌疑人搜索，並未以「合理隱私期待」之有無作為核發搜索票之前提要件，此與美國憲法增修條文第4條規範人民有不受不合理搜索扣押之權利，採取「合理隱私期待基準」作為判斷是否構成搜索原因，而決定令狀適用範圍之情形，亦顯不相同，因此亦難以透過合理隱私期待之概念，來證立偵查機關以「M化車」科技方式秘密取得人民私密資料之偵查作為，

係現行刑事訴訟法關於搜索規定所允許之偵查手段，或得以類推適用現行法關於搜索之規定。而隨著科技迅速發展，犯罪手法不斷更新，偵查機關為蒐證追蹤犯罪事證，以有效打擊傳統及新興犯罪，基於維護公共利益之目的，雖有使用干預人民基本權之各種新型態科技器材或技術而實施偵查之實際必要。惟偵查機關使用「M 化車」之秘密性科技偵查行為，涉及犯罪偵查效率與人民基本權保護等重要價值之衝突與抉擇，而科技偵查之種類、適用之犯罪類型與監督程序，及其使用方式、期間、蒐集資訊之保存暨使用、事後救濟與通知義務等事項之決定，宜由國會儘速以法律或法律授權就偵查機關所應遵循之程序及實質要件，予以明確規定而妥適立法。至於內政部警政署刑事警察局雖已訂定「執行 M 化定位勤務作業流程」，作為執行操作之依據，惟該規定並非經立法機關授權所訂定，非屬法律層次之規定，亦不得作為「M 化車」強制偵查作為之法律授權基礎。是警方依該作業流程使用「M 化車」之強制偵查作為，欠缺法律授權基礎，違反法律保留原則，尚難謂適法。

　　「M 化車」係利用「虛擬基地台」的方式，透過已知的 IMEI 或 IMSI，藉「M 化車」與目標設備之間的訊號連結，進而定位目標設備，藉此定位所欲偵查之對象。該定位科技方法，係藉訊號之強弱連結以探知資訊，其實際發動之時間乃取決於偵查機關，且不分目標係在何處（私人住宅或公開場所）而有異，因而導致目標設備、對象所在之位置資訊，不限時間、地點，均得由偵查機關透過「M 化車」之使用，持續達到定位追蹤以及蒐集、處理與利用該等資料之目的。偵查機關為追訴犯罪，所為干預憲法保障人民基本權之蒐集，保全犯罪證據之作為，依強制處分法定原則，須法律或法律授權。本件偵查機關使用「M 化車」在目標對象即手機持用人不知情之狀態下，秘密蒐集、處理截取手機識別碼位置資料，對目標對象之手機定位、追蹤，以精確掌握手機持用者之所在位置之偵查作為，屬干預人民隱私權及資料自主權之強制偵查作為。而我國目前尚未制定科技偵查法，致偵查機關不足以因應犯罪者利用現代科技工具，衍生之新型犯罪型態。是關於警方使用「M 化車」偵測目標手機位置所取得之直接證據，欠缺法律授權，依 §158-4 規定，違反法定程序，並無證據能力。

二、M 化車蒐證明文化

民國 113 年 7 月 16 日三讀通過 §153-2「I 為調查犯罪情形或蒐集證據認有必要時，得使用科技方法調查被告或犯罪嫌疑人管領或使用之行動通訊設備之位置、設備號碼或使用之卡片號碼。」因調查犯罪情形或蒐集證據，於有搜尋被告或犯罪嫌疑人或第三人所管領或使用手機、手錶等通訊設備之位置及設備、卡片之號碼，必要時得使用 M 化偵查網路系統調查手機、手錶位置、設備號碼（IMEI）或使用之卡片號碼（IMSI）之刻記方法為之。

三、比例原則、關連性原則及令狀原則

§153-2「II 對第三人管領或使用之行動通訊設備之位置、設備號碼或使用之卡片號碼實施前項調查，以有相當理由可信與被告、犯罪嫌疑人、證人或應扣押之物或電磁紀錄有所關連時為限。III 前二項情形，應由檢察官依職權或由司法警察官報請檢察官許可後，以書面記載第一百五十三條之五第一項各款之事項與實施調查之必要性及其理由向該管法院聲請核發許可書。IV 前項許可之期間，每次不得逾三十日。有繼續實施之必要者，至遲應於期間屆滿之二日前，由檢察官依職權或由司法警察官報請檢察官許可後，以書面記載具體理由向該管法院聲請核發許可書。V 實施第一項、第二項調查時，因技術上無可避免取得非受調查人之個人資料，除為供第一項、第二項之比對目的外，不得使用，且於調查實施結束後應即刪除。」

若受調查人為第三人時，必須有相當理由且有關連性時方可為之。又因個人對隨身行動通訊設備本有較高之隱私期待，且調查行動通訊設備位置，將可精確定位及追蹤受調查人位置，對隱私權之干預程度較高，於調查過程中亦可能蒐集虛擬基地台內其他非受調查人之設備號碼或卡片號碼以資比對，對非受調查人之資訊自主權亦造成一定程度之干預，應採較嚴

格之程序保障，並採法官保留原則。

四、其他

上揭提及有關許可書應記載事項，情況急迫且有立即實施必要、事後補發許可書、通知受調查人，證據取得之使用，為執行刑事裁判實施之準用以及救濟等規定，在 M 化車蒐證上亦適用。

伍、非實體侵入性之科技方法監看及攝錄

一、非實體侵入性之科技方法監看及攝錄之明文化

民國 113 年 7 月 16 日三讀通過 §153-3「I 為調查最重本刑五年以上有期徒刑之罪，有相當理由可信被告或犯罪嫌疑人管領或使用具隱私或秘密合理期待之空間內之人或物與本案有關，得從該空間外，使用非實體侵入性之科技方法對該空間內之人或物監看及攝錄影像。」例如高倍數攝影機或照相機，透過窗戶拍攝屋內，或透過熱顯像設備探知內部溫度等。至實質之調查設備或人員進入隱私空間，例如開門入屋拍照、在屋內裝置攝影機等方式，並非許可範圍，且亦不得以入侵受調查人之資訊系統或設備之方式實施調查。

非實體侵入性之科技方法監看及攝錄影像之調查，並不包含錄音，因言論或談話之監察，本可依照通訊保障及監察法規定為之。

二、比例原則、關連性原則及令狀原則

§153-3「II 對於第三人管領或使用具隱私或秘密合理期待之空間內之人或物，實施前項調查，以有事實足認與被告、犯罪嫌疑人、證人或應扣押之物或電磁紀錄有所關連時為限。III 前二項情形，應由檢察官依職

權或由司法警察官報請檢察官許可後，以書面記載第一百五十三條之五第一項各款之事項與實施調查之必要性及其理由向該管法院聲請核發許可書。Ⅳ前項許可之期間，每次不得逾三十日。有繼續實施之必要者，至遲應於期間屆滿之二日前，由檢察官依職權或由司法警察官報請檢察官許可後，以書面記載具體理由向該管法院聲請核發許可書。」對第三人為調查時，必須有事實足認其與被告等有關聯時方可為之。又本特殊之強制處分採取法官保留原則，經法院許可後始可施，每次許可之期間不得逾三十日，期滿如有繼續實施之必要者，須再經法院許可使得為之。

三、軍事上應秘密處所之限制

立法者考量將有探得軍事機密之可能，而訂立 §153-4「Ⅰ對軍事上應秘密之處所，非得該管長官允許，不得實施前條之調查。Ⅱ前項情形，除有妨害國家重大利益者外，不得拒絕。」

四、其他

上揭提及有關許可書應記載事項，情況急迫且有立即實施必要、事後補發許可書、通知受調查人，證據取得之使用，為執行刑事裁判實施之準用以及救濟等規定，在非實體侵入性之科技方法監看及攝錄上亦適用。

陸、數位證據的搜索扣押

數位證據的搜索、扣押，因隨科技日新月異下，除了隱私權、秘密通訊自由權以外，本於一般人格權而衍生出資訊科技領域的權利本身之基本

---

[181] 王士帆，偵查機關木馬程式：秘密線上搜索，司法周刊，2014 年 12 月，第 2 版。

[182] 林鈺雄，侵入資訊科技系統之來源端通訊監察，月旦法學教室，第 223 期，2021 年 5 月，頁 19。

權，學者[181]稱之「IT基本權」（資訊科技基本權、電腦基本權），目的為保護資訊科技系統的機密性、完整性，不宜解釋為與一般通訊監察的附隨權限[182]。亦為與傳統之搜索、扣押區別，而將數位證據的搜索、扣押於此討論。

數位證據的搜索、扣押可分成三個層次，依序為「物理性載體的搜索、扣押」、「物理性載體延伸雲端空間之搜索、扣押」、「雲端的搜索、扣押」。「物理性載體的搜索、扣押」是指單純以物理性載體本身為搜索、扣押的標的，而目標為搜尋物理性載體內的數位證據，例如偵查機關透過硬碟、USB之載體，搜尋其與詐欺罪嫌相關之內部文檔、圖片；「物理性載體延伸空間之搜索、扣押」是指數位證據非儲存於物理性載體，而儲存於其內延伸之虛擬空間，不過此已受§122之「電磁紀錄」所涵蓋，惟僅限於我國領域，例如搜索A的手機，目標是延伸至A手機的G-mail、Line、Google雲端硬碟、Face Time；「雲端的搜索、扣押」是指線上搜索，其手段為偵查機關於遠端或現場對目標植入相關軟體（例如遠端鑑識軟體：木馬程式），以取得管理權限，進而搜尋、移轉相關資料，此為IT基本權所關注之核心。

雲端的搜索、扣押之干預基本權方式若屬於全面監控，將造成IT基本權之過度干預，例如植入軟體後，以鍵盤側錄與惡意軟體將資訊拷貝回傳。但若未以特定時間、特定對象而為一次性、短暫性，將有違反比例原則之虞。亦有論者[183]批評雲端的搜索、扣押，相較於一般搜索程序中的令狀、出示證件、搜索之在場即通知等都無法執行，而使程序僅淪為國家機關單方作為。學者[184]指出法治國追訴效率與基本權保障之面相，立法授權若能依照層級化法律保留與比例原則及程序控制，甚至是技術性擔保，以免國家機關恣意擴大科偵手段而嚴重侵害基本權。

---

[183] 施育傑，數位證據的載體、雲端與線上取證 —— 搜索扣押與類型化的觀點，月旦裁判時報，第64期，2017年10月，頁69-70。

[184] 林鈺雄，科技偵查概論（下）—— 干預屬性及授權基礎，月旦法學教室，第221期，2021年3月，頁52。

第三章 偵查終結

第一節 不起訴

壹、意義

檢察官偵查終結後，如欠缺訴訟要件或欠缺處罰條件（絕對不起訴處分）、無公訴之必要（相對不起訴處分）而不予起訴之意思。

貳、原因

一、欠缺公訴要件（絕對不起訴處分）

絕對不起訴是指檢察官沒有裁量權，一定要不起訴，§252(1)～(4) 屬於欠缺實體訴訟要件、§252(5)～(7) 屬於欠缺形式訴訟要件，§252(8)～(10) 屬於欠缺處罰條件。§262「犯人不明者，於認有第二百五十二條所定之情形以前，不得終結偵查」之規定實益在於國家行使追訴權時，刑法的追訴時效仍繼續進行[1]。

（一）欠缺實體訴訟要件

1. 曾經判決確定（§252(1)），曾經有實體確定力的判決（例如有罪判決、無罪判決），因一事不再理原則，檢察官不得再行起訴。

2. 時效已完成（§252(2)），本款之時效是指追訴時效，如果追訴權時效完成，構成訴訟障礙事由，檢察官不得提起公訴。倘若是行刑權時效完成，因其前提為已存在確定判決，故而應依 §252(1) 為不起訴處分，而非依照 §252(2) 為不起訴處分。

---

[1] 最高法院 110 年度台大字第 5954 號刑事判決。

3. 曾經大赦（§252(3)），本款的大赦是指依照憲法 §40 總統之權限，包含特赦。大赦或特赦是指對於已受罪刑之宣告者，其宣告為無效；未受罪刑之宣告者，其追訴權消滅，故此時檢察官對於已經為大赦或特赦之案件不得提起公訴。

4. 犯罪後之法律已廢止其刑罰者（§252(4)），依刑法 §2 從輕原則，法律已經廢止刑罰，依新法狀態無處罰，故檢察官不得起訴。例如通姦罪於民國 110 年 6 月刪除。

（二）欠缺形式訴訟要件

1. 告訴或請求乃論之罪，其告訴或請求已經撤回或已逾告訴期間者（§252(5)），告訴乃論之罪，於偵查中對於共犯之一人撤回告訴者，其效力及於其他共犯，均應為不起訴處分[2]。而若檢察官已經先偵查，但爾後一直沒有告訴權人提出告訴，此種情形並非本款之適用，實務認為檢察官毋庸為任何處分[3]，然實則應該確認有告訴權人是否願意提告訴，如於告訴期間過後再依本款為不起訴處分。

2. 被告死亡者（§252(6)），實務認為僅含事實上死亡，不含死亡宣告之死亡[4]。

3. 法院對於被告無權審判者（§252(7)），本款之無審判權是指刑事訴訟法所不及的案件而言。中華民國人民被訴在中華民國領域外（含香港與澳門）涉犯刑法 §5～§7 以外之罪，而無我國刑法之適用時，法院究應以行為不罰為無罪判決，抑或無審判權而為不受理判決？法院受理訴訟之基本法則，係先審查程序事項，必須程序要件具備，始能為實體之認定，倘確認個案非屬我國刑法適用範圍時，已構成訴訟障礙，欠缺訴訟要件，不可為本案之實體判決，性質上已屬法院對被告無審判權，不能追訴、審

---

[2]　最高法院 82 年度台非字第 380 號刑事判決。
[3]　司法院院字第 219 號解釋。
[4]　最高法院 62 年度第 1 次刑事庭庭推總會會議決議。

判，在偵查中檢察官應依 §252(7) 規定，為不起訴處分；若經起訴，法院應依 §303(6) 規定，諭知不受理判決，而非為無罪判決[5]。

（三）欠缺處罰（實體）條件

1. 行為不罰者（§252(8)），行為不罰是指行為不成立犯罪，亦即欠缺構成要件該當性、欠缺違法性，或欠缺有責性。例如因刑法 §19I 而無責任能力。

2. 法律應免除其刑者（§252(9)），例如謀為同死（刑法 §275IV）、觸犯墮胎罪，但因疾病或其他防止生命上危險之必要（刑法 §288II）。

3. 犯罪嫌疑不足者（§252(10)），未達到 §251 的足認被告有犯罪嫌疑門檻，亦即偵查後所得的證據並未達「有罪判決的高度可能」。

（四）其他法定事由（§255I）

　　因程序法上的理由而應不起訴，諸如不合法告訴或依法不得告訴之情形。例如非告訴權人而為告訴、告訴乃論之罪撤回告訴之人而再行告訴（§238II，撤回告訴之人不得再行告訴）、調解成立後再提告訴（鄉鎮市調解條例 §28II，調解成立視為撤回告訴）。

二、提起公訴無必要（相對不起訴處分）

　　檢察官認被告有足夠犯罪嫌疑時應提起公訴（§251），稱為起訴法定原則，然而基於訴訟經濟與刑事政策，檢察官對於是否起訴有裁量權。

---

[5]　最高法院 110 年度台大字第 5557 號刑事判決。

（一）職權不起訴（微罪不舉）

§253 規定「第三百七十六條第一項各款所規定之案件，檢察官參酌刑法第五十七條所列事項，認為以不起訴為適當者，得為不起訴之處分」，若被告的罪責極為輕微，毋庸浪費訴訟成本而加以追訴。

§376I(2)～(7) 重點在於罪名，合乎罪名即可有 §253 之判斷，而 §376I(1) 重點在於刑度，如為刑法分則之加重為法定刑之擴張，則非 §376I(1) 之案件例如刑法 §134 公務員瀆職加重，若警察利用職務上機會犯強制罪，則可能超過三年有期徒刑。若為刑法總則的加重，則屬於處斷刑的加重，法定刑並無改變，僅是於法官量刑時之考量，則直接以犯罪嫌疑人所被認定之法條之刑度為考量基準即可，例如 A 犯三年以上有期徒刑之罪，即便認有情可憫恕（刑法 §59）可能減輕其刑至 1.5 年，仍應以該罪之法定刑為基準，故仍無 §376I(1) 之適用。

（二）於執行刑無實益不起訴

§254 規定「被告犯數罪時，其一罪已受重刑之確定判決，檢察官認為他罪雖行起訴，於應執行之刑無重大關係者，得為不起訴之處分」，例如 A 觸犯擄人勒贖罪與公然侮辱罪，擄人勒贖罪已被判重刑，公然侮辱罪縱使起訴，經法院判有罪科刑，對定執行刑也不會有影響，所以為了避免浪費訴訟資源，檢察官可以不起訴。

三、污點證人（窩裡反條款）

證人保護法 §14II 規定「被告或犯罪嫌疑人雖非前項案件之正犯或共犯，但於偵查中供述其犯罪之前手、後手或相關犯罪之網絡，因而使檢察官得以追訴與該犯罪相關之第二條所列刑事案件之被告者，參酌其犯罪情節之輕重、被害人所受之損害、防止重大犯罪危害社會治安之重要性及公共利益等事項，以其所供述他人之犯罪情節或法定刑較重於其本身所涉之罪且經檢察官事先同意者為限，就其因供述所涉之犯罪，得為不起訴處

分」。立法目的，乃藉刑罰減免之誘因，以鼓勵被告或犯罪嫌疑人供出其他共同犯罪成員，俾瓦解共犯結構，澈底打擊難以查緝之集體性、隱密性之重大犯罪，通稱「窩裡反條款」[6]。

　　污點證人之適用前提須符合證人保護法 §2 之案件（例如三年以上有期徒刑之罪），污點證人必須經檢察官事先同意且因其供述使檢察官得以追訴其相關犯罪網絡之人，以不起訴處分之誘因來交換其證詞，也就是一種小魚換大魚之考量。但窩裡反條款畢竟是國家與被告的「交易」，被告之證詞是否可信？若犯罪後可依擔任污點證人方式而獲得不起訴處分，是否存在鼓勵犯罪之可能？是值得思考的問題。

參、不起訴處分之效果

　　偵查中被羈押的被告如受到不起訴處分，羈押原因即消滅，故而視為撤銷羈押，亦應將扣押物發還（§259）。若有犯罪所得，檢察官可單獨聲請宣告得沒收之物（§259-1）。

第二節　緩起訴

壹、基本概念

　　緩起訴處分是參考日本的緩起訴制度以及德國的附條件及履行期間不提起公訴的制度，而於民國 91 年增訂 §253-1～§253-3，又稱為附條件之相對不起訴處分、附條件的便宜不起訴處分，屬於不起訴處分的一種。且課予被告一定之義務，若被告履行義務，可以獲得不起訴處分的效果，

---

[6] 最高法院 107 年度台上字第 3337 號刑事判決。

若被告不履行義務，則無法享有不起訴處分的效果。緩起訴採取「雙重期間制」，亦即有履行期間（負擔期間）與緩起訴期間（猶豫期間）。

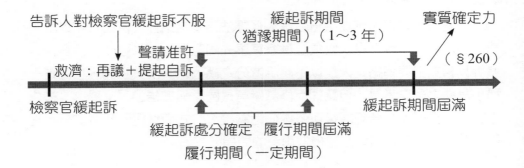

緩起訴處分制度之目的在於，減少進入法院的案件，以達成司法資源的有效利用，亦可填補被害人的損害，也有利於被告再社會化（大法官釋字第 751 號理由書）。檢察官於緩起訴期間可對被告持續觀察，使被告有所警惕而改過，達到個別預防目的[7]。

貳、要件

§253-1I 規定「被告所犯為死刑、無期徒刑或最輕本刑三年以上有期徒刑以外之罪，檢察官參酌刑法第五十七條所列事項及公共利益之維護，認以緩起訴為適當者，得定一年以上三年以下之緩起訴期間為緩起訴處分，其期間自緩起訴處分確定之日起算」。

以上述規定緩起訴的前提要件為：1. 足認被告有犯罪嫌疑，現行法無明文，不過仍應以足認被告有犯罪嫌疑為前提。理由在於若偵查不夠完備或檢察官想要早點結案，即可透過緩起訴制度將案件脫手，此即「水能載舟、亦能覆舟」，若能以「足認被告有犯罪嫌疑」為門檻應可達到「水能

---

[7]　林俊益，刑事訴訟法概要（下），2020 年 9 月，頁 86-87。

載舟、亦能煮粥」之效。2. 非重罪，非重罪是指最重本刑三年以下之罪。應注意的是，犯罪事實一部分屬於三年以下之罪、一部屬於三年以上之罪，檢察官不可作緩起訴處分，此為公訴不可分原理的運用。3. 應審酌刑法 §57 與公益維護。

微罪不舉與緩起訴之比較

	微罪不舉（§253）	緩起訴（§253-1）
要件	限於 §376 案件	非重罪
審酌	刑法 §57	刑法 §57 與公益維護
期間	無	1～3 年
義務	無	§253-2I(1)～(8)
被告之再議權	無	§256-1I

檢察官與被告達成認罪後給予緩起訴之合意，檢察官仍提起公訴，檢察官不可以被告的認罪之陳述為證據，以保障人民正當合理信賴

最高法院 102 年度台上字第 170 號刑事判決

　　如檢察官與被告達成「認罪並向公庫或指定之公益團體支付一定之金額，即給予一定期間緩起訴」條件之協議，被告據此向檢察官認罪。惟檢察官嗣後並未依協議結果為緩起訴處分，而仍予以起訴者，此屬檢察官偵查裁量結果之作為，其起訴固仍屬有效，但被告既係因信賴檢察官而為一定行為，基於保護人民正當合理之信賴，並參酌刑事訴訟法第 455 條之 7 規定「法院未為協商判決者，被告或其代理人、辯護人在協商過程中之陳述，不得於本案或其他案件採為對被告或其他共犯不利之證據」之相同法理，則被告先前向檢察官之認罪及因此所為之不利陳述，即應予以排除，不得作為證據。

參、雙重期間制

一、緩起訴期間（猶豫期間）

（一）時間：一～三年。

（二）期間計算時點：起於緩起訴處分確定，終於緩起訴期間屆滿

　　檢察官為緩起訴處分後，告訴人可為救濟（再議或聲請准許提起自訴），但如果都被駁回，此時緩起訴確定，此時才開始計算緩起訴期間。另外，§253-1I 規定「追訴權之時效，於緩起訴之期間內，停止進行」，本項規定的目的在於倘若之後緩起訴處分被撤銷時，追訴權時效已屆滿而無法追訴，例如公然侮辱罪、偽造特種文書罪的法定刑為一年以下有期徒刑、追訴時效僅為五年，如無 §253-1I 規定，很可能發生無法追訴的情形。

（三）緩起訴處分與自訴

　　§253-1IV 規定「第三百二十三條第一項但書之規定，於緩起訴期間，不適用之」，亦即緩起訴處分確定後，緩期訴期間屆滿前，不得再提起自訴。

　　但緩起訴處分尚未確定前，可否提出自訴，討論如下：

偵查 ➡ 緩起訴處分 ➡ 可自訴？ 緩起訴確定 ➡ §253-1IV 不得自訴 緩起訴屆滿

案例

　　A 傷害 B，B 提告後檢察官開始偵查。檢察官終結偵查，未經 A、B 同意，命 A 向 B 於 3 個月內支付相當數額之財產或非財產上之損害賠償，作成緩起訴且定二年緩起訴期間。B 不服該緩起訴處分，在書狀

敘明不服理由，經原檢察官向上級檢察署檢察長聲請再議，但被駁回。B 又向法院提出准許提起自訴聲請，同時又具狀向管轄法院提起自訴，緩起訴未經 A、B 同意是否合法？B 的自訴是否合法？法官如何處理？

擬答

　　§253-2(1)～(3) 不需經過被告同意，檢察官不經被告同意而命一定期間履行負擔，緩起訴處分合法。緩起訴處分為不起訴處分的類型之一，依§253-1IV 明文規定緩起訴處分確定後，於緩起訴處分期間，不可再提自訴。但有學者將§253-1IV 的「緩起訴期間」解為廣義緩起訴[8]，主張緩起訴處分作成後為緩起訴期間的起算始點，依此見解本案例中 B 已經不能提自訴，如自訴即自訴不合法，法院應以§334「不得提起自訴而提起者，應論知不受理之判決」。

二、履行期間（負擔期間）

　　§253-2 規定「I 檢察官為緩起訴處分者，得命被告於一定期間內遵守或履行下列各款事項：一、向被害人道歉。二、立悔過書。三、向被害人支付相當數額之財產或非財產上之損害賠償。四、向公庫支付一定金額，並得由該管檢察署依規定提撥一定比率補助相關公益團體或地方自治團體。五、向該管檢察署指定之政府機關、政府機構、行政法人、社區或其他符合公益目的之機構或團體提供四十小時以上二百四十小時以下之義務勞務。六、完成戒癮治療、精神治療、心理治療、心理諮商、心理輔導或其他適當之處遇措施。七、保護被害人安全之必要命令。八、預防再犯所為之必要命令。II 檢察官命被告遵守或履行前項第三款至第六款之事項，應得被告之同意；第三款、第四款並得為民事強制執行名義。III 第一項情形，應附記於緩起訴處分書內。IV 第一項之期間，不得逾緩起訴期間」。

---

[8] 張麗卿，刑事訴訟法理論與運用，2010 年 9 月，頁 499-500。

被告超過緩起訴的命履行義務的期間未履行負擔，但有
於緩起訴期間內履行

　　檢察官 A 對被告 B 為緩起訴處分一年，並命 B 於 2 個月內向被害
人 C 道歉，但 2 個月後 B 未道歉，而於第 3 個月道歉，此時檢察官是
否得撤銷緩起訴？

　　學說上以捷足先登說處理，亦即看是被告先履行負擔或檢察官先撤
銷，被告已經先於檢察官撤銷前履行負擔，檢察官不能再撤銷緩起訴[9]。

肆、緩起訴之撤銷

　　緩起訴的期間內，檢察官可依職權或經告訴人聲請，隨時觀察被告是
否有撤銷緩起訴的原因，故而 §253-3I 規定「被告於緩起訴期間內，有左
列情形之一者，檢察官得依職權或依告訴人之聲請撤銷原處分，繼續偵查
或起訴：一、於期間內故意更犯有期徒刑以上刑之罪，經檢察官提起公訴
者。二、緩起訴前，因故意犯他罪，而在緩起訴期間內受有期徒刑以上刑
之宣告者。三、違背第二百五十三條之二第一項各款之應遵守或履行事項
者。II 檢察官撤銷緩起訴之處分時，被告已履行之部分，不得請求返還或
賠償」。

　　(1)、(2) 款考慮到被告故意犯罪欠缺反省而應撤銷緩起訴。(1) 所稱檢
察官提起公訴者，包含檢察官聲請簡易判決處刑[10]。(2) 款所稱緩起訴前，
是指緩起訴處確定之前[11]，而非檢察官作出緩起訴處分之時。(3) 款是因
為不履行負擔而應撤銷。撤銷後之效果為檢察官繼續偵查或起訴，被告已
履行部分，不得請求返還（§253-3II），且追訴權時效開始進行。

---

[9]　林鈺雄，緩起訴處分之撤銷問題與瑕疵理論，最高法院刑事裁判評釋，2013 年 12 月，
　　頁 310。
[10]　最高法院 104 年度台非字第 27 號刑事判決。
[11]　最高法院 103 年度台非字第 420 號刑事判決。

若檢察官以 §253-3I(1) 的「於期間內故意更犯有期徒刑以上刑之罪，經檢察官提起公訴者」撤銷緩起訴處分，但最後該他罪是無罪確定判決，撤銷緩起訴處分即為違法

最高法院 106 年度台非字第 209 號刑事判決

　　我國緩起訴制度係為使司法資源有效運用，填補被害人之損害、有利被告或犯罪嫌疑人之再社會化及犯罪之特別預防等目的，參考外國立法例，配合刑事訴訟制度採改良式當事人進行主義之起訴猶豫制度。倘上開更犯之罪，嗣經判決無罪確定，表示被告無違反犯罪特別預防目的之情事，如拘泥於該款得撤銷緩起訴處分之文字規定，而認撤銷為合法，顯不符公平正義，無足以保障被告權益。基此，本院認為該款得撤銷緩起訴處分規定，宜為目的性限縮解釋。即被告更犯之罪，嗣經判刑確定，該撤銷固屬合法，但若經判決無罪確定，表示該撤銷自始存有重大瑕疵，係屬違誤。依司法院釋字第 140 號解釋之同一法理，應認該撤銷緩起訴處分自始無效，與緩起訴處分未經撤銷無異。則法院對該緩起訴處分案件，所提起之公訴，應視起訴時該緩起訴處分期間已否屆滿，而分別依刑事訴訟法第 303 條第 1 款起訴之程序違背規定，或同條第 4 款緩起訴期滿未經撤銷，而違背同法第 260 條之規定再行起訴，分別諭知不受理。

撤銷緩起訴處分書若未合法「送達」給被告，檢察官就提起公訴，法官應諭知不受理

緩起訴決定 ➡ 公告 ➡ 送達（可提再議）
10 日
再議期間結束
（緩起訴確定）

　　依照 §256-1 被告接受緩起訴處分書後，如對於緩起訴有意見，可於 10 日內敘明不服的理由聲請再議，故緩起訴的處分書如果沒有送達給被告，被告根本沒有辦法提再議，故再議 10 日的期間也無從起算了。換言之，再議的目標是要撤銷緩起訴，既然被告沒有收到處分書，也沒辦法提再議，然此時緩起訴仍存在時，檢察官仍起訴，但性質上緩起訴（不起訴的類型之一）與起訴不可以同時存在，故法官應諭知不受理判決。

　　實務認為緩起訴處分書未合法送達，以致於再議期間無從起算，緩起訴未確定，緩起訴效力仍存在，檢察官於緩起訴效力存在時起訴，法官應依 §303(1) 起訴程序違背規定而諭知不受理判決。

最高法院 108 年度台上字第 227 號刑事判決

　　倘撤銷緩起訴之處分書，未合法送達於被告，其再議期間無從起算，該撤銷緩起訴之處分，難認已經確定。是檢察官如就撤銷緩起訴處分尚未確定之同一案件，另行提起公訴或聲請簡易判決處刑，其起訴或聲請之程序自係違背規定，依同法第 303 條第 1 款，應諭知不受理之判決，始為適法。

最高法院 109 年度台上字第 3079 號刑事判決

　　緩起訴處分與不起訴處分均具有檢察官最終處分之意義，對於案件關係人亦有重要利害關係，故法律乃規定必須以書面對外為明確之表示（即採書面主義或公示主義），且賦與一定之法律效果（例如告訴人得聲請再議），此觀同法第 255 條第 1 項及第 2 項分別規定：檢察官依第 253 條之 1 規定為緩起訴處分者，應製作處分書敘述其處分之理由，但處分前經告訴人或告發人同意者，處分書得僅記載處分之要旨。又上開處分書，應以正本送達於告訴人、告發人、被告及辯護人，並應送達與遵守或履行行為有關之被害人、機關、團體或社區；另同法第 256 條第 1 項前段亦設有：告訴人接受緩起訴處分書後，得於 10 日內以書狀敘述不服之理由，經原檢察官向直接上級檢察（分）署檢察長或檢察總長聲

請再議之規定自明。故檢察官就案件為緩起訴處分時，除應依上述規定製作緩起訴處分書外，並應送達於上揭相關之人、機關、團體或社區，或將緩起訴處分之旨公告於檢察機關牌示處，始能發生合法效力。若檢察官僅於偵查中向被告或告訴人、告發人徵詢是否同意緩起訴，或僅以言詞對被告曉示緩起訴處分，而未製作緩起訴處分書並依規定送達或公告者，尚難認其緩起訴處分已生合法之效力。

對於履行事項於無過失下，而無法履行緩起訴處分所要求的負擔

　　檢察官對 A 為緩起訴處分，並命履行負擔，但 A 車禍昏迷或 A 得癌症而要治療，無法履行負擔，檢察官卻撤銷緩起訴處分，有重大瑕疵，依照釋字第 140 號法理，原緩起訴處分等於未撤銷。如果檢察官起訴，法院應依 §303(1) 為不受理判決。

最高法院 110 年度台上字第 873 號刑事判決

　　被告於緩起訴處分確定後，已依命履行繳款，並接受美沙冬替代療法逾半年以上，嗣因罹患癌症，有危及生命之重大情事，方請假接受手術治療，顯見確有遵命履行之真意及事實，其中斷美沙冬療程，並無故意、過失等可歸責之事由存在。乃檢察官疏未審酌上情，未詳探求被告未完成戒癮治療之緣由，及有無違反緩起訴制度設計之立法目的等，即於原緩起訴期間未屆滿前，逕憑上述事由為撤銷緩起訴之處分，該處分存有重大瑕疵，難謂適法，參酌司法院釋字第 140 號解釋之同一法理，應認其處分為無效，與原緩起訴處分未經撤銷者無異。

　　從而，緩起訴處分確定後，被告縱有未依緩起訴處分所命應遵守或履行事項之情形，自應一併根究其未能遵命履行，有無正當理由，或是否出於故意或過失，明白察知其反省、警惕之能力如何，及有無繼續

偵查或起訴，使其受刑事追訴、處罰之必要，始足據以認定被告所為是否與刑事訴訟法第 253 條之 3 第 1 項第 3 款規定之要件相一致。原判決認定被告之違反緩起訴處分所命事項，係因罹患胃癌，接受手術治療所致，並無可歸責之事由存在，檢察官不察，逕憑被告未完成履行緩起訴處分所命事項，即為撤銷緩起訴之處分，其撤銷緩起訴處分並非適法，應為無效，與原緩起訴處分未經撤銷者無異，其提起公訴之起訴程序亦屬違背規定，因而撤銷第一審之科刑判決，改判諭知公訴不受理，揆諸上揭說明，自不能指為違誤。

不應撤銷緩起訴而撤銷

　　檢察官誤以為被告具備 §253-3 的撤銷事由（實際上被告不具備該事由），檢察官將緩起訴撤銷，而起訴被告，此時法院應諭知不受理判決。

▶ 緩起訴期間未屆滿：檢察官誤以為有撤銷事由而撤銷緩起訴，因緩起訴的撤銷依據 §253-3I 應以合法撤銷為前提，故此時檢察官起訴將違反 §253-3I，故法院應依 §303(1)「起訴之程序違背規定者」諭知不受理判決。

▶ 緩起訴期間已經屆滿：檢察官誤以為有撤銷事由而撤銷緩起訴，緩訴期間已經屆滿而未撤銷，此時緩起訴就具有確定力，依據 §260 之規定不得再行起訴，若再起訴法院應依 §303(4)「曾為不起訴處分、撤回起訴或緩起訴期滿未經撤銷，而違背第二百六十條之規定再行起訴者」，諭知不受理判決。

最高法院 96 年度台非第 232 號刑事判決

緩起訴與不起訴，皆係檢察官終結偵查所為處分，檢察官得就已偵查終結之原緩起訴案件，繼續偵查或起訴，應以原緩起訴處分係經合法撤銷者為前提，此乃法理上所當然。檢察官為緩起訴處分，若係命被告於一定期間，向公庫或指定之公益團體支付一定之金額者，苟被告已遵命履行，但檢察官誤認其未遵命履行，而依職權撤銷原緩起訴處分，並提起公訴（或聲請簡易判決處刑）時，該撤銷原緩起訴處分之處分，即存有明顯之重大瑕疵，依司法院釋字第 140 號解釋之同一法理，應認此重大違背法令之撤銷緩起訴處分為無效，與原緩起訴處分未經撤銷無異。其後所提起之公訴（或聲請簡易判決處刑），應視其原緩起訴期間已否屆滿，分別適用刑事訴訟法第 303 條第 1 款或第 4 款為不受理之判決，始為適法。亦即，如原緩起訴期間尚未屆滿，因其起訴（或聲請簡易判決處刑）係違背刑事訴訟法第 253 條第 1 項第 3 款以原緩起訴處分已經合法撤銷為前提之規定，應認其起訴（或聲請簡易判決處刑）之程序違背規定，依同法第 303 條第 1 款之規定，為不受理之判決；於原緩起訴期間已屆滿，應認其起訴（或聲請簡易判決處刑）違反「緩起訴期滿未經撤銷，而違背第 260 條之規定再行起訴」，依同法第 303 條第 4 款之規定，諭知判決不受理。

緩起訴期間（猶豫期間）內發現新事證

檢察官緩起訴處分後，後發現其他新事證，才知道一開始就不可給被告緩起訴處分，該新事證並非 §253-3I 各款，即非「一、於期間內故意更犯有期徒刑以上刑之罪，經檢察官提起公訴者。二、緩起訴前，因故意犯他罪，而在緩起訴期間內受有期徒刑以上刑之宣告者。三、違背第二百五十三條之二第一項各款之應遵守或履行事項者」得撤銷緩起訴處分的情形，檢察官可否逕起訴被告？

1. 實務：逕行起訴說

　　緩起訴期間無實質確定力，而僅有形式確定力，依照 §260(1) 於不起訴處分確定或緩起處分期滿未經撤銷者，仍得以發現新事實或新證據為由，對同一案件再行起訴，本於同一法理，緩起訴期間內如發現新事實或新證據，而認為已經不宜緩起訴，又無 §235-3I 各款事由，得就同一案件逕行起訴[12]。舉一例而言，A 去 B 家偷了名畫、機車，B 向檢察官提出 A 偷竊機車的告訴，檢察官以加重竊盜罪偵辦，後來 A、B 和解，檢察官要求 A 返還機車，且應捐款 2 萬給公益團體，而對甲為緩起訴處分三年，但一年後，檢察官與 B 發現名畫也被偷了，依照實務見解，檢察官偵查後足認有犯罪嫌疑得就名畫部分逕行起訴。

2. 學說：類推適用撤銷緩起訴說

　　若檢察官要起訴，就必須先撤銷緩起訴，因為起訴與緩起訴不可以同時存在。又因具備 §253-3 的各款事由而可撤銷緩起訴處分，被告之後可以提起再議（§256-1），如類推適用 §253-2 的規定，可使被告之後可提再議救濟，對被告有利[13]。

第三節　不起訴處分、緩起訴處分與禁止再訴原則

壹、概說

　　§260 規定「I 不起訴處分已確定或緩起訴處分期滿未經撤銷者，非有左列情形之一，不得對於同一案件再行起訴：一、發現新事實或新證據者。二、有第四百二十條第一項第一款、第二款、第四款或第五款所定得

---

[12] 最高法院 94 年台非第 215 號判例。

[13] 林鈺雄，緩起訴期間內發現新事證之再行起訴，最高法院刑事裁判評釋，2013 年 12 月，頁 336。

為再審原因之情形者。II 前項第一款之新事實或新證據，指檢察官偵查中已存在或成立而未及調查斟酌，及其後始存在或成立之事實、證據」。

不起訴處分如經再議、聲請准許提起自訴被駁回後歸於確定，此時具有禁止再訴之效力。緩起訴處分經再議、聲請准許提起自訴被駁回後歸於確定，但尚不生實質確定力，必須待緩起訴期間屆滿，且緩起訴未經撤銷方有實質確定力，此時才具有禁止再訴的效力。

不起訴處分與緩起訴處分之比較

	不起訴處分	緩起訴處分
前提	未達起訴門檻，然 §253、§254 除外	足認有犯罪嫌疑
限制	僅於 §253 時限於 §376 案件	非重罪
負擔	無	得命被告遵守或履行一定事項
救濟	再議、聲請准許提起自訴	再議、聲請准許提起自訴 被告可聲請撤銷緩起訴處分
實質確定力	不起訴處分確定時	緩起訴處分期滿未經撤銷

貳、不起訴、緩起訴處分之形式確定力與實質確定力

一、形式確定力

形式確定力是指不得「再以通常方法聲明不服」的效力，在偵查階段聲明不服的方法為再議、聲請准許提起自訴，故如果不能再提再議、聲請准許提起自訴，不起訴處分、緩起訴處分即具有形式確定力。

二、實質確定力（禁止再訴效力）

實質確定力涉及可否「對同一案件再行起訴」的問題。就現行法下，不起訴、緩起訴處分是否具實質確定力應該區分原因而定。

（一）欠缺訴訟條件

1. 欠缺形式訴訟條件（§252(5)～(7)、§255I）

　　告訴或請求乃論之罪，其告訴或請求已經撤回或已逾告訴期間者、被告死亡者、法院對於被告無審判權者，只有形式確定力，不受§260限制，可再行起訴。

2. 欠缺實體訴訟條件（§252(1)～(4)）

　　曾經判決確定者、時效已完成者、曾經大赦者、犯罪後之法律已廢止其刑罰者，具備形式確定力與實體確定力，受§260限制，亦即不得再行起訴。

（二）欠缺處罰條件（§252(8)～(10)）

　　行為不罰者、法律應免除其刑者、犯罪嫌疑不足者，屬於實體上的處分，有實質確定力，受§260限制。

（三）職權不起訴處分（§253、§254）

　　現行法給予檢察官是否起訴有裁量權，故而檢察官的不起訴處分，有實質確定力，受§260限制。

參、禁止再訴之前提 —— 同一案件

　　不起訴處分、緩起訴處分之禁止再訴效力必須是以同一案件為前提，所稱同一案件，係指被告與犯罪事實均屬相同者而言，亦即事實上同一之案件，而不包括法律上同一案件在內[14]，因為偵查並沒有偵查不可分的問

---

[14] 最高法院108年度台上字第3194號刑事判決、最高法院109年度台上字第4581號刑事判決。

題。已經不起訴或撤回起訴的部分，與其他未經不起訴或撤回起訴的部分，不存在全部與一部的不可分關係，於其他部分經偵查終結後應提起公訴，亦不受原不起訴處分效力之拘束，亦即不受 §260 限制[15]。反面來說若有一不同者，則非同一案件[16]。至於同一案件的詳細解說，請參照後續章節。

肆、可以再訴之情形 —— 新事實、新證據

依 §260(1) 發現新事實、新證據得再行起訴。所謂發現新事實、新證據，過去實務認為「必須於不起訴處分前未經發現」、「只須足認被告有犯罪嫌疑已足，不以確實能證明犯罪為必要[17]」。現今實務認為不以處分確定後新發生之事實或證據為限，只須於不起訴處分時，所未知悉之事實或未曾發現之證據，即足當之，此即為新規性。而確實性並未改變見解，故檢察官於不起訴處分確定後，因傳訊證人或將扣案物品送有關機關鑑定，而發現新事實或新證據[18]，足認被告有犯罪嫌疑者，自得再行起

---

[15] 最高法院 109 年度台上字第 2346 號刑事判決。林俊益，刑事訴訟法概要（下），2020 年 9 月，頁 121。

[16] 最高法院 107 年度台上字第 1636 號刑事判決。

[17] 最高法院 23 年上字第 1754 號判例。

[18] 最高法院 110 年度台上字第 4167 號刑事判決：所謂新證據，祇須於不起訴處分時，所未知悉或未曾發現之證據，即足當之，不以於處分確定後始新發生之事實或證據為限。亦即此之新證據，不論係於不起訴處分前，未經發見，至其後始行發見者，或不起訴處分前，已經提出未經檢察官調查、斟酌者均屬之，且以可認被告有犯罪嫌疑者為已足，並不以確能證明犯罪為必要。是如經檢察官就其發現者據以提起公訴，法院即應予以受理，而為實體上之裁判。原判決本此斯旨，於理由壹、一已說明此部分犯行前雖經不起訴處分確定在案，嗣如何因檢察官發現證人張富成於另案證述曾以通訊軟體 LINE 向暱稱「阿翰」之上訴人購買甲基安非他命，及經調閱該案偵審案卷，發現前述張富成經警查扣內含甲基安非他命之玻璃球及鑑驗書，與相關之扣押筆錄、扣押物品目錄表均為不起訴處分前原偵查檢察官未經調查、斟酌之證據，而屬刑事訴訟法第 260 條第 1 款之新證據，檢察官依上開規定對原不起訴處分之同一案件再行訴追，並無違誤，辯護意旨認有違上開規定尚難憑採等旨（見原判決第 2 至 5 頁）。經核於法並無不合，上訴意旨猶執前詞指摘原判決違法，並非適法上訴第三審之理由。

訴。民國 112 年 6 月 21 日增訂 §260II「前項第一款之新事實或新證據，指檢察官偵查中已存在或成立而未及調查斟酌，及其後始存在或成立之事實、證據」以檢察官偵查活動所審酌之範圍作為判斷標準，即以檢察官偵查中已存在或成立而未及調查斟酌，及其後（如有聲請准許提起自訴，含聲請准許提起自訴程序）始存在或成立之事實、證據。

「新事實或新證據」之應與 §420 再審規定之「新事實、新證據」相同解釋，僅有 §260 是針對不起訴處分確定之被告，為其不利益之追訴而設，§420 是為受有罪判決之人利益聲請再審而放寬新事實或新證據之條件[19]。

對人的效力方面，法院對檢察官所指被告以外之人認定為共犯，因其非起訴效力所及，應界定為職權告發，並非新證據，法院所認定為共犯者，只是促使檢察官開始發動偵查的原因之一[20]。

因 §260 並無類似 §420I(6) 之規定，文義上似乎僅能針對所發現的新事證為單獨評價，並未考慮原不起訴處份之既存舊證據。檢察官若是要以發現新證據來翻案，自仍應以「該等新證據若曾於不起訴處分前予以提出，檢察官就該等新證據（不利被告）與卷內其他全部證據（有利被告）為綜合之評價，或許即不會作成不起訴處分」為思考[21]。

至起訴後法院應為如何之裁判，乃屬法院起訴審查或為實體審理之範疇，不得因此稱係違反 §303(4) 之違背 §260 之規定再行起訴者[22]。

其次，若是針對已經確定的 §252 之不起訴處分，該新事實、新證據只要足夠證明犯罪嫌疑已足，不以證明犯罪成立為前提要件。相對來說，若是針對 §253 之不起訴、§253-1 之緩起訴，因為已是有足認為有犯罪

[19] 吳燦，不起訴處分確定之效力與再行起訴之新事實或新證據，月旦裁判時報第 144 期，2024 年 6 月，頁 10-11。

[20] 吳燦，不起訴處分確定之效力與再行起訴之新事實或新證據，月旦裁判時報第 144 期，2024 年 6 月，頁 12。

[21] 吳燦，不起訴處分確定之效力與再行起訴之新事實或新證據，月旦裁判時報第 144 期，2024 年 6 月，頁 12。

[22] 最高法院 98 年度台上字第 6266 號刑事判決。

嫌疑為前提，故而新事實、新證據之情形有二，一為，足認被告犯更重之罪或其他犯罪，例如檢察官原本認為是 A 傷害罪而依 §253 不起訴處分，而後認為 A 為殺人未遂罪，針對殺人未遂罪原本是認定罪嫌不足，對於殺人未遂罪足認為有犯罪嫌疑時可就該部分再行起訴。二為，有新事實、新證據足認不起訴的理由已經不存在，例如 A 犯竊盜罪，檢察官認為是初犯而依照 §253 不起訴，但後來 A 又為第二次竊盜，檢察官認為第一次不起訴的理由已經不存在[23]。

伍、對 §260 之評析

依 §260 之規定，推翻不起訴處分的理由之一與再審的理由相同，足見立法者視不起訴處分如同確定判決般有強烈的確定效力。

基於權力分立、控訴原則的觀點下，只有法院可以確定刑罰權的基礎事實是否存在，檢察官對於事實的認定，僅有建議性質，不具有拘束法官的效力，如果檢察官的處分具有實質確定力，將有害法院對於事實的判斷之權利，換言之，不起訴處分只是一個未達到足認有犯罪嫌疑的暫時性決定，不應使其逾越法院經嚴格證明程序後的無罪判決，因此有認為應該廢除 §260 的實質確定力的規定[24]。又學說上有認為檢察官的不起訴處分僅是訴權未行使，屬於檢察機關內部所為的決定，仍為偵查階段，故不宜有任何的拘束力與確定效力[25]。

---

[23] 王兆鵬、張明偉、李榮耕，刑事訴訟法（上），2012 年 9 月，頁 550-553。
[24] 張明偉，就不起訴處分之再議制度之研究與檢討，軍法專刊，第 1 期，2010 年 2 月，頁 126 以下。
[25] 林俊益，刑事訴訟法概論（下），2020 年 9 月，頁 123。

第四節　行政簽結

　　行政簽結於刑事訴訟法上未規定，然實務運作上檢察官受理的案件，無法提起公訴、不起訴、緩起訴，但案件仍有終結的必要時，檢察官以簽呈，簽報檢察長核定，准許將案件終結而另為適當處理，而行政簽結既然沒有不起訴處分的效力（§260），自然可以隨時再偵辦。

　　偵查階段的案件分為偵字案與他字案，偵字案是指進入偵查階段的案件，因為案情明確且檢察官將某人設定為被告，此時該被告有刑事訴訟法上被告的相關權利，檢察官於偵查終結後，只能選擇起訴、不起訴或緩起訴。他字案是指檢察官只是懷疑某人涉嫌犯罪，但未有充足事證或案情尚未明瞭，因此以他字案來偵查，此時被懷疑者稱關係人。行政簽結的優點在於為簡便的結案方式且使檢察官減輕工作分量，但是缺點在於行政簽結無法律明文規定，且另為他字案可能是一種不當的運用，且可能妨礙被告的防禦權。

第五節　不起訴、緩起訴處分的監督

　　監督檢察官不起訴、緩起訴的方式有二，一為，貫徹檢察一體原則的再議制度，二為，檢察機關以外的外部監督制度，即聲請准許提起自訴。

壹、再議

一、聲請權人

（一）告訴人

　　告訴人是指有告訴權且實行告訴之人，不含告發人。§256I 規定「告訴人接受不起訴或緩起訴處分書後，得於十日內以書狀敘述不服之

理由，經原檢察官向直接上級檢察署檢察長或檢察總長聲請再議。但第二百五十三條、第二百五十三條之一之處分曾經告訴人同意者，不得聲請再議」。

因本法無使檢察官命補正之規定，告訴人若未於書狀中敘明理由，實務認為 [26] 檢察官可以直接駁回，即使再補上理由，也不會發生再議效力。

（二）被告

§256-1I 規定「被告接受撤銷緩起訴處分書後，得於十日內以書狀敘述不服之理由，經原檢察官向直接上級檢察署檢察長或檢察總長聲請再議」。

（三）原檢察官

限於重罪之不起訴或非重罪之緩起訴而無得聲請再議之人。§256III 規定「死刑、無期徒刑或最輕本刑三年以上有期徒刑之案件，因犯罪嫌疑不足，經檢察官為不起訴之處分，或第二百五十三條之一之案件經檢察官為緩起訴之處分者，如無得聲請再議之人時，原檢察官應依職權逕送直接上級檢察署檢察長或檢察總長再議，並通知告發人」。

二、再議的主觀不可分效力

再議與告訴、撤回告訴不同，並無主觀不可分之效力 [27]。實務上曾討論：告訴人以被告甲、乙二人共同對其觸犯告訴乃論之罪提出告訴，經檢

---

[26] 臺灣新竹地方法院 106 年度聲判字第 5 號刑事裁定：聲請再議提出再議理由書狀，應受上述 7 日不變期間之限制，而聲請人係於民國 105 年 11 月 26 日收受原不起訴處分書，加計在途期間 2 日，至遲應於 105 年 12 月 5 日敘明理由聲請再議，且聲請人雖於 105 年 11 月 29 日提出聲請再議狀，惟未依上述規定敘明理由，僅記載理由候補等語，迄至 105 年 12 月 16 日始提出再議理由狀，顯未於 7 日之法定不變期間內補陳理由，因認其再議之聲請不合法。

[27] 林鈺雄，刑事訴訟法（下），2022 年 9 月，頁 165。

察官偵查終結為不起訴之處分後，告訴人僅對被告甲聲請再議，其效力是否及於共同被告乙？實務認為聲請再議，其性質為實行告訴之延長，如告訴人再議之理由，非屬於被告甲個人關係之事由（如檢察官以時效已完成或已逾告訴期間為由處分不起訴，告訴人認時效尚未完成或未逾告訴期間），自應有 §239 告訴不可分規定之適用，如僅被告甲一人聲請再議，其效力及於被告乙，對一人撤回再議者，其效力亦同。惟若檢察官不起訴處分後，告訴人對被告甲基於其個人關係之事由，聲請再議者，其效力應不及於被告乙[28]。實務認為聲請再議並無明文適用告訴不可分之原則，故對共同被告中一人聲請再議，效力不及於其餘共同被告[29]。

---

[28] 澎湖地檢處（七十年十一、十二月法律座談會）之臺高檢研究意見。
[29] 澎湖地檢處（七十年十一、十二月法律座談會）之法務部檢察司研究意見。

三、再議流程

告訴人（接受不起訴、緩起訴處分書）（§256I）　被告（聲請撤銷緩起訴）（§256-1）

聲請再議

原檢察官

➤ 逾越 10 日期間：駁回（§257III）

➤ 再議有理由：應職權撤銷、續行偵查（§257I）

➤ 再議無理由：再議無理由是指原檢察官認為其所為之不起訴、緩起訴處分無誤應即將該案卷宗及證物送交上級檢察署檢察長或檢察總長（§257II）

原法院檢察署檢察長認為必要時，於依第 2 項之規定送交前，得親自或命令他檢察官再行偵查或審核，分別撤銷或維持原處分；其維持原處分者，應即送交（§257IV）

上級檢察署檢察長或檢察總長

➤ 再議不合法：公函通知聲請人該聲請駁回之意旨（不用製作處分書）

➤ 再議無理由：上級法院檢察署檢察長或檢察總長認再議為無理由者，應以處分書駁回之（§258I 前）➡ 准許提起自訴程序

➤ 再議有理由（§258I 後）

　➤ §256-1 之情形應撤銷原處分

　➤ §256 之情形應分別為以下處分

　　➤ 偵查已完備者，命令原法院檢察署檢察官起訴

　　➤ 偵查未完備者─➤ 得親自或命令他檢察官再行偵查
　　　　　　　　　　➤ 或命令原法院檢察署檢察官續行偵查

發回原地檢署─➤ 檢察官起訴
　　　　　　　➤ 檢察官不起訴、緩起訴

貳、交付審判轉型為准許提起自訴

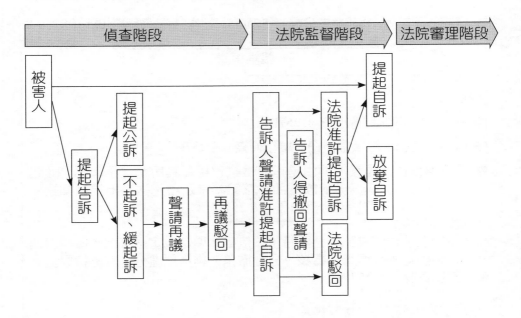

一、意義

　　過去交付審判制度屬於檢察機關以外的外部監督機制，由法官加以審查，由法院來強制案件起訴之制度。目的在於監督檢察官是否遵守法定性義務（起訴法定原則），但因由法官來審查偵查活動會有破壞控訴制度的疑慮，亦有違反公平法院等憲法訴訟權[30]。故而司法院於民國112年5月修法，基於持守客觀中立法院及不告不理原則，並考量在檢察一體制度下，避免將檢察官不起訴或緩起訴處分「視為提起公訴」，造成檢察官角色與立場上衝突，且我國既有自訴制度可彌補公訴之不足，採取換軌模式，亦可維持監督不起訴或緩起訴處分之機能，將「交付審判」制度轉型為聲請法院裁定「准許提起自訴」制度。

---

[30] 最高法院111年度台上大字第1924號刑事大法庭裁定。

二、要件與程序

§258-1 規定「I 告訴人不服前條之駁回處分者，得於接受處分書後十日內委任律師提出理由狀，向該管第一審法院聲請准許提起自訴。II 依法已不得提起自訴者，不得為前項聲請。但第三百二十一條前段或第三百二十三條第一項前段之情形，不在此限。III 律師受第一項之委任，得檢閱偵查卷宗及證物並得抄錄、重製或攝影。但涉及另案偵查不公開或其他依法應予保密之事項，得限制或禁止之。IV 第三十條第一項之規定，於第一項及前項之情形準用之」。

（一）聲請主體：告訴人

必須是告訴權人且已實行告訴者，故無告訴人、職權再議等案件，無法聲請法院准許提起自訴。又告發人、代行告訴人、有告訴權但未行使告訴之人、被害人都無聲請權。

（二）聲請程式

1. 再議前置：必須先有再議程序後，經上級檢察署檢察長以再議無理由而駁回再議，才可以聲請法院准許提起自訴。

2. 書面與理由：為了防止濫行提出聲請而浪費司法資源，須提出律師具名的理由狀。

3. 強制律師代理：採取律師強制代理，目的也在於防止告訴人濫行聲請。

4. 期間：收到駁回再議處分書後 10 日內聲請。

（三）法院審查

聲請法院准許提起自訴，法院之審查為是否符合起訴要件，而非審查本案犯罪事實是否存在的問題，故該審查只須要自由證明法則即可。聲請准許提起自訴必須向該管的第一審法院聲請（§258-1I），且由法院合議庭行之（§258-3I）。

　　過去交付審判制度的缺點在於法院裁定交付審判後，實務上是由原裁定的合議庭法院繼續審理，不再重新分案，故會有預斷的問題存在而影響心證，而且法院可能為了省事而一律駁回，等於架空該制度。民國 112 年 5 月修法後，§258-4II 規定「參與准許提起自訴裁定之法官，不得參與其後自訴之審判」，已解決前開疑慮。

　　為保障告訴人及被告之權益，法院於必要時可予聲請人、代理人、檢察官、被告或辯護人以言詞或書面陳述意見之機會，強化當事人程序保障（§258-3III），所謂必要，立法理由指出以是否顯屬不合法或無理由而應逕予駁回（如聲請人未於告訴期間內合法提起告訴或以撤回告訴、未先經再議程序而逕為聲請、被告死亡而不起訴等）、有無事實上窒礙（如被告重病、昏迷而無從以書面或言詞陳述意見）、維護公平正義或正當法律程序有無助益、司法資源的合理有效運用，綜合判斷。又為充分保障被害人權益，准許聲請人即告訴人得在法院為相關准駁裁定前，撤回其聲請（§258-2I）。

（四）法院的裁定

　　§258-3 規定「I 聲請准許提起自訴之裁定，法院應以合議行之。II 法院認准許提起自訴之聲請不合法或無理由者，應駁回之；認為有理由者，應定相當期間，為准許提起自訴之裁定，並將正本送達於聲請人、檢察官及被告。III 法院為前項裁定前認有必要時，得予聲請人、代理人、檢察官、被告或辯護人以言詞或書面陳述意見之機會。I 法院為第二項裁定前，得為必要之調查。V 被告對於第二項准許提起自訴之裁定，得提起抗告。駁回之裁定，不得抗告」。

　　§258-1 規定既仍是對於檢察官不起訴或緩起訴處分之外部監督機制，法院僅就檢察官所為不起訴或緩起訴之處分是否正確加以審查，以防止檢察機關濫權，依此立法精神，§258-3IV 規定，法院審查聲請准許提起自訴案件時「得為必要之調查」，其調查證據之範圍，仍應以偵查中曾顯現之證據為限；而 §260 對於不起訴處分已確定或緩起訴處分期滿未經

撤銷者得再行起訴之規定，亦增訂第 2 項規定，認為同條第 1 項第 1 款所定「新事實或新證據」係指檢察官偵查中已存在或成立而未及調查斟酌，及其後（如有聲請准許提起自訴，含聲請准許提起自訴程序）始存在或成立之事實、證據，是前述「得為必要之調查」，其調查證據範圍，更應以偵查中曾顯現之證據為限，不得就聲請人新提出之證據再為調查，亦不得蒐集偵查卷以外之證據，否則，將與 §260 再行起訴的規定，混淆不清。[31]

　　觀諸 §258-1 的修正理由、§258-3 的修正理由可知，裁定准許提起自訴制度仍屬「對於檢察官不起訴或緩起訴處分之外部監督機制」，其重點仍在於審查檢察官之不起訴處分是否正確，以防止檢察官濫權。而 §251I 規定：「檢察官依偵查所得之證據，足認被告有犯罪嫌疑者，應提起公訴」，此所謂「足認被告有犯罪嫌疑者」，乃檢察官之起訴門檻需有「足夠之犯罪嫌疑」，並非所謂「有合理可疑」而已。詳言之，乃依偵查所得事證，被告之犯行很可能獲致有罪判決，具有罪判決之高度可能，始足當之。基於體系解釋，法院於審查應否裁定准許提起自訴時，亦應如檢察官決定應否起訴時一般，採取相同之心證門檻，以「足認被告有犯罪嫌疑」為審查標準，並審酌聲請人所指摘不利被告之事證是否未經檢察機關詳為調查或斟酌，或不起訴處分所載理由有無違背經驗法則、論理法則及證據法則，決定應否裁定准許提起自訴[32]。

合議庭 ➡ 裁定前有必要時，給予陳述意見機會及得為必要調查
　　　➡ 不合法或無理由 ➡ 應駁回 ➡ 被告不得抗告
　　　➡ 有理由 ➡ 定相當期間，准許提起自訴並送達正本

被告可以抗告

---

[31]　臺灣桃園地方法院 112 年度聲判字第 22 號刑事裁定參照。

[32]　橋頭地方法院 112 年度聲判第 15 號刑事裁定、臺灣臺中地方法院 112 年度聲判字第 22 號刑事裁定、臺南地方法院 112 年度聲判字第 33 號刑事裁定參照。

（五）裁定准許提起自訴的效果

過去交付審判制度的效果為視為提起公訴，將減損法院客觀中立及不告不理原則，並避免造成檢察官心證與立場上的矛盾，且為提升告訴人在訴訟法上之地位及程序主體性法院裁定為交付審判之效果為視為檢察官提起公訴，法院就開始審理。而修法後，法院裁定定相當期間准許提起自訴後，若聲請人未於該期間內提起自訴者，不得再行自訴（§258-4I 後），給予聲請人是否提起自訴之決定權。

過去交付審判制度中，裁定交付審判後，舊法 §258-4 規定適用審判程序中「第二編第一章第三節」規定（§271～§318），而撤回公訴（§269）並非在該範圍內適用之列，從而檢察官不可再撤回公訴。民國112 年 5 月修法後自然亦與檢察官可否撤回公訴無關，自然再無舊法時代所討論「撤回起訴效力等於不起訴（§270），不起訴可以再議，再議後可以交付審判，交付審判後，檢察官又撤回，又繼續再議，又繼續交付審判，將陷於無限循環」之問題。

§258-4I「審判程序適用第二編第二章之規定」即自訴之規定（§319～§343），而對直系尊親屬、配偶及同一案件經檢察官開始偵查者，例外得提起自訴（§258-1II 但、§321、§323）。

三、聲請准許提起自訴得於法院裁定前撤回

§258-2 規定「I 准許提起自訴之聲請，於法院裁定前，得撤回之。II 撤回准許提起自訴之聲請，書記官應速通知被告。III 撤回准許提起自訴聲請之人，不得再行聲請准許提起自訴」。若未於法院裁定前撤回，而法院准許提起自訴後，自訴人得依 §258-4I 前段準用 §325I 撤回自訴，而不是撤回准許提起自訴的「聲請」。

第三篇　起訴階段

第一章　公訴

　　檢察官於偵查後所得之證據，認為被告未來受有罪判決之高度可能，應提起公訴（§251I），法院一旦受理了檢察官起訴的案件，案件在程序上就繫屬於法院，法院就要對案件為審理，追訴時效亦隨之停止（刑法§83）。此時即形成三面關係，法官、檢察官、被告為當事人，客體為案件。

第一節　公訴的程序

壹、起訴書的記載

　　§264 規定「I 提起公訴，應由檢察官向管轄法院提出起訴書為之。II 起訴書，應記載左列事項：一、被告之姓名、性別、年齡、籍貫、職業、住所或居所或其他足資辨別之特徵。二、犯罪事實及證據並所犯法條」。

　　描述被告之目的為特定公訴之對象。而足資辨別之特徵，必須以客觀一般人的角度認為是否可以辨別，不能辨別時須補正，若不補正則屬於起訴程序違法。

　　描述犯罪事實之目的為特定公訴之標的（＝審判範圍）、保障被告防禦權[1]。故應盡可能的詳盡，而達到於其他犯罪事實相區別，如：時點、

---

[1] 最高法院 108 年度台上字第 4067 號刑事判決：檢察官提起公訴，應於起訴書記載犯罪事實及證據並所犯法條，關於「犯罪事實」應如何記載，法律雖無明文規定，然起訴之犯罪事實即法院審判之對象，並為被告防禦準備之範圍，倘其記載之內容「足以表示其起訴之範圍」，使法院得以確定審理範圍，並使被告知悉因何犯罪事實被提起公訴而為防禦之準備，即為已足。亦即，起訴書所應記載之犯罪事實，苟與其他犯罪不致相混，其審判範圍既已特定，即使起訴書記載粗略未詳或不夠精確，事實審法院仍得於審理時闡明，並依調查所得之證據綜合判斷，在不失其同一性之範圍內，自由認定犯罪事實。

地點、行為方式等應盡可能詳盡列出。描述被告與犯罪事實，簡言之，就是特定的人在哪裡在哪時候做了什麼事情，例如周晴（姓名、性別、年齡……）於民國 111 年 9 月 15 日在自家（嘉義縣阿里山鄉……）開網路直播罵劉○○是渣男、亞洲劈腿王。

　　證據的記載目的在於使法院調查證據的範圍較明確。所犯法條為非必要記載事項，理由在於公訴的標的是犯罪事實而非法條，只要檢察官能明確記載犯罪事實，法院即可知道審判範圍並進而適用法條。

貳、卷證併送制度

　　§264III 規定「起訴時，應將卷宗及證物一併送交法院」。此為我國所採的卷證併送制度之依據。採卷證併送制度，可使審理之法官易掌握案情，尤其是在審理較複雜的案件時，使判斷證據調查的範圍較容易。至於卷證併送制度之缺點（法官預斷案情）可藉由辯護人閱卷權，以及被告答辯狀的送交方式彌補而充分保障被告防禦權。

　　另有他國法制採起訴狀一本主義（卷證不併送制度）者，認為法官應該如白紙一般而藉由審判期日提出的證據與交互詰問等程序形成心證，若卷證併送，易使法官產生先入為主之觀念，而使法官預斷案情，違反預斷排除原則。我國之國民法官法採起訴狀一本主義（見下冊第六篇）。

第二節　公訴的範圍 —— 人

　　控訴原則下的不告不理，法院以起訴為前提，而審理該起訴的範圍。本節介紹人的範圍。

壹、起訴之人的範圍

§266 規定「起訴之效力,不及於檢察官所指被告以外之人」。反面來說,起訴的效力僅及於檢察官所指之人。而檢察官所指之人為何,有下列各說:

1. 意思說:以檢察官之追訴意思為判斷,故檢察官主觀意思下欲追訴的被告,不一定記載於起訴書狀上。

2. 表示說:以起訴書狀上所記載之人,又稱起訴書記載說。

3. 實質表示說(原則:表示說;例外:意思說):本說為通說[2],原則上若起訴書狀所載之被告姓名並無虛假時,以起訴書上所載者為法院審理對象。若以虛假的姓名起訴時,應經由起訴狀上之記載解釋並斟酌檢察官之意思而確認被告為何人,其幾近等同意思。

4. 行動說:以現實上實施訴訟行為之人為準,又稱實際訴訟行為說。

貳、實務上對於被告錯誤之處理

被告錯誤之處理的核心概念為,如是檢察官所起訴的對象就會與法院發生訴訟關係。因目前我國並未有公訴之變更規定,故而檢察官無法對於發變被告或犯罪事實錯誤時而為訴之變更,如發生錯誤時,應有相對應之處理方式。

---

[2] 林俊益,刑事訴訟法概要(下),2020年9月,頁145。

一、冒名

（一）意義

冒名是指「被告姓名的錯誤」（人對，名不對）。在冒名的情形，檢察官起訴所指之人，乃檢察官認為是犯罪行為之人，以意思說、行動說判斷的結論相同。例如蔡阿嘎為真實犯人，蔡阿嘎以蔡桃貴之名應訊，但檢察官認為犯罪行為是蔡阿嘎這個人做的，程序針對的對象也是這個人。

同法§264II(1)規定起訴書應記載被告之姓名、性別等資料或其他足資辨別之特徵，係為特定刑罰權對象之用，其起訴之對象為被告其「人」，而非其「姓名」。因之，被告於檢察官訊問時冒用他人姓名應訊，檢察官未發覺，起訴書乃記載被告所冒用者之姓名、出生年月日、身分證統一編號等資料（下稱姓名等資料），其起訴之對象仍為被告其人，法院亦以該被告為審判對象，縱於判決確定後始發現上揭錯誤，僅屬姓名等資料之錯誤，而非審判之對象錯誤，此與非真正犯罪行為之人而頂替他人接受偵查、審判之「被告錯誤」情形有別[3]。

（二）處理

一審判決前發現	裁定更正姓名或更正判決書內被告欄的姓名[4]。
二審判決前發現 （一審判決後發現， 但判決未確定）	（一）通常程序：先更正姓名，再為實體審判，判決時要撤銷原（一審）判決[5]。 （二）簡易程序：簡易判決純為書面審理，行為人未實際為訴訟行為（無從認定審判對象），故而僅可依照表示說判斷，此時被冒名者為被告。被冒名者應對簡易判決提起上訴，第二審法院應即撤銷第一審不當判決，改為被告無罪之諭知[6]。
判決確定後發現	裁定更正姓名重行送達[7]。

---

[3]　最高法院110年度台非字第38號刑事判決。
[4]　最高法院105年度台非字第114號刑事判決。
[5]　最高法院51年台上字第594號判例、臺灣新北地院106年度交簡上字第247號刑事判決。
[6]　最高法院98年度台非第67號判決。
[7]　最高法院98年度台非字第67號判決。

二、頂替

（一）意義

頂替是「指被告人別錯誤」（人不對，名不對）。在頂替的情形，檢察官起訴所指之人是頂替者，該人是檢察官認為犯罪行為之人。實際上為訴訟行為者有訴訟關係，常見於大哥找小弟頂替的情形，大哥為真實犯人，但小弟出面說：人是我殺的，故檢察官被誤導以為是小弟殺人的，檢察官起訴所指之人是小弟，法院審判的對象也是有訴訟關係之人（小弟）。

（二）處理[8]

一審判決前發現	（一）對小弟：法院就小弟之殺人案件諭知無罪，法官應職權告發小弟之頂替行為，由檢察官應另行偵辦小弟頂替罪。 （二）對大哥：因殺人之本案的訴訟關係是存在於小弟，故檢察官應另追訴大哥的殺人罪。
二審判決前發現（一審判決後發現，但判決未確定）	（一）小弟：同上（一）。 （二）對大哥：同上（二）。
判決確定後發現	（一）小弟：小弟可以請求檢察總長提起非常上訴或聲請再審。但檢察官可以追訴小弟的頂替罪。 （二）對大哥：同上（二）。

三、冒名頂替

（一）意義

冒名頂替，又稱「到案被告錯誤」（亦即人不對、名對），通常會發生在兩個人長相類似的情形，例如雙胞胎。在冒名頂替的情形檢察官起訴所指之人為真正的犯人，訴訟關係存在於真正的犯人（被冒名頂替者），

---

[8]　司法院院字第 1098 號解釋。

而非冒名頂替之人。例如宋芸樺（甲）與夏宇喬（乙）長相類似，宋芸樺
（甲）為真正的犯人，但夏宇喬（乙）冒名頂替宋芸樺（甲）而到案進行
訴訟程序，檢察官起訴書上是記載宋芸樺（甲），檢察官起訴所指之人也
是宋芸樺（甲）。

（二）處理

一審判決前發現	（一）對甲：應傳喚甲進行實體審理。 （二）對乙：法官應職權告發，檢察官應另行追訴乙的頂替罪。
二審判決前發現[9] （一審判決後發現， 但判決未確定）	（一）對甲：訴訟關係存在於甲，應傳喚甲為實體審體，於 判決時第二審應該撤銷原判決，對甲自為判決。 （二）對乙：同上（二）。
判決確定後發現	（一）甲：可提非常上訴（§ 379(6) 被告未於審判期日到庭 而逕行審判者）。 （二）對乙：同上（二）。

第三節　公訴的範圍 —— 案件

壹、概說

　　§268 規定「法院不得就未經起訴之犯罪審判」。檢察官起訴的範圍
＝法院審判的範圍，此為不告不理原則（未起訴則不得審判），反面來說
則為告即應理（起訴則必須審判）。

　　「一個被告＋一個犯罪事實（實務：實體法上論以一罪的所有犯罪事
實）＝一個案件」，而「二個被告＋一個犯罪事實＝二個案件」，例如 A、

9　司法院院字 1729 號解釋：「甲、乙二人共同犯罪，乙冒甲名頂替到案，檢察官偵查起
　　訴及第一審判決，均誤認乙為甲本人，乙且更冒甲名提起上訴，第二審審理中，發覺乙
　　頂冒甲名，並將真甲逮捕到案，此時第二審對於此種訴訟主體錯誤之判決，可參照院字
　　第 569 號解釋，將原第一審判決撤銷，對真甲另為判決，資救濟。至乙之犯罪部份，自
　　應逕送該管檢察官另行偵查起訴。」

B 共同去殺 C，此時有兩個案件，代表國家有兩個刑罰權，而「兩個被告＋兩個犯罪事實＝四個案件」，例如 A、B 共同殺 C，之後又共同對 D 強制性交，此時國家有四個刑罰權（A 殺 C 為一個案件、A 強制性交 D 為一個案件、B 殺 C 為一個案件、B 強制性交 D 為一個案件）。案件的計算上可將此處的「＋」理解為數學符號的「X」。

【案件與訴的區別】

	案件	訴
定義	訴訟客體即為案件，代表著國家與人民的具體刑罰權關係。	訴，是指為了確定具體刑罰權進行的程序。
內涵	（一）一個被告＋一個犯罪事實＝一案＝（通常）一訴。 （二）除一案的情形外，皆屬數案。 N 個案件或 N 個犯罪事實＝數案。	
計算	（一）案件以刑罰權存在的次數為標準（為實體法上的概念）。 （二）A（一個被告）＋去 B 宅偷東西（論以一罪的所有犯罪事實）＝一案。	（一）訴以發生訴訟關係的次數為標準（與訴訟繫屬相關）（為程序法上的概念）。 （二）A 去 B 宅偷東西的案件，被起訴而發生訴訟繫屬，進而有訴訟關係，為一個訴。如果再向其他法院起訴，就會產生另一個訴。
區別	（一）原則上：訴的個數＝案件的個數。 （二）例外： 1. 重複起訴：訴的個數＞案件的個數。 2. 訴外裁判：訴的個數＜案件的個數。	

臺灣高等法院高雄分院 101 年度上訴字第 1547 號刑事判決

　　國家對於每一單一性案件，雖僅有一刑罰權，而訴則為確定具體的刑罰權所進行的訴訟關係，其之個數，通常與案件之個數相同，但因其重在訴訟關係，故應以發生訴訟關係之次數為準，與案件之個數係以刑罰權之個數為準者不同，如檢察官就同一被告之同一犯罪事實之單一案件重複起訴，或數個自訴人對同一被告同一犯罪事實之單一案件均提起

自訴，對法院均發生數個訴訟關係，法院審理終結，自應依該訴訟關係之個數，在判決主文欄分別諭知審判之結果，始符彈劾（訴訟）主義之原理。

貳、單一性

一、單一性的概念

　　檢察官起訴的效力及於法院的同一次審判權之犯罪事實，對於一犯罪事實法院只有一次審判權，一案件為一個刑罰權，故實體法上為一個刑罰權，在訴訟法上即為一個訴訟客體。

二、單一性的判斷

（一）被告單一

　　被告是否單一，以被告有多少人來計算，被告單一就是一個人。

（二）犯罪事實單一

　　過去學說、實務認為，應以實體法上的罪數判斷是否為單一案件，故實體法上論以一罪（＝一個犯罪事實），即為單一案件，實體法上論以數罪（＝數個犯罪事實），即為數案件。

　　另外，因為犯罪事實的認定具有浮動性，故案件是否單一，由程序的主導者判斷，偵查中由檢察官判斷，審判中由法官判斷，然因為起訴後會進入審判，故最終還是取決於法官的判斷。

　　以下乃實務見解論以一罪而為單一案件。

單純一罪	例如 A 開一槍而使 B 死亡,單純論一個殺人罪
實質上一罪[10]	(一)接續犯:反覆實施同種類行為且有時間密接性又侵害單一法益,評價為一行為,例如盜蓋 5 人之印文各 1 枚,其盜蓋行為之時間密切接近,方法相同,應論以接續犯[11]。 (二)繼續犯:犯罪行為有繼續性,例如妨礙行動自由罪。 (三)集合犯:犯罪行為本質上具有反覆、延續實行的特徵,立法者預設行為人基於概括犯意於時空密性下反覆實施同性質行為,例如凌虐(凌虐人犯罪)、偽造(偽造貨幣罪)、經營、從事業務、販賣、製造、散布等。 (四)結合犯:結合數個本可獨立成罪的罪為一罪,例如強盜故意殺人罪。 (五)吸收犯:刑法上所謂吸收犯,係指一罪所規定之構成要件,為他罪構成要件所包括,因而發生吸收關係者而言,高度行為吸收低度行為。例如偽造文書罪被行使偽造文書所吸收[12]、轉讓海洛因屬高度行為,持有海洛因為低度行為[13],販賣前持有海洛因之低度行為,應為其販賣之高度行為所吸收[14]。 (六)加重結果犯:於故意的基本行為下過失產生加重結果。例如傷害致死罪、強盜致死罪、不能安全駕駛致死罪。
裁判上一罪	想像競合犯。例如:行使偽造私文書與該詐欺取財,依想像競合規定,從一重處斷[15]。

　　如屬數罪併罰的情形,則為數罪。例如 A 去偷 B 的東西、隔天又去打 C,行為互異且犯意個別,成立竊盜罪與傷害罪的數罪併罰,為數罪。在客觀行為上及法律評價上均各具獨立性,均可獨立成罪,並非一行為而得論以實質上或裁判上一罪(即接續犯或想像競合犯)[16],此時即為數罪。

---

[10] 最高法院 108 年度台上大字第 3563 號刑事裁定。

[11] 最高法院 108 年度台上字第 3906 號刑事判決。

[12] 最高法院 105 年度台上字第 1839 號刑事判決。

[13] 最高法院 110 年度台上字第 2757 號刑事判決。

[14] 最高法院 109 年度台上字第 306 號刑事判決。

[15] 最高法院 109 年度台上字第 1281 號刑事判決。

[16] 最高法院 108 年度台上字第 4054 號刑事判決。

三、單一性的效力：單一性不可分效力

如果數個犯罪事實被認為是單一性的案件，此時僅有一個訴訟客體、一個刑罰權存在，如果僅對一部分的犯罪事實為起訴，會及於全部的犯罪事實，此稱為起訴不可分效力。

（一）單一性與管轄權

因單一性的案件，在審判上沒有辦法分割，故法院對單一性案件的一部有管轄權時，對他部也有管轄權。例如 A 接續去 B 地、C 地偷東西，B 地法院因為 §5I 而取得土地管轄權，如認為 A 為接續犯，故而案件屬於單一性而不可分，故 B 地法院取得 A 於 C 地偷東西的犯罪事實的管轄權，B 地法院取得全部犯罪事實的管轄權。不過相對來說，C 地法院也因為單一性的不可分效力而取得 A 的全部犯罪事實的管轄權。

此時又會有 §8 的競合管轄問題，競合管轄是為了避免「同一案件」而重複繫屬，而違反重複起訴禁止及裁判矛盾。

（二）起訴不可分與審判不可分

因「檢察官起訴的範圍」＝「法院審判的範圍」，且最終決定案件的範圍者為法官，故將兩者一同討論。

1. 被告單一

　§266 規定「起訴之效力，不及於檢察官所指被告以外之人」，因「單一案件＝一個被告＋一個犯罪事實」，有兩個以上被告，即非單一案件。

2. 犯罪事實單一

　犯罪事實單一必須先了解顯在性事實與潛在性事實。

§267 規定「檢察官就犯罪事實一部起訴者，其效力及於全部」，為起訴不可分之規定，進而審判時也不可分。

（一）犯罪事實一部起訴

該一部犯罪事實是指顯在性事實，亦即於起訴書狀所載之犯罪事實，此為事實上繫屬。

（二）效力及於全部

效力及於全部是指一部犯罪事實之起訴效力及於全部犯罪事實。詳言之，對於顯在性事實起訴將會及於潛在性事實，此時潛在性事實會產生法律上繫屬。而顯在性事實擴張到潛在性事實的情狀稱為顯在性事實的擴張性，亦即起訴一部犯罪事實及於全部犯罪事實，例如 A 接續去偷 B 與 C 的東西，檢察官僅對 A 偷 B 的東西部分起訴（顯在性事實），而審判中法官方發現 A 也有偷 C 的東西，此時 A 偷 C 的部分為潛在性事實。

而顯在性事實屬於不變的繫屬，亦即法官必須審理之，與法律上繫屬不同。實務上認為法律上繫屬必須法院審判後認為兩部分皆有罪方有審判不可分[17]。承上例，法官如果認為 A 偷 B 的東西成立竊盜罪，但 A 偷 C 的東西因事證不足而不成罪，此時則無不可分關係。

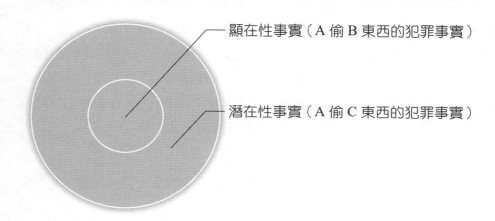

顯在性事實（A 偷 B 東西的犯罪事實）

潛在性事實（A 偷 C 東西的犯罪事實）

討論起訴不可分與審判不可分時，必須先了解：① 實務上以實體法上的罪數判斷是否為單一案件，一罪為單一案件，數罪為數案件。② 起訴不可分，因為起訴的犯罪事實包含顯在性事實與潛在性事實，起訴效力

---

[17] 最高法院 103 年度台非字第 394 號刑事判決：公訴不可分、審判不可分及一事不再理等原則，皆以起訴部分之顯在事實構成犯罪為前提，倘若被訴部分不構成犯罪，即與未起訴之其餘潛在事實不發生一部與全部之關係，縱使未起訴部分應成立犯罪，因已無一部效力及於全部之可言，法院即不得就未起訴部分之犯罪事實予以論究。

是及於全部犯罪事實，故而法院應對全部犯罪事實審理。③ 因為犯罪事實的範圍，最終由法官判斷（如案件到上級審，由上級審法官判斷）。然實務上皆以法官認為有罪（顯在性事實）＋有罪（潛在性事實）＝審判不可分，而依此向前去推論起訴不可分。④ 最後應注意是否有漏判或漏未判決的問題。

以下以文獻[18]架構下討論實務[19]的運作。

（一）全部事實皆已經起訴

因為全部犯罪都已起訴，即無 §267 起訴不可分的適用。以下茲分檢察官以數罪起訴或以一罪來起訴討論。

1. 檢察官是以數罪而將犯罪事實全部起訴

例如 A 去殺 B 又毀損 B 的衣物，檢察官認為 A 觸犯兩個罪（殺人罪與毀損罪），而將 A 的犯罪事實以相牽連犯罪全部起訴。

(1) 如果法院審理後認為是「一罪」（即毀損罪為殺人罪的典型附隨行為），法院應對全部犯罪事實審判，而以一罪判決（論殺人罪）。

(2) 如果法院審理後認為是「數罪」（A 殺 B 後故意破壞 B 的衣服，故為毀損罪與殺人罪數罪併罰），法院應全部審判。

2. 檢察官用一罪而將犯罪事實全部起訴

例如 A 侵入住宅而強制性交 B，檢察官認為構成一罪（加重強制性交罪，刑法 §222(7)）而對全部犯罪事實起訴：

(1) 檢察官對於全部事實以一罪起訴，但法院認為是「數罪」關係時：例如檢察官認為是加重強制性交罪，但法官認為 A 侵入住宅時只是好奇想要窺探 B 宅的住家環境，此時並無強制性交故意，但後來想要觀察臥房的擺設時看到 B 裸體睡覺才起色心而對 B 強制性交，故應成立侵入住居罪

---

[18] 林俊益，刑事訴訟法概論（下），2020 年 9 月，頁 149-156。

[19] 最高法院 108 年度台上字第 2935 號刑事判決。

（§306）與強制性交罪（§221）。此時因檢察官對全部犯罪事實起訴，法院應對全部犯罪事實審判。

(2) 檢察官以一罪起訴，法院審理後亦認為「一罪」（加重強制性交罪），法院應對起訴的犯罪事實全部審判。

如何於判決中諭知？

（一）一部有罪，他部無罪、不受理或免訴 [20]

　　檢察官起訴時以實質上或裁判上一罪提起公訴，基於一訴一判的原則，法院於同一程序處理而為一個判決較恰當。

1. 有罪的部分於判決主文諭知。
2. 無罪、不受理或免訴的部分在理由書中說明即可。

（二）一部無罪，他部不受理或免訴

　　檢察官起訴時以實質上或裁判上一罪提起公訴，經法院審理後認為一部無罪，他部不受理或免訴，應於判決主文要分別諭知 [21]。

（二）檢察官僅就一部犯罪事實起訴

　　此時他部犯罪事實未起訴，有起訴不可分原則適用。

1. 檢察官只起訴一部犯罪事實，法院發現尚有他部分事實，檢察官起訴一部分事實與法院發現的他部分事實（即全部的犯罪事實），法院認為是「數罪」關係（數罪併罰）時，例如 A 將 B、C 打成重傷，B 向檢察官提告，檢察官只發現 A 打 B 的犯罪事實（一個被告＋一個犯罪事實），檢察官起訴該部分，但是法官後來才發現，A 也有打 C，但 A 打 C 是在 A 打 B 之後半年所為，故屬於另行起意，根本是兩件事，成立兩罪。此時無起訴不可分適用，因基於不告不理原則，未經起訴之他部犯罪事實（A 打 C），屬未經起訴之案件，法院不得審理。

2. 檢察官只起訴一部犯罪事實，法院發現尚有他部分事實，檢察官起訴一部分事實與法院發現的他部分事實（即全部的犯罪事實），法院認為是一

---

[20] 最高法院 88 年度台上字第 2282 號刑事判決、最高法院 108 年度台上字第 2935 號刑事判決。

[21] 最高法院 55 年度第 4 次民、刑庭總會會議決議（九）。

罪關係，例如 A 對 B、C 搶奪物品，檢察官只起訴 A 搶 B，但法院發現 A 也有搶 C，A 是一行為同時搶 B、C，應成立裁判上「一罪」（想像競合犯）。此時要分情形討論：

(1) 法院認為起訴部分與未起訴部分均有罪，兩者有審判不可分。

(2) 法院認為起訴部分有罪，未經起訴部分無罪、不受理或免訴

實務上認為「有罪（A 搶 B）＋有罪（A 搶 C）＝起訴不可分＝審判不可分」，但 A 搶 C 的部分法官認為無罪，故無起訴不可分，更無審判不可分，反面來說就是可分，法院只能就 A 搶 B 部分審理判決。檢察官對於 A 搶 C 應另行起訴。

(3) 法官認為起訴部分無罪、不受理，未經起訴部分有罪

本書認為，因只有顯在性事實（A 搶 B）為不變的繫屬，既然顯在性事實（A 搶 B）則必須對之為判決，即為無罪判決、不受理判決，然而潛在性事實非不變的繫屬，既然檢察官起訴的犯罪事實為顯在性事實（A 搶 B），故法官不可對未經起訴的部分（A 搶 C）審理。而起訴效力不及於未經起訴的部分，法院不可加以審判，檢察官應該就未經起訴的部分另行起訴，實務界學者亦同此見解 [22]。簡言之，顯在性事實與潛在性事實存在著「寄生關係」（宿主死亡了，寄主也不能活了），既然宿主（A 搶 B）無罪，檢察官又只針對宿主（A 搶 B）起訴，寄主（A 搶 C）不可取代宿主地位而被審判。然檢察官可對 A 搶 C 的部分另行起訴。

> **檢察官對於起訴被認為有罪的部分上訴，但又對於未經起訴的部分請求二審並與裁判，二審法院應如何處理**

以控訴原則思考為前提，實務見解認為檢察官未就被告之全部犯罪事實以實質上或裁判上一罪起訴時，第一審法院僅就檢察官起訴部分為科刑判決，「倘檢察官認」尚有「未經起訴之事實」與「已經起訴並

---

[22] 林俊益，刑事訴訟法概論（下），2020 年 9 月，頁 152。

判決有罪」部分有實質上或審判上一罪之關係，如檢察官「認應併予審判」而提起第二審上訴時，因上訴亦屬一種訴訟上之請求，既經檢察官提起上訴，自產生訴訟繫屬及訴訟關係，第二審法院即有審判之權利及義務，若第二審法院認第一審判決部分雖成立犯罪，惟檢察官上訴請求併予審理部分不能成立或證明犯罪時，此時即無與已經起訴部分發生所謂犯罪事實一部與全部之關係，則檢察官上訴請求併予審理部分既未經起訴，第二審法院僅能於判決中交代檢察官此部分不能成立或證明犯罪之理由，無從為無罪或不另為無罪判決之諭知，檢察官對此自不能提起第三審上訴[23]。亦即第二審法院仍須遵守控訴原則。

最高法院 108 年度台上字第 2935 號刑事判決

▶ 全部起訴 —— 法院認為一罪，刑罰權單一、訴訟法上一個審判客體，全部犯罪事實合一審判。

故只會有一個判決
- 有罪部分：主文諭知
- 無罪部分：理由說明

▶ 一部起訴 —— 法院認為一罪。

▶ 起訴部分有罪
- 未起訴部分有罪：合一裁判，如未合一裁判，屬於§379(12) 已受請求之事項未予判決。
- 未起訴部分無罪：不應裁判，如予裁判，屬於§379(12) 未受請求之事項予以判決。

▶ 起訴部分無罪 ➡ 無不可分關係
（有罪＋有罪＝不可分）

若檢察官針對起訴後無罪部分「上訴」且請求併予審理他部
- 第二審認為上訴部分與併請求的他部有罪：基於審判不可分，合一裁判。
- 第二審認為上訴部分有罪但併請求的他部無罪：法院僅能交代理由，無從裁判，不得上訴第三審。

---

[23] 最高法院 108 年度台上字第 2935 號刑事判決。

　　刑事訴訟之審判，採彈劾主義，亦即「不告不理原則」，法院審判之範圍，以經起訴、上訴之被告犯罪事實為限，此觀刑事訴訟法第 266 條、第 268 條規定自明。案件是否經起訴，同法第 264 條第 2 項關於起訴書程式之規定，旨在界定起訴及審判之範圍，並兼顧被告防禦權之行使，其中屬於絕對必要記載事項之「犯罪事實」，係指犯罪構成要件之具體事實。所謂犯罪已經起訴，係指起訴書之犯罪事實欄，已就特定犯罪構成要件之基本事實，具體記載，並足據以與其他犯罪事實區分而言。

　　在實質上或裁判上一罪案件，由於在實體法上之刑罰權單一，在訴訟法上為一個審判客體，就其全部事實，自應合一審判，不得割裂為數個訴訟客體；是以此類案件之追訴、審判，應適用公訴不可分、審判不可分及上訴不可分諸原則，此觀刑事訴訟法第 267 條、第 348 條第 2 項等規定即明。

　　故檢察官就被告之全部犯罪事實以實質上或裁判上一罪起訴者，因其刑罰權單一，在審判上為一不可分割之單一訴訟客體，法院自應就全部犯罪事實予以合一審判，以一判決終結之。倘法院如認一部成立犯罪，其他被訴部分不能證明犯罪時，因僅能為單一主文之有罪判決，其不能證明犯罪之部分，即於判決理由內說明因係被訴實質上或裁判上一罪，故不另為無罪諭知。

　　惟，相對地，（一）檢察官就實質上或審判上一罪之犯罪事實起訴一部者，其效力固應及於全部，如已起訴及未經起訴之事實俱屬有罪，此時案件之全部事實不容割裂，法院自應合一裁判，否則即有同法第 379 條第 12 款所稱「已受請求之事項未予判決」之違法；（二）然若已經起訴之事實不構成犯罪，即與未經起訴之其他事實不發生所謂犯罪事實一部與全部之關係，法院自不得就未經起訴之其他事實併予裁判；（三）再如已經起訴之事實雖成立犯罪，惟倘認可能有實質上或裁判上之未經起訴之其他事實不能成立或證明犯罪，亦與已經起訴之事實不發生所謂犯罪事實一部與全部之關係，法院自不得就未經起訴之其他事

實，逕予裁判，不然即有同法第 379 條第 12 款所稱「未受請求之事項予以判決」之違誤。

至檢察官未就被告之全部犯罪事實以實質上或裁判上一罪起訴時，第一審法院僅就檢察官起訴部分為科刑判決，倘檢察官認尚有未經起訴之事實與已經起訴並判決有罪部分有實質上或審判上一罪之關係，認應併予審判而提起第二審上訴時，因上訴亦屬一種訴訟上之請求，既經檢察官提起上訴，自產生訴訟繫屬及訴訟關係，第二審法院即有審判之權利及義務，若（一）檢察官上訴請求併予審理部分與已經起訴之犯罪事實俱為有罪，基於審判不可分原則，第二審法院固應合一裁判；（二）若第二審法院認第一審判決部分雖成立犯罪，惟檢察官上訴請求併予審理部分不能成立或證明犯罪時，此時即無與已經起訴部分發生所謂犯罪事實一部與全部之關係，則檢察官上訴請求併予審理部分既未經起訴，第二審法院僅能於判決中交代檢察官此部分不能成立或證明犯罪之理由，無從為無罪或不另為無罪判決之諭知，檢察官對此自不能提起第三審上訴。

經查：本件檢察官起訴○○○涉犯刑法第 30 條第 1 項前段、第 339 條第 1 項之幫助詐欺取財等罪嫌，依起訴書之犯罪事實及證據並所犯法條記載，並無一語論及被告有基於洗錢犯意而為掩飾詐欺集團犯罪所得去向等語，堪認檢察官未就被告涉犯洗錢罪嫌部分起訴，經第一審審理結果，亦僅認被告成立單純幫助詐欺取財罪，檢察官不服第一審判決，雖以被告應構成洗錢防制法第 14 條第 1 項之洗錢罪並第一審量刑過輕為由上訴至原審，然原審仍維持第一審判決，並於理由參、三內說明關於檢察官上訴請求併予審理之被告涉犯洗錢部分不能成立犯罪，應駁回檢察官就此第二審上訴之理由。準此，就檢察官認被告涉犯洗錢罪部分既未起訴，又經第二審認此不能成立犯罪，即無與已經起訴之幫助詐欺取財犯罪事實有不容割裂之實質上或裁判上一罪關係，而得作為上訴第三審之訴訟客體。檢察官就此部分上訴難謂符合上開得為第三審上訴之法定要件，其上訴不合法律上之程式，應予駁回。

漏未判決與漏判的區別

　　一個被告＋一個犯罪事實＝一個案件（單一案件）＝一個訴訟關係。於一個案件中，法院僅就部分的犯罪事實為裁判，而一部漏未裁判，稱為「漏未判決」，應以 §379(12) 前段「已受請求之事項未予判決」[24] 提起上訴或非常上訴以茲救濟。而如果有數個案件，法院僅就一案為裁判，稱為「漏判」，因為訴訟繫屬關係未消滅，法院應依職權或聲請而補判。

　　若法院卻只有對其中一罪（強制性交罪）審判時（而未對入侵住宅罪審判），為「漏判」，因為訴訟「繫屬未消滅」，故法院應依職權或檢察官聲請而補判。若是漏判部分被用錯誤的方式提起上訴，上級審法院應依職權送回原審法院補判。

　　實務上認為「有罪（A 搶 B）＋有罪（A 搶 C）＝起訴不可分＝審判不可分」，如法院僅就 A 搶 B 的犯罪事實部分審判，效力應即於 A 搶 C 的犯罪事實，如法官僅對 A 搶 B 的犯罪事實審判，該「訴訟繫屬消滅」，而與其不可分 A 搶 C 的部分的訴訟繫屬亦一同消滅，故為漏未判決，須上訴救濟。

	漏未判決	漏判
對象	單一案件	數案件
案件與訴	一案、一訴	數案、數訴
裁判	法院僅對一部犯罪事實裁判	數個案件下，法院僅就一案為裁判
訴訟關係	已消滅	原審仍有訴訟關係，故訴訟關係未消滅
救濟	上訴或非常上訴	法院依職權或聲請補判

---

[24] 最高法院 98 年度台上字第 6709 號刑事判決：所謂已受請求之事項未予判決，係指檢察官起訴書所載已起訴之犯罪事實（顯在事實），及與之具有事實上、實質上或裁判上一罪關係之事實（潛在事實），依審判不可分原則，法院本應全部予以裁判，然於判決時，就其中一部漏未裁判而言。

　　舉一例而言，A連續詐欺B、C、D等人，但檢察官僅發現A詐欺B、C的一部犯罪事實，認為是接續犯，僅對部分犯罪事實以一罪起訴，審判中法官發現A也有詐欺D，法院如何處理？若檢察官對於全部犯罪事實以一罪起訴，審判中法院認為是數罪，且認為A對B、C的詐欺不成罪，法官如何處理？

　　第一個問題→1.檢察官僅就B、C部分起訴而認為是一罪，依照§267檢察官起訴一部的效力及於全部（A詐欺B、C、D），如果法官亦認為是一罪[25]且兩罪皆有罪，可對全部犯罪事實審判，然而法官僅對一部犯罪事實審判時，此時為漏未判決（§379(12)），因為訴訟繫屬已經消滅，可上訴救濟。2.如果法官認為是數罪，無起訴不可分適用，因基於不告不理原則，未經起訴之他部犯罪事實（A詐騙D），屬未經起訴之案件，不得審理，如果加以審理即為訴外裁判。

　　第二個問題→對全部犯罪事實起訴，根本無§267的一部及於全部的適用，因為一開始就是起訴全部犯罪事實了。法院應就A對B、C、D分別裁判，如對其中一個犯罪事實未判決，即為漏判，因為訴訟繫屬尚未消滅，法官應依職權或依聲請補判。

---

[25] 最高法院109年度台上字第649號刑事判決：每日撥打多通電話之頻率，向大陸地區被害人著手實行詐欺取財之犯行，主觀上係基於單一詐欺之犯意，於密接之時間、空間為之，依一般社會健全觀念，難以強行分開，在刑法評價上，視為數個舉動之接續實行，合為包括之一行為予以評價，為接續犯，論以一個加重詐欺取財未遂罪。且該詐欺集團分工細密，先由其所屬之一線詐騙人員，多次撥電話進行詐騙，再先後轉接二、三線詐騙人員，具備不同階段之分工於自然觀念上並非不能區分為數行為，惟依一般社會之通念，上開各階段行為係包括在同次詐騙目的，則該詐騙集團各成員間就前揭所為各階段之行為，應可評價為同一行為而論以想像競合犯，依刑法第55條前段規定，從一加重詐欺取財未遂罪論，原審認應予以分論併罰，有判決不適用法則之違誤。

不起訴沒有不可分之問題與無效之不起訴處分

　　不起訴處分若存在嚴重瑕疵，該不起訴處分不生效力，稱為無效之不起訴處分。如果檢察官與法官對於犯罪事實同一性（特別是實質上、裁判上一罪）之認定上有所不同時，常會有無效之不起訴處分問題。

（一）過去實務[26]：不起訴不可分，亦即一部不起訴，全部亦視為不起訴。

（二）現行實務[27]：不起訴處分仍處於偵查階段，故不起訴可分。§260的同一案件是指被告與犯罪事實相同，不包含法律上同一（事實上、裁判上一罪），因案件在偵查中，無類似審判不可分的法則，故想像競合犯、結合犯或其他裁判上一罪或實質一罪之一部犯罪事實已經不起訴處分確定者，仍可就未經不起訴處分之其他部分提起公訴，不生全部與一部之關係，亦不受原不起訴處分效力之拘束（最高法院101年度台上字第3723號判決意旨參照）；次按案件經檢察官為一部起訴，他部為不起訴處分，若法院審理結果，認不起訴部分與起訴部分均有罪，且具有審判不可分之關係，其起訴之效力，依§267「檢察官就犯罪事實一部起訴者，其效力及全部」之規定，既及於全部，則檢察官原所為之不起訴處分，即失其效力，法院應就原不起訴處分之部分併予審理（最高法院99年度台上字第7625號判決意旨參照）；復按檢察官就被告之全部犯罪事實以實質上或裁判上一罪起訴者，因其刑罰權單一，在審判上為一不可分割之單一訴訟客體，法院自應就全部犯罪事實予以審判，並以一判決終結之，如僅就其中部分加以審判，而置其他部分於不論，即屬§379(12)所稱「已受請求之事項未予判決」之違法。且不起訴處分，

---

[26] 最高法院25年上字第116號判例。

[27] 最高法院92年度第1次刑事庭會議決議：最高法院25年上字第116號判例不再援用。最高法院104年度台上字第2944號刑事判決、臺灣高等法院臺中分院106年度上訴字第1735號刑事判決。

具有無效原因者，並無確定力可言，是同一案件之一部分經處分不起訴，經法院審理結果，認不起訴部分與起訴部分均有罪，且具有審判不可分之關係，依 §267 規定，其起訴效力及於全部，檢察官之不起訴處分失其效力。

（三）自訴不可分

自訴部分因為準用公訴的規定（§343 準用 §266），故其處理方式與公訴大致相同，只不過自訴於特殊情況下會有自訴可分（一部可自訴、一部不可提自訴），亦即犯罪事實之一部提起自訴者，他部雖不得自訴亦以得提起自訴論。但不得提起自訴部分係較重之罪，或其第一審屬於高等法院管轄，或 §321（對於直系尊親屬或配偶，不得提起自訴）之情形者，不在此限（§319III）。

（四）上訴之不可分與可分

1. 上訴第二審之不可分與可分

民國 110 年 5 月 31 日前 §348 規定「I 上訴得對於判決之一部為之；未聲明為一部者，視為全部上訴。II 對於判決之一部上訴者，其有關係之部分，視為亦已上訴」。有關係之部分，是指與上訴部分在審判時無法分割，因一部上訴而其全部必受影響，例如實質上或裁判上一罪不可分 [28]。若是數罪併罰案件，不生不可分關係 [29]。又例如論罪與科刑不可分（基於

---

[28] 最高法院 108 年度台非字第 121 號刑事判決：刑事訴訟法第 348 條定有明文。所謂有關係之部分，係指法院認具案件單一性不可分關係之實質上或裁判上一罪，判決之各部分在審判上無從分割，因一部上訴而其全部必受影響者而言。

[29] 最高法院 108 年度台上字第 703 號刑事判決：若屬數罪併罰案件，僅就其中一罪聲明上訴，因與未經上訴部分，不生無從分割之問題，未經上訴部分即非所謂有關係之部分，自不得逕予審判。

罪刑不可分原則)、罪刑與保安處分不可分 [30]、主刑與從刑不可分 [31]、主刑與緩刑不可分 [32]、執行刑與宣告刑不可分 [33](針對數罪併罰案件,對執行刑上訴,效力及於全部的宣告刑)。

　　民國 110 年 5 月 31 日修正的 §348 規定「I 上訴得對於判決之一部為之。II 對於判決之一部上訴者,其有關係之部分,視為亦已上訴。但有關係之部分為無罪、免訴或不受理者,不在此限。III 上訴得明示僅就判決之刑、沒收或保安處分一部為之」[34]。新法的修正理由,尊重當事人擇定之上訴範圍,當事人不服原判決提起上訴,不用再擔心法院審理的範圍與當事人想要上訴的範圍不一樣,亦不必擔心沒有上訴的部分被納入審理而導致可能遭受到更不利的結果。

---

[30] 最高法院 46 年度台上字第 914 號刑事判決、臺灣高等法院 108 年度上訴字第 2958 號刑事判決。

[31] 最高法院 22 年上字第 139 號判例,於 2017 年 2 月 7 日經最高法院 106 年度第 2 次刑事庭會議決議不再援用。不過實務上仍然以本質上與犯罪事實具有關聯性等理由認為主刑與從刑不可分別獨立視之,例如臺灣臺北地方法院 108 年度簡上字第 87 號刑事判決:「刑法沒收相關規定修正前,因沒收係從刑之一種,與主刑有從屬關係,主刑撤銷,從刑即不能獨立存在,基於主刑與從刑不可分之原則,倘二者之中有一變動,原判決即應撤銷。至修正後雖改認沒收係獨立之法律效果而不具刑罰本質……,但針對犯罪所得沒收與否暨數額等節,本質上仍與犯罪事實具有關聯性,況犯罪所得多寡亦係法院量刑參考標準之一,要非僅涉及單純沒收事項。又倘犯罪所得數額減縮之情形,法院亦可能須依法不另為無罪諭知……,故兩者未可分別獨立視之。準此,本件被告對第一審判決全部提起上訴,上訴效力即包括原審罪刑暨沒收部分,而同為第二審法院審理範圍,若第二審法院認原審針對沒收部分判決有誤,仍應撤銷全部判決、重行諭知罪刑暨沒收內容。」等節,為臺灣高等法院暨所屬法院一百零六年十一月八日一百零六年法律座談會刑事類提案第三一號之研討結論。被告就原審判決全部上訴,並辯稱原審判決刑度過重,諭知沒收不當等語。固然在指摘刑度過重方面並不足採,但既然行使偽造私文書罪部分之沒收方面有前述不洽,仍應就行使偽造私文書罪部分予以撤銷改判。

[32] 最高法院 103 年度台上字第 4116 號刑事判決。

[33] 最高法院 107 年度台上字第 2183 號刑事判決。

[34] 配合增訂刑事訴訟法施行法 §7-18 之過渡條款規定,新法施行前已繫屬於各級法院之案件,於施行後仍適用修正前 §348 規定,且施行前已終結或已繫屬於各級法院而未終結之案件,於施行後提起再審或非常上訴之情形,亦一體適用該修正前之規定,以維持程序之安定性。

有關 §348I 指出上訴人就未聲明上訴部分，並無請求撤銷、變更原判決之意，自無視為全部上訴之必要。當事人若沒有寫清楚上訴的範圍，法院認為不明確時，會向當事人說明及確認，尊重當事人擇定的上訴範圍，避免當事人受到裁判的突襲。§348II 增加「但有關係之部分為無罪、免訴或不受理者，不在此限」之除外規定，指出如判決各部分具有在審判上無從分割之關係，該有關係而未經聲明上訴部分，亦應成為上訴審審判之範圍，但未經聲明上訴部分倘為無罪、免訴或不受理之情形，應使該部分不生移審效果而告確定，以避免被告受裁判之突襲，並減輕其訟累，也符合當事人進行主義的精神。

§348 增加第 3 項規定「上訴得明示僅就判決之刑、沒收或保安處分一部為之」，為尊重當事人設定之攻防對象，並減輕上訴審審理之負擔，上訴人得僅對刑、沒收或保安處分提起上訴，其未表明上訴之認定犯罪事實部分，則不在上訴審之審判範圍，未來當事人若對於法院認定的事實沒有意見，也可以只針對判決的量刑、沒收或保安處分的部分提起上訴，避免當事人準備訴訟的勞累。根據新修正的第 3 項應該認為刑與法律效果（保安處分、沒收）是可以與犯罪事實切割而僅就刑與法律效果予以上訴。但若是對於犯罪事實上訴，在刑度與法律效果方面，仍應認為是有關係的部分，依第 2 項仍然可視為上訴。

刑法新制關於沒收已由往昔之從刑，改為類似不當得利之衡平措施，具有獨立之法律效果，而無罪刑不可分原則之適用，自不受主刑與從刑應同時宣告之限制。倘原判決僅關於諭知或未諭知沒收或追徵事項有適用法則不當或不適用法則之違法，而與其他關於犯罪事實認定及罪刑宣告之本案部分尚無直接關聯，若分離觀察及評價，亦不致影響判決結果者，則兩者在審判上即無不可分之關係，第二審判決自非不得僅撤銷第一審判決關於有違誤之沒收或追徵部分，而駁回其他關於罪刑部分之第二審上訴[35]。

---

[35] 最高法院 109 年度台上字第 5863 號刑事判決。

　　當事人若明示僅針對「（未予）緩刑」部分提起上訴，而「刑」（宣告刑、處斷刑）之部分是否為有關係之部分？修法後，實務上[36]有採「主刑」與「緩刑」不可說，認為緩刑並非刑罰，而是暫緩執行刑罰，且自刑法§74I 可之緩刑必須依附於主刑，二者皆有不可分離的依存關係。實務上[37]有採「主刑」與「緩刑」可分說，認上訴人可明示僅就原判決宣告之緩刑（包括僅就緩刑之負擔部分），提起一部上訴，應屬與主刑有可分之關係，實務家[38]並進一步說明，審理過程而言，法官是否諭知緩刑的過程中，就要審究的事實為刑法§74 要件，該§74 要件與有罪、無罪以及所犯何罪所要認定的犯罪事實不同，且也許刑法§57 刑法量定時應審酌之事實，從而上訴審就原審判決論罪科刑部分，無必要重新審理，單獨審理也無困難，就審理結果而言，若僅對是否諭知緩刑提起一部上訴，經上訴審法院審理後，認上訴無理由，僅需駁回上訴；若認上訴有理由，在原判決並未於主文諭知緩刑時，則不用諭知原判決關於未諭知緩刑部分撤銷，得直接以§309(5) 為緩刑之諭知，即單獨審理是否適宜給予被告緩刑，並無困難，且不論是否給予緩刑，未經上訴的罪刑與徒刑宣示，均可繼續維持，不會與上訴審法院審理結果矛盾，故符合可分性基準，又上訴審可集中在爭取或撤銷緩刑，可以減少訟累，也可避免突襲，亦減輕法院負擔並促進訴訟經濟。

2. 上訴第三審之不可分與可分

　　過去實務見解認為如果是上訴第三審的案件，在單一案件時有一部屬於不得上訴第三審的案件，他部分屬於得上訴第三審的案件，若在上訴為合法的前提下[39]，基於不可分的原則，不得上訴第三審的案件也得上訴第三審法院。

---

[36]　最高法院 111 年台上字第 1799 號刑事判決。

[37]　最高法院 112 年第 1 次刑事庭庭長、審判長會議結論。

[38]　林臻嫻，淺論刑事訴訟法第 348 調之修正 —— 以「刑」之一部上訴為中心，月旦裁判時報第 139 期，2024 年 1 月，頁 110。

[39]　最高法院 89 年度台上字第 1708 號刑事判決、最高法院 109 年度台上字第 2257 號刑事判決。

民國 110 年 1 月 27 日之大法庭見解[40]限縮解釋民國 110 年 5 月 31 日
修法前之 §348 範圍，認檢察官以裁判上或實質上一罪起訴之案件，其一
部於第一、二審均不另為無罪之論知，僅被告就得上訴第三審之有罪部分
提起上訴，該不另為無罪論知部分已確定，並非第三審審判範圍。理由
在於基於妥速審判法為刑事訴訟法之特別法，並稽諸該法 §9I 之規範目
的，為維護法規範體系之一貫性，且基於尊重當事人一部上訴權，以及國
家刑罰權之實現植基於追訴權行使之法理，就第一、二審判決理由內均說
明不另為無罪論知者，於檢察官未就該不另為無罪論知部分提起第三審上
訴之情形，採取體系及目的性限縮解釋，認該不另為無罪論知部分，已非
第三審審理之範圍，並無上開審判及上訴不可分規定之適用，而限縮案件
單一性之效力。換言之，於此情形，該不另為無罪論知部分不生移審效
果，於上訴權人上訴期間最後屆滿時即告確定，倘本院就上訴部分撤銷發
回更審時，自無將該不另為無罪論知部分一併發回之必要，庶免該部分
懸而未決，以貫徹憲法 §16 保障人民訴訟權之意旨。第三審為法律審，
依 §377～§380、§393 等規定，對第三審之上訴，係以判決違背法令為
理由，而第三審法院原則上係以上訴理由所指摘之事項為審查對象，此與
第二審所採覆審制，顯然有別，亦即以當事人就上訴第三審之理由有所主
張時，始得對其主張之有無理由進行審查。倘第三審不於當事人所聲明不
服之範圍內審理，擴大其調查範圍，不僅與上開規定有違，亦違反「無不
服，即無審查」之上訴權核心理念。何況上訴乃對判決不服而請求救濟之
制度，上訴所主張之內容自應有上訴利益，「無利益，即無上訴」可言，
而不另為無罪論知部分之判決，對於提起上訴之被告，顯無上訴利益。從
而，於第一、二審判決理由內均說明不另為無罪論知者，檢察官對該不另
為無罪論知部分並未聲明不服之情形，當事人既無意就不另為無罪論知部
分聲明第三審上訴，而將之排除在攻防對象之外，該部分自非第三審上訴
理由所指摘之事項，基於法之安定性及尊重當事人設定攻防之範圍，應認

---

[40] 最高法院 109 年度台上大字第 3426 號刑事大法庭裁定。

該部分並非第三審審判範圍,如此始無違第三審為法律審之本旨,避免被告受突襲性裁判。

　　爾後,民國 110 年 5 月 31 日修正的 §348 規定「II 對於判決之一部上訴者,其有關係之部分,視為亦已上訴。但有關係之部分為無罪、免訴或不受理者,不在此限」。其但書之規定,即為上訴第三審可分,與上開大法庭見解理念相呼應。

3. 刑事上訴可否比照民事訴訟程序在二審中擴張上訴聲明?

　　甲明示僅就原簡易判決之刑上訴,惟上訴審(第二審地方法院合議庭,下同)法院審理時,發現原簡易判決論處之罪名明顯有誤,應判處較輕之罪名,嗣甲於上訴審言詞辯論終結前,主張要擴張上訴原簡易判決認定犯罪事實及論罪部分,上訴審法院可否撤銷原簡易判決之罪名,改判較輕之罪?

　　臺灣高等法院暨所屬法院 111 年法律座談會中,甲說認為為避免上訴審理範圍浮動,並減輕上訴審法院負擔,不應容許上訴人擴張上訴範圍;而乙說認為倘不許上訴人擴張上訴範圍,恐有過度限制訴訟權及違反法律保留原則之虞。最終採取甲說認不得擴張上訴範圍,因 §348 之修法意旨,係「尊重當事人設定攻防範圍」及「減輕上訴審審理之負擔」;而當事人收受判決後,尚有 20 日之法定上訴期間,可自由斟酌是否上訴及決定上訴範圍,嗣提起上訴時,倘未明示一部上訴,上訴審法院亦會曉諭其確定上訴範圍,故上訴人「設定攻防範圍」之權利,已在法律上及實務運作中獲得尊重,並有充分實現該權利之合理機會,縱令上訴程序中不許其擴張上訴範圍,亦無過度限制訴訟權可言,且與法律保留原則無涉;況依題旨所示,原簡易判決論處之罪名明顯有誤,應判處較輕之罪名,此情形究屬少見,倘為此特例開啟上訴人得擴張上訴範圍之大門,將使上訴審之審理範圍處於隨時浮動狀態,並加重上訴審法院負擔,§348 所定「減輕上訴審審理之負擔」之規範功能更將喪失始盡,遑論檢察官上訴後,若亦援引此原則擴張上訴範圍,將使上訴審理關係益形複雜。

4. 全部上訴後，可否撤回一部上訴？

　　甲就原簡易判決之全部提起上訴，繫屬上訴審後，檢察官移送併辦未經第一審法院審理、與本案具有想像競合關係之犯罪事實，甲於上訴審言詞辯論終結前，主張撤回原簡易判決認定犯罪事實及論罪部分之上訴，僅就原簡易判決之刑上訴，上訴審法院可否審理併辦部分？

　　臺灣高等法院暨所屬法院 111 年法律座談會中，甲說認為刑事訴訟法並無得撤回一部上訴之明文規定，故全部上訴後，上訴人不得僅撤回其中犯罪事實及論罪部分之上訴；而乙說則認為刑事訴訟本得撤回一部上訴，故全部上訴後，上訴人可撤回其中犯罪事實及論罪部分之上訴。最終採乙說認上訴審法院不可審理併辦部分，因刑事上訴審程序，基於尊重當事人處分權之考量，向來可由上訴人自行決定撤回全部或（可分的）一部上訴，§348 修正生效後，其犯罪事實及論罪部分，相對於刑之部分而言，既屬可分（但刑之部分，相對於犯罪事實及論罪部分而言，則不可分），自無不許上訴人就犯罪事實及論罪部分撤回上訴之理。

（五）既判力不可分（確定力之物的效力）

　　既判力不可分是指裁判確定後該裁判效力的範圍要擴張到何種程度，本書將此概念前置於本章節加以說明。

1. 傳統學說及實務

(1) 檢察官僅對一部犯罪事實起訴，法院對該部犯罪事實審判，該部有罪判決確定，既判力的效力及於未起訴、未審判之他部（＝及於全部）。

(2) 檢察官僅對一部犯罪事實起訴，法院對該部犯罪事實審判，該部無罪或免訴判決確定。

① 一行為一罪

　　例如加重結果犯、繼續犯、接續犯，本質上都是一行為，基於一行為僅受一次審判，既判力效力及於全部。

② 一行為數罪

例如 A 一拳打傷甲、乙，為想像競合，從一重處斷。A 持槍控制數人的意志自由，為想像競合，從一重處斷。

(①) 實務[41]

既判力的效力及於全部。因其行為只有一個，依一行為僅應受一次審判之原則，僅能具一個刑罰權而為評價，在刑法上從一重處斷[42]。

(②) 傳統學說

一部諭知有罪判決，既判力的效力及於未起訴、未審判之他部（＝及於全部）；一部諭知無罪判決，既判力的效力不及於未經起訴、審判的他部。

③ 數行為數罪

例如強盜殺人的結合犯（刑法 §332）＝強盜罪（刑法 §328）＋殺人罪（刑法 §271），實務認為一部犯罪事實無罪，效力不及於未經起訴、未經審判的他部犯罪事實。

2. 本書批評

實務以行為涉及的罪數為判斷標準，亦即「一行為僅受一次審判原則，使其擴張及於未經判決的部分」，實務的既判力不可分（確定力之物的效力、既判力的擴張效力），會造成對無法爭執的事實（未經起訴、未經審判的部分）但判決之既判力竟然及之，置被告與被害人的權益何在。既判力不可分又與告訴不可分的效力、公訴不可分的效力的主張有所矛盾。

例如 A 一拳打傷甲、乙，屬於身體法益的侵害，應論以想像競合，此時檢察官如僅起訴 A 傷害甲的犯罪事實，法院僅對 A 傷害甲的犯罪事實裁判，以實務見解的一行為僅受一次裁判而言，而使既判力及於 A 傷

---

[41] 最高法院 67 年度第 10 次刑事庭會議決議。
[42] 最高法院 101 年度台上字第 2085 號刑事判決。

害乙的部分，而 A 傷害乙的部分，即便另訴也會被法院依照 §302I(1) 免
訴判決，將忽略被害人的權益。

又例如 B 開車撞死騎車經過的丙、丁，檢察官起訴 B 對丙的犯罪事
實，以過失致死罪起訴，然而法官認為丙騎車突然衝出來，B 課予其迴避
義務乃屬不可能，故 B 對丙的犯罪事實判決無罪。依實務見解認為一行為
僅受一次裁判原則，故既判力擴張及於 B 開車撞死丁的犯罪事實。然而若
B 對丁騎車經過有預見可能，亦有迴避可能性時，B 撞死丁的部分本應論
以過失致死罪，卻因實務的一行為僅受一次裁判原則，而使無罪的判決之
既判力擴張及於應論以過失致死罪的部分，將效力擴張於審判中無法審理
的事實，而忽略丁的權益。

傳統學說是以起訴的部分是否判決有罪，來論斷既判力效力是否及於
未經起訴、未經審判的他部，此為倒果為因的看法。

本書認為以下三者的射程範圍必定等同。以實務與傳統學說的見解即
是以實體法上的一罪來認定起訴效力不可分、審判效力不可分、既判力效
力不可分，所以下列三者的射程範圍原則上是等同，但是實務與傳統學說
在起訴效力不可分、審判效力不可分、既判力效力不可分，經常以起訴部
分是否有罪來判斷效力是否及於未起訴部分，因而會產生實體法上論以一
罪但效力有時候及於全部、有時候卻不及於全部的情形。本書以為應以檢
察官有起訴到的犯罪事實範圍為主，不須以實體法上一罪為框架，檢察官
起訴的範圍即為審判的範圍，也是既判力效力的範圍，不須及於未起訴到
的部分。

起訴不可分效力、既判力不可分效力是否受到有無告訴的影響

　　A一槍打死甲，子彈亂彈下擊中乙而使乙受重傷，A是一行為侵害數法益。A打死甲為殺人罪是非告訴乃論之罪，A對乙為過失重傷罪屬於告訴乃論之罪，乙未提告訴。檢察官如果就A打死甲的犯罪事實起訴，有無§267的適用而起訴效力與審判效力及於過失重傷乙的部分？既判力是否及於傷乙的部分？

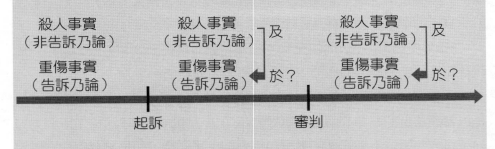

（一）實務

1. 起訴效力

　　依照§267對於一部事實起訴效力及於全部事實，但：

(1)起訴不可分、審判不可分的前提為具備「合法告訴」[43]。

---

[43] 最高法院72年台上字第5811號判例、臺灣雲林地方法院108年度易字第363號刑事判決：告訴乃論之罪，係以有告訴權人提出合法告訴為追訴之條件，本件被告無故侵入住宅部分，既未經被害人合法提出告訴，自屬欠缺追訴之要件，則檢察官就竊盜之犯罪事實起訴，其效力應不及於無故侵入住宅部分，自無審判不可分原則之適用。原審就欠缺追訴要件之無故侵入住宅部分，未併為審判，自無上訴意旨所指已受請求之事項未予判決違法之可言，該部分因非起訴效力之所及，原判決理由對此原毋庸加以說明，亦與所指理由不備之違法不相當。準此而言，刑事訴訟法第267條規定：「檢察官就犯罪事實一部起訴者，其效力及於全部。」所謂起訴不可分原則，遇有告訴乃論罪之情形，會受到「合法告訴」之限制，蓋告訴乃論罪以合法告訴為訴追條件，如犯罪事實一部為告訴乃論罪，他部為非告訴乃論罪，則在告訴乃論罪部分未經合法告訴之情形下，該部分尚無從因檢察官起訴非告訴乃論罪之部分，即依起訴不可分之規定而當然成為起訴範圍。在此情形，檢察官是否欲對未經合法告訴之告訴乃論部分提起公訴，宜從嚴認定，以免徒生不另為不受理判決之爭議。

(2) 有罪＋有罪＝起訴不可分、審判不可分。

(3) 如果欠缺合法告訴，不可能被判決有罪，因此無起訴不可分、審判不可分。因此起訴不可分也要受到是否合法告訴的影響。

(4) 結論：起訴效力不及於過失重傷的事實。

2. 既判力

　　原則上既判力的效力及於全部，因其行為只有一個，依一行為僅應受一次審判之原則，故仍具一個刑罰權而僅能以一個刑罰權為評價，既判力會及於過失重傷的事實部分，不受到有無告訴的影響。

（二）學說

1. 實務見解因欠缺告訴，所以起訴效力不及於全部，但既判力效力卻及於全部，根本顛倒既判力的本質[44]。

2. 「起訴」不可分是決定「起訴、審判範圍」，而「告訴」是決定「可否為實體判決的訴訟要件」，檢察官起訴效力及於未經告訴的部分（重傷事實）。因告訴為訴訟要件，如欠缺告訴，只是起訴後該部分（重傷事實）法院須諭知不受理判決（§303(3)）。

第四節　同一性

壹、單一性與同一性的區別

　　單一性是處理一部犯罪事實與他部犯罪事實，一部是否及於全部的問題。同一性是處理前「訴」與後「訴」的範圍（按：依實務見解每個訴的範圍都是單一性案件）是否重複的問題，故為後訴是否可被法院為實質審理的問題。

---

[44] 林鈺雄，刑事訴訟法（下），2022 年 9 月，頁 220。

　　以生活化觀點為觀念說明，國家考試的榜首 A 與報社 B 約定 A 要寫一首關於國家考試的四行詩投稿且由報社 B 買斷該四行詩的智慧財產權，A 於是創作了名為「讓一題的榜首」的四行詩：「赴北趕考累死我，昨夜沒睡滿臉油，振筆疾書字真醜，一題拒寫真是猛」，之後 A 向報社 B 投稿「赴北趕考累死我，昨夜沒睡滿臉油」，此時只有前兩句，根本不是完整的四行詩，故而與「振筆疾書字真醜，一題拒寫真是猛」為不可分的關係，此為單一性（完整的一首四行詩）。但如果 A 又拿同一首詩的後半段兩句向報社 C 投稿，因為已經約定由報社 B 買斷智慧財產權了，故 A 對 C 的投稿有重複投稿的問題，C 應不可以再接受 A 以該四行詩投稿。

　　回到法律觀點，案件的單一性為一個橫切面的觀察，一部犯罪事實與他部犯罪事實是否為單一事實，處理一個案件的範圍有多大以及與其他部分可不可分。而同一性為一縱切面的觀察，比較前後兩訴是否為同一案件的問題，亦即下圖中前訴的圓如可與後訴的圓完全重疊，即為同一案件，同一案件的存在意義在於判斷是否為起訴效力所及、可否變更起訴法條、是否違反重複起訴禁止。

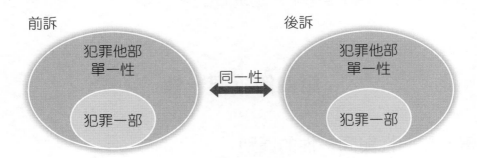

	單一性	同一性
處理	一個案件範圍多大。	前後案件是否一致之比較。
觀點	實體法面觀點。	程序面觀點。
觀察	靜態（橫切）。	動態（縱切）（主要是加入時間因素，比較前後）。
效力	不可分。	一事不再理、重複起訴禁止。

貳、同一性的判斷

一、被告同一

　　前、後訴的被告是否同一，以檢察官起訴所指之人為準，乃檢察官認為是犯罪行為之人是否同一。至於起訴書狀所載的姓名是否為真實姓名，不會影響到被告的特定，即使前訴叫做「有朋」，後訴同一人已經改名為「志鵬」，仍為被告同一。

二、犯罪事實同一

（一）法律上同一

　　認定前後訴是否同一，其範圍應依照單一性來決定。亦即實體法上的一罪，包括單純一罪、實質上一罪、裁判上一罪，前後兩訴的範圍屬於一致。

　　例如 A 強盜 B 且強制性交 B，A 於前訴因為強盜被起訴，後訴中 A 因為強制性交 B 被起訴。實務認為前訴的強盜效力及於強制性交，是實質上一罪，後訴的強制性交與前訴的範圍屬於一致，故為法律上同一，故而前後訴屬於同一案件。

（二）事實上同一

　　事實上同一（基本社會事實同一[45]）是指刑罰權對象的客觀事實是否同一，亦即前訴與後訴的犯罪事實是否同一。事實上是否同一的判斷標準：

---

[45] 最高法院 108 年度台非字第 68 號刑事判決。

1. 基本社會事實同一說（早期實務）

(1) 概念

以犯罪事實所涉及的時、空、行為方式、被害法益等，組成之社會事實關係以決定二案之間的訴訟標的是否同一。刑事訴訟之審判，雖採不告不理原則，法院固不得對未經起訴之事實予以審判，但在不妨害事實同一之範圍內，仍非不得自由認定事實、適用法律。換言之，如刑罰權對象之客觀基本社會事實相同，縱起訴事實所述犯罪時、地略有錯誤，或犯罪方法、被害法益不同，或所犯罪名有別，仍屬同一性的範圍[46]。

(2) 評析

同一性之目的在於避免雙重追訴。法院發現起訴未提及的他部分但屬單一案件，前訴效力及於他部，法院應該透過客觀性義務，例如§95、§96 的告知義務規定，給予被告防禦權機會[47]。然而倘若法院亦未發現屬單一案件的他部分，被告就無法充分行使防禦權，另外法院判決的效力會及於他部分，有違反不告不理原則的可能[48]。他部分如果再訴，後訴會被法院予以免訴判決，侵害被害人的權益。

2. 訴之目的及侵害性行為之內容同一說（近期實務）

(1) 概念

事實同一，乃指訴之目的及侵害性行為之內容是否同一，即以檢察官或自訴人請求確定社會事實的侵害性為準[49]，亦即經起訴擇為訴訟客體的社會事實[50]。

(2) 評析

範圍較前縮小，被告會有應訴之煩，且隨時間推移相關事證可能消逝，難以去說明訴之目的與侵害性行為內容的相同或不同。

---

[46] 最高法院 104 年度台上字第 3634 號刑事判決。
[47] 陳運財，論起訴事實之同一性，月旦法學雜誌，第 62 期，2000 年 7 月，頁 154-158。
[48] 林鈺雄，刑事訴訟法（上），2013 年 9 月，頁 276。
[49] 最高法院 108 年度台上字第 3831 號刑事判決。
[50] 最高法院 108 年度台非字第 68 號刑事判決。

最高法院 107 年度台上字第 4866 號刑事判決【公共危險】

雖原聲請簡易判決事實之騎車地點、騎乘車號、受攔檢時間、酒測時間及酒測值等內容有所錯誤，然與更正後之社會事實既屬同一，上述差異仍不影響事實同一性之認定；訴之目的及侵害性行為內容，均係侵害社會法益之公共危險罪，亦屬同一。

最高法院 107 年度台非字第 248 號刑事判決【竊盜】

後案起訴書關於被告行竊之地點、被害人姓名及所得財物，均已詳細記載，已達於可得確定之程度，無礙與前案犯罪同一性之辨別。況依後案○○○於警詢時之陳述：其於 97 年 7 月 15 日中午 12 時許發現上開車輛失竊等語（見 106 年度偵字第 7001 號卷第 27 頁），足認後案起訴書所載之犯罪時間，應係檢察官誤載。是前、後案之被告及犯罪事實均屬相同，而為同一案件。

最高法院 105 年度台上字第 3436 號刑事判決【偽造文書】

法院於不妨害事實同一之範圍內，得於檢察官起訴事實之範圍內認定事實，適用法律。起訴之犯罪事實，既係為確定具體的刑罰權對象之表示，則法院得自由認定之事實，是否不妨害起訴之犯罪事實之同一，自應從訴之目的及侵害性行為之內容是否同一而定之。本件公訴意旨原認上訴人係偽刻 A 公司大小章，持以蓋用於 B 公司提供之工程合約書上之方式偽造私文書後行使之，惟經原審調查後，認為上開工程合約書上之印文，均屬真實，上訴人係以盜用 A 公司大小章之方式偽造工程合約書，與蓋用於上開工程合約書之 A 公司印文是否係偽造，就偽造該工程合約書行使，侵害 A 公司、B 公司法益之行為並無不同，按諸前揭說明，自可認基本社會事實相同。

3. 兩說之區別：罪質不同時會有區別

　　例如 A 拿走 B 的錢包，如果前訴 A 被以竊盜起訴，後訴 A 被以搶奪起訴，若採基本社會事實同一說的立場，A 拿走 B 的錢包行為不論是竊盜或搶奪，其基本社會事實都是意圖為自己或第三人不法所有，侵害他人財產法益，前後訴之罪質具有同一性[51]。倘若採訴之目的與侵害性行為同一說，A 拿 B 的錢包行為是竊盜罪或搶奪罪，因為竊盜罪與搶奪罪之手段不同，造成的侵害目的也不同，前後訴之罪質不具有同一性。

　　又例如 A 摸被害人 B 胸部欲扯下項鍊不成，前訴論以強制猥褻，後訴論以搶奪，若採基本社會事實同一說應認為是同一案件，但若採訴之目的與侵害性行為同一說下，如果 A 不是為了強制猥褻，而是要搶奪 B 胸前的項鍊，強制猥褻與搶奪的侵害目的不同，此時則非同一案件。

侵害性之行為的主要內容是否雷同，以犯罪構成要件是否具有共通性為判斷

最高法院 108 年度台上字第 1418 號刑事判決

　　由於犯罪事實乃侵害法益之行為，犯罪事實自屬侵害性之社會事實，亦即刑法加以定型化之構成要件事實，此所謂「同一性」，應以侵害性行為之內容是否雷同，犯罪構成要件是否具有共通性（即共同概念）為準，若二罪名之構成要件具有相當程度之符合而無罪質之差異時，即可謂具有同一性。故是否屬同一事實，應以具有侵害性之基本社會事實是否同一為標準。若就同為侵害財產法益之犯罪而言，如其基本社會事實均為以和平手段取得他人之財物，侵害他人之財產法益，不論係直接自被害人取得或間接由他人或被害人交付而受領，經法院依其調查證據審理結果，認被告侵害單一法益之同

---

[51]　最高法院 99 年度台上字第 2911 號刑事判決。

一被害客體，縱被告犯罪手段有異於起訴書所認定者，仍得變更起訴法條之罪名為其所認定之罪名，以達訴訟經濟。查侵占離本人持有之遺失物罪之行為人，對該物並未先具有委任管理等持有之關係，此與其他需先持有他人之物類型之侵占罪不同，而收受贓物罪之犯罪態樣，既亦係以受領而取得他人非因己意離本人持有之物，其二者俱以不法手段占有領得財物，其客觀構成要件之主要事實部分符合且雷同，二罪復同以他人之財物為客體，並同為侵害財產法益之犯罪，罪質尚無差異，應認為具有基本社會事實之同一性。

簡言之，綜上實務對於案件是否同一，端視侵害法益是否相同、構成要件是否雷同，必須視個案而定。

三、同一性的效力：一事不再理、重複起訴之禁止

（一）不得再提起公訴

如果同一案件已經提起公訴，自不得再另外提起公訴或自訴，如果又再提起公訴，後繫屬的法院應依 §303(7) 諭知不受理判決。

（二）開始偵查後不得再提起自訴

§323I 規定「同一案件經檢察官依第二百二十八條規定開始偵查者，不得再行自訴。但告訴乃論之罪，經犯罪之直接被害人提起自訴者，或依第二百五十八條之三第二項後段裁定而提起自訴者，不在此限」。以此規定，檢察官對於一案件開始偵查，若自訴人的自訴範圍與檢察官偵查範圍一致，此時前後案件屬於同一，故而自訴人不能提起自訴。

（三）不起訴、緩起訴

如果不具備 §260I(1)、(2) 不可再對同一案件起訴。

（四）判決確定

前訴判決確定後，不得對同一案件再行起訴，若再行起訴（包含公訴、自訴）後訴應諭知免訴判決（§302）。

四、同一性與變更起訴法條

（一）概念

　　§300 規定「前條之判決，得就起訴之犯罪事實，變更檢察官所引應適用之法條」，為變更起訴法條的依據，其功能在於保障被告防禦權與避免突襲性裁判。

（二）前提：同一性案件、無擴張及減縮原訴之原則、有罪判決

　　檢察官起訴的訴訟標的＝法院審理的訴訟標的，亦即變更起訴法條的前提為二者必須屬於同一案件的概念，若二者並非同一案件，則非法院得否變更起訴法條之問題，而是法院根本不能審理的範圍（不告不理原則）之問題，若法院對此不同一案件為審判，則屬訴外裁判，即 §379(12) 之「未受請求之事項而為判決」，屬當然違背法令。

檢察官認定之犯罪事實： A 壓制 B 後褲子掉落生殖器露出，B 皮包金錢散落，A 見警來笑著逃。	法官認定之犯罪事實： A 壓制 B 後掏出生殖器，見警來拉起拉鍊夾到生殖器，驚恐、劇痛邊跳邊哭邊逃。
起訴 （檢察官認為：強盜罪之未遂犯）	判決 （法官認為：強制性交罪之未遂犯）

　　首先，犯罪事實的認定必須是與構成要件相關的事實，不論 A 是笑著還是哭著的事實，都與構成要件無關。而檢察官起訴的犯罪事實與法官認定的犯罪事實明顯不一致時（已經非一部擴張及縮減原訴），侵害的目的與適用的罪名也不一致，故非同一案件。此時法院對於自己發現的犯罪事實不得為審判，否則為訴外裁判（§379(12)）。

　　實務認為犯罪事實必須於不擴張及減縮原訴之原則下，才有變更起訴法條之適用[52]。另外必須是 §299 的有罪判決，包含科刑判決、免刑判決，如果是無罪、免訴或不受理判決，無變更起訴法條之適用。

　　然本書認為 §300 之目的在於保障被告的訴訟防禦權與避免突襲性裁判，倘若有重要爭點的事實改變之情形，縱使可以依照 §300 變更起訴法條，仍應該保障被告的訴訟防禦權，要依照事實基礎變更處理（參照下述），才可以符合 §300 之目的，學說同此旨[53]，以生活化的例子來說明觀念，A 官員被記者拍到開車載小三滑進摩鐵，記者說 A 與小三住同一間房間，A 官員抗辯沒開車滑進摩鐵，或是抗辯 A 有開車滑進摩鐵但沒有住同一間房間，此為同一事情，但兩種版本的重要爭點不同，訴訟上的攻防當然也不同。

---

[52] 最高法院 102 年度台上字第 5109 號刑事判決：已受請求之事項未予判決，或未受請求之事項予以判決者，其判決當然違背法令，同法第三百七十九條第十二款定有明文。檢察官就被告之犯罪事實以實質上或裁判上一罪起訴者，因其刑罰權單一，審判上為一不可分割之單一訴訟客體，法院應就全部犯罪事實予以合一審判。又實質上或裁判上一罪之案件，檢察官就犯罪事實一部起訴者，依同法第二百六十七條規定，其效力及於全部，受訴法院基於審判不可分原則，對於未經起訴之其餘事實，應合一審判，以一判決終結之，此為犯罪事實之一部擴張。如僅就其中一部分加以審認，而置其他部分於不論，即屬同法第三百七十九條第十二款所稱「已受請求之事項未予判決」之違法。若檢察官所起訴之全部事實，經法院審理結果認為一部不能證明犯罪或行為不罰時，僅於判決理由內說明不另為無罪之諭知，毋庸於主文內為無罪之宣示，此為犯罪事實之一部縮減。至於同法第三百條規定，有罪之判決，得就起訴之犯罪事實，變更檢察官所引應適用之法條者，係指法院在事實同一之範圍內，不變更起訴之犯罪事實；亦即在不擴張及減縮原訴之原則下，於不妨害基本社會事實同一之範圍內，始得自由認定事實，適用法律。三者不能混為一談。

[53] 林鈺雄，刑事訴訟法（下），2022 年 9 月，頁 317。

裁判上一罪情形下，實務對於變更起訴法條之見解

最高法院 92 年度台上字第 1841 號刑事判決

　　裁判上一罪案件，檢察官就犯罪事實一部起訴者，依刑事訴訟法第 267 條規定，其效力及於全部，受訴法院基於審判不可分原則，對於未經起訴之其餘事實，應一併審判，此為犯罪事實之一部擴張；同理，檢察官所起訴之全部事實，經法院審理結果認為一部不能證明犯罪或行為不罰時，僅於判決理由內說明不另為無罪之諭知，毋庸於主文內為無罪之宣示，此為犯罪事實之一部縮減。至於刑事訴訟法第 300 條所規定，有罪之判決，得就起訴之犯罪事實，變更檢察官所引應適用之法條者，係指法院在事實同一之範圍內，不變更起訴之犯罪事實；亦即在不擴張及減縮原訴之原則下，於不妨害基本社會事實同一之範圍內，始得自由認定事實，適用法律，三者不能混為一談。

　　易言之，檢察官依裁判上一罪起訴之甲、乙犯罪事實，經法院審理結果，倘認為甲事實不能證明其犯罪，但係犯有裁判上一罪關係之乙、丙事實時。關於甲事實部分，為犯罪事實之減縮，僅於理由說明，不另為無罪之諭知；關於丙事實部分，則為犯罪事實之擴張，依審判不可分原則，應一併審判，不發生變更起訴法條問題。

本件依檢察官起訴之事實，係指：上訴人與其男友○○○共同意圖（販賣）營利，將渠等持有之海洛因，藏放在租處內，嗣上訴人前往拿取時被查獲，而依毒品危害防制條例第 5 條第 1 項之意圖販賣而持有第一級毒品罪嫌，提起公訴。原審經審理結果，認定：上訴人尚無販賣之意圖，但已著手於搬運行為，而持有部分業經起訴，且持有之低度行為復為運輸之高度行為吸收，爰依毒品危害防制條例第 4 條第 1 項、第 5 項之運輸第一級毒品未遂論處罪刑，如果無訛。於此情形，關於無販賣之意圖部分，為犯罪事實之減縮，僅於理由說明，不

另為無罪之諭知；關於著手於運輸部分，則為犯罪事實之擴張，依審判不可分原則，應一併審判，不發生變更起訴法條問題。乃原判決於減縮及擴張犯罪事實後，仍謂其基本事實相同，依刑事訴訟法第 300 條規定，變更檢察官所引應適用之法條加以裁判，自有適用法則不當之違誤。

最高法院 108 年度台上字第 654 號刑事判決

實質上或裁判上一罪，檢察官就犯罪事實一部起訴者，依刑事訴訟法第 267 條規定，其效力及於全部，受訴法院基於審判不可分原則，對於未經起訴之其餘事實，應合一審判，此為犯罪事實之一部擴張。同理，檢察官所起訴之全部事實，經法院審理結果認為一部不能證明犯罪或行為不罰時，僅於判決理由說明不另為無罪之諭知，毋庸於主文為無罪之宣示。

至於同法第 300 條規定，有罪判決，得就起訴之犯罪事實，變更檢察官所引應適用之法條者，係指法院在事實同一之範圍內，不變更起訴之犯罪事實，亦即在不擴張及減縮原訴之原則下，於不妨害基本社會事實同一之範圍內，始得自由認定事實，適用法律，不得混為一談。

易言之，檢察官以實質上或裁判上一罪起訴之甲、乙犯罪事實，經法院審理結果，倘認為甲事實不能證明其犯罪，但係犯有實質上或裁判上一罪關係之乙、丙事實時，關於甲事實部分，僅於理由說明不另為無罪之諭知。關於丙事實部分，則為犯罪事實之擴張，依審判不可分原則，應合一審判，不發生變更起訴法條問題。

【本書對上開判決之分析圖表】

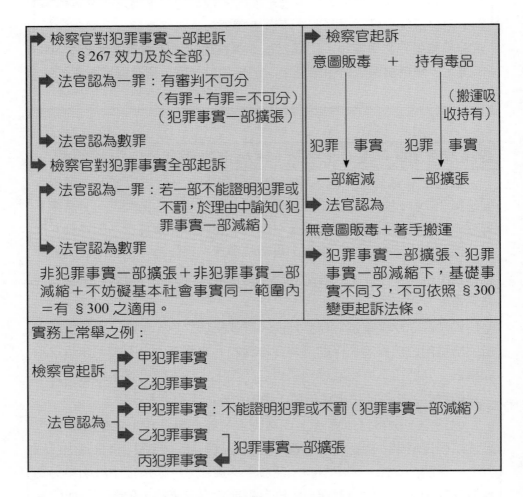

甲、乙、丙犯罪事實（按：甲、乙、丙不是人，是犯罪事實的代號），檢察官起訴甲犯罪事實與乙犯罪事實，以為已經起訴全部的犯罪事實，實際上只有起訴一部分的犯罪事實。法院審判中發現丙犯罪事實，原本會有一部及於全部的效力。但因為法官認為甲的犯罪事實無罪，不符合一部有罪（甲、乙）＋他部有罪（丙）＝不可分，此時甲犯罪事實與乙犯罪事實應分開而論，此為犯罪事實一部縮減。丙犯罪事實屬於犯罪事實的

一部擴張,無變更起訴法條的適用。

例如,在法律上同一的強盜殺人結合犯的案例下,A 強盜又殺人,檢察官只起訴強盜,法院發現 A 還有殺人,但法院認為 A 強盜是無罪的,此為犯罪事實一部擴張,此時法院不得從強盜罪變更起訴法條為殺人罪。倘若檢察官起訴強盜又殺人之結合犯,法院認為強盜不成立而無罪,此為犯罪事實之一部縮減,此時法院不得從強盜殺人罪變更為殺人。

(三) 犯罪事實同一

所謂犯罪事實,是指事實上同一,控訴原則下,於不變更犯罪事實的範圍內可變更起訴法條,自由認事用法[54]。

而所謂事實同一,實務上認為指刑罰權所以發生之原因事實係屬同一而言,非謂罪名或犯罪之構成要件同一,亦非謂全部事實均須一致。申言之,起訴書所指之罪名,對於審判上無拘束之效力,只須其基本社會事實相同,縱令行為之程度有所差異,亦無礙其犯罪事實之同一性,仍得自由認定事實[55]。另有實務以罪質共通性為論述,應以檢察官起訴請求確定其具有違法性之基本社會事實,是否同一而定,並以犯罪構成要件有無罪質上之共通性,作為具體判斷之標準[56]。

最高法院 108 年度台上字第 1418 號刑事判決【侵占遺失物罪得變更為收受贓物罪】

(一) 刑事訴訟法第 95 條第 1 項第 1 款規定:訊問被告應先告知犯罪嫌疑及所犯所有罪名。罪名經告知後,認為應變更者,應再告知。乃被告在刑事訴訟程序上應受告知之權利,其目的旨在使被告能充分行

---

[54] 最高法院 108 年度台上字第 654 號刑事判決:同法第 300 條規定,有罪判決,得就起訴之犯罪事實,變更檢察官所引應適用之法條者,係指法院在事實同一之範圍內,不變更起訴之犯罪事實,亦即在不擴張及減縮原訴之原則下,於不妨害基本社會事實同一之範圍內,始得自由認定事實,適用法律,不得混為一談。

[55] 最高法院 108 年度台上字第 16 號刑事判決。

[56] 最高法院 108 年度台上字第 3327 號刑事判決。

使防禦權，以維審判程序之公平。而其所謂「犯罪嫌疑及所犯所有罪名」，除起訴書所記載之犯罪事實及所犯法條外，自包含依刑事訴訟法第 267 條規定起訴效力所擴張之犯罪事實及罪名，暨依同法第 300 條規定變更起訴法條後之新罪名。法院就此等新增或變更罪名之告知，係在使被告知悉其受追訴或審判之罪名，以得充分行使其防禦權，而避免突襲性裁判，用以確保其權益。又起訴事實及法條，於刑事訴訟程序上具有提示、限定審判對象之範圍，以突顯攻擊防禦目標，避免突襲性裁判，暨預告既判力客觀範圍之機能，與公平審判原則、保障被告防禦權之憲法上訴訟權至為攸關。

惟應允其於一定範圍內得予變更，以簡省司法資源之負擔，並得迅速實現國家之刑罰權，避免被告重複應訴訟累，然為免過度侵害被告受憲法保障之訴訟主體地位及其防禦權。上開各項衝突價值之衡量，亦應為「社會基本事實同一」之界定標準，共同形成變更起訴法條之界限。就此，法院為衡平程序參與者之不同利益衝突，應於審理時告知程序參與者，以補充「社會基本事實同一」之標準過於抽象所致之不足。卷查，原審於審判期日已由審判長先對被告告知其犯罪之嫌疑及所犯刑法第 337 條侵占罪、同法第 349 條第 1 項之收受贓物等罪名，有該日之審判筆錄可稽。是原審於審判程序已就審判之罪名、範圍予以特定，並對於當事人訴訟權上所進行之攻擊防禦予以充分保障，即無突襲性裁判之違法。

（二）按我國刑事訴訟之審判，採彈劾主義，犯罪事實須經起訴，始得予以審判，但因起訴之方式不採起訴狀一本主義及訴因主義，而採書面及卷證併送主義，起訴書須記載犯罪事實、證據並所犯法條，使法院以犯罪事實為審判之對象。審判之認定事實適用法律，由法官依職權進行之。故刑事訴訟法第 300 條規定有罪之判決得就起訴之犯罪事實變更檢察官所引應適用之法條，以期訴訟之便捷，但為兼顧被告之防禦權以求程序之公平，並符合彈劾主義不告不理之旨意，自須於公訴事實之同一性範圍內，依職權妥適認事用法。而該條所謂變更起訴法條，係指

在不擴張及減縮單一法益及同一被害客體之原訴之原則下，法院得就有罪判決，於不妨害基本社會事實之範圍內，得自由認定事實，變更檢察官所引應適用之法條而言。由於犯罪事實乃侵法益之行為，犯罪事實自屬侵害性之社會事實，亦即刑法加以定型化之構成要件事實，此所謂「同一性」，應以侵害性行為之內容是否雷同，犯罪構成要件是否具有共通性（即共同概念）為準，若二罪名之構成要件具有相當程度之合而無罪質之差異時，即可謂具有同一性。故是否屬同一事實，應以具有侵害性之基本社會事實是否同一為標準。若就同為侵害財產法益之犯罪而言，如其基本社會事實均為以和平手段取得他人之財物，侵害他人之財產法益，不論係直接自被害人取得或間接由他人或被害人交付而受領，經法院依其調查證據審理結果，認被告侵害單一法益之同一被害客體，縱被告犯罪手段有異於起訴書所認定者，仍得變更起訴法條之罪名為其所認定之罪名，以達訴訟經濟。

　　查侵占離本人持有之遺失物罪之行為人，對該物並未先具有委任管理等持有之關係，此與其他需先持有他人之物類型之侵占罪不同，而收受贓物罪之犯罪態樣，既亦係以受領而取得他人非因己意離本人持有之物，其二者俱以不法手段占有領得財物，其客觀構成要件之主要事實部分符合且雷同，二罪復同以他人之財物為客體，並同為侵害財產法益之犯罪，罪質尚無差異，應認為具有基本社會事實之同一性。從而，原判決依憑調查證據之結果並綜合卷內證據資料，於理由敘明檢察官雖以被告係犯刑法第 337 條之侵占遺失物罪起訴，惟因被告取得該手機使用之基本社會事實相同，乃予變更起訴法條而為審理之旨。經核原判決將起訴書所引刑法第 337 條侵占遺失物法條，變更為同法修正前第 349 條第 1 項論以被告收受贓物罪，依上說明，應屬其職權之適法行使，尚難謂有檢察官上訴意旨所指摘適用法則不當及未受請求事項予以判決之違法。

（四）變更起訴法條之意義

1. 概念

在同一性案件範圍內，如果檢察官與法官所認定的法律評價有出入，將產生變更起訴法條的適用，例如檢察官對同一犯罪事實起訴搶奪，法官認為是強盜，或者檢察官起訴強制猥褻，法官認為是利用權勢強制性交。

2. 何為變更起訴法條

(1)「罪名變更說」（實務）

變更法條僅是罪名的變更，與款項無關，如是概括性之規定，對一切犯罪皆有其適用，自屬刑法總則性質之加重，即與犯罪構成要件無涉，當非屬法條罪名之變更[57]，例如共犯變成正犯非法條變更，僅係犯罪形態與得否減刑有所差異，其適用之基本法條及所犯罪名並無不同，僅行為態樣有正犯、從犯之分，毋庸引用變更起訴法條之規定[58]、既遂與未遂間之變更亦非法條變更[59]。

(2)「罪名款項變更說」（學說）

除罪名變更（例如公然侮辱罪變成誹謗罪、與幼年人性交罪變更為加重強制性交罪、重傷罪變更為殺人未遂罪）外，亦包含法條款項不同時亦為變更法條，例如故意與過失、作為與不作為、正犯與共犯、既遂與未遂之變更皆屬之。

有學說強調，如果將重罪變更成輕罪（例如強盜罪變更為妨害行動自由罪），因為輕罪的構成要件、事實與證據已經被重罪所涵蓋，此時對於被告的訴訟防禦權無影響，且不影響被告一事不再理之權，反面來說，輕

---

[57] 最高法院 107 年度台上字第 1569 號刑事判決。

[58] 最高法院 104 年度台上字第 452 號刑事判決、最高法院 108 年度台上字第 3676 號刑事判決：刑事訴訟法第 300 條所謂變更法條，係指罪名之變更而言。共同正犯與幫助犯，僅係犯罪型態與得否減刑有所差異，適用之基本法條及所犯罪名並無不同，其行為態樣固有共同正犯、單獨犯之分，然尚無變更檢察官起訴法條之必要。

[59] 最高法院 103 年度台上字第 4516 號刑事判決。

罪變重罪時，因為輕罪無法包含重罪，即便法院有為§95I 的告知義務，也無法取代起訴書所記載的犯罪事實與證據，將會侵害被告的防禦權[60]。但有學者認為即使是由重罪改成輕罪，亦不能免除法院的告知義務及變更程序，因為必須保障被告辯明其也未涉犯輕罪的防禦機會[61]。本文以為，訴訟程序是一個浮動的過程，每次程序皆須保障被告的防禦權，有時被告於後續看到某些證據才想起「當初記憶錯誤」，此時可能會大大改變訴訟的方向。舉例而言，檢察官起訴被告準強盜罪，被告告知辯護人想要認罪請求緩刑，辯護人認為以被告的想法不可能實現，如果在強制力的程度上辯護是有機會說服法院變更起訴法條為竊盜罪，後來辯護人詢問被告卷內的毒咖啡包是否就將其列無關聯性證據，此時被告才想起行為時是因為行為前喝毒咖啡喝到神智不清，方產生被害幻想症而認為有壞人在追殺，故而想要借車逃跑，惟此段事實並未列於起訴書，辯護人便將同時遭附帶搜索被告後所扣押之毒咖啡包的證物清單列為有關連性之證據，而作無罪辯護[62]。

（五）事實基礎的變更

　　事實基礎的變更是指起訴法條、罪名沒有變更下，事實基礎產生變化，但不影響整體犯罪事實涵攝的罪名之認定，例如 A 被檢察官起訴於凌晨 3 點半去重傷在雲林地院前池塘看烏龜的阿伯，但法院認為 A 是於假日艷陽高照的中午重傷阿伯，不論是何時，A 仍然有重傷阿伯的犯罪事實。

　　學說認為倘若對被告的防禦權產生重大影響（例如對檢察官起訴的時間點 A 會抗辯，我凌晨 1 點還在喝高粱酒，喝了兩瓶，我 3 點半根本是在睡覺或者根本喝到我不知道在幹嘛，如果是法院認定的事實，A 抗辯自己去接孫子下課），如果沒有告知事實變更，可能產生突襲性裁判，故應

---

[60] 王兆鵬、張明偉、李榮耕，刑事訴訟法（下），2012 年 9 月，頁 476。
[61] 林鈺雄，刑事訴訟法（下），2022 年 9 月，頁 315。
[62] 此過程不僅涉及起訴法條的變更，亦涉及犯罪事實的變更。

該與法律評價的變更相同處理，諸如要給予被告充分辯明機會、聲請調查證據等，未來修法應於 §300 增加事實基礎的變更[63]。

（六）變更起訴法條的程序

1. 將罪名之變更告知被告

§95I 規定「訊問被告應先告知下列事項：一、犯罪嫌疑及所犯所有罪名。罪名經告知後，認為應變更者，應再告知」。

該告知必須明確的讓被告與辯護人知道新的罪名且使其可在適用新的法條下為充分防禦，不單只是告知簡單的罪名或條號。不過不須告知量刑事由（刑法 §57）、沒收（犯罪所得之物）。而實務[64]認為條文僅稱「罪名」，不含罪數，若未告知罪數變更，應屬無害瑕疵。例如一審法院認為 A 是業務侵占罪的接續犯，論一罪，二審法院認為時間並非密接，論八罪，二審法院雖未告知罪數變更，仍屬無害瑕疵，不得上訴第三審。

2. 給予被告充分辯明的機會

§96 規定「訊問被告，應與以辯明犯罪嫌疑之機會；如有辯明，應命就其始末連續陳述；其陳述有利之事實者，應命其指出證明之方法」、§288-2「法院應予當事人、代理人、辯護人或輔佐人，以辯論證據證明力之適當機會」、§289 規定「I 調查證據完畢後，應命依下列次序就事實及法律分別辯論之：一、檢察官。二、被告。三、辯護人。II 前項辯論後，應命依同一次序，就科刑範圍辯論之。於科刑辯論前，並應予到場之告訴人、被害人或其家屬或其他依法得陳述意見之人就科刑範圍表示意見之機會」、§290「審判長於宣示辯論終結前，最後應詢問被告有無陳述」。

---

[63] 林鈺雄，刑事訴訟法（下），2022 年 9 月，頁 315-317。

[64] 陳文貴，罪數變更與上訴第三審之理由，月旦法學教室第 258 期，2024 年 4 月，頁 29。110 年度台非徵字第 230 號徵詢書。

3. 判決書引用 §300

　　是否於判決書內引用 §300，僅與判決書寫格式有關，不會因此對被告的防禦權有所影響。

4. 未為變更起訴法條程序而為審判的效果

(1) 學說：剝奪被告辯明的機會，屬於調查程序的一環，屬於 §379(10)、(11)「有左列情形之一者，其判決當然違背法令：十、依本法應於審判期日調查之證據而未予調查者（§155）。十一、未與被告以最後陳述之機會者（§290）」，得上訴第三審。

(2) 實務：依照 §380，須顯然於判決有影響時方可上訴第三審 [65]。

第五節　單一性與同一性之重新建構 ── 本書見解

　　實務上的單一性與同一性運作，常常產生前後矛盾的狀況，而使初學習者常常混淆誤認，不是因為資質太差，不能理解是非常正常。

壹、對於實務運作的質疑

一、實務認為「實體法上一罪＝訴訟法上一訴訟客體」並不適當

　　就單一案件的實質射程範圍，引入裁判上一罪的問題，並不適當。例如接續犯，數個舉動間因有時空上的密接關係，故只論一個行為一罪，甲一天內分 10 次偷運屬於乙的 10 包米回家。檢察官只對其中 5 次起訴，法

---

[65] 最高法院 109 年度台上字第 5859 號刑事判決。

院的確定判決亦只有該 5 次。被害人乙就另 5 次提出告訴，因為甲的行為被認定為一罪，故法院的判決應及於未起訴的另外 5 次，故檢察官對於乙後來的告訴應為不起訴處分；若經起訴，法院應為免訴判決。

二、實務認為「有罪＋有罪＝不可分」乃顛覆控訴原則

實務主張之單一案件不可分的前提是起訴部分與未起訴的部分皆需法院判有罪，此種主張根本顛倒了控訴原則，控訴原則是指不告不理、無訴即無裁判，法院審判的範圍應以檢察官起訴的範圍為依歸，故應「先」有檢察官起訴的範圍，「後」方有法院審判的範圍，但實務認為「有罪＋有罪＝不可分」，卻是以法官審判有罪的結果，回推審判不可分，又再回推起訴不可分，就變成「不理不告」了。

三、區分單一性與同一性沒有實益

實務認為單一性是決定案件的範圍或大小，同一性決定前後兩訴是否相同，但是決定是否為同一案件時，本來就需要一起考慮前後同一案件的範圍與大小是否相等，而又必須再考慮單一性。所以根本不需要存在單一性的概念，故只要將同一性的概念重新建構完善即可。

貳、同一性的重新建構

一、同一性的重新建構下應遵守的事項

（一）符合控訴原則

依不告不理原則下，法官僅能居於被動的地位審理檢察官起訴的案件範圍（被告＋犯罪事實），但法院可以在檢察官所起訴的範圍內自為法律評價，在相同的犯罪事實中，檢察官認為應依未成年人性交罪論處，法官則認為應以加重強制性交罪論處，故而法官可以變更起訴法條。

（二）一事不再理原則

某人的特定犯罪事實只受國家一次性的追訴與處罰，亦即重複起訴禁止與重複處罰禁止。

二、犯罪事實同一性的標準

（一）自然的歷史進程說[66]

犯罪事實是指一個現實真的發生的事實，而非法律上擬制的罪數。訴訟法上的犯罪事實，須依自然觀察的一個具體的生活事件，而該事件可以與其他類似的歷程相區別，亦即藉由行為的時間、地點、客體與侵害目的、保護法益綜合觀察下，視其否有密切的事理聯結，如果有密切的事理聯結時，即為相同的事實，如無則非相同事實而可相區別。

本書認為該概念與民事訴訟法上於訴訟標的是否特定時所採之識別說相同。亦即應在起訴書狀所載的犯罪事實必須詳盡到人（行為人）、事（犯罪行為事實）、時、地、物（行為客體），藉此與其他犯罪事實相區別。

（二）本書見解

過去實務採取基本社會事實同一說下或許與上開學說有區別實益，然而現今實務於同一性的判斷上採取「侵害性目的與侵害性行為同一說」、「侵害性行為之內容是否雷同，犯罪構成要件是否具有共通性下」，此與自然的歷史進程說相同，皆會得出相同的結論[67]。

不過，本書認為在某些案件中兩者見解仍會得出不同的結論，尤其是涉及一個行為持續下的過程中可能夾帶其他犯罪行為的情形，尤為明顯，

---

[66] 林鈺雄，刑法與刑訴之交錯適用，2008 年 8 月，頁 168-169。

[67] 張麗卿，刑法修正與案件同一性 —— 兼論最高法院九十年度台非字第一六八號判決，月旦法學雜誌，第 134 期，2006 年 7 月，228-231。

例如 A 開車把 B 撞成重傷後逃走，實務上通常會得出過失重傷罪與肇事逃逸罪的數罪併罰，故非法律上同一，又過失重傷與肇事逃逸依照實務對於同一性的判斷，如採訴之目的與侵害性行為同一說，過失重傷與肇事逃逸的目的與侵害性行為根本不能說是一樣，一個是撞傷人，一個是不救助人，故而如檢察官僅對過失重傷罪的犯罪事實起訴，而 A 也被判有罪之後，如 B 又提肇事逃逸罪的告訴，該告訴合法，因兩訴不具有同一性，不違反重複起訴禁止。如採取自然的歷史進程說，依據人、事、時、地、物判斷是否可與其他相似事實相區別即可，如有密切的事理聯結，即為同一案件，故禁止重複起訴。

　　總而言之，本書認為單一性根本無存在必要，只要有同一性存在，再輔以犯罪事實的詳盡描述而可與其他事實相區別時，此時單一性＝同一性，都是用同一個詳盡描繪的犯罪事實作為判斷，故僅須判斷同一性即可，故將「自然的歷史進程說」稱為「詳盡事實、密切關聯識別說」。故而三者的射程範圍必定要等同，而可使程序上對於案件的判斷標準一以貫之。

第六節　公訴的追加與撤回

壹、公訴的追加

　　§265 規定「I 於第一審辯論終結前，得就與本案相牽連之犯罪或本罪之誣告罪，追加起訴。II 追加起訴，得於審判期日以言詞為之」。

一、公訴追加的功能

　　起訴之範圍擴展至單一案件以外的案件。因起訴時即應特定訴追的範圍，如果任意追加可能會侵害被告的訴訟防禦權，不過基於訴訟經濟下，

仍規定 §265，故而追加起訴之目的，乃為訴訟經濟，至於是否相牽連之案件，應從「起訴」形式上觀察，非以「審理結果」為斷[68]。

二、得追加的案件與追加時點

「得」追加的案件，而非「應」追加的案件，故而檢察官是否追加起訴，非法院可以干涉[69]。所謂得追加案件有：1. 本案的相牽連案件（§7I）。2. 本案的誣告罪（§265I）：例如甲告訴乙殺人，乙主張甲誣告。檢察官此時可將誣告的案件加入。公訴追加的時點須於第一審辯論終結前。

三、公訴的追加與併案的區別

	公訴的追加	併案
案件	數案[70]	單一案件
法條	§265	§267

---

[68] 最高法院 108 年度台上字第 3827 號刑事判決。

[69] 最高法院 108 年度台上字第 2645 號刑事判決：一人犯數罪之相牽連案件，刑事訴訟法並無必應由同一法院合併審判之規定，檢察官是否合併起訴，或於第一審辯論終結前追加起訴，屬檢察官職權，非法院所得置喙，不生訴訟程序違法，或違反客觀性義務問題。無論檢察官係各別起訴或追加起訴，法院均應依法審判、妥適量刑，尚不得執此認為違法。上訴人認本案檢察官未循追加起訴之程序處理，致上訴人於同一時期之行為被拆分為二案，無法達到合併審理等對上訴人最有利之判決，有失公平云云，自非上訴第三審之合法理由。

[70] 最高法院 108 年度台上字第 2807 號刑事判決：刑事訴訟法第 265 條所謂得於第一審辯論終結前追加起訴之相牽連案件，係指同法第 7 條所指之相牽連案件，且必為可以獨立之新訴（即數罪併罰案件）；是追加之新訴，與原訴係各別之二案件，僅為訴之合併，應分別審判。

故而併案僅須通知法院併案審判，因為併案主要是要提醒法院要審理全部犯罪事實，故而公函併辦，屬於行政公文的函請併辦，不會有訴的存在 [71]。

貳、公訴的撤回

§269 規定「I 檢察官於第一審辯論終結前，發見有應不起訴或以不起訴為適當之情形者，得撤回起訴。II 撤回起訴，應提出撤回書敘述理由」。

公訴的撤回主體為檢察官，基於檢察一體之原因不需由原檢察官撤回。其撤回方式必以書狀撤回，不可以言詞為之。撤回之時點須於第一審辯論終結前。學者認為因為已經為言詞辯論，不僅法官已經形成有罪、無罪的心證，被告也花費了時間、勞力，為了保障被告，檢察官撤回公訴應該經過被告的同意 [72]。

撤回的事由：1. 應不起訴的事由發生（絕對不起訴處分）：§252。2. 得不起訴（相對不起訴處分）：§253、§254。

撤回起訴的效力與不起訴處分效力同，§270「撤回起訴與不起訴處分有同一之效力，以其撤回書視為不起訴處分書，準用第二百五十五條至第二百六十條之規定」。撤回書應送達之對象為告發人、告訴人、被告、辯護人。聲請再議者僅告訴人得為之。撤回公訴確定，如同不起訴處分的實質確定力，非有 §260 事由不得再起訴。撤回公訴與撤回告訴不同，檢察官撤回公訴，訴訟關係即消滅，法官不用為裁判。告訴人撤回告訴，法官須為不受理判決（§303(3)）。

---

[71] 最高法院 109 年度台上字第 85 號刑事判決：案件起訴後，檢察官就認有裁判上一罪關係之他部分事實，函請併辦，此項公函非屬訴訟上之請求，目的僅在促使法院注意，法院如果併同審判，固係審判不可分法則之適用所使然，如認不成立犯罪或無裁判上一罪關係，亦無已受請求之事項未予判決之違法可言。從而原判決依其取捨證據之職權，認前述移送併辦部分非本件起訴效力所及，並無審判不可分之關係，而予退回，難謂有已受請求之事項未予判決之違法情形。

[72] 黃朝義，刑事訴訟法，2013 年 9 月，頁 379。

第二章 自訴

第一節 自訴的概念

除了檢察官實施偵查、提起公訴、實施公訴外，我國刑事訴訟法兼採被害人追訴制度，亦允許私人，即犯罪的直接被害人或與其他特定身分關係之人也可提起自訴。

【告訴與自訴的區別】

	告訴	自訴
主體	被害人為主	
資格	告訴權人資格較寬（§232～§236）。	自訴權人資格較狹隘（§319I）。
地位	非當事人。	為當事人。
提出方式	言詞或書狀，向偵查機關提出。	書狀，向管轄法院提出。
檢察官指定代行告訴人	有。	無。
律師強制代理	無，僅得委任代理人（§236-1I）。	有。
程序的開啟	告訴是開啟偵查的原因。	自訴是開啟審判的原因。
對象的範圍	告訴主觀不可分（§239）。	自訴主觀可分：自訴依§343準用§266→自訴之效力，不及於自訴人所指被告以外之人。
不服之救濟	聲請再議（§256）請求檢察官上訴（§344II）聲請法院准許提起自訴（§258-1）。	上訴。

【程序進行】

第二節　自訴權人

§319 規定「I 犯罪之被害人得提起自訴。但無行為能力或限制行為能力或死亡者，得由其法定代理人、直系血親或配偶為之」。

壹、犯罪被害人

一、須為直接受害人

犯罪被害人須為直接被害人[1]，包含告訴乃論與非告訴乃論之被害人，不應以告訴乃論與非告訴乃論之罪來判斷是否可提起自訴，應以是否為犯罪的直接被害人判斷。至於如何判斷「直接」請一同參考「告訴」章節有關直接被害人之定義。實務見解認為得提起自訴程序之被害人，是指加害行為與被害法益有直接因果關係[2]。學者見解認為實務自訴的被害人應以「權利領域直接受系爭犯罪」侵害為標準，不限於犯罪之保護法益的持有人[3]。

例如，持有偽造有價證券（本票或支票）之善意執票人，是否為偽造有價證券之直接被害人，而得向偽造有價證券之行為人提起自訴？民國 109 年 8 月最高法院[4]經由諮詢程序統一見解，其認為犯罪之被害人，以因犯罪而直接被害之人為限，而所謂直接被害人是指因他人之犯罪而直接受其侵害者。若國家或社會法益同時被害之個人，仍不失為因犯罪而直接被害之人。有價證券之本質，在得自由轉讓流通，且其實行券面所載之權利與其占有證券有不可分離之關係，申言之，執有有價證券者，始得主張券面所載之權利，若不占有證券即不得主張權利。執有之支票因偽造而不能兌現，破壞社會交易之信用，有害社會法益，但同時侵害執票人之權

---

[1]　臺灣高等法院 107 年度上易字第 264 號刑事判決。
[2]　林俊益，刑事訴訟法概論（下），2016 年 2 月，頁 167。
[3]　薛智仁，自訴程序之被害人概念，月旦法學教室，第 162 期，2016 年 3 月，頁 29。
[4]　最高法院 109 年度台上字第 1590 號刑事判決。

利，故而個人法益仍受有損害。因而善意取得該支票之人是直接被害人而得對該偽造支票之行為人提起自訴。

被害「人」是否包含非法人團體？所謂被害人，通說認為係以具有法律上人格之自然人或法人為限。非法人團體既非自然人，亦非有行為能力之法人，而刑事訴訟法復無如民事訴訟法§40III「非法人之團體，設有代表人或管理人者，有當事人能力」之規定，是非法人團體縱設有代表人或管理人，亦不得提起自訴[5]。

自訴人為法人時，由代表人以法人名義起訴，而自訴狀內應該並列法人與代表人的姓名，此時若欠缺代表人姓名，法院應依§343準用§273VI規定命其補正，如僅以代表人名義自訴而欠缺法人名義之記載，因代表人本身欠缺當事人能力，不得改依法人名義自訴，法院不用命補正，直接依§334準用§303(1)為不受理判決[6]。

二、直接被害人的認定方式

（一）直接被害人應如何認定

1. 主觀陳述說（學說[7]）

是否為被害人，依自訴人的主觀陳述為準，亦即假設被害人說的是真的前提下，而認定是否為直接受害人。過去實務[8]見解曾採此說。

---

[5] 最高法院104年度台上字第548號刑事判決。

[6] 林俊益，刑事訴訟法概論（下），2016年2月，頁169-170。

[7] 林鈺雄，刑事訴訟法（下），2022年9月，頁228。

[8] 最高法院80年度第3次刑事庭會議：刑事第九庭提案：甲提起自訴，謂其所有之建築物，被乙強行拆毀。但經法院調查結果，甲對該建築物並無所有權或管領權。應如何判決？討論意見：

甲說：刑事訴訟法第三百十九條所稱之被害人，祇須自訴人所訴被告犯罪事實，在實體法上足認其為被害之人為已足，至該自訴人實際曾否被害及被告有無加害行為，並非自訴成立之要件（本院四十六年台上字第一三○五號判例參照）。甲自訴其建築物，因乙之犯罪行為而受有侵害，其自訴即已成立。雖其係與該建築物全然無關之人，法院仍應為實體上之審判，認被告不成立犯罪，諭知無罪，不得逕予諭知不受理。

2. 客觀事實說（實務[9]）

依自訴人所訴被告犯罪之事實，足認其法益因被告之犯罪而直接受侵害為已足，亦即在實體法上足認其為被害之人已足，至於該自訴人實際曾否被害及被告有無加害行為，並非自訴成立之要件[10]。

（二）若提起自訴之人客觀上並非直接被害人，則法院應如何處理

1. 主觀陳述說：依實體法上判斷後並非直接被害人、被告無加害行為等，應諭知無罪判決。

2. 客觀事實說（實務[11]）：§334 作不受理判決。

乙說：按「犯罪之被害人得提起自訴。」刑事訴訟法第三百十九條第一項前段定有明文。故必須係因犯罪而被害之人，始得提起自訴；非因犯罪而被害之人，不得提起自訴，乃當然之解釋。該條項所稱犯罪之被害人，以因犯罪而直接被害之人為限，於財產法益被侵害時，必須其財產之所有權人，或對於該財產有事實上管領力之人，因他人之犯罪行為，而其管領權受有侵害時，始能認為直接被害之人（本院六十八年台上字第二一四號判例，三十二年非字第六八號判例參照）。甲自訴其建築物，被乙強行拆毀，法院既已查明甲並非該建築物之所有權人，亦非有管領權之人，應認其並非因犯罪而直接被害之人，逕予諭知不受理之判決。本院四十六年台上字第一三○五號判例不再援用。以何說為當，敬請公決決議：採乙說。

9　最高法院 90 年度台上字第 3274 號刑事判決：刑事訴訟法第 319 條第 1 項前段定有明文。該條項所稱犯罪之被害人，以因犯罪而直接被害之人為限，於財產法益被侵害時，必須其財產之所有權人，或對於該財產有事實上管領力之人，因他人之犯罪行為，而其管領權受有侵害時，始能認為直接被害之人（本院 68 年台上字第 214 號判例 32 年非字第 68 號判例參照）。甲自訴其建築物，被乙強行拆毀，法院既已查明甲並非該建築物之所有權人，亦非有管領權之人，應認其並非因犯罪而直接被害之人，逕予諭知不受理之判決（本院 80 年度第 3 次刑事庭會議決議）。臺灣高等法院 106 年度上訴字第 2992 號刑事判決。

10　最高法院 84 年度台上字第 1119 號刑事判決、臺灣高等法院 106 年度上易字第 1466 號刑事判決、最高法院 106 年度台上字第 3028 號刑事判決：本院已變更前揭 3 則判例所持形式審查之見解，而改採實質審查說，亦即必須實質審查自訴人是否確為其所自訴犯之被害人，始得認為其自訴是否合法；不能僅憑自訴狀形式上之記載，據以判斷其是否為自訴犯罪之被害人。

11　最高法院 106 年度台上字第 3028 號刑事判決。最高法院 111 年度台上字第 640 號刑事判決：直接被害人，指其法益因他人之犯罪而直接受侵害者而言；亦即從所訴事實形式上觀察，如果屬實，在實體法上足認其為直接遭受損害之人而言。若依自訴人所訴之事實，經法院查明，認其並非因犯罪而直接被害之人，即應諭知不受理之判決。又刑法第 125 條第 1 項第 3 款前段之罪，係侵害國家審判權，乃侵害國家法益之犯罪，縱然裁判

3. 評析：實務的見解，將自訴是否合法、被告是否有罪兩個層次混淆。換言之，只要符合提出自訴的程式，自訴即為合法，而之後由法院實質認定該人是否為直接被害人，如非直接被害人，應對被告為無罪判決[12]。

貳、被害人之法定代理人、直系血親、配偶

一、前提

被害人死亡（不含死亡宣告）、無行為能力或限制行為能力，被害人之法定代理人、直系血親、配偶有自訴權，如被害人不符合該前提，被害人之法定代理人、直系血親、配偶提出自訴，法院應依 §334 為不受理判決。

二、法定代理人、配偶、血親的自訴權之性質

因為自訴無如告訴般規定不得與被害人明示之意思相反（§233II但），故得與被害人明示之意思相反，屬於獨立自訴權。

被收養子女之本生父母可否提起自訴

條文僅規定法定代理人，然而本生父母使未成年子女讓他人收養，收養後因事故而養子女死亡，本生父母可否提起自訴？實務[13]認為依照釋字第 28 號解釋，雖然屬於擬制血親，但本生父母的自然血親仍存在，故仍可以提自訴。

結果於個人權益不無影響，但該罪既為維護司法權之正當行使而設，是其直接受害者終究為國家，並非個人。個人既非因犯罪而同時直接被害，即不得提起自訴。
[12] 林鈺雄，刑事訴訟法（下），2022 年 9 月，頁 229。
[13] 司法院（73）廳刑一字第 603 號。

三、無行為能力或限制行為能力人是否可自行提出自訴

（一）實務[14]（否定說）

無行為能力或限制行為人能力者不可提自訴。

（二）學說[15]（肯定說）

是否可提出自訴非以民法上的有無行為能力為斷，重點在於提出自訴之人有無理解自訴意涵的能力，如可以理解則得以被害人地位自己提起自訴，不須經由法定代理人、直系血親、配偶提起。§319但書之規定，應為補充性質，而非在限制被害人之自訴。

> ## 最高法院107年度台上字第3921號刑事判決【受輔助宣告之人如何進行訴訟行為】
>
> 刑事訴訟程序之目的，在於依法確定刑罰權存在與否及其範圍。而訴訟行為，係指構成訴訟之行為，並藉以產生某種訴訟法上效果之行為，具體以言，依行為者之屬性，可分為法官的訴訟行為、當事人的訴訟行為（例如：聲請、主張、立證、詢問、詰問、陳述等）其他訴訟關係人的訴訟行為。至關於自然人的訴訟能力，則係植基於實體法上之行為能力，以有完全意思能力為前提，始能獨立以法律行為行使權利、負擔義務，倘因精神障礙或其他心智缺陷，致其意思表示或受意思表示，或辨識其意思表示效果之能力，顯有不足，已經法院宣告為受輔助宣告之人，則其為訴訟行為時，應經輔助人「同意」，否則無效（或有學者謂效力未定，即可事後同意〈追認〉，溯及行為時發生效力），此觀諸民法第15條之1第1項、第15條之2第1項第3款、第2項、第78條、民事訴訟法第50條之規定自明，而此所稱「訴訟行為」依其文義言，當然包括民事、刑事及行政程序法上之訴訟行為。然有原則，必有

---

[14] 最高法院65年度第5次刑事庭會議決議。
[15] 林鈺雄，刑事訴訟法（下），2013年9月，頁152。

例外，97 年 5 月民法創設輔助宣告制度後，翌（98）年 7 月 8 日民事訴訟法即增訂第 45 條之 1，其第 2 項明定「受輔助宣告之人就他造之起訴或上訴為訴訟行為時，無須輔助人同意」。其立法理由四謂「為保障他造訴訟權利，參照日本民事訴訟法第 32 條第 1 項規定，受輔助宣告之人被訴或被上訴而為訴訟行為時，不須輔助人同意，爰設本條第 2 項規定，至受輔助宣告之人就他造所為相當於起訴、上訴之聲請、抗告而為訴訟行為時，亦不須經輔助人同意，自為當然之理」之旨，即謂受輔助宣告之人為被告或被上訴人，而被動地為訴訟行為時，無須經輔助人同意，也就是說在此限度內，對受輔助宣告之人之保障，當有所退縮。

　　而此於刑事訴訟程序的實踐上，被告於審理期間，受輔助之宣告，因未達心神喪失之程度，自無依刑事訴訟法第 294 條第 1 項停止審判之餘地，乃係透過刑事訴訟法第 31 條強制辯護、同法第 35 條輔佐人制度之設計，保障其訴訟防禦權，職是，本諸前揭相同法理，受輔助宣告之人，自仍應以被告身分繼續接受審判、到場參與法庭活動，而其間所為訴訟行為，則無須經輔人同意，以利訴訟程序之進行；至於其他諸如再審之聲請、撤回上訴、撤回抗告等訴訟（法律）行為，關涉另訴訟程序之啟閉，當回歸原則，須經輔助人之同意，始生效力，以符法制。

第三節　自訴的提起與律師強制代理

壹、律師強制代理

　　民國 92 年修法自訴採律師強制代理制度，提出自訴須委任訴訟代理人為之，且必須由律師任之（§37、§319II），以避免濫用自訴制度及紓減案源。立法理由指出，若無相當法律知識的被害人自行提出自訴，無法為適當陳述時，自訴不易進行，故立於平等原則及保障人權下，提出自

訴應由律師為代理人。若無委任律師為代理人時,法院應為不受理判決
(§329II)。

如果自訴未委任律師為代理人時,法院得命其補正,但若自訴人提起
自訴或上訴不合法時,法院得不命其補正委任律師為代理人[16],例如 A 認
為自己是犯罪的直接被害人,但法官認為 A 非直接被害人,此時 A 不可
以提自訴,提起的自訴不合法,而為不受理判決,此時得不用再命補正律
師為代理人。又自訴人具有律師資格時,無須再委任律師為代理人[17]。

貳、上訴審與律師強制代理

一、上訴二審

(一)自訴人上訴

自訴人上訴第二審必須委任律師為代理人(§364 準用 §319II、
§329I),若無委任律師為代理人,二審應將原判決撤銷,改諭知自訴不
受理(§364 準用 §329II)[18]。

(二)被告上訴時,自訴人無上訴時,自訴人是否應委任律師為代理人

1.肯定說[19]

自訴案件,被告不服第一審判決,提起第二審上訴,自訴人並未上
訴,但第二審為事實審,仍需由自訴代理人為訴訟行為。或有認為此時有

---

[16] 最高法院 94 年度第 6、7 次刑事庭會議決議。

[17] 最高法院 94 年度第 6、7 次刑事庭會議決議。

[18] 最高法院 94 年度第 6、7 次刑事庭會議決議、最高法院 94 年度台非字第 47 號刑事判
決、最高法院 96 年度台上字第 5370 號刑事判決、最高法院 96 年度台上字第 7062 號刑
事判決。

[19] 最高法院 94 年度第 6、7 次刑事庭會議決議。林俊益,自訴案件之上訴與進行,月旦法
學教室,第 35 期,2005 年 9 月,頁 23。

強迫自訴人選任律師為代理人之嫌,但自訴人既選擇自訴程序,即有忍受義務。若未委任時之法律效果為法官應撤銷原判決,改判不受理判決[20]。

2. 否定說[21]

(1) 被告上訴利益觀點下,縱使自訴人未委任律師代理人,但被告上訴是為了要獲得減輕或無罪的判決,如果上訴符合法律上的程序,法院應為實體裁判。若主張自訴人未委任律師代理人時,第二審法院應諭知不受理判決,但不受理判決並沒有實質確定力,故而自訴人可一再提起自訴,對被告保障不周到。

(2) 以上訴權獨立行使的觀點,因被告上訴與自訴人上訴的要件不同,上訴權係應各自獨立行使,自訴人縱未委任自訴代理人也不影響被告的上訴。

(3) 以自訴人負擔過大的觀點,倘若只有被告上訴,自訴人沒有上訴,即無理由要求自訴人要負擔委任律師代理人之律師費用。

(4) 若採肯定說,一審是對被告為有罪判決時,被告可能對自訴人施壓,使自訴人在二審不委任律師為代理人,而取得上訴審的不受理判決。

二、上訴三審

(一)自訴人上訴

　　自訴人上訴時應委任律師為代理人(§387 準用 §319II、§329I),除所提的第三審上訴不合法,得不命補正委任律師為代理人外,應準用自訴須委任律師為代理人的規定。

---

[20] 最高法院 106 年度台上字第 3347 號刑事判決。
[21] 陳運財,自訴強制律師代理制度於上訴審之準用問題,月旦法學教室,第 53 期,2007 年 3 月,頁 20-21。

　　若自訴人未委任律師時，實務[22]認為，提起自訴，應委任律師為之，自訴人未委任代理人者，法院應定期間以裁定命其委任代理人，逾期仍不委任者，應諭知不受理之判決，§319II、§329I分別定有明文。又因為§387規定第三審之裁判，準用第一審審判之規定，故除了所提的第三審上訴不合法，得不命補正委任律師為代理人外，應準用自訴須委任律師為代理人的規定，亦即第三審法院應以§387準用§329II定期命補正，若不補正則以§395判決駁回上訴。

（二）被告上訴

　　實務認為，若原審法院諭知被告有罪，被告提起上訴，雖然自訴人認已達追訴之目的而未提起上訴，且自訴人也無濫訴之情形[23]，但因§387準用§319II、§329I，故仍應認為自訴人須委任律師為代理人。

三、自訴代理人未受特別委任不得將自訴撤回、捨棄上訴、撤回上訴

　　因與訴訟關係的發生、消滅等訴訟權的重大事項，應由自訴人決定，故§325I的撤回自訴、§326I規定應曉諭撤回自訴均應由自訴人或對自訴人為之。而自訴代理人存在的意義在於到庭為訴訟行為，實施攻防、提出證據及陳述法律意見，提高訴訟品質，故不可取代自訴人而決定訴訟上最重大的事項。不過自訴代理人如果有受到自訴人的特別委任，可代自訴人撤回上訴、自訴之撤回、捨棄上訴[24]。

---

[22] 最高法院107年度台上字第4357號刑事判決、最高法院109年度台上字第80號刑事判決。
[23] 最高法院100年度台上字第1729號刑事判決。
[24] 最高法院94年度第6、7次刑事庭會議決議。

第四節　自訴的限制

　　原則上對案件「類型」無限制。自訴之限制在於人的身分或程序問題。

壹、被害人與被告間有特定親屬關係（§321）

　　§321 規定「對於直系尊親屬或配偶，不得提起自訴。但依第二百五十八條之三第二項後段裁定而提起自訴者，不在此限」，有釋憲案基於防止影響家庭和諧，而對本條作出合憲性的解釋。如有本條限制之情形，而自訴時法院應諭知不受理判決（§334）。

釋字第 569 號解釋文

　　憲法第十六條明定人民有訴訟之權，旨在確保人民權益遭受不法侵害時，有權訴請司法機關予以救濟。惟訴訟權如何行使，應由法律規定；法律於符合憲法第二十三條意旨之範圍內，對於人民訴訟權之實施自得為合理之限制。刑事訴訟法第三百二十一條規定，對於配偶不得提起自訴，係為防止配偶間因自訴而對簿公堂，致影響夫妻和睦及家庭和諧，乃為維護人倫關係所為之合理限制，尚未逾越立法機關自由形成之範圍；且人民依刑事訴訟法相關規定，並非不得對其配偶提出告訴，其憲法所保障之訴訟權並未受到侵害，與憲法第十六條及第二十三條之意旨尚無牴觸。

　　刑事訴訟法第三百二十一條規定固限制人民對其配偶之自訴權，惟對於與其配偶共犯告訴乃論罪之人，並非不得依法提起自訴。本院院字第三六四號及院字第一八四四號解釋相關部分，使人民對於與其配偶共犯告訴乃論罪之人亦不得提起自訴，並非為維持家庭和諧及人倫關係所必要，有違憲法保障人民訴訟權之意旨，應予變更；最高法院二十九年上字第二三三三號判例前段及二十九年非字第十五號判例，對人民之自訴權增加法律所無之限制，應不再援用。

貳、已不得告訴或請求者（告訴乃論之罪）（§322）

　　§322 規定「告訴或請求乃論之罪，已不得為告訴或請求者，不得再行自訴」。已不得為告訴是指已經超過 6 個月期間的告訴乃論之罪（§237I）、已經撤回告訴或請求（§238II、§243II），如自訴時法院應諭知不受理判決（§334）。

參、已開始偵查（§323）

一、沿革

　　§323 原條文規定「檢方知有自訴時，應停止偵查，將案件移送法院。」（即「偵查終結」前提自訴者→自訴優先）。然許阿桂檢察官偵辦「華隆集團炒作股票案」時，該案的犯罪嫌疑人（同為股東）依原 §323 濫用自訴制度而提起自訴（提起自訴者應為犯罪直接被害人而非犯罪嫌疑人），逼迫許阿桂停止偵查，但許阿桂認為自訴不合法而拒絕停止偵查，致生爭議。而後公務員懲戒委員會認為「不論是否合法，都必須停止偵查」，認為許阿桂檢察官應停止偵查並將其移送公懲會記大過，但後來該見解被法院推翻（自訴優先反而破壞國家的刑事偵查權），故而於民國 89 年 2 月 9 日將 §323 修改採「公訴優先原則」，以杜爭議。因此，此條規定又被稱為「許阿桂條款」[25]。其修法理由：「為避免利用自訴程序干擾檢察官之偵查犯罪，或利用告訴，再改提自訴，以恫嚇被告，同一案件既經檢察官依法開始偵查，告訴人或被害人之權益當可獲保障」。

---

[25] 臺北法鑑 —— 皇華臺北，鑠法薪傳，重案紀要，頁 211。

二、開始偵查

開始偵查是指客觀上已經為告訴、告發、自首或其他情事知有犯罪嫌疑者等訴訟行為[26]，此即客觀說，而非從檢察官主觀認知認定[27]。於檢察官分案時，不論是他字案或偵字案，只要於檢察官分案時即屬之。也包含檢察官有訴訟行為，例如緊急逮捕、拘提等皆屬之，亦含司法警察（官）的偵查輔助行為。

三、開始偵查之後，不能提自訴，告訴乃論之罪仍為自訴優先

§323 規定「I 同一案件經檢察官依第二百二十八條規定開始偵查者，不得再行自訴。但告訴乃論之罪，經犯罪之直接被害人提起自訴者，或依第二百五十八條之三第二項後段裁定而提起自訴者，不在此限。II 於開始偵查後，檢察官知有自訴在先或前項但書之情形者，應即停止偵查，將案件移送法院。但遇有急迫情形，檢察官仍應為必要之處分」。故而修法僅是公訴優先的宣示，而 §323I 但書規定「但告訴乃論之罪經犯罪之直接被害人提起自訴，不在此限」仍是自訴優先之規定。不過多數學者[28]認為，立法意旨非在於擴大自訴權，而是公訴優先原則，故而 §323I 但書「告訴乃論之罪經犯罪之直接被害人提起自訴，不在此限」應刪除。

民國 112 年 5 月 30 日修法於 §323 但書增訂「依第二百五十八條之三第二項後段裁定而提起自訴者，不在此限」，即法院准許提起自訴之裁定仍可自行自訴，惟本書認為本次增訂於立法體系上似有可議，既然准許提起自訴制度係針對檢察官偵查結果不服而提起再議，最終上級檢察首長認為再議無理由而駁回再議（§258）後聲請人得聲請法院裁定准許而提

---

[26] 最高法院 101 年度台上字第 5259 號刑事判決。

[27] 林鈺雄，刑事訴訟法（下），2022 年 9 月，頁 237。

[28] 林鈺雄，刑事訴訟法（下），2022 年 9 月，頁 238。林俊益，刑事訴訟法概論（下），2016 年 2 月，頁 195。

起自訴，此為偵查階段「結束」後提起自訴之規定，其與 §323 本文之「偵查中」不得再提自訴之規定，兩者本無原則、例外關係，故無增訂之必要。

四、同一案件

學說與實務認為同一案件是指犯罪事實皆相同的案件，無論事實上或法律上同一案件，一經檢察官開始偵查，被害人即不得自訴[29]。又實務認為裁判上一罪案件之一部分，經檢察官以「行為不罰（§252(8)）或犯罪嫌疑不足（§252(10)）」為不起訴處分確定者，即與其他部分不生裁判上一罪關係，該其他部分，被害人仍可以再自訴[30]。

又如果 A 以一份刑事告訴狀誣告 B、C、D 三人，實體法上只犯一個誣告罪，應屬同一案件，若只有 B、C 對 A 提起誣告之犯罪事實之自訴，D 對 A 提起誣告之犯罪事實之告訴，此為不同被害人分別為自訴及告訴之情形，原則上 D 不可以再提告訴，檢察官應為不起訴，但實務上檢察官通常會將 D 的告訴案件移送法院併入 B、C 的自訴案件，請法官一起審理。

---

[29] 朱石炎，刑事訴訟法論，2015 年 8 月，頁 442。最高法院 106 年度台上字第 3599 號刑事判決：又「同一案件」，係指所訴兩案被告相同，被訴之犯罪事實亦屬同一而言。而「同一事實」，包括在裁判上具有單一性不可分關係之事實上一罪及法律上一罪之全部事實，只須自訴之後案與檢察官開始偵查之前案所涉及之全部事實，從形式上觀察，如皆成罪，具有裁判上不可分之一罪關係，而前後二案之事實有部分相同時，即屬同一案件；且不因前後所主張之罪名有異即謂非同一案件。

[30] 最高法院 92 年度第 1 次刑事庭會議決議。

第五節　自訴的效力

壹、自訴的效力

一、主觀效力（主觀可分）

自訴之效力，不及於自訴人所指被告以外之人（§343準用§266）。例如A、B共同打傷C，C對A提自訴，主觀效力不及於B。

二、客觀效力（原則客觀不可分，例外客觀可分）

原則上一部自訴之效力及於全部（§343準用§267），犯罪事實之一部提起自訴者，他部雖不得自訴亦以得提起自訴論（§319III）。例外是§319III但書規定「但不得提起自訴部分係較重之罪，或其第一審屬於高等法院管轄，或第三百二十一條之情形者，不在此限」。

（一）§319III 本文

例如A一行為打傷B、C，B對A為傷害罪的自訴。實體法上，A一行為犯兩個傷害罪，侵害數法益，論想像競合，為裁判上一罪，而程序法上「一個被告（A）＋一個犯罪事實（A打B、C）＝單一案件」，客觀效力原則上對一部提起自訴（A打B），效力及於全部犯罪事實（A打C）。換言之，雖然A打C的部分，B非犯罪被害人，依照§319III，B對A的A打B的犯罪事實提起自訴，效力及於A打C。

實務上一向認為「有罪＋有罪＝不可分」，若法院認為得自訴部分無罪，與不得自訴部分即無不可分，此時無§319III本文的適用，故法院對於不得自訴部分應該依§334為不受理判決。

（二）§319III 但書

　　§319III 但書的情形下，雖然一部得提起自訴，但另一部不得提起自訴，則全部不得自訴，此時若提自訴，法院應依 §334 諭知不受理判決。§319III 但書是指不得提起自訴他部為重罪、高等法院為第一審管轄法院、直系尊親屬或配偶為自訴對象。

1. 較重之罪

　　較重之罪是指以法院（非自訴人）認定的法條的法定刑為準，如果是刑法總則的加重減輕則不屬之 [31]。A 故意撞 B、C，B 輕傷、C 重傷，C 對 A 提出告訴，檢察官已經在偵查中，此時 B 不得對 A 撞傷 B 的部分提起自訴，因為 A 對 C 的重傷部分已經不得提起自訴且屬於較重之罪，對全部案件不可提自訴。反過來說，B 已經對 A 提起告訴而由檢察官偵查中，倘若 C 對 A 提出自訴，因 A 對 B 輕傷罪的部分是較輕之罪，C 對於重傷部分提起的自訴，會使 B 輕傷的部分一併提起自訴（§319III 本文）。

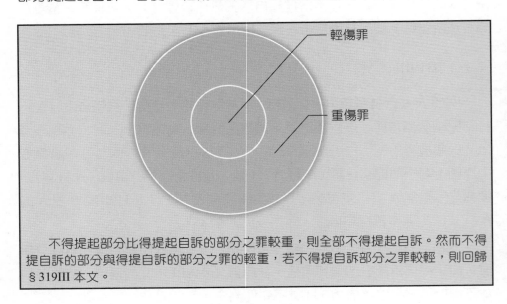

輕傷罪

重傷罪

　　不得提起部分比得提起自訴的部分之罪較重，則全部不得提起自訴。然而不得提自訴的部分與得提自訴的部分之罪的輕重，若不得提自訴部分之罪較輕，則回歸 §319III 本文。

---

[31] 最高法院 85 年度台上字第 1473 號刑事判決、臺灣臺北地方法院 107 年度自字第 18 號刑事判決。

　　例如 A 於大庭廣眾之下對 B 施展降龍十八巴掌，A 觸犯傷害罪與公然侮辱罪，為裁判上一罪，B 對 A 提出傷害告訴，但旋即撤回告訴。B 在告訴期間內，對 A 提起公然侮辱的自訴，A 對 B 傷害部分已經不得提出自訴，而且為較重之罪，使得 A 對 B 公然侮辱的部分，依 §319III 本文全部不得提起自訴。

2. 高等法院第一審管轄

　　§4 規定「地方法院於刑事案件，有第一審管轄權。但左列案件，第一審管轄權屬於高等法院：一、內亂罪。二、外患罪。三、妨害國交罪」。亦即刑法 §100～§119 的第一審管轄法院屬於高等法院，若一部觸犯該罪名，則全部均不得自訴。例如 A 開巨型遙控飛機撞 B（史瓦濟蘭元首）與 C（元首的保鑣），A 一行為觸犯妨害國交罪（刑法 §116）與傷害罪，妨害國交罪屬於不得自訴，故傷害罪部分也不得自訴。

3. §321 直系尊親屬或配偶

　　例如 A 開車回家，不小心撞上在轉角處看桂花的配偶 B 與鄰居 C，B 與 C 均受輕傷，A 一行為犯兩個傷害罪，侵害數法益，為裁判上一罪，C 原本可以對 A 提起過失傷害罪自訴，但因為 §321 之規定下，B 不得提自訴，C 亦不得提自訴。

§321 與 §319III 之運用

　　廣志、美冴為夫妻，而夢冴為美冴的妹妹，夢冴無業而長期住廣志與美冴的家中白吃白喝，某天廣志被裁員，面臨中年失業危機，心情不好，回家後看到兩姊妹點了高級壽司且躺在地上看電視，而氣的大罵：「美冴妳這個懶惰的大屁股妖怪、夢冴妳這個骯髒的無業遊民，不要太過分了」，且同時脫下臭襪子甩到她們臉上。因此，美冴與夢冴對廣志提出公然侮辱（或強暴侮辱）之自訴，美冴與夢冴的自訴是否合法？

（一）美冴對廣志之自訴：不合法，因 §321 本文規定配偶間不可自訴。

（二）夢冴對廣志之自訴：

1. 夢冴與廣志之關係

夢冴與廣志非配偶，也非直系尊親屬，故原則上可以提自訴。

2. 廣志的犯罪事實

廣志一行為觸犯了數法益（兩個公然侮辱罪的名譽法益），實務上認為為想像競合犯，屬於裁判上一罪，因而是單一案件。

3. §321 與 §319III 之運用

§319III 規定「犯罪事實之一部提起自訴者，他部雖不得自訴亦以得提起自訴論。但不得提起自訴部分係較重之罪，或其第一審屬於高等法院管轄，或第 321 條之情形者，不在此限」。原則上犯罪一部事實（廣志罵夢冴）提自訴，他部（廣志罵美冴）雖不得自訴，也得以提起自訴論，但因為但書規定如果有 §321 的直系尊親屬、配偶時，則不可以提起自訴，因此美冴不可以對廣志提自訴，一同影響夢冴也不得提自訴（全部都不得自訴）。

貳、同一案件先後告訴或自訴

例如 A 以 C 的花瓶砸瞎 B 的眼睛，又造成 C 的花瓶破裂，A 砸瞎 B 的眼睛為重傷罪乃非告訴乃論之罪，A 砸破 C 的花瓶為毀損罪乃告訴乃論之罪。如 C 對於 A 毀損花瓶的部分提起自訴，效力會及於 A 重傷 B 眼睛的部分。如之後又對其中一部犯罪事實提起告訴或自訴，應如何處理，討論如下：

一、自訴後，又再提起自訴

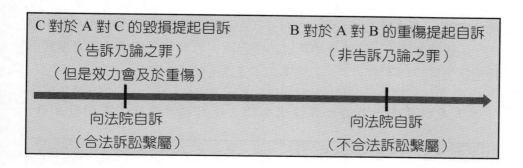

C 對於 A 對 C 的毀損提起自訴
（告訴乃論之罪）
（但是效力會及於重傷）

B 對於 A 對 B 的重傷提起自訴
（非告訴乃論之罪）

向法院自訴
（合法訴訟繫屬）

向法院自訴
（不合法訴訟繫屬）

（一）向同一法院自訴後再自訴

法院對於後提起之自訴應該依照 §343 準用 §303(2) 諭知不受理判決，判決已經確定則法院應依 §302(1) 免訴判決。

（二）向一法院自訴後再向另一法院自訴

繫屬在先的法院判決確定前，後繫屬的法院應依照 §343 準用 §303(7) 為不受理判決。繫屬在先的法院判決確定後，後繫屬的法院則應依照 §303(1) 免訴判決。此部分可參考「競合管轄」的章節一同理解。

二、告訴後，又再提起自訴

（一）先對告訴乃論之罪提出告訴，後對非告訴乃論之罪提出自訴

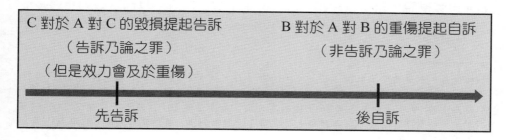

C 對於 A 對 C 的毀損提起告訴
（告訴乃論之罪）
（但是效力會及於重傷）

B 對於 A 對 B 的重傷提起自訴
（非告訴乃論之罪）

先告訴

後自訴

　　例如 C 先告訴 A 毀損花瓶，偵查機關依照 §228I 應立即開始偵查，又 §323I「同一案件經檢察官依第二百八十八條規定開始偵查者，不得再行自訴。但告訴乃論之罪，經犯罪之直接被害人提起自訴者，不在此限」。B 重傷部分，原則上不可以再提自訴。若 B 對於重傷的犯罪事實再提自訴，該自訴不合法，法院應諭知不受理判決（§334）。

（二）先對非告訴乃論之罪提出告訴，後對告訴乃論之罪提出自訴

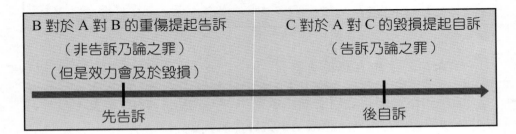

1. 條文文義解釋

　　例如 B 先告訴 A 重傷，偵查機關依照 §228I 應立即開始偵查，又 §323I 但書，C 後自訴毀損罪，為告訴乃論之罪，C 可再提起自訴。

2. 通說 [32]、實務 [33] 認為

　　B 對 A 的重傷先提出告訴，偵查機關依照 §228I 應立即開始偵查，對重傷之一部犯罪事實提出告訴，效力會及於毀損之他部犯罪事實，C 不得再自訴（§323I 但）。倘若可再自訴，依照 §343 準用 §267，毀損部分與重傷部分將會一併為自訴效力所及，將違反了公訴優先原則的立法目的。也就是說，若可以提起自訴，後來所提之自訴，其自訴效力將會及於

---

[32] 林俊益，刑事訴訟法概論（下），2016 年 2 月，頁 195。林鈺雄，刑事訴訟法（下），2013 年 9 月，頁 161。

[33] 最高法院 99 年度台上字第 3613 號刑事判決、最高法院 101 年度台上字第 2404 號刑事判決、臺灣高等法院 108 年度醫上訴字第 3 號刑事判決、臺灣高等法院 108 年度上易字第 1276 號刑事判決。

全部（包含先提起的公訴部分），取代先前所提之公訴的效力，反而變成自訴優先原則。

有文獻主張此種情形應將 §323I 但書類推於 §319III 但書，實務見解亦認為應類推適用 §319III 但書「但不得提起自訴部分係較重之罪，不得提自訴」的法理，已開啟偵查的重傷之一部犯罪事實（非告訴乃論之罪）為重罪，而毀損之他部犯罪事實（告訴乃論之罪）為輕罪時，告訴乃論之輕罪部分不得提起自訴，以符合公訴優先原則。

反面來說，告訴乃論之罪部分為重罪，則得自訴，其自訴效力及於非告訴乃論之罪的輕罪部分，檢察官知道自訴後，應停止偵查，將案件移送法院 [34]。

最高法院 101 年度台上字第 2404 號刑事判決

同一案件經檢察官依刑事訴訟法第 228 條規定開始偵查者，除告訴乃論之罪經犯罪之直接被害人提起自訴者外，不得再行自訴，同法第 323 條第 1 項規定甚明。其立法理由為：「為避免利用自訴程序干擾檢察官之偵查犯罪，或利用告訴，再改提自訴，以恫嚇被告，同一案件既經檢察官依法開始偵查，告訴人或被害人之權益當可獲保障，爰修正第一項檢察官『依第 228 條規定開始偵查』，並增列但書，明定告訴乃論之罪之除外規定。」故本規定之立法目的，旨在限制自訴，防杜同一案件重複起訴之雙重危險，及避免同一案件經不起訴復遭自訴之訴訟結果矛盾。而本規定所謂「開始偵查」，係指檢察官依同法第 228 條之規定，知有犯罪嫌疑而開始偵查者而言；至「同一案件」，則指所訴兩案之被告相同，被訴之犯罪事實亦屬同一，故實質上一罪固屬同一事實，想像競合犯及刑法修正前之牽連犯、連續犯之裁判上一罪者，亦屬同一事實。又依上開規定，同一案件於檢察官偵查後，自訴人就告訴乃論之

---

[34] 林俊益，刑事訴訟法概論（下），2016 年 2 月，頁 196。

罪，固仍得提起自訴，但該告訴乃論之罪部分如屬輕罪，而有裁判上一罪關係之重罪部分非屬告訴乃論時，因新修正刑事訴訟法第 323 條第 1 項但書，既已限定於檢察官偵查後之自訴，須以告訴乃論之罪之情形，始得提起，故法院應類推適用同法第 319 條第 3 項但書規定「不得提起自訴之部分係較重之罪」之法理，認為該輕罪之告訴乃論之罪部分仍不得提起自訴，始符刑事訴訟法第 323 條第 1 項之立法意旨。亦即裁判上一罪之重罪（非告訴乃論）部分，若先經檢察官開始偵查，其效力及於全部，其他部分即應受上開法條之限制，而不得再行自訴，且不因自訴人與檢察官所主張之罪名不同而有異。

三、先提起自訴，後再提起告訴

先自訴　　　　　　　　　　　　　　後告訴

§324 規定「同一案件經提起自訴者，不得再行告訴或為第二百四十三條之請求」。§323II 規定「於開始偵查後，檢察官知有自訴在先或前項但書之情形者，應即停止偵查，將案件移送法院。但遇有急迫情形，檢察官仍應為必要之處分」。

參、同一案件同時告訴與自訴

重傷事實（非告訴乃論之罪）與毀損事實（告訴乃論之罪）

同時告訴與自訴

　　B 對 A 的重傷提出告訴，同時 C 對毀損部分提出自訴，偵查機關依照 §228I 應立即開始偵查，對重傷之一部犯罪事實提出告訴，效力會及於毀損之他部犯罪事實，C 不得再自訴（§323I 但）。因為 §323I 規定公訴優先原則，因為重傷與毀損的犯罪事實如為同一案件，則不可再自訴，否則將違反了公訴優先原則的立法目的。告訴後而偵查機關起訴的部分為非告訴乃論之罪且為重罪，自訴的部分為告訴乃論之罪且為輕罪，依上開實務見解之邏輯來看應類推適用 §319III 但書「但不得提起自訴部分係較重之罪，不得提自訴」，法院應對自訴諭知 §334 不受理判決。

第六節　自訴的程序

壹、準備程序（§326）

　　自訴的準備程序的目的在於替代檢察官的偵查，發揮過濾功能[35]。

一、自訴人提出自訴狀（§320）

　　法院收受自訴傳後應將繕本送達於被告（§328）。自訴狀應按被告人數提出繕本，其未提出而情形可以補正者，法院應以裁定限期補正，此係以書狀提起自訴之法定程序，如故延不遵，應諭知不受理之判決。惟法院未將其繕本送達於被告，而被告已受法院告知自訴內容，經為合法之言詞辯論時，即不得以自訴狀繕本之未送達而認為判決違法[36]。

---

[35] 黃朝義，刑事訴訟法，2013 年 4 月，頁 618。
[36] 釋字第 134 號。

二、得曉諭自訴人撤回（§326I、II）

法院或受命法官，得於第一次審判期日前，訊問自訴人、被告及調查證據，於發見案件係民事或利用自訴程序恫嚇被告者，得曉諭自訴人撤回自訴。前項訊問不公開之。非有必要，不得先行傳訊被告。

不得先行傳訊被告之理由在於若自訴屬於濫訴時，先行傳訊之被告將面臨名譽或自由之限制，且亦有司法資源浪費之嫌。

三、裁定駁回自訴（§326III、IV）

如認為案件有 §252（絕對不起訴）、§253、§254（相對不起訴）之情形者，得以裁定駁回自訴，並準用 §253-2I(1)～(4)、II 及 III（緩起訴命令）之規定。

駁回自訴之裁定已確定者，非有 §260I 各款情形之一，不得對於同一案件再行自訴，亦即賦予實質確定力。

貳、審判停止（§333）：民事判決未起訴

§333 規定「犯罪是否成立或刑罰應否免除，以民事法律關係為斷，而民事未起訴者，停止審判，並限期命自訴人提起民事訴訟，逾期不提起者，應以裁定駁回其自訴」。如果是民事判決已經起訴，需以民事法律關係為斷者，法院得於程序終結前停止審判（§343 準用 §297）。

參、判決

自訴判決結果可能為有罪、無罪、不受理、管轄錯誤。

一、自訴程序的不受理判決（§334）

§334 規定「不得提起自訴而提起者，應諭知不受理之判決」。何謂「不得提起自訴」有下列情形：

1. 非自訴權人而提自訴。
2. 自訴的限制（三種情形）而提自訴。
3. 撤回自訴後提起自訴。
4. 自訴被駁回後提起自訴。
5. 於準用緩起訴之期間不得提自訴而提起自訴。

二、自訴程序的管轄錯誤判決

§335 規定「諭知管轄錯誤之判決者，非經自訴人聲明，毋庸移送案件於管轄法院」，相對來說，公訴程序則無非經自訴人聲明毋庸移送管轄法院的要求。

第七節　判決的後續程序

§336 規定「I 自訴案件之判決書，並應送達於該管檢察官。II 檢察官接受不受理或管轄錯誤之判決書後，認為應提起公訴者，應即開始或續行偵查」。僅自訴有此規定，公訴則無。

不受理判決（§334）是指公訴程序所無的不受理判決。不包含 §343 準用 §303 的不受理判決，因為該情形不論是公訴或自訴皆可以為不受理判決，所以偵查、起訴也無意義。相對來說，倘若是不得提起自訴之人所提之自訴，依照 §334 諭知不受理判決，該情形檢察官的偵查、起訴就有意義[37]。

---

[37] 林鈺雄，刑事訴訟法（下），2013 年 9 月，頁 172。

第八節　自訴的追加、反訴與撤回

壹、自訴的追加

§343 準用 §265I 規定「於第一審辯論終結前,得就與本案相牽連之犯罪或本罪之誣告罪,追加起訴」。自訴的追加得以言詞或書面追加。

又追加自訴的部分必須與已經提起自訴的部分無單一性(同一性)之關係時方可追加(§343 準用 §267),若具單一性(同一性),本在審判的範圍,如果又追加屬於重複自訴,法院應依照 §343 準用 §303(2) 於判決諭知不受理[38]。例如 A 在 Facebook 上散布詆毀 B 的文字,B 對 A 提起誹謗罪的自訴。訴訟進行中,B 發現 A 同一時間也在 Instagram 發布 B 照片且加上詆毀的文字,B 當庭以言詞追加自訴,若法官認為 A 的一行為觸犯兩個加重誹謗罪,為裁判上一罪時,法官應就 B 的自訴追加為不受理判決(§334 準用 §302(2))。

---

[38] 最高法院 87 年台上字第 540 號判例、最高法院 96 年度台上字第 1845 號刑事判決:追加自訴係就與已經自訴之案件無單一性不可分關係之相牽連犯罪(指刑事訴訟法第 7 條所列案件),在原自訴案件第一審辯論終結前,加提獨立之新訴,俾便及時與原自訴案件合併審判,以收訴訟經濟之效,此觀刑事訴訟法第 343 條準用同法第 265 條自明;如追加自訴之犯罪,經法院審理結果,認定與原自訴案件之犯罪有實質上或裁判上一罪之單一性不可分關係,依同法第 343 條準用第 267 條,既為原自訴效力所及,對該追加之訴,自應認係就已經提起自訴之案件,在同一法院重行起訴,依同法第 343 條準用第 303 條第 2 款,應於判決主文另為不受理之諭知,始足使該追加之新訴所發生之訴訟關係歸於消滅,而符訴訟(彈劾)主義之法理。

貳、自訴的反訴

一、條文規定

反訴，準用自訴之規定（§339），提起自訴之被害人犯罪，與自訴事實直接相關，而被告為其被害人者，被告得於第一審辯論終結前，提起反訴（§338）。例如 A 對 B 提起背信罪之犯罪事實自訴，B 則可反訴 A 誣告罪之犯罪事實。

反訴應與自訴同時判決。但有必要時，得於自訴判決後判決之（§341）。另外自訴之撤回，不影響於反訴（§342）。又，實務上禁止反訴再反訴，而應另提自訴[39]。

二、要件

時間方面必須於第一審言詞辯論終結前提起。自訴與反訴的當事人皆相同，只是被告與原告地位交換。客觀方面，必須與自訴的事實直接相關。

參、自訴的撤回

告訴或請求乃論之罪，自訴人於第一審辯論終結前，得撤回其自訴。撤回自訴，應以書狀為之。但於審判期日或受訊問時，得以言詞為之。書記官應速將撤回自訴之事由，通知被告（§325I），原審即無庸審理，無須加以判決，不必另作判決書[40]。撤回自訴之人，不得再行自訴或告訴或請求（§325II）。

---

[39] 最高法院 103 年度台上字第 2603 號刑事判決：提起自訴之被害人犯罪，被告為其被害人者，被告固得於第一審辯論終結前，提起反訴，但提起反訴，應以自訴之被告為限，自訴人除得提起自訴外，不得對於反訴復行提起反訴。又反訴，準用自訴之規定；不得提起自訴而提起者，應諭知不受理之判決。

[40] 司法院院字第 1388 號、第 1393 號、第 1575 號、第 1635 號解釋意旨參照。

一、要件

（一）一般撤回

1. 限於告訴或請求乃論之罪。但檢察官撤回公訴則無該限制。

2. 時期：第一審言詞辯論終結前。原則上此限制與公訴的限制相同，惟依 §269I，檢察官應以發見有應不起訴或以不起訴為適當之情形，始得撤回起訴。

3. 撤回權人：限於自訴人＝已提起自訴之人。如果是擔當訴訟的檢察官，不會因此而有當事人地位，故而該檢察官無撤回權。

（二）曉諭撤回（自願撤回）

　　§326 規定「法院或受命法官，得於第一次審判期日前，訊問自訴人、被告及調查證據，於發見案件係民事或利用自訴程序恫嚇被告者，得曉諭自訴人撤回自訴」自願撤回之限制原則上與一般撤回相同。

二、撤回自訴的效力

（一）主觀（被告、人）效力

　　自訴是以被告為對象不及於其他共犯（§343 準用 §266），主觀可分。因自訴是準用公訴規定，故撤回自訴的效果與撤回告訴的主觀不可分不同。

（二）客觀（犯罪事實）效力

　　無法律規定，傳統教科書認為應比照適用撤回告訴不可分的效力，亦即客觀不可分原則。不過仍應視撤回之效力是否具有整體性而定。

1. 數罪

犯罪事實有數個，刑罰權各自獨立，故無可分不可分的問題。故而自訴人僅對數罪併罰的案件中之一個犯罪事實撤回自訴，效力並不及於其他犯罪事實，法院仍得對該其他犯罪事實為審判。

2. 一罪

實質上一罪與裁判上一罪是實體法論以一罪的關係，故有不可分的關係。

(1) 全部犯罪事實均為告訴或請求乃論罪

① 被害人不同

共同自訴人（被害人）間的撤回自訴，效力不及於其他自訴人的自訴事實，法院仍應就為其他自訴的部分事實判決。例如 A 一行為打傷 B、C，B、C 共同自訴 A 傷害罪，但一審言詞辯論終結前 B 撤回自訴，法院仍要就 A 打傷 C 的犯罪事實判決，而於判決理由中敘明 B 撤回自訴，因為撤回自訴含有撤回告訴效力（§343 準用 §303(3)）[41]，不用再為不受理判決 [42]。

② 被害人相同

(①) 一行為成立一罪

諸如接續犯、繼續犯、加重結果犯。舉繼續犯為例，A 將 B 拘禁 5 天，B 自訴 A 拘禁 B 的後 3 天，此時自訴的效力及於全部（5 天），B 後來將該後 3 天撤回，一部撤回的自訴並不生效力，故撤回無實益，法院仍可就全部犯罪事實審判。例如接續犯，A 打 B 而全身多數受傷，B 自訴 A 打 B，B 撤回 A 打 B 的右手的部分，此時撤回無實益。

---

[41] 因為告訴必須向偵查機關為之，檢察官再向法院起訴，而自訴直接向法院為之，故而「被害人自訴＝告訴權人告訴＋檢察官起訴」。

[42] 林俊益，刑事訴訟法概論（下），2020 年 9 月，頁 206。

(②) 一行為成立數罪

　　諸如想像競合犯。舉例言之，A 一行為打傷 B 與毀損 B 的骨董，此時為想像競合，B 自訴 A 打傷 B，自訴的效力會及於毀損骨董（全部）。倘若後來 B 對 A 毀損骨董部分撤回自訴（含有撤回告訴效力），法院仍要對傷害罪部分判決，而於判決理由中敘明已撤回毀損自訴，因為撤回自訴含有撤回告訴效力（§343 準用 §303(3)），不用再為不受理之諭知。

(③) 行為成立數罪：同 (②)。

3. 一部犯罪事實為告訴或請求乃論之罪，他部非告訴或非請求乃論之罪

　　告訴乃論之罪的部分撤回自訴，效力不及於非告訴乃論之罪的部分，法院應就非告訴乃論的犯罪事實部分為判決，在理由內說明告訴乃論之罪撤回自訴，因撤回自訴含有撤回告訴效力（§343 準用 §303(3)），不用再諭知不受理判決。

（三）撤回自訴的效果

撤回自訴後，訴訟關係亦因此而消滅，法院不必為裁判，僅需將撤回之事由通知被告即可，若法院又為裁判則屬訴外裁判。若撤回自訴後，不得再自訴或告訴（§325IV）。

1. 撤回自訴者：

(1) 撤回自訴者如再自訴，法院應依 §334 諭知不受理判決。即使有 §260 事由也不可對同一案件再為自訴。

(2) 撤回自訴者如再告訴，檢察官應依 §255I 為不起訴處分。若檢察官誤予起訴，法院應依 §303(3) 諭知不受理判決。

2. 撤回自訴的效力只拘束該「撤回者」，而不及於其他人，其他有權者可以再為自訴或告訴，不受 §260 拘束。此與 §270 所規定「撤回起訴與不起訴處分有同一之效力，以其撤回書視為不起訴處分書，準用第二百五十五條至第二百六十條之規定」之撤回公訴規定不同。

3. 撤回自訴並非判決確定，若之後發生新事實，該案件成為非告訴乃論者，檢察官仍可偵查後起訴[43]。例如 A 自訴 B 傷害罪，審判中 A 撤回自訴，但之後 A 因 B 之傷害而死亡，檢察官仍可偵查後起訴。

第九節　自訴的承受與承擔

此為公訴所無之規定。

壹、自訴之承受（§332 前段）

§332 前段規定「自訴人於辯論終結前，喪失行為能力或死亡者，得由第三百十九條第一項所列得為提起自訴之人，於一個月內聲請法院承受訴訟」。

$$自訴人 \begin{bmatrix} 死亡 \\ 喪失行為能力 \end{bmatrix} \begin{array}{l} +辯論終結前（事實審）。 \\ +原因發生後 1 個月內。 \\ +§319 得提起自訴之人。 \end{array}$$

欲承受自訴之人屬自訴限制之情形，得否承受自訴

甲夫與人婚外情，乙妻發現後向父親丙哭訴，甲夫惱羞成怒而毆傷岳父丙，丙對甲提出自訴，但因病死亡，乙可否承受丙父對甲的自訴？

丙父 ➡ 甲夫

乙妻　可否承受？➡ 不可承受

---

[43] 司法院院字 1826 號。

> 　　否定說：§321 規定：「對於直系尊親屬或配偶，不得提起自訴」，如被害人死亡時，其他得為自訴之人提起自訴時，亦同受限制，此乃因自訴本以犯罪之直接被害人為限，其死亡者得由直系血親提起者，僅為繼受或代理性質，自應同受「對配偶不得提起自訴之限制」。本題丙自訴甲傷害，乙承繼自訴為繼受性質，故應在 §321 限制之列，乙承受丙之自訴，於法不合[44]。（繼受權、代理權 ≦ 本權）

貳、自訴之擔當（§332 後段）

　　上揭承受自訴的情形，如無承受自訴之人或逾期不為承受者，法院應分別情形，逕行判決或通知檢察官擔當訴訟，亦即自訴之擔當為自訴發生法定原因，而由檢察官擔當。

一、性質

（一）檢察官擔當自訴

　　自訴案件經檢察官擔當之後，不會因此成為公訴案件當事人記載如下：

> 裁判案由：傷害
> 自訴人：李皇圭
> 擔當訴訟人：臺灣嘉義地方法院檢察署檢察官
> 被告：文森佐

　　由此併列之記載可知自訴案件並不會因檢察官之擔當而變成公訴案件。

---

[44] 臺灣高等法院暨所屬法院 86 年度法律座談會。

（二）擔當之原因

自訴人喪失行為能力或死亡（§332）＋無承受自訴者，法院得逕行判決或檢察官擔當自訴。喪失行為能力，例如自然人受監護宣告、法人已經解散。

（三）擔當原因消滅

擔當之原因消滅後，自訴人仍可繼續其訴訟行為。

參、自訴協助（§330）

法院應將自訴案件之審判期日通知檢察官。檢察官對於自訴案件，得於審判期日出庭陳述意見。但實務上應該從來沒有發生過。

第十節　自訴制度的問題

壹、評析

一、提起自訴無案件類型的限制，不管何種案件，只要是被害人均可提自訴，容易造成濫訴。不過，民國 100 年律師強制代理制度施行後，因律師委任費用的關係大幅過濾濫訴之案件。

二、國民性格下常以刑逼民（提刑事告訴方式，迫使對方損害賠償），導致自訴案件量大，但定罪率低。

貳、自訴制度仍有存在必要性

　　自訴制度仍有存在之必要，因我國採國家訴追犯罪原則，若檢察官濫行不起訴之權限，則某些犯罪事件將因而無法被訴追，如此對於被害人之權利無從保障。因此，在國家訴追原則之外，兼採被害人訴追原則，方能保障人權。國家訴追原則與被害人訴追原則，二者屬消長之關係。倘國家訴追做得好，則被害人追訴原則即少受使用。因此，若要廢除或限制自訴，必須有效監控檢察官之權限，以防其濫權，並可保護被害人。

國家圖書館出版品預行編目 (CIP) 資料

刑事訴訟法 / 盧映潔, 李鳳翔著. -- 五版.
--臺北市：五南圖書出版股份有限公司, 2024.09
　　冊；　公分
ISBN 978-626-393-651-5 (上冊: 平裝).

1.CST: 刑事訴訟法

586.2　　　　　　　　　　113011574

1TA1

刑事訴訟法（上）

作　　者 ― 盧映潔 (481.1)、李鳳翔

企劃主編 ― 劉靜芬

責任編輯 ― 林佳瑩

文字校對 ― 徐鈺涵

封面設計 ― 姚孝慈

出 版 者 ― 五南圖書出版股份有限公司

發 行 人 ― 楊榮川

總 經 理 ― 楊士清

總 編 輯 ― 楊秀麗

地　　址：106 台北市大安區和平東路二段339號4樓

電　　話：(02)2705-5066

網　　址：https://www.wunan.com.tw

電子郵件：wunan@wunan.com.tw

劃撥帳號：01068953

戶　　名：五南圖書出版股份有限公司

法律顧問　林勝安律師

出版日期　2020 年 9 月初版一刷
　　　　　2021 年 9 月二版一刷
　　　　　2022 年 8 月三版一刷
　　　　　2023 年 9 月四版一刷
　　　　　2024 年 9 月五版一刷

定　　價　新臺幣 540 元

經典永恆・名著常在

五十週年的獻禮——經典名著文庫

五南，五十年了，半個世紀，人生旅程的一大半，走過來了。

思索著，邁向百年的未來歷程，能為知識界、文化學術界作些什麼？

在速食文化的生態下，有什麼值得讓人雋永品味的？

歷代經典・當今名著，經過時間的洗禮，千錘百鍊，流傳至今，光芒耀人；

不僅使我們能領悟前人的智慧，同時也增深加廣我們思考的深度與視野。

我們決心投入巨資，有計畫的系統梳選，成立「經典名著文庫」，

希望收入古今中外思想性的、充滿睿智與獨見的經典、名著。

這是一項理想性的、永續性的巨大出版工程。

不在意讀者的眾寡，只考慮它的學術價值，力求完整展現先哲思想的軌跡；

為知識界開啟一片智慧之窗，營造一座百花綻放的世界文明公園，

任君遨遊、取菁吸蜜、嘉惠學子！